Forrest
Himmelsgefährten

Steven und
Jodie Forrest

Himmels

Liebe und
Sexualität
in der
Astrologie

gefährten

KAILASH

Eine Buchreihe herausgegeben von Hajo Banzhaf

Die Originalausgabe erschien unter dem Titel
Skymates. The Astrology of Love, Sex and Intimacy
bei ACS Publications, San Diego, USA.

Die Deutsche Bibliothek – CIP-Einheitsaufnahme
Forrest, Steven:
Himmelsgefährten : Liebe und Sexualität in der Astrologie /
Steven Forrest & Jodie Forrest. Aus dem Amerikan. von Diane
von Weltzien. – Kreuzlingen ; München : Hugendubel, 1999
(Kailash)
Einheitssacht.: Skymates <dt.>
ISBN 3-89631-344-4

Umschlaggestaltung: Zembsch' Werkstatt, München, unter
Verwendung eines Fotos von G + J Fotoservice/Wartenberg
Produktion: Tillmann Roeder, München
Satz: SatzTeam Berger, Ellenberg
Druck und Bindung: Franz Spiegel Buch, Ulm
Printed in Germany

ISBN 3-89631-344-4

Inhalt

Offene Augen, offenes Herz:
Dieses Buch ist Ihnen gewidmet.

Der Schlüssel zum Verständnis von Sexualität ist das Wissen, daß die Libido die feinste und subtilste auf natürliche Weise entstehende Energie des menschlichen Organismus ist. Diese Sexualkraft kann für jeden Zweck eingesetzt, auf jeder Ebene zum Ausdruck gebracht werden. Sie enthält das Potential der höchsten Schöpfungsformen, sie besitzt aber auch die Kapazität, den Menschen zu zerstören, ihn physisch, moralisch und emotional zum Wrack zu machen. Sie kann sich mit seiner bestialischen Seite verbinden, mit kriminellen Impulsen der Grausamkeit, des Hasses und der Angst; oder sie kann sich mit seinen höchsten Zielen und größtem Zartgefühl zusammentun. Und in beiden Fällen wird die Sexualkraft die Neigungen, der sie angegliedert wurde, erheblich erhöhen ...

Durch reinen Sex vermag der normale Mensch in einem Augenblick das zu erlangen, was sich der Asket jahrelang verbietet und was zu spüren der Heilige ein Leben lang erbittet. Doch dies ist nur möglich, wenn seine Herangehensweise bereits frei ist von Angst, von Gewalt und von Gier. Außerdem darf er hinterher nicht leugnen, was er durch den Sex gelernt hat, er muß es im Gegenteil seinem durch Sex erworbenen Verständnis gestatten, in alle übrigen Lebensbereiche überzugehen, um ihnen Reife, Harmonie und Bereicherung widerfahren zu lassen.

Rodney Collin,
The Theory of Celestial Influence
(Die Theorie himmlischen Einflusses)

Vorwort

Die Liebe ist der Joker. Das trifft immer zu, gleichgültig wie gesegnet oder verhext eine vom astrologischen Standpunkt aus betrachtete Paarbeziehung auch sein mag. Spielen Sie diesen Joker aus, und jede Partnerschaft kann zum Laufen gebracht werden. Die Auseinandersetzungen sind vielleicht überwältigend, die Hindernisse scheinbar unüberwindbar, doch wenn freiwillige, vorsätzliche Liebe die Liebenden aneinander bindet, dann ist die Reibung der Persönlichkeiten nicht bedrohlicher als eine Dosis Giftsumach oder ein Zusammenstoß mit einer kampflustigen Katze.

Ohne Liebe würde keine intime Beziehung auch nur ein Jahr überstehen – gleichgültig wie gut die beiden Geburtshoroskope der Betreffenden auch zueinander passen. Die beiden Liebenden würden sich gegen den Näheschock mit einem Sturm verteidigen, der seinen Ursprung direkt in der arktischen Schneewüste des menschlichen Geistes haben könnte.

Es geht hier nicht um glänzende Augen und Rosen. Liebe, wie wir den Begriff hier verwenden, ist mehr als nur ein Gefühl, genauso wie wir Menschen auch aus mehr als nur aus Gefühl bestehen. Liebe ist Hingabe an Aufrichtigkeit und Fürsorge, selbst dann, wenn alle guten Gefühle eine Zeitlang verschwunden zu sein scheinen. Sie ist die Hingabe an gemeinsames Wachstum, an Vergebung, Geduld und Demut.

Dies ist ein Buch über diese Art Liebe. Das Buch handelt von Synastrie – der Astrologie von Intimität, Sex und Partnerschaft. Das Thema ist vertraut, wir werden jedoch nicht den Fehler machen, die ehrfurchtgebietende, lebenformende Macht erwachsener Liebe zu ignorieren. Wir werden nicht dem fatalen Fehler in die Falle gehen und annehmen, daß Menschen Robotern gleichen oder daß unsere Beziehungen durch Venus und Mars, Merkur und Saturn vorprogrammiert sind.

Diese Freiheit, von der wir schreiben, ist keine bloße Theorie;

9

sie ist so wirklich wie die Erde und die Sterne. Woher können wir das wissen? Weil Jodie und ich den Joker in unserem Leben ausgespielt haben. Wir mußten. Meine Mitautorin Jodie Forrest hat ihre Venus in den Fischen. Ich habe meine Venus im Schützen. Die beiden Planeten bilden das, was Astrologen einen Quadrataspekt nennen und was normalerweise als Quelle grauenhafter Konflikte interpretiert wird. Da wir verheiratet sind und Venus die traditionelle »Göttin der Liebe« ist, müßte hier jede Uneinigkeit bedrohliche Züge annehmen. Rein theoretisch könnten wir genausogut unsere Eheringe ins Pfandleihhaus bringen und anfangen, über unseren Text für eine Kontaktanzeige nachzudenken. Warum? Was könnte denn an einem Winkel von 29 Grad zwischen zwei Planeten so zermürbend sein? Die (Un)Wahrsager würden zutreffend behaupten, daß ich mich mit meiner Venus im Schützen von Frauen mit für den Schützen typischen Qualitäten angezogen fühle – von Abenteuerlust, Unabhängigkeit, einem feurigen Geist. Ohne diese Art verspielter Balgerei würde ich niemals romantische Gefühle aufrechterhalten können – jedenfalls nicht länger als nötig ist, um die schuldigen Hormone aus meinem Blutstrom zu spülen. Jodie hingegen erlebt Liebe ganz anders. Mit ihrer Venus in den Fischen fühlt sie sich von geheimnisvollen, sensiblen Männern angezogen. Was für mich ein gemeinsames Steuern gegen den Wind in einem Segelboot ist, bedeutet ihr ein Abend bei Kerzenlicht und Musik. Rein theoretisch steht also unsere Ehe unter einem schlechten Stern.

Das entsetzliche an dieser Art Astrologie ist, daß sie beinahe zutrifft. Der Quadrataspekt zwischen Jodies und meiner Venus war tatsächlich die Quelle einiger schmerzhafter Auseinandersetzungen. Wenn ein traditionell orientierter Astrologe uns noch vor ein paar Jahren an einem schlechten Tag erwischt und uns gesagt hätte: »Also, um euch die Wahrheit zu sagen, es ist vollkommen ausgeschlossen, daß das mit euch gutgeht«, schon möglich, daß wir ihm geglaubt hätten.

Statt dessen haben wir den Joker ausgespielt. Angespornt von unserer Liebe und geführt durch die Astrologie haben wir an dem Problem gearbeitet, das unsere Venus-Konfiguration darstellt. Es war die Liebe, die unsere Ehe gerettet hat, und sie tut dies auch weiterhin. Doch die Astrologie hat uns darin unterstützt – und sie kann auch Ihnen helfen. Wie? Indem sie die Dämonen des Mißverstehens austreibt. Allein die Möglichkeit, über Venus im Schützen und Venus in den Fischen zu *reden*, war uns eine außerordentliche Hilfe. Worte allein schon sind nützlich, einfach deshalb, weil sie schwierige Gefühle beim Namen nennen. Ohne dieses Wissen kann es leicht geschehen, daß man in einen engen, lähmenden Zustand rutscht, in dem ein jeder den anderen unvernünftige Forderungen stellen und ein unbegreifliches Verhalten an den Tag legen sieht. Bleiben die Grundbedürfnisse des einzelnen unerfüllt, dann kann Wut und Unsicherheit die Oberhand gewinnen. Unsere Einstellung zueinander entwickelt dann eine zunehmend gegnerische und polarisierende Färbung, und unsere Liebe löst sich in nichts auf. Es tritt auf: die Astrologie. Plötzlich haben wir einen weisen Ratgeber, einen allwissenden Dritten, der uns beide mit übernatürlicher Klarheit, Verständnis und Fürsorge liebt.»Steve, das sind Jodies Bedürfnisse. Sie will dich nicht verletzen. Sie stellt keine sinnlosen, melodramatischen Anforderungen. Sie bittet um Luft zum Atmen, so grundlegend sind diese Fische-Themen für sie.«

Die Erfahrung hat mich gelehrt, der Astrologie das gleiche Vertrauen entgegenzubringen, wie ich dies auch bei anderen physikalischen Gesetzen – wie etwa der Gravitation – tue. Also höre ich auf diesen weisen Ratgeber und passe mein Verhalten entsprechend an. Keine großen Opfer, nur kleine regulierende Veränderungen. Ich bitte Jodie, mit mir einen Spaziergang zu machen. Ich lege eine Kassette in unsere Stereoanlage ein, dämpfe das Licht und lege mich mit ihr eine Stunde hin. Ich setze mich über meine schützenhafte Neigung zum Alleinsein hinweg und bemühe mich, sie an meinen Ängsten und Träumen teilhaben zu lassen. Anders ausgedrückt, ich stille die Bedürfnisse ihrer Fische-Venus. Und wie im Zauber fallen mir die Schuppen von den Augen; ich sehe die Frau, die ich geheiratet habe.

Natürlich ist Liebe eine Straße, durch die der Verkehr in beide Richtungen fließt. Seit wir verheiratet sind, geht Jodie jeden zwei-

ten Tag ein paar Hundert Meter schwimmen. Sie nimmt an einem
Segelkurs teil. Sie rafft sich am Abend auf, um mir dabei zu helfen,
mit unserem Teleskop die eine oder andere weitentfernte Galaxie
zu suchen. Nicht all diese Verhaltensweisen gehen ihr leicht und
automatisch von der Hand, aber sie will, daß unsere Ehe funktioniert, und sie weiß, daß ich meine Venus im Schützen habe. Das
bedeutet, wir müssen abenteuerliche Unterfangen miteinander
teilen, um einander in Liebe begegnen zu können.
Hingebungsvolle Liebe ist nie einfach. Vielleicht ist sie in diesem Zeitalter der sich verändernden Geschlechterrollen und der
zusammenbrechenden Familien schwieriger als jemals zuvor.
Astrologie bietet dafür ebensowenig die Antwort wie die Psychoanalyse. Beide können nur Unterstützung gewähren, Verbündete
sein. Doch Jodie und mir hat die Astrologie geholfen. Vielleicht
vermag sie das auch bei Ihnen.
In diesem Buch sollen Beziehungen nicht wie bisher in der
Astrologie in Schubladen eingeordnet werden. Für viel zu lange
Zeit wurde die Astrologie rein mechanisch und phantasielos an-
gewendet, als ob die Menschen unfähig seien, sich zu verändern.
Jodie und ich sind beide Astrologen, aber was noch wichtiger ist,
wir lieben. Wir sitzen in der ersten Reihe eines lebendigen Beispiels für Liebe im 20. Jahrhundert. Manchmal gehen wir entsetzlich miteinander um, dann wieder begegnen wir einander fürsorglich und einfühlsam. Meistens springen wir zwischen diesen
Extremen hin und her. Kommt Ihnen das bekannt vor? Wahrscheinlich. Wir sind in dieser Hinsicht nicht ungewöhnlich. Wenn
unsere Geschichte weder in eine Schachtel mit der Aufschrift
»gut« noch in eine mit dem Etikett »schlecht« paßt, dann wird es
Ihre wohl ebensowenig.
Wir schreiben dieses Buch nicht, um Urteile über die Beziehungen anderer Leute zu fällen; wir wollen lediglich mitteilen, was
uns die Astrologie über die Liebe gelehrt hat und wie man Liebe
herbeiführen kann. In diesem Buch werden Beziehungen in den
Farben der Möglichkeiten und lebendigen Veränderungen beschrieben, niemals im düsteren Ton des In-die-Falle-gegangen-
Seins. Beziehungen werden auf die gleiche Weise beleuchtet wie
die Persönlichkeit des Individuums in den ersten beiden Bänden,

12

»Der innere Himmel« und »Der äußere Himmel«: als unvorhersagbare Entdeckungsreise in das wunderbare, ungewisse Reich des Lebens.

Obgleich ein Großteil des Folgenden auf das Verstehen und die Unterstützung engagierter Liebesbeziehungen ausgerichtet ist, ist die dahinterstehende Logik doch ebenso richtig und wirkungsvoll auf jede zwischenmenschliche Beziehung anwendbar: in der Familie, im Beruf, bei Freundschaften und sogar bei alten Feindschaften. Die Prinzipien sind ein und dieselben, auch wenn in der Liebesbeziehung alles energetisch höher aufgeladen ist und die Prinzipien daher deutlicher hervortreten.

Ein Großteil dessen, was in diesem Buch zu lesen ist, ist ein Geschenk Jodies an mich und vielleicht eines von mir an sie. Ich schätze ihr astrologisches Wissen und ihren begabten Umgang mit Sprache. Sie ist ein geistig unabhängiger Wassermann, und sie sieht die Welt durch ihre eigenen Augen. Vor allem aber schätze ich Jodies weibliche Sichtweise: Ohne sie wäre das Buch ohne Zweifel zu tief in der männlichen Perspektive verwurzelt.

Schließen Sie sich uns nun zu einer astrologischen Reise an, nicht in die individuelle Psyche, sondern in die geheimnisvolle, leuchtende Region, die entsteht, wenn zwei Menschen es wagen, einander ihre Herzen zu öffnen und zu lieben.

Chapel Hill, North Carolina   *Steven Forrest*

Danksagung

Einige Menschen haben ihr Wissen oder ihre Einsichten mit uns geteilt. Andere haben uns an ihrem Leben teilhaben lassen. Damit haben sie zur Bereicherung dieses Buches beigetragen. Unser Dank gilt den folgenden Personen:

Alison Acker, Melanie Jackson, Marc Penfield, Tom Kenyon, Carol Cole, Rosales Wynne-Roberts, Laurel Goldman, Merrily Neill, Rebecca Dalton, Malcolm Groome, Marian Starnes, Leslie Cheeseman, Barbara Alpert und die Astrologen Linda Curtiss, Michael Thurman, Jenovefa Knoop und Maritha Pottenger.

Ein besonderer Dank geht an die folgenden Paare, unsere Mitautoren, für ihre Großzügigkeit, Freundschaft und Offenheit. Sinikka Laine und Cyril Beveridge, Ed und Sylvia Kohus, Phyllis Smith-Hansen und Paul Hansen, Mary Pope Osborne und Will Osborne, Jeff Hamilton und Maryska Bigos, Dave und Donna Gulick, Olivia und Bob Giddings, Michael Rank und Sara Romweber, Ruth und John Rocchio, Bill und Eileen Chambers, Simcha Weinstein und Sara Gresko, Sue und Tommy Field, Dick und Bunny Forrest, Elmo und Barbara Jensen, Bernie Ashman und Beth Green, Carolyn und Richard Max, Tom und Jan McCall, Tom und Pam Kenyon und Ben und Sandy Dyer.

Unser Dank richtet sich außerdem an die Mitglieder von Alpha Lyra Astrological Guild: Bernie Ashman, Lee Glenn, Carolyn Kane Max, Randy Wasserstrom und Simcha Weinstein.

Schließlich ein großes Dankeschön an die Tausende Menschen, die im Laufe der Jahre ihr Leben, ihre Liebe und ihr Geburtshoroskop mit uns geteilt haben.

ERSTER TEIL
DER GROSSE ZUSAMMENHANG

Kapitel 1
Magie oder mörderische Mythologie?

Liebe. Nichts läßt uns so nackt dastehen. Nichts vermag rascher den Engel, den wir hinter unseren Augen verbergen, zu offenbaren, nichts kann schneller unserem ganz privaten Wahnsinn die Maske vom Gesicht reißen. Wer ist nicht schon einmal von der Liebe emporgehoben worden? Wer hat nicht gespürt, wie sich die Welt in einem Augenblick geheimer Zärtlichkeit verwandelte? Und wer ist nicht schon von der Liebe gebrochen und allein und »blutend« mit weit aufgerissenen Augen morgens um vier zurückgelassen worden?

Die Leute sprechen von der »Angst vor Nähe«, als handle es sich dabei um eine Art moderne Krankheit. Ich habe noch nie einen Menschen kennengelernt, der keine Angst vor Nähe hatte. Nähe ist gefährlich. Sie ist eine furchterregende Macht. Sobald wir erst ein paar Runden im Beziehungskarussell gedreht haben, wissen wir das und haben für gewöhnlich auch die Narben, um es zu beweisen. Kinder haben keine Ahnung davon, und vielleicht haben sie die Aufgabe, uns an einen unschuldigen Zustand der Gnade zu erinnern. Doch, wenn es um die Liebe geht, gilt für die meisten von uns: »Wer sich einmal die Finger verbrannt hat, der gibt beim nächsten Mal doppelt acht«, und vielleicht ist das gar nicht so schlecht. Möglicherweise hat dieses Zögern sogar etwas mit Weisheit zu tun. Ganz gewiß aber steht es im Zusammenhang mit Erfahrung.

Die meisten von uns versuchen es immer wieder. Liebe zieht uns an wie ein Magnet, und nur jene, die die Liebe in die Hoffnungslosigkeit hinabgestoßen hat, betrachten es als Wahnsinn, sich ihr erneut zuzuwenden. Wir kehren aus dem gleichen Grund zur Liebe zurück, der uns auch vor ihr zurückschrecken läßt:

Weisheit und Erfahrung. Sobald wir uns erst einmal gestattet haben zu lieben, baumeln wir am Haken, egal wie das Ergebnis auch sein mag. Wir haben erkannt, daß nur wenig uns mehr mit Freude zu erfüllen vermag. Und vielleicht, wenn wir nachdenklich sind, stellen wir fest, daß keine Kraft unseren Weg zu geistiger Gesundheit und zu innerem Frieden derart beschleunigen kann.

Wenn die Liebe scheitert, dann liegt die Schuld nur in ganz seltenen Fällen ausschließlich bei einer Person. Der eine Liebende ist möglicherweise zu verantwortungslos, zu egoistisch, zu geschädigt, zu verwirrt in bezug auf Sex, als daß er zu einem Sprung in eine maßgebliche Beziehung ansetzen kann, und der zweite bleibt vielleicht allein zurück in seinem Elend. Doch das kommt nur selten vor. Meistens finden wir, wenn die Liebe scheitert, zweier Menschen Fingerabdrücke auf der Mordwaffe.

Warum? Ein Teil der Antwort wird deutlich, wenn wir uns einen Augenblick Zeit nehmen und darüber nachdenken, daß die meisten von uns mit sehr viel mehr Menschen ihre Zeit verbringen, als nur mit ihren Partnern. Wenn Sie das berücksichtigen, wird Ihnen klar, daß die große Mehrheit unserer Beziehungen »zum Scheitern verurteilt ist«. Natürlich lernen wir aus den meisten unserer Erfahrungen im Werben um die Gunst eines anderen Menschen. Doch eine kritische Betrachtung legt nahe, daß nicht jeder Mann oder jede Frau der oder die richtige für uns ist. Wir lernen schnell genug, uns von jenen abzuwenden, auf deren Stirn ein mit Leuchtschrift geschriebenes »giftig« zu stehen scheint. Doch das läßt noch immer eine Menge Möglichkeiten übrig, und manchmal sind wir schon auf halbem Weg zum Altar, bevor wir erkennen, daß die Magie dem Wahnsinn zum Opfer fällt.

Ein weiterer Teil der Antwort – jener, der die Seele dieses Buches darstellt – besagt, daß unsere Intentionen noch so gut und die Wahl des Partners noch so inspiriert sein kann – Liebesbeziehungen bleiben trotzdem wahrscheinlich die größte Herausforderung, die das Leben uns jemals bieten wird. Sie drängen uns, bis an die Grenzen unseres Wachstumspotentials zu gehen. Sie geben einem sogar das Gefühl, daß im Vergleich zu ihnen Atomphysik einfach ist. Ich nehme an, daß der eine oder andere liebende Atomphysiker das bestätigen wird.

Damit die Liebe in unserem Leben funktionieren kann, brauchen wir Hilfe. Ja, tatsächlich brauchen wir so viel Hilfe, wie wir nur bekommen können. Die Astrologie vermag Liebe nicht zu erzwingen. Aber sie kann im Prozeß des Liebens als Verbündete dienen. Das Angebot, das uns die Astrologie zu bieten hat, ist ein klarer Blick auf die Dinge. Sie dient als weiser Dritter in der Runde, spiegelt die Ansichten jedes der beiden Liebenden parteilos und erfüllt von evolutionärem Einblick wider. Vorsichtig zum Einsatz gebracht, hält sie keine hochtrabenden Reden und urteilt nicht. Sollte ein Astrologe jemals mit den Worten in Sie dringen, »diesen Mann zu verlassen, bevor er Sie zerstört«, dann suchen Sie sich einen anderen Astrologen. So funktioniert der astrologische Verbündete nicht. Ihm geht es lediglich darum, das gegenseitige Verständnis zu fördern.

In Situationen, in denen es zu unauflöslichen Dilemmas kommt, vermag die Astrologie oft erwachsene Kompromisse anzubieten. Wenn bereits eine grundlegende Harmonie vorhanden ist, dann kann die Astrologie die Flammen mit konkreten Strategien für Spaß und Spiel anfachen. Wo die Wörterbücher unterschiedliche Erklärungen zu einem Wort anbieten, da ist die Astrologie oft in der Lage, die durcheinandergebrachten Kommunikationsstrippen zu entwirren.

Die Astrologie kann Ihnen verstehen helfen, welche Art von Menschen Ihre Bedürfnisse auf lange Sicht am besten befriedigen, und Sie vor Phantasien warnen, bei denen Ihnen zum Schluß nichts bleibt als leerer Schmerz. Wenn Sie verliebt sind, dann vermag die Astrologie Sie darin zu unterstützen, diese Gefühle zu hegen und zu pflegen, Ihnen hier zur Milde und dort zur Härte zu raten, Sie dort zu Selbstüberprüfung aufzufordern und hier Ihrem Partner tiefgreifende Fragen zu stellen, Sie langsam darin voranzubringen, diese Liebe in einen Schatz zu verwandeln.

Das ist alles, was die Astrologie für Sie tun kann. Lieben müssen Sie schon selbst.

Die halbe Wahrheit

Liebesgeschichten sind gefährlich. Das ist eine Tatsache, die die meisten von uns aus eigenen Erfahrungen bestätigen können. Es gibt jedoch Menschen, die die Sache noch finsterer sehen. Diese halten romantische Gefühle für eine Art Geistesstörung. Sie weisen darauf hin, daß Liebe einen ansonsten vollkommen normalen Menschen in einen Psychopathen verwandelt: eifersüchtig, unsicher, besitzergreifend und monomanisch verzehrt vom Interesse ausschließlich an einem Menschen, als ob dieser allein in diesem Universum den Schlüssel zu Glück und Lebenssinn in Händen hielte.

Hört sich das für Sie bekannt an? Nun, falls Sie das trösten sollte, auch ich war so. Was bringt uns dazu, so zu handeln?

Der Psychologe Robert Johnson liefert in seinem Buch »Traumvorstellung Liebe« einige überzeugende Argumente zu diesem Thema. Seine These, die er aufgrund der kenntnisreichen Analyse einer Rittersage aus dem 12. Jahrhundert entwickelt, besagt, daß die romantische Liebe eine relativ neue Erfindung und auf die westliche Zivilisation beschränkt ist und daß sie, was die Gesundheit betrifft, in einem Atemzug mit PCB (polychlorierte Biphenyle = giftige, krebsauslösende chemische Verbindung) und abgebrannten Kernbrennstäben genannt werden kann. Er kommt zu dem Schluß, daß unsere Vorfahren beim endgültigen Zusammenbruch der absoluten kirchlichen Autorität einen Großteil ihrer emotionalen Bedürfnisse, für deren Befriedigung bisher die Religion gesorgt hatte, auf die »höfische Liebe« verlagerten. Das endlose Sichverzehren des Ritters für seine »unerreichbare Dame« stellte einen guten psychologischen Ersatz für Gott dar, bis er es satt hatte, sich nach ihr zu verzehren und es fertiggebracht hat, eine Einladung in ihr Bett zu ergattern. Damit fing all der Ärger an. Die »vollkommene Frau« stellte sich bald als ebenso gewöhnlicher Mensch wie wir alle heraus.

Wenn Sie sich die für Sie ideale sexuelle Beziehung vorstellen, welche Kriterien legen Sie dann besonders zugrunde? Ekstase, mystische Vereinigung, übersinnliche Verständigung, eine Vorstellung von abschließender Sinngebung mit anderen Worten

18

also spirituelle Erfahrungen. Das, was wir bisher von Gott erwartet haben, nicht von einem Mann oder einer Frau. Und das ist ganz schön viel verlangt von einem Menschen.

Johnson erklärt, daß diese unrealistischen Erwartungen, noch unterstützt von der Mythenmaschine Hollywood, jedem Menschen unvermeidlich Schmerz und Desillusionierung gebracht haben. Jedoch sind diese Erwartungen so sehr ein Teil unserer Weltsicht geworden, daß sie beharrlich bestehen bleiben und den Menschen weiterhin Schaden zufügen. Johnson vergleicht unsere westlichen Vorstellungen von der Ehe mit jenen, die gegenwärtig in Indien und Japan vorherrschen, und dabei kommen wir schlecht weg. Die Ehen in diesen Kulturen sind oft liebevoller und fürsorglicher als sie uns vorkommen, nur geht ihnen eben die bei uns übliche Mythologisierung ab. Dann beschreibt Johnson, wie wir, mit unserer wachsenden Scheidungsrate und unserer seifenopernhaften Lebensführung, solche Ehen arrogant als »unromantisch« zurückweisen.

Johnsons Buch ist ausgesprochen überzeugend, und mir kommt es so vor, als verberge sich viel Wahrheit in seinen zentralen Ansichten. Wir gehen davon aus, daß die Liebe in unserem Leben Wunder wirkt, doch bis wir die Dreißig erreicht haben, müssen die meisten von uns meist mehr als eine entsetzliche Enttäuschung einstecken.

Was hat all das mit der Astrologie zu tun? Sehr viel. Durch das Geburtshoroskop ist der Schattenriß Ihres Seelengefährten oft klar und deutlich erkennbar. Das herauszufinden, ist einfach. Schwerer fällt es schon zu wissen, was man mit dem Seelengefährten anfangen soll, wenn er erst einmal in das eigene Leben Einzug gehalten hat.

Seelengefährten! Allein schon das Wort scheint im Zentrum jeglicher, jemals existenter romantischer Mythologie seine Wurzeln zu haben. Der eine wahre Liebste, die eine wahre Liebste, mit dem/der vereint zu werden, Ihre Bestimmung ist! Der eine Mensch, der zu Ihnen paßt, wie ein Schlüssel ins Schloß! Bei Robert Johnson und jedem, der seine Arbeit kennt und begreift, muß der Klang des Wortes ein Schaudern hervorrufen. Sollen sie nur schaudern. Das Wort »Seelengefährte« ist zu schön und ein zu grundlegender Bestandteil unserer geistigen Gesundheit, um von der Hand gewiesen werden zu können. Ohne dieses Wort müßten wir auf ein weiteres wichtiges psychologisches Stück Magie verzichten. Das einzige, was an dem Wort nicht stimmt, ist, daß wir Autoren von Schauerromanen viel zu lange gestattet haben, seine Bedeutung festzulegen.

Die andere Hälfte der Wahrheit

Es gibt eine kluge Frau aus Nord-Idaho, die sich vor einigen Jahren die Mühe gemacht hat, sich mit mir anzufreunden. Ich hörte einmal eine auf Kassette aufgenommene übersinnliche Deutung, die sie für ein Paar, das ich kenne, vorgenommen hatte. Sie sagte: »Ihr zwei seid Seelengefährten.« Und nach einer kleinen Pause setzte sie hinzu: »Und Seelengefährten bringen sich oft gegenseitig um.«

Was genau bedeutet es, einem Seelengefährten Gesellschaft zu leisten? Der erste Schritt besteht darin, die Vorstellung aufzugeben, daß die mit dem Seelengefährten verbrachte Zeit ein wohltuend orgastischer Traum sei. Das mag zwar ein Bestandteil sein, doch in der Kernvorstellung geht es darum, im Seelenpartner dem Menschen zu begegnen, der uns darin unterstützen kann, unser grundlegendes Wesen, also unsere *Seele* zu verändern. Und das kann eine Fahrt auf der Achterbahn wie eine Plauderstunde bei der altjüngferlichen Tante aussehen lassen.

Johnny ist Leadguitarrist in einer Rockband. Er ist der geborene Musiker, hat jedoch niemals aus freiem Antrieb versucht, die Grenzen seiner Begabung zu erforschen. Seit zehn Jahren macht er Musik und verläßt sich zunehmend auf Alkohol, Drogen und Zynismus, um durch den Tag zu kommen.

In Johnnys Leben tritt Terry, seine Seelengefährtin. Wie bei solchen Begegnungen häufig der Fall reagieren sie rasch aufeinander und nehmen eine sexuelle Beziehung auf. Die Flitterwochen sind von kurzer Dauer. Terry erkennt, was sich Johnny antut. Als seine Seelengefährtin erkennt sie außerdem, was er erreichen könnte. Sie loggt sich derart in sein Wesen ein, daß sein zur Schau gestelltes Bild vom »dekadenten Rockstar« ihnen beiden plötzlich peinlich ist und ihnen nur als eine dünne defensive Pose erscheint.

Allein Terrys Existenz scheint sich Johnny entgegenzustellen, ihn herauszufordern – ist das wirklich schon das Beste, was du vermagst, ist es die höchste Wahrheit, die du kennst?

In der Hollywood-Version dieser Geschichte spielt Johnny brav seine Rolle zu Ende, heiratet Terry, feiert sie als seine Retterin, und gemeinsam brechen sie in ihrem Chevy jüngeren Datums in die Vorstadt auf, um dort glücklich bis ans Ende ihrer Tage zu leben.

Im wirklichen Leben haben sie unglaubliche Auseinandersetzungen. Diese Auseinandersetzungen zwingen beide derartig in die Defensive, daß sie sich vermutlich – wenigstens vorübergehend – trennen werden. Etwas tief in Johnnys Innerem spürt, daß sich sein Leben, wenn er bei Terry bleibt, grundlegend verändern wird. Tiefsitzende Ängste, verborgen hinter ausgeklügelten Verteidigungsstrategien, brauen sich zum Gewitter zusammen. Brüchige, tröstende Lügen zerfallen. Psychologische Pakte, die er in der Kindheit mit dem Teufel geschlossen hat, stehen plötzlich zur Überarbeitung an.

Warum sollte sich Johnny mit all dem traumatischen Zeug herumschlagen? Ist diese Frau wirklich all den Ärger wert, den sie verursacht? Das sind gute Fragen, und er wird sie sich ohne Zweifel stellen. Im richtigen Augenblick betritt Lena die Bühne, und Johnny findet sie unglaublich attraktiv. Er trinkt mit Terry eine Tasse Kaffee und erklärt ihr, daß sie »zu anstrengend« für ihn sei, und außerdem akzeptiere Lena ihn so, wie er ist. Sie kommen darin überein, daß ihre Affäre für beide eine wichtige Erfahrung war, daß sie jetzt jedoch beendet ist.

Warum stimmt Terry so bereitwillig Johnnys Analyse zu? Aus dem gleichen Grund, der ihn veranlaßte, sie überhaupt erst zu entwerfen. Auch Terry hat fürchterliche Angst, denn genauso wie bei ihm, ist die Hälfte dessen, was sie ist, bisher nie zum Vorschein gekommen. Die Beziehung zu einem Seelengefährten ist niemals eine Einbahnstraße. Bei dieser Art menschlicher Liebe treten die Retter immer in Paaren auf.

Terry ist eine gute Schriftstellerin. Sie schreibt Gedichte über

Liebe und Haß, Leidenschaft und Angst. Doch niemand weiß etwas davon. Die wenigen Gedichte, die sie veröffentlicht hat, erschienen unter einem Pseudonym. Vor langer Zeit mußte Terry lernen, ihre Gefühle besser zu verbergen. Sie war immer schon diejenige, die sich um andere kümmerte. Dieses Muster geht zurück bis in ihre Kindheit, in der die Umstände sie dazu zwangen, für ihre jüngeren Geschwister Elternersatz zu spielen. Es ist ein angenehmes Gefühl, wenn man der Retter ist; Gleichheit und emotionale Nacktheit sind etwas, was sie nie kennengelernt hat, und solche Dinge machen ihr angst. Johnny, ihr Seelengefährte durchschaut die Maske, die sie zu ihrem Schutz aufgesetzt hat. Wenn seine Augen sich in den ihren verlieren, dann fühlt sie sich äußerst unwohl.»Da ist ein Mann, der mich aus meinem Versteck zerren könnte. Hier ist einer, der meine Geheimnisse offenbar schon kennt – nicht nur meine Gedichte, sondern auch meinen Hunger, meine besitzergreifende Art, meine Kontrollsucht. Ich mach lieber, daß ich fortkomme!«

Was geschieht? Man kann es nicht wissen. Die Leute schreiben ihre Drehbücher selbst. Vielleicht trennen sich Johnny und Terry, lassen das Potential ihrer Seelenbindung unangetastet. Möglicherweise bleiben sie auch zusammen – und lassen das Potential ihrer Seelenbindung dennoch unangetastet. Wie? Es kann sein, daß Johnny weiter in der Rolle des ewigen Kindes verharrt und für Terrys innere»Märtyrermutter« weiterhin den»bösen Jungen« spielt. Gemeinsam bauen sie methodisch eine Beziehung auf, in der sich ihre Augen nie begegnen, Sex nur im Dunkeln stattfindet und in der über das gewitzelt wird, was sie als die»Wachstumserfahrungen« anderer Paare bezeichnen.

Dies sind traurige Möglichkeiten, doch sie stehen nun einmal zur Verfügung. Wie oft schon haben Sie miterlebt, daß Liebe in einer Explosion, die mehr Rauch als Feuer war, ihr Ende fand? Wie viele»Zombiebeziehungen« kennen Sie?

Die Alternative, die Terry und Johnny und wir alle erkennen müssen, wenn uns die Liebe heilen soll, besteht darin, daß die Liebe uns vorsichtig an die Grenzen dessen, was wir ertragen können, führen muß. Aufrichtigkeit, Mut, Demut, Vertrauen, Versöhnlichkeit – das Beste in uns – muß Licht werfen in die dunkelsten, schmerzlichsten und beschämendsten Ecken unserer Psyche. Natürlich gibt es auch Freude. Aber heutzutage trennen sich Paare oft, und es liegt meist nicht daran, daß sie zu viel Freude aneinander haben. Wenn eine Seele die andere berührt, dann erfahren wir vielleicht das tiefgreifendste Glück, das wir jemals kennenlernen werden. Außerdem erleben wir Wachstum, und zwar dort, wo wir an die Grenzen unseres Potentials als Männer und Frauen stoßen.

Johnny und Terry, Sie und ich, wir alle sind frei, das zu tun, was wir wollen. Die Astrologie ist kein Allheilmittel für die Leiden, die die Liebe uns manchmal bereitet. Das Allheilmittel, wenn es überhaupt eines gibt, liegt in der radikalen Entwicklung unserer Tugenden – Aufrichtigkeit, Mut, Vertrauen, Versöhnlichkeit, Geduld –, die uns fortgesetzte Liebe überhaupt erst ermöglichen.

Was ist, wenn sich Johnny und Terry nach ihrer Trennung wieder zueinander hingezogen fühlen? Was, wenn sie erkennen, daß ein unsichtbares Band der Liebe sie aneinander bindet, daß ihre ängstlichen Spiele jedoch daran nagen wie ein tollwütiger Hund? Vielleicht wenden sie sich in ihrer Verwirrung und mit offenem Herzen und Geist einem modernen humanistischen Astrologen zu? Was wird geschehen? Johnny erfährt vielleicht, daß seine Fische-Sonne im 4. Haus steht und daß er einen aufsteigenden Schützen hat. Das bedeutet, daß seine gesamte Identität in einem magisch-mystischen Reich der Phantasie und Kreativität eingesperrt ist und sich deshalb sein Ich bisher nicht richtig herausbilden konnte. Johnny würde vielleicht feststellen, daß Menschen wie er anderen als wertvolles Orakel dienen – vorausgesetzt sie ruinieren dieses Potential nicht durch Ausschweifungen, Posieren und Eskapismus. Er würde erkennen, daß ihm sein Schütze-Aszendent eine luftige, farbenfrohe »Maske« verleiht, hinter der er sich verbergen kann, was aber nur so lange unproblematisch ist, solange er nicht an seine eigenen Pressemitteilungen glaubt.

Terry würde erfahren, daß sie ein Krebs mit Steinbock-Aszendent und einem Mond in der Jungfrau ist. Um die Formel zu verwenden, die wir im »Inneren Himmel« erarbeitet haben: Sie ist die diensteifrige (Mond in der Jungfrau) Mutter (Sonne im Krebs),

die ihr Gesicht hinter der Maske des Premierministers verbirgt –
daher ihr Drang, sich vor wahrer Intimität mit Johnny zu schützen, indem sie sich hinter der Rolle seines Guru, seiner Mutter
oder seiner Psychotherapeutin verbirgt.

Während Johnny und Terry, einander in die Augen blickend,
dem Astrologen gegenüber säßen, würde dieser Astrologe die
Karten offen auf den Tisch legen. Sie könnten in ihren Drehbüchern lesen, daß sie sich wie Roboter in einem alten Melodram
verhielten, Johnny als tragischer Schurke und Terry den zum
Scheitern verurteilten Engel, der ihn liebt, komme was da wolle.
Oder sie könnten dieses Spiel sein lassen, einander wie »dreidimensionale« Erwachsene begegnen und sich gegenseitig beim
Wachsen helfen.

Der Astrologe könnte noch ein gutes Stück weitergehen. Da
Weisheit und Empfindsamkeit durch die beiden Geburtshoroskope künstlich verstärkt werden, könnte der Astrologe das Band
durchleuchten, das Terry und Johnny miteinander verbindet, es
auf mögliche interaktive Schwächen überprüfen und in vielen Fällen praktische Lösungen und Unterstützungen, eine positive
Interpretation ihres Dilemmas anbieten. Johnny zum Beispiel hat
das für Fische im 4. Haus typische Bedürfnis nach gelegentlichen
Phasen des Rückzugs, um seine Kreativität und sein spirituelles
Leben zu kultivieren. Wenn ihm diese Phasen des Alleinseins
nicht zugestanden werden, wird er sich zurückziehen und launisch werden und dazu neigen, den ganzen Tag in die Röhre zu
glotzen. Terry muß lernen, daß Johnnys Rückzugsbedürfnis
nichts mit ihrem Charakter oder mit ihrer Beziehung zu tun hat
und daß sie sich nicht bedroht fühlen muß.

Terry dagegen benötigt etwas mehr Ordnung, Planung und
emotionale Unterstützung in ihrem Leben, als Johnny vielleicht
zu geben bereit ist. Das hat etwas mit den Territorien von Krebs,
Jungfrau und Steinbock zu tun – die Zeichen, die bei der psychologischen Beschaffenheit der beiden eine so große Rolle spielen.
Situationen, die Johnny vielleicht nur als abenteuerlich oder interessant empfinden würde, fühlen sich für Terry so an, als seien sie
auf gefährliche Weise außer Kontrolle geraten. Ein Anflug davon
und sie erstarrt, verbirgt sich hinter einer ihrer zahlreichen El-

ternmasken. Wenn sie sich sicher genug fühlen soll, um das Beste in sich zu offenbaren – die Dichterin in ihr –, dann muß für sie zunächst einmal eine beruhigende Basis geschaffen werden.

Johnny ist Johnny, und es wäre falsch, von ihm zu verlangen, er solle sein Leben um Terrys Unsicherheiten herum errichten. Doch mit der Unterstützung des Astrologen könnte er diese Unsicherheiten vielleicht zum ersten Mal erkennen und seine Seelenpartnerin mit mehr Feingefühl behandeln. Um ihretwillen? Ja, natürlich; das liegt in der Natur der Liebe. Doch auch um seiner selbst willen: Das Leben mit einer vernünftigen Frau ist angenehmer als mit einer verrückten.

Indem er tiefer in die Horoskope eindringt, Planeten, Häuser und andere technische Details berücksichtigt, auf die wir später noch zurückkommen werden, könnte der Astrologe auf eine Goldader stoßen: Beispielsweise könnte er herausfinden, daß Terry und Johnny gemeinsame Gartenarbeit lieben. Diese gemeinsame Arbeit könnte ein wichtiges Glied in der Kette der Freuden sein, die sie aneinander bindet – und ohne diese Freuden würde niemand, es sei denn er ist Masochist, lange freiwillig in der Beziehung mit einem Seelengefährten aushalten. Herauszufinden auf welche Weise sich die natürlichen Freuden einer Partnerschaft betonen und unterstützen lassen, ist ebenso entscheidend, wie das Aushandeln von Lösungen für die unausweichlichen Konflikte. In gewisser Hinsicht könnte es sogar wichtiger sein, da es bei den meisten Menschen die Freuden sind, die sie dazu anspornen, an einer Beziehung zu arbeiten, und nicht das abstrakte Versprechen von Wachstum.

Das also ist das Territorium der Synastrie – der astrologischen Beziehungskunde. Wie Sie sehen, ist unser Ziel ein aktives, dynamisches. In diesem Buch werden Sie mehr lernen als Nachrufe zu geschilderten Beziehungen zu komponieren oder astrologische Gründe dafür zu finden, warum eine bestimmte Liebesbeziehung so gut funktioniert. Sie können lernen, und das ist viel aufregender, mit Hilfe der Astrologie aktiv in den Prozeß des Liebens einzugreifen, sich selbst und den von Ihnen geliebten Menschen dabei zu helfen, die Kommunikation zu optimieren, das Glück zu vertiefen, persönliches Wachstum zu steigern, Sex zu verbessern und saubere, faire Auseinandersetzungen zuzulassen, die Mauern einreißen, statt sie zu errichten.

Die Verfahrensweisen, die wir in diesem Buch vorstellen, sind weniger kompliziert als im »Äußeren Himmel«, doch die persönlichen Fragen, die wir stellen, werden in explosives emotionales Gelände vordringen. Zum Glück vermag die Astrologie Ihnen beim Durchqueren dieser gefährlichen Territorien ein guter Führer zu sein. Sie kann Sie beruhigen, Ihnen raten, Sie über den hormonellen Nebel hinausheben. Am Anfang kann Ihnen die Astrologie ein wenig technisch oder abstrakt erscheinen, bleiben Sie trotzdem dabei. Hinter ihr verbirgt sich nichts Mysteriöses. Astrologie ist nichts anderes als das Leben selbst, das in eine Art symbolische Kurzschrift übersetzt wurde. Sie ist nur ein Handwerk mit genau festgelegten Verfahrensweisen und Techniken. Um sich ihrer zu bedienen, brauchen Sie nichts als das, was Sie bereits zwischen Ihren Ohren haben. In ein paar Stunden wissen Sie genug, um sich selbst weiterzuhelfen. Nach ein paar Wochen haben Sie ausreichend Fertigkeiten erworben, um andere voranzubringen.

Wenn Sie eines der beiden vorausgegangenen Bücher gelesen haben, können Sie das folgende Kapitel, bei dem es sich um eine Einführung handelt, überblättern. Haben Sie sich jedoch niemals zuvor mit Astrologie beschäftigt, dann müssen Sie die folgenden Seiten aufmerksam lesen. Das dort präsentierte Wissen ist Voraussetzung für die folgenden Kapitel.

Kapitel 2
Astrologie im Schnellverfahren

Sie haben sich noch nie zuvor mit Astrologie beschäftigt? Dann ist dieses Kapitel für Sie. Eine grundlegende Einführung zu den wichtigsten Symbolen – mehr brauchen Sie nicht, um dieses Buch zu verstehen.

Das ist eine der schönen Seiten an der Astrologie, ihre Einfachheit. Doch dürfen Sie das nicht mißverstehen. Obwohl alles Wesentliche in einer Handvoll elementarer Vorstellungen zum Ausdruck gebracht werden kann, so ist es doch möglich, ein Leben lang fasziniert all die Nuancen und Feinheiten zu entdecken. Isaac Newton ist der Astrologie nie so richtig auf den Grund gekommen. Auch Pythagoras, Platon, Galileo oder Carl Gustav Jung ist das nicht gelungen. Sie arbeiteten alle am Anfang mit dem gleichen Rohmaterial: den 34 astrologischen Grundsymbolen und ein wenig verbindendem Material. In diesem Kapitel wollen wir lediglich einen kurzen Überblick über das Territorium geben. Sollten Sie zu einem tieferen Verständnis der Dinge gelangen wollen, dann müssen Sie zum »Inneren Himmel« oder zum »Äußeren Himmel« greifen oder zu einer anderen Einführung.

Zeichen, Planeten und Häuser

Die Astrologie besteht nicht aus einem Satz Symbole, sondern aus dreien: Zeichen, Planeten und Häuser. Jede dieser Symbolgruppen steht für sich. Jede dient einem einzigartigen Zweck. Sie auseinanderzuhalten ist der erste Schritt zu einer effektiven Annäherung an die astrologische Interpretation.

Die Zeichen stehen, kurz gesagt, für zwölf psychologische Prozesse, von denen ein jeder über ein klares Ziel, passende Mittel und über ein paar klassische Fallen verfügt. Der Widder zum Beispiel symbolisiert den Prozeß der *Mutsuche*. Als zentrale Mittel stehen ihm Begeisterungsfähigkeit und die *Liebe zum Abenteuer* zur Verfügung. Doch wenn der Prozeß umkippt, dann wird aus Mut sinnlose Explosivität, zum Beispiel in Form von Wutanfällen.

Planeten stehen für eine Art Landkarte im Kopf. Jeder von uns verfügt zum Beispiel über die Fähigkeit zum logischen Denken, und jeder hat eine Kapazität für Gefühle. In vielen Fällen erweist es sich als nützlich, diese beiden Kategorien auseinanderzuhalten. »Auf der einen Seite denke ich, daß ich dies tun sollte; auf der anderen Seite sagen mir jedoch meine Gefühle, das zu tun.« Planeten funktionieren genauso, nur unterteilen Sie den Geist in zehn Einzelbereiche mentalen Funktionierens und nicht in zwei. Es gibt einen Planeten für das logische Denken (Merkur) und einen für die Gefühle (Mond). Außerdem sind da noch Planeten für viele andere Funktionen wie etwa Selbstdisziplin, Selbstbewußtsein und Individuation. Jeder Mensch verfügt über alle zehn; nur bringen sie sich in jedem von uns auf andere Weise zum Ausdruck.

Die Häuser stehen für die grundlegenden Schauplätze. Von ihnen gibt es zwölf, und jedes von ihnen symbolisiert ein Territorium, das wir betreten und erforschen können. Zum Beispiel gibt es ein »Haus der Ehe« oder ein »Haus der Karriere«. Manche der Häuser stehen eher für innere als für äußere Schauplätze – beispielsweise das »Haus des Unbewußten«.

Setzen Sie Zeichen, Planeten und Häuser zusammen, und Sie erhalten die älteste und mental aufrüttelndste Landkarte der Menschheit. Hier eine sehr einfache Methode, um die einzelnen Bestandteile sinnvoll auseinanderzuhalten:

- *Planeten* beantworten die Frage nach dem »Was«. Über welchen Teil des Geistes sprechen wir? Die Ich-Entwicklung? Rationales Denken? Partnerwahl?
- *Zeichen* führen uns einen Schritt weiter, indem Sie die Frage nach dem »Warum« und dem »Wie« beantworten. Welches Ziel verfolgt dieser Planet? Wie sieht sein verborgenes Programm aus? Wie sind seine Ziele zu realisieren?
- *Häuser* vervollständigen das Bild, indem sie uns die abschließende Frage nach dem »Wo« beantworten. In welchem Bereich des Lebens wird die charakteristische Freisetzung dieser Plane-

ten-Zeichen-Dynamik zu beobachten sein? Wird sie im kreativen Bereich, in Liebesdingen, im beruflichen Leben erfolgen?

Hier nun ein Beispiel, wie dies in der Praxis funktioniert. Dustin Hoffman wurde am 8. August 1937 um 17.07 Uhr pazifischer Zeit in Los Angeles geboren. Sein Mars befand sich im Zeichen Schütze gerade noch im 10. Haus. Der Mars ist das »Was«. In diesem Fall sprechen wir von Selbstbewußtsein. Im Geburtshoroskop jedes Menschen ist das Thema »Selbstbewußtsein« vertreten – was also macht Dustin Hoffman so einzigartig? Sein Selbstbewußtsein wird motiviert durch die Logik des Zeichens Schütze – dieses Zeichen steuert das »Warum« und das »Wie« bei. In diesem Fall sehen wir, daß Hoffmans Mars durch einen Drang nach neuen Horizonten oder nach dem Aufbrechen vertrauter Gewohnheiten (Ziele des Schützen) motiviert wird. Wo stoßen wir auf den charakteristischen Ausdruck dieses Wunsches? In seinem 10. Haus, dem traditionellen »Haus des Berufes«.

Dustin Hoffman hat zweifelsohne stark und selbstbewußt auf seine Mars-Konfiguration reagiert. Er hat Bereitwilligkeit bewiesen, im Rahmen seiner Karriere neue, kontroverse, ihm nicht vertraute Bereiche zu begehen. Als Schauspieler hat er der Versuchung widerstanden, sich von Hollywood auf einen bestimmten Typ festlegen zu lassen – wie jeder, der seine urkomische Darstellung einer Frau in »Tootsie« gesehen hat, bestätigen wird.

Hatte Dustin Hoffman in der Angelegenheit eine Wahl, oder war er durch astrologische Kräfte darauf »programmiert«? Das ist vielleicht die wichtigste Frage, die sich ein Astrologieschüler stellen kann. Die Astrologen sind hier geteilter Meinung: Traditionell hielt man es für möglich, das eigene »Schicksal« aus den Sternen zu lesen. Viele Astrologen denken noch immer so. Wir jedoch sind anderer Auffassung. Für uns spielt der Wille und die Vorstellungskraft des Individuums eine entscheidende Rolle bei der Festlegung dessen, wie sich die astrologischen Kräfte tatsächlich manifestieren werden. Ein moderner Astrologe verwendet den Begriff »Schicksal« nur selten in einem starren Zusammenhang. Dustin Hoffman – und jeder andere Mensch – hat die Wahl. Er hat sich offenbar der evolutionären Herausforderung zu stellen gewußt und ist mit seinem Schütze-Mars im 10. Haus richtig umgegangen. Es hätte auch anders sein können. Seine Freiheit beinhaltete das Recht, »auszubrechen« (Scheitern des Mars), seine expansiven Prinzipien über Bord zu werfen (Scheitern des Schützen) und bei einer langweiligen, lästigen Arbeit zu enden, die nichts mit ihm zu tun hat (Scheitern des 10. Hauses). Wir sollten es Dustin Hoffmans Mut zugute halten und nicht seinem Geburtshoroskop, daß er so viel erreicht hat.

Damit Sie schnell nachschlagen können, geben wir Ihnen Überblicke über die Zeichen, Planeten und Häuser in tabellarischer Form. Hierbei handelt es sich, gelinde ausgedrückt, um eine starke Vereinfachung. Es gibt Leute, die haben zu jedem einzelnen dieser Symbole ein ganzes Buch geschrieben. Letztlich sind sie alle vielschichtig genug, um eine derart ausführliche Behandlung zu rechtfertigen. Doch wenn Sie erst am Anfang stehen, dann stellen die folgenden Tabellen eine gute Grundlage für Sie dar. Achten Sie darauf, in welchen praktischen Zusammenhang die Symbole gestellt werden, dann lernen Sie erheblich mehr.

Noch einmal sei betont, daß diese Tabellen keineswegs als erschöpfende Abhandlung verstanden werden dürfen. Sie sollten sie als ein knappes Reisewörterbuch für eine Fremdsprache begreifen. Sie stellen ein nützliches Grundgerüst dar; wenn Sie weiterlesen, wird Ihre Vertrautheit mit den Symbolen rasch wachsen. Es ist das Leben, das in eine Art extrem verdichteten Code übersetzt wurde. Sie müssen sich diese Vorstellungen nicht erst aneignen; sie befinden sich bereits in Ihrem geistigen Besitz. Nur den Code müssen Sie verinnerlichen, und das ist mit etwas Übung gar nicht so schwierig.

Tabelle 1: Die Planeten

Planet/Symbol	Funktion	Funktionsstörung
Sonne ☉	Identitätsbildung, Vitalität	Selbstsucht, Faulheit
Mond ☽	Subjektivität, Gefühl	Launenhaftigkeit
Merkur ☿	Intelligenz, Kommunikation	Nervosität, Besorgnis
Venus ♀	Entspannung, Beziehungsbildung	Eitelkeit, Manipulierbarkeit, Ausschweifung
Mars ♂	Selbstbewußtsein, Territorialität	Wut, Selbstzerstörung
Jupiter ♃	Glaube, Begeisterung	Übermäßige Expansion, Aufgeblasenheit
Saturn ♄	Selbstdisziplin, Wirklichkeitsüberprüfung	Depression, Gleichgültigkeit
Uranus ♅	Individuation	Exzentrik, Rebellion
Neptun ♆	Selbsttranszendenz, Vorstellungskraft	Verwirrung, Wirklichkeitsflucht
Pluto ♇	Uneigennützigkeit, Aufrichtigkeit	Zynismus, Sinnlosigkeit

Tabelle 2: Die Zeichen

Zeichen/Symbol	Ziel	Strategie	Schatten
Widder ♈	Mut	Abenteuer	Wut
Stier ♉	Gelassenheit	Stille, Einfachheit	Faulheit
Zwillinge ♊	Offenheit	Erfahrung	Chaos
Krebs ♋	Fürsorge	Hege/Pflege	Unsichtbarkeit, »Bemuttern«
Löwe ♌	Freude	Kreativität, Spiel	Melodrama, Aufgeblasenheit

31

Zeichen/ Symbol	Ziel	Strategie	Schatten
Jungfrau ♍	Perfektion	Analyse, Genauigkeit	Pingeligkeit, Selbstzweifel
Waage ♎	Gleichgewicht	Ästhetik, Höflichkeit	Entschlußlosig-keit, fehlende Authentizität
Skorpion ♏	Tiefe	Innenschau, Ehrlichkeit	Launenhaftig-keit
Schütze ♐	Verständnis	Expansion, Risiko	Torheit
Steinbock ♑	Leistung	Selbstdisziplin, Integrität	Mechanisierung
Wassermann ♒	Individualität	In-Frage-Stellen von Autoritäten	Entfremdung
Fische ♓	Selbst-transzendenz	Mitgefühl, Meditation	Verwirrung

Tabelle 3: Die Häuser

Häuser	Traditioneller Name	Territorium
1. Haus	Haus der Persönlichkeit	Persönlicher Stil, »die Maske«
2. Haus	Haus des Geldes	Ressourcen (materiell und psychologisch)
3. Haus	Haus der Kommunikation	Informationsaustausch
4. Haus	Das Zuhause	Persönliche Wurzeln, Unbewußtes
5. Haus	Haus der Kinder	Selbstausdruck, Spiel
6. Haus	Haus der Dienstboten	Verantwortlichkeiten, Kunstfertigkeit
7. Haus	Haus der Ehe	Intimität, Engagement

Häuser	Traditioneller Name	Territorium
8. Haus	Haus des Todes	Instinkte: Sexualität, Moral, »das Okkulte«
9. Haus	Haus der Reisen	Expansion, Aufbrechen von Routinen
10. Haus	Haus des Berufes	Beruf, Mission, sozialer Status
11. Haus	Haus der Freunde	Persönliche Ziele, Menschen, die sie unterstützen
12. Haus	Haus der Mühen und Schwierigkeiten	Selbsttranszendenz, Loslassen

Aspekte

Es gibt ein weiteres Verbindungsglied in der astrologischen Kette: die Aspekte. Hierbei handelt es sich um geometrische Winkel zwischen den Planeten. Vor langer Zeit erkannten die Astrologen, daß bestimmte Winkel kritisch sind und bedeutende Interaktionen zwischen den Planeten hervorrufen, bei denen ein Planet die Bedeutung des anderen färbt. Diese Interaktionen können die unterschiedlichsten Formen annehmen. Manchmal scheinen zwei Planeten die »besten Freunde« zu sein, einander zu helfen und Ziele gemeinsam zu haben. Dann wieder kann die Beziehung zwischen zwei Planeten auch problematisch sein. Offenbar sind sie »natürliche Feinde«.

Man kann noch immer von »guten« und von »schlechten« Aspekten lesen, doch solche Vorstellungen sind dumm und verschwinden langsam aus dem Vokabular der Astrologen. Die sogenannten »guten« Aspekte sollten besser als »harmonisch« – was aber nicht zwangsläufig »gut« bedeutet – bezeichnet werden. Zwei wilde Teenager können in vollständiger Harmonie miteinander sein, wenn sie sich entschließen, diesen verlockenden Sportwagen für ein, zwei Stunden »auszuleihen«. Ihre Übereinstimmung macht das Stehlen dieses Wagens aber noch nicht zu einer guten Idee. Vielleicht trägt ein dritter Freund einen »schlechten« Aspekt zu der Situation bei und macht ihnen klar, daß ihr »Vergnügungsausflug« nichts anderes als Diebstahl ist und daß er außerdem aus genau diesem Auto vor einer Stunde einen Polizisten hat aussteigen sehen. Diese sogenannten »schlechten« Aspekte sind unharmonisch; doch verbirgt sich hinter ihnen oft eine Warnung und gutes Urteilsvermögen.

Tabelle 4: Die Aspekte

Aspekt/Symbol	Abstand	Orbis	interaktiver Prozeß
Konjunktion ☌	0°	7°	Verschmelzung, Synthese
Sextil ⚹	60°	5°	Stimulation, Reizbarkeit
Quadrat □	90°	7°	Reibung, Aufeinander-prallen
Trigon △	120°	7°	Harmonisierung, Verbesserung
Opposition ☍	180°	7°	Spannung, Polarisierung

Obwohl es sich bei Aspekten um genau festgelegte Winkel handelt, lassen sie ein gewisses Maß an Ungenauigkeit zu. Diesen Spielraum bezeichnen wir als »den Orbis des Aspekts«. Ein Quadrat zum Beispiel ist rein technisch gesehen ein Winkel von 90 Grad. In der Praxis aber üben zwei Planeten, die 95 Grad voneinander entfernt sind, immer noch den gleichen Einfluß aufeinander aus. In der Tabelle sind Vorschläge für die Größe dieser Orben enthalten, aber bitte seien Sie im Umgang mit ihnen nicht zu strikt. Aspekte lassen sich nie nur an- oder ausknipsen. Sie nehmen erst nach und nach an Intensität zu und dann wieder ab. Die von uns vorgeschlagenen Werte für die Orben sind nicht mehr als Näherungswerte, die Ihnen für den Anfang die Vorstellung erleichtern sollen.

In Tabelle 4 ist die Wirkungsweise der wichtigsten Aspekte zusammengefaßt. Wenn Sie sich mit dem Thema tiefgreifender beschäftigen wollen, dann lesen Sie Kapitel 9 im »Inneren Himmel«. Im folgenden ein Beispiel, um zu zeigen, wie Aspekte in der

Praxis funktionieren. Wir haben bereits einen Blick auf Dustin Hoffmans Schütze-Mars im 10. Haus geworfen. Sein Saturn befindet sich am Anfang des Widder im 2. Haus und bildet folglich mit seinem Mars ein Trigon. Wie ist diese Interaktion zu verstehen?

Beginnen Sie, indem Sie zunächst die Bedeutung der beiden beteiligten Planeten erfassen. Wir haben uns bereits mit dem Mars beschäftigt, es bleibt uns der Saturn. Um welchen Bestandteil von Dustin Hoffmans mentalem Schaltkreis handelt es sich beim Saturn? Der Ringplanet ist das Symbol für seine Selbstdisziplin und seine Fähigkeit, in der Wirklichkeit zu leben. Was motiviert seinen Saturn? Wie lautet seine verborgene Tagesordnung und welche Mittel stehen ihm zur Verfügung? Das Zeichen Widder liefert die Antwort. Auf der höchsten Ebene setzt Dustin Hoffman Selbstdisziplin (Saturn) ein, um Mut zu entwickeln (Ziel des Widder). Die ihm für diesen Prozeß zur Verfügung stehenden Mittel sind Abenteuerlust und Risikobereitschaft (Strategien des Widder). An welcher Stelle wird sich diese Saturn/Widder-Energie am charakteristischsten im Verhalten niederschlagen? Im 2. Haus, also in Hoffmans Bestreben, Selbstvertrauen zu entwickeln und sich vor sich selbst zu beweisen (Territorium des 2. Hauses). Hoffman muß also, wenn er sich gut fühlen will (2. Haus), selbstdiszipliniert und nach Vollkommenheit strebend (Saturn) arbeiten und bereit sein, dabei entsprechend Risiken in Kauf zu nehmen (Widder).

Diese Saturn-Funktion bildet nun einen stützenden, harmonisierenden Trigon-Aspekt mit seinem Forscher-Mars im »Haus des Berufes«. Außerdem ähneln sich die beiden Planeten eindeutig in ihrer Zielsetzung und in ihrem Wirkungsbereich. Gedeiht der eine, dann tut dies auch der andere – da aber beide zu großem Kraftaufwand neigen, ist die potentielle Gefahr eines emotionalen oder physischen Ausbrennens nicht zu übersehen. So könnte Dustin Hoffman beispielsweise bis an die Grenzen seiner Kraft arbeiten mit dem Vorsatz, sich danach die dringend benötigte Pause zu gönnen. Am Vorabend seines Urlaubs aber wird ihm vielleicht eine aufregende, herausfordernde Filmrolle angeboten – Beginn: morgen. Seinem Schütze-Mars im 10. Haus wäre es vielleicht nicht möglich, dem Angebot zu widerstehen, und sein Widder-Saturn im 2. Haus gäbe ihm möglicherweise die Disziplin und den Drang, die erforderlich wären, um das Projekt zum Abschluß zu bringen. Doch was würde aus dem Urlaub werden? Und wie lange wäre sein Geist und Körper dazu in der Lage, diese Belastung auszuhalten?

Das Geburtshoroskop

Da uns eine detaillierte Analyse von Dustin Hoffmans Geburtshoroskop (Abbildung 1) zu sehr von unserem Weg abbringen würde, beschränken wir uns auf eine knappe Führung durch dieses Schaubild, damit Sie die Vorstellungen, die wir bisher in diesem Kapitel entwickelt haben, zu all den scheinbar unverständlichen Hieroglyphen in Beziehung setzen können.

Als erstes gilt es zu verstehen, daß ein Horoskop eine stilisierte Karte des Himmels ist, wie er, ausgehend vom Geburtsort, am Tag und zur Stunde der Geburt des betreffenden Menschen ausgesehen hat.

Die horizontale Achse des Geburtshoroskops steht für den Horizont. Alles, was sich oberhalb dieser Linie befindet, befand sich zum Zeitpunkt von Dustin Hoffmans Geburt in der sichtbaren Hälfte des Himmels. Alles unter ihr war unsichtbar und befand sich unterhalb des Horizonts. Die »Kuchenstücke« stehen für die zwölf Häuser. An dieser Stelle gilt es aufzupassen: Der Osten befindet sich *links* und nicht rechts, wo er gewöhnlich anzutreffen ist. Dieser Bruch mit dem Brauch ist mehr als nur eine Laune der Astrologie. Falls Sie neugierig sind, bitte ich Sie, den Sachverhalt in Kapitel 3 des »Inneren Himmels« nachzuschlagen.

Die Planeten sind scheinbar willkürlich im Horoskop verteilt. Die Sonne befindet sich in Hoffmans 7. Haus – Sie finden sie auf der rechten Seite des Diagramms direkt über Pluto, der oberhalb des Horizonts steht. Damit betrachten Sie eine untergehende Sonne tief am westlichen Himmel, was bei einer Geburtszeit von 17.07 Uhr durchaus logisch ist. Würden wir die Sonne an einer anderen Stelle im Horoskop finden, dann wüßten wir sofort, daß

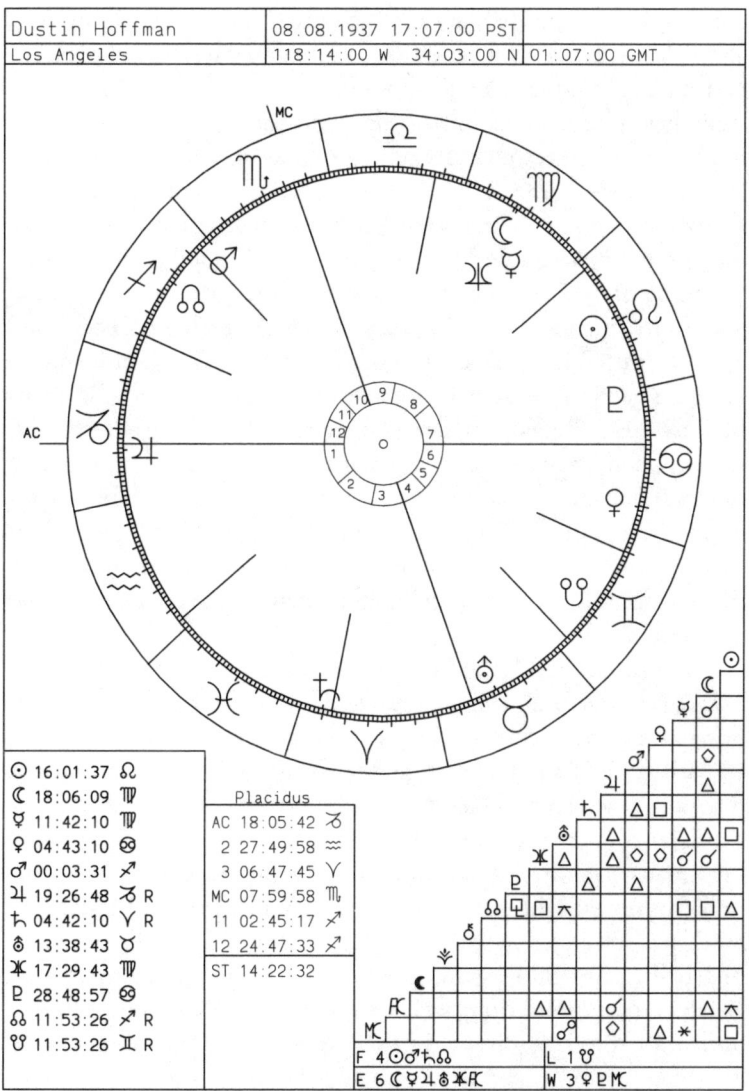

| Dustin Hoffman | 08.08.1937 17:07:00 PST | |
| Los Angeles | 118:14:00 W   34:03:00 N | 01:07:00 GMT |

Abbildung 1: Das Geburtshoroskop von Dustin Hoffman

ein mathematischer Fehler vorliegen muß. Das Geburtshoroskop ähnelt also einer Uhr. Lernen Sie, es richtig zu lesen, und Sie können die Genauigkeit der Berechnungen, die der Astrologe angestellt hat, überprüfen, indem Sie daran denken,* daß die Sonne nachmittags im Westen untergeht, morgens im Osten aufgeht usw.

Neben dem Symbol für Dustin Hoffmans Sonne lesen Sie die Angabe 16:01:37 ♌. Damit wird zum Ausdruck gebracht, wo sich die Sonne innerhalb des Zeichens befindet. Sie steht auf 16 Grad, 1 Minute und 37 Sekunden im Löwen. (Eine »Minute« entspricht einem Sechzigstel von 1 Grad, eine Sekunde einem Sechzigstel von 1 Minute.) Jedes Zeichen umfaßt genau 30 Grad, und ein Planet kann sich an jeder beliebigen Stelle innerhalb eines Zeichens befinden. Die Bedeutung des Planeten wird nicht direkt von seiner genauen Lage im Zeichen beeinflußt; zu wissen, in welchem Zeichen sich ein Planet befindet, reicht aus. Warum geben wir uns dann überhaupt mit Gradangaben ab? Sie sind dann von Bedeutung, wenn wir anfangen, über Aspekte nachzudenken, und sie dienen außerdem der Feststellung, in welchem Haus sich ein Planet befindet.

Placidus ist die Methode nach der die Häuser berechnet sind. Die Zahlen darunter zeigen uns, wo das Rad der Zeichen in Beziehung zu Dustin Hoffmans Häusern »zum Stehen gekommen« ist; sie stellen die überaus wichtige Beziehung zwischen dem inneren und dem äußeren Rad her.

Stellen Sie sich die Sache folgendermaßen vor: Am Morgen von Hoffmans Geburtstag befand sich die Sonne ebenfalls bereits im Löwen – sie hält sich dort jedes Jahr einen ganzen Monat lang auf –, freilich stand sie zu diesem Zeitpunkt in der östlichen Himmelshälfte, also im Horoskop links. Wäre Dustin Hoffman zum Beispiel kurz vor Mittag geboren, dann hätte sich seine Löwe-Sonne im 10. Haus und nicht im 7. befunden. Wir können leicht die scheinbare tägliche Bewegung der Sonne um die Erde erkennen. Die Zeichen verhalten sich genauso wie die Sonne. Sie steigen auf und gehen unter.

Jetzt sehen Sie sich den östlichen Horizont des Geburtshoroskops an. Dort, auf der linken Seite, sehen Sie daß eine Linie durch das Zeichen Steinbock ♑ geht. Das sagt uns, daß der Steinbock zum Zeitpunkt von Hoffmans Geburt im östlichen Horizont aufging, und zwar genau mit 18 Grad 5 Minuten und 42 Sekunden – wie aus der Tabelle zu entnehmen ist. Wäre er eine Stunde später geboren worden, dann hätte sich das nächste Zeichen, der Wassermann, über die Horizontlinie geschoben. Auch wenn dies auf den ersten Blick nicht ersichtlich ist, das Rad der Zeichen dreht sich um das Rad der Häuser. Innerhalb von 24 Stunden steigt jedes Zeichen einmal auf.

Das »aufsteigende Zeichen« – oder der *Aszendent* – ist zusammen mit Sonne und Mond einer der drei wichtigsten Faktoren in der Astrologie. Gemeinsam bilden sie die *primäre Dreiheit*. Das aufsteigende Zeichen steht symbolisch für die soziale Persönlichkeit. Es ist die »Maske«, die sich die Psyche zulegen muß, um in die Wirklichkeit der sozialen Interaktion eintreten zu können. Damit ist aber nicht Unaufrichtigkeit gemeint; dem Polizisten zum Beispiel, der Ihnen ein »Knöllchen« für Falschparken verpaßt, würden Sie auch nicht »ehrlich« sagen, was Sie von ihm halten. Die Beziehung zu ihm ist von oberflächlicher Art, und dabei sollte es am besten auch bleiben.

Mit dem aufsteigenden Steinbock trägt Dustin Hoffman »die Maske des Einsiedlers«. Anfangs ist er schwer zu durchschauen, aber auf den zweiten Blick strahlt er die Kompetenz und Verantwortlichkeit des Steinbocks aus. Zum Zeitpunkt seiner Geburt befand sich Jupiter fast exakt auf der östlichen Horizontlinie, das macht seinen Aszendenten komplizierter als gewöhnlich. Die clowneske Ausrichtung des Jupiter auf Expansion mildert einen Teil der für den Steinbock typischen Zurückhaltung. Gutgelaunte Verspieltheit könnte ein Bestandteil von Hoffmans Maske sein, doch hinter dieser Oberfläche wären ohne Zweifel immer Einsamkeit und Vorsicht zu spüren.

In der Tabelle unter dem Wort Placidus finden Sie die genauen Angaben über die *Spitze* (also den Anfang) eines jeden Hauses. Da es sich dabei um Achsen handelt, sind nur sechs Gradangaben aufgeführt, aus denen sich die übrigen sechs ergeben. Beispielsweise beginnt Hoffmans 2. Haus bei 27 Grad 49 Minuten und 48 Sekunden im Zeichen Wassermann, daraus folgt, daß das gegenüber liegende 8. Haus bei 27 Grad 49 Minuten und 48 Sekunden

Löwe beginnt. Am oberen Rand des Horoskops durchschneidet eine Linie das Zeichen Skorpion. Es ist das MC, *die Himmelsmitte*, und zugleich die Spitze des 10. Hauses. Die genaue Gradangabe 7 Grad 59 Minuten und 58 Sekunden Skorpion können Sie der Tabelle entnehmen; daraus ergibt sich, daß das IC, *die Himmelstiefe*, und der Beginn des 4. Hauses bei 7 Grad 59 Minuten und 58 Sekunden Stier liegt.

Die Aspekte finden sich im dreieckigen Gitternetz, dem *Aspekt-Schlüssel*, in der unteren rechten Ecke des Schaubilds. Wir haben bereits das von Mars und Saturn gebildete Trigon erwähnt. Suchen Sie die Symbole für Mars und Saturn im Aspekt-Schlüssel. Folgen Sie der Mars-Säule nach unten bis sie sich mit der Saturn-Säule schneidet. In diesem Quadrat sehen Sie ein kleines Dreieck, das das Symbol für das Trigon darstellt. Genauso sind beispielsweise ein Sextil zwischen Hoffmans Merkur und seiner Himmelsmitte, eine Konjunktion zwischen Mond und Neptun zu erkennen.

Zwei weitere Symbole sind im Geburtshoroskop zu erkennen: ☊ für den aufsteigenden (nördlichen) und ☋ für den absteigenden (südlichen) *Mondknoten*. Hierbei handelt es sich um subtile, unterschiedlich interpretierbare Symbole. Am besten kann man sie sich folgendermaßen vorstellen: Ein Baby wird geboren. Es ist nur 30 Sekunden alt. Sehen Sie ihm in die Augen. Aus ihnen blickt Ihnen bereits ein Mensch entgegen! Ein Kind scheint weise, ein anderes fröhlich, ein drittes abwesend zu sein. Wie konnte so schnell eine Persönlichkeit in diesen kleinen Körper gelangen? Die Hindus oder alten Druiden würden frühere Leben zur Erklärung heranziehen. Der Wissenschaftler würde von Erbgut sprechen. Der Papst würde vielleicht einen körperlosen vorgeburtlichen Zustand »in der Vorstellung Gottes« erwähnen. Entscheiden Sie sich für das Modell, das Sie am ehesten zu überzeugen vermag. In gewissem Sinne beziehen sie sich alle auf »vergangene Leben«. Welcher Sichtweise Sie auch den Vorzug geben, der absteigende Mondknoten zeigt Ihnen, »was in den Augen dieses Babys bei seiner Geburt zu sehen war«. Der aufsteigende Mondknoten, der dem absteigenden immer direkt gegenüberliegt, stellt eine Beziehung zur entwicklungsbedingten Zukunft des Individuums her. Er steht für die herausforderndste – und spirituell lohnendste – Aktivität, die dieser Person offensteht.

Eine nützliche Abkürzung

Ein Geburtshoroskop kann fast so kompliziert sein, wie ein Mensch selbst, und ihn zu verstehen, ist eine dieser endlosen, unmöglichen Aufgaben, die einen ein Leben lang faszinieren. Daß ein Geburtshoroskop auch außerordentlich einfach sein kann, ist für Sie im Augenblick vermutlich weniger offensichtlich.

Es gibt einen Trick, den ich erstmals im »Inneren Himmel« vorgestellt habe, der es uns gestattet, die essentielle Botschaft eines beliebigen Horoskops in einem einzigen Satz zusammenzufassen. Indem wir uns dieser Abkürzung bedienen, wird uns zugleich der Blick auf eine Vielzahl lebendiger Details verstellt. Doch dafür verschaffen wir uns einen nüchternen und sachlichen Überblick. In der astrologischen Arbeit, und vor allem in der Synastrie, ist die Vorstellung, daß wir die großen Zusammenhänge aus dem Blick verlieren könnten, das größte Schreckgespenst. Die folgende, außerordentlich einfache Technik ist mehr als ein Freifahrschein für den Weg des geringsten Widerstands. Es handelt sich um eine Strategie, die Ihnen ein Gerüst liefert, das Sie darin unterstützt, den Überblick auch dann zu bewahren, wenn Sie sich auf subtilere Ebenen der Analyse vorwagen.

Die Abkürzung basiert auf den drei entscheidendsten Faktoren in jedem Geburtshoroskop: Sonne, Mond und Aszendent.

- Die *Sonne* wird als die Identität der betreffenden Person begriffen.
- Der *Mond* steht für die emotionalen, magischen Dimensionen und folglich für die Seele dieses Menschen.
- Der *Aszendent* schließlich repräsentiert unsere soziale Persönlichkeit oder unsere Maske.

Diese drei Faktoren werden dann, den Zeichen entsprechend, in denen sie sich in jedem einzelnen Fall befinden, als *Archetypen* zum Ausdruck gebracht. Archetypen sind mythische Bilder wie etwa »der weise Alte« oder »die ungestüme Junge«. Ein weniger freundliches Synonym für Archetyp ist Klischee. Diese Übersetzung ist zwar ausreichend genau, doch einen Archetyp als Klischee zu bezeichnen, heißt, seine wahre Macht, die darin liegt, daß

41

sehr viel Information anhand eines einzigen Bildes vermittelt werden kann, zu übersehen.

In der folgenden Tabelle kommt der Geist jedes der zwölf Zeichen in Archetypen zum Ausdruck. Die Tabelle will keineswegs zu einer starren Anwendung auffordern; die archetypischen Bilder sind ausschließlich als Vorschläge gedacht. Wenn im Laufe der Zeit Ihr Verständnis für die Zeichen wächst, dann sollten Sie die Liste entsprechend ergänzen.

Tabelle 5: Die Archetypen der Zeichen

Zeichen/Symbol	Archetypen
Widder ♈	der Krieger, der Pionier, der Waghalsige, der Überlebenskünstler
Stier ♉	der Bodenständige, der Musiker, der Schweigsame, der zuverlässige Bürger
Zwillinge ♊	der Zeuge, der Lehrer, der Geschichtenerzähler, der Journalist
Krebs ♋	die Mutter, der Heiler, der Unsichtbare, der Sensitive
Löwe ♌	der König, der Schauspieler, der Clown, das Kind
Jungfrau ♍	der Diener, der Märtyrer, der Perfektionist, der Analytiker, der Kritiker
Waage ♎	der Liebhaber, der Künstler, der Friedensstifter, der Diplomat, der therapeutische Berater
Skorpion ♏	der Detektiv, der Zauberer, der Hypnotiseur, der Psychologe
Schütze ♐	der Zigeuner, der Student, der Philosoph, der Forscher, der Anthropologe
Steinbock ♑	der Einsiedler, der Vater, der Premierminister, die Autoritätsperson, der Stratege
Wassermann ♒	das Genie, der Revolutionär, der Wahr-Sager, der Exilant, der Wissenschaftler
Fische ♓	der Mystiker, der Träumer, der Poet, der Seher, der Romantiker

Dustin Hoffmans Horoskop enthält eine Löwe-Sonne, einen Jungfrau-Mond und einen aufsteigenden Steinbock. Sofern Sie sich nicht schon eine Weile mit Astrologie beschäftigen, wird dieser Satz für Sie keine große Bedeutung haben. Doch nun wollen wir unsere Formel zur Anwendung bringen. Wir könnten zum Beispiel sagen, daß Dustin Hoffman der »Schauspieler« (Löwe-Sonne) mit der Seele eines »Perfektionisten« (Jungfrau-Mond) ist, der die Maske des »Einsiedlers« (Steinbock-Aszendent) trägt. Oder daß er ein »Clown« mit der Seele eines »Märtyrers« ist, der sich hinter der Maske des »Premierministers« verbirgt. Es steht uns frei, die Bilder auf jede gewünschte Weise zu kombinieren; wie immer sie zusammengesetzt werden, mit ein paar Worten sind sie fähig, eine weitere Facette eines beliebigen, komplizierten Charakters zu durchleuchten.

Probieren Sie diese Technik aus. Sie ist sehr wirkungsvoll. Im Rahmen ihrer Möglichkeiten kann die Tabelle der Archetypen Wunder wirken. Üben Sie ein paar Minuten, und Sie werden dazu in der Lage sein, nach einem ersten Blick auf ein beliebiges Horoskop fast sofort etwas Intelligentes darüber zu sagen.

Sollten Sie das Gefühl haben, daß Sie sich noch nicht alles merken konnten, was Sie bisher gelesen haben, dann machen Sie sich keine Sorgen. Die Archetypen werden Sie nicht im Stich lassen, außerdem können Sie, um detailliertere Informationen zu erlangen, immer noch auf die übrigen Tabellen zurückgreifen. Vor allem müssen Sie daran denken, daß sich die Astrologie aus drei Symbolsystemen zusammensetzt: den *Planeten*, die die Struktur des Geistes beschreiben; den *Zeichen*, die die Motivationen und Bedürfnisse wiedergeben; und den *Häusern*, die die Welt erfassen, in der dieser Geist forscht und Entscheidungen trifft. Wenn Sie das behalten, dann sind Sie bereits auf dem richtigen Weg. Die Details werden Ihnen auf den folgenden Seiten, auf denen Sie miterleben, wie sich das astrologische Drama von Liebe und Intimität entfaltet, klarer werden. Sie werden schon bald herausfinden, daß nichts das Logische und Unlogische eines Geburtshoroskops deutlicher offenbart, als wenn man es mit einem zweiten in den Dampfdrucktopf steckt.

Kapitel 3

Drei Schritte

Sie haben nun etwas über das Zusammenspiel von Zeichen, Planeten und Häusern in einem Horoskop erfahren. Nun werden wir uns damit beschäftigen, was geschieht, wenn zwei Geburtshoroskope miteinander in Wechselwirkung treten: also mit dem Teilbereich der Astrologie, den wir als Synastrie bezeichnen.

Ihre guten Freunde Walter und Desdemona haben Ihnen bereitwillig gestattet, Ihre astrologischen Kenntnisse an ihnen auszuprobieren. Vor 20 Minuten kreuzten die beiden aufgeregt und lachend an Ihrer Tür auf, und nun sitzen Sie mit ihren Geburtshoroskopen im Wohnzimmer. Das letzte nervöse Kichern hat sich gelegt, und Sie blicken nun in zwei Paare erwartungsvoller Augen – und sehen sich mit zehn Paar Planeten konfrontiert, die ebensoviel Sinn zu machen scheinen, wie ein Kreuzworträtsel in chinesischer Sprache.

Desdemonas Neptun auf 29 Grad in der Waage bildet ein Quadrat zu Walters Mond auf 29 Grad im Krebs. Sind Quadrataspekte nicht ein Hinweis auf Reibung? Bedeutet das, daß Walters emotionale Bedürfnisse (Mond) mit Desdemonas Vorstellungskraft und Selbsttranszendenz (Neptun) zusammenprallen? Zugleich aber bildet Walters Mond einen harmonisierenden Trigonaspekt mit Desdemonas Merkur (Intelligenz und Kommunikation) in den späten Fischen, also sind Sie sich nicht sicher, ob Walter Desdemonas Vorstellungskraft einen Dämpfer verpaßt oder nicht. Und was sollen Sie über Walters Zwillinge-Venus sagen, die im Quadrat zu Desdemonas Merkur steht? Weil die Schaubilder sich nun wie Windräder vor Ihren Augen drehen, schlagen Sie vor, zu Ehren der Beziehung zunächst einmal eine Flasche Champagner zu öffnen – und sehen zu, wie sich Ihre Deutungsversuche zusammen mit den Luftblasen auflösen.

Eine Szene wie diese ist vermeidbar, wenn man sich einer systematischen Herangehensweise bedient. Natürlich kann Synastrie manchmal verwirrend sein. Wie die Liebe! Eine Beziehung analysieren zu wollen, setzt in Ihnen Gefühle frei, wie sie auch einen Langstreckenschwimmer angesichts des Ozeans befallen müssen.

Die Synastrie wird Sie ebensowenig wie das Leben selbst zum Beziehungsexperten machen, aber die Synastrie und etwas Geschick werden Sie darauf vorbereiten, sich dem Thema mit etwas mehr Selbstvertrauen zu nähern. Auch in den Ozean würden Sie sich nicht ohne Ziel werfen, schon gar nicht, wenn sie nicht wissen, wie lange Sie schwimmen können, und nicht ohne Team, das Sie aus dem Boot heraus anfeuert – also nicht ohne vorher festgelegte Strategie. Auch in die Deutung zweier Horoskope von Menschen, die eine Liebesbeziehung zueinander haben, sollten Sie nicht ohne die entscheidende Unterstützung durch die folgenden drei Schritte eintauchen. Sie sind unbedingt erforderlich. Lernen Sie, sie zur Anwendung zu bringen, und Sie werden zwar nicht über Nacht zum Delphin, aber Sie werden auch nicht ertrinken.

Erster Schritt: Das Individuum begreifen

In Woody Allens romantischer Komödie »Der Stadtneurotiker« gibt es eine Szene, in der der Therapeut des Paars beide getrennt voneinander fragt, wie oft sie Sex miteinander haben. Diane Keaton zieht eine Grimasse und sagt: »Die ganze Zeit! Dreimal die Woche.« Woody Allen antwortet bedrückt: »So gut wie nie! Dreimal die Woche.«

Beziehungen haben für verschiedene Menschen unterschiedliche Bedeutungen. Individuelle Bedürfnisse und Erwartungen können weit voneinander abweichen. Doch werden Sie keinen Zugang zu diesen verschiedenen Perspektiven finden, wenn Sie sich nur darüber Sorgen machen, daß Walters aufsteigender Mondknoten einen Sextilaspekt mit Desdemonas Aszendent bildet. Ihr erster Schritt muß darin bestehen, sich zunächst auf jedes Geburtshoroskop einzeln zu konzentrieren.

Betrachten Sie beide Horoskope, und stellen Sie sich die Fragen: Wer ist diese Person? Was will sie? Was braucht sie? Was zieht sie an? Was fürchtet sie? Wieviel Privatleben braucht sie? Wie leidenschaftlich ist sie? Versuchen Sie sich diesen Menschen so vorzustellen, als funktioniere er in einem emotionalen Vakuum. Verzichten Sie darauf, ihn in Beziehung zu jemandem zu setzen. Lassen Sie diesen ersten Schritt aus, und Ihre Deutung kann zwar für Sie klare Ergebnisse zu Tage fördern, nicht aber für Ihre Klienten.

Desdemonas Widder-Sonne im 5. Haus steht in Konjunktion mit Mars. Ihr Aszendent ist Skorpion, außerdem fällt eine weitere Konjunktion zwischen ihrem Löwe-Mond im 8. Haus und dem Uranus auf. Wenn man die Formel aus dem vorangegangenen Kapitel zur Anwendung bringt, dann ist Desdemona die Kriegerin (Widder-Sonne) mit der Seele einer Schauspielerin (Löwe-Mond) und der Maske der Hypnotiseurin (Skorpion-Aszendent). In Desdemona zeigt sich also ein Unruhestifter voller dramatischer Intensität in bezug auf das Leben im allgemeinen und auf Beziehungen im besonderen. Woher wissen wir, daß ihr Beziehungen so wichtig sind? Durch ihre Häuser. Sie sagen uns, wo ihr Leben stattfindet. Desdemonas Sonne befindet sich im 5. Haus (Selbstausdruck und Spiel), traditionell als das »Haus der Liebesaffären« bezeichnet. Die zentrale Bedeutung von Intimität in ihrem Leben betonend, befindet sich ihr Mond im 8. Haus (Sexualität, verstärkt durch den aufsteigenden Skorpion). In Beziehungen braucht sie Leidenschaft, Aufrichtigkeit und Direktheit; einen sanften Partner, der nur ihr »bester Freund« sein will und dessen sexuelle Bedürfnisse an der Gürtellinie zum Erliegen kommen, kann Desdemona nicht gebrauchen.

Walter ist ein Stier des 4. Hauses mit einem aufsteigenden Steinbock und einem Krebs-Mond im 6. Haus. Er sucht Gelassenheit, Ruhe und Sicherheit. Er braucht das Gefühl, in einer vertrauten Umgebung verwurzelt zu sein, ein konkretes Gerüst, innerhalb dessen er seine innere Welt hegen und pflegen kann (die erdige Stier-Sonne im Haus des Unbewußten und den Mond im Krebs), und etwas, was einer »protestantischen Arbeitsethik« nahekommt (Mond im Haus der Verantwortlichkeiten und Kunstfertigkeit mit einem zielorientierten aufsteigenden Steinbock). Er ist zurückhaltend darin, seine Gefühle zum Ausdruck zu bringen; Walter ist sehr auf seine Privatsphäre bedacht (Sonne im 4. Haus, selbstdisziplinierter, aufsteigender Steinbock). Beziehungen sind ein möglicher Teil seines Lebens; für die meisten Menschen sind sie Bestandteil ihres Lebens, doch für ihn spielen sie keine derart zentrale Rolle wie für Desdemona. Walter braucht eine Partnerin, die für Stabilität und Ruhe sorgt, keine, die Unruhe durch übertriebene psychologische Forderungen hervorruft.

Walter ist der Schweigsame oder der Musiker (Stier-Sonne) mit der Seele eines Sensitiven (Krebs-Mond) und der Maske des Premierministers (Steinbock). Was glauben Sie, wie er auf die Kriegerin mit der Seele der Schauspielerin und der Maske der Hypnotiseurin reagiert? Fangen Sie an, die in diesen beiden Horoskopen dargestellten sehr unterschiedlichen Gefühlslagen zu erfassen.

Desdemona hat ihre Venus (die Göttin der Liebe) in den Zwillingen (Neugier), während sich Walters Venus im Widder (Schießpulver) befindet. Ihr synastrisches »Kochbuch« sagt Ihnen, daß sie daher das Gespräch, Objektivität und vor allem eine mentale Beziehung braucht (Zwillinge), während er Feuerwerk und Aufregung (Widder) will! Was ist aus Walters Zurückhaltung und Desdemonas Extravaganz geworden? Das führt uns zu einem wichtigen Einblick in die Synastrie: Wenn Sie die Gesamtheit des Horoskops außer acht lassen und direkt mit der Interpretation Planet für Planet beginnen, dann verlieren Sie den Überblick. Vielleicht geben Sie eine astrologische Erklärung ab, doch Walter und Desdemona starren Sie nur ungläubig an. Ziehen Sie jedes Geburtshoroskop als Ganzes in Betracht! Walters auf Nachdenklichkeit und Sicherheit ausgerichtetes Diagramm könnte eine Widder-Venus möglicherweise zu der Aussage führen: »Ich mag Menschen, die mich dazu herausfordern, in der Arbeit mein Bestes zu geben.« In Desdemonas leidenschaftlichem, beziehungsorientiertem Horoskop könnte die Zwillinge-Venus eine Vorliebe für Menschen bewirken, »die immer etwas Neues und Anderes in die Beziehung einbringen.«

Zweiter Schritt: Die Wechselwirkung der Geburtshoroskope begreifen

Sobald Sie die Botschaft jedes der Horoskope aufgenommen haben, wird es Zeit, sie miteinander zu vergleichen. Wie könnte Walter Desdemonas Bedürfnisse befriedigen? Wie würde sich sein Leben verändern, wenn er bei ihr einzöge?

Der zweite Schritt besteht in Wahrheit aus mehreren »Riesenschritten«, deren technische Verfahrensweise den größten Teil dieses Buches ausmachen. Im Augenblick wollen wir uns nur einen Überblick über das Territorium als solches verschaffen. Später werden wir jeden dieser Einzelschritte für sich analysieren. Für dieses Kapitel ist es sinnvoll, den zweiten Schritt in drei Phasen zu unterteilen.

Erstens: Analysieren Sie die Aspekte zwischen Desdemonas und Walters Planeten und achten dabei insbesondere auf die Aspekte, an denen Sonne, Mond und Aszendent sowie die beiden beziehungsrelevanten Planeten Venus und Mars beteiligt sind. Zum Beispiel befindet sich Walters Stier-Sonne in Opposition zu Desdemonas Skorpion-Aszendent und seine Widder-Venus bildet ein Sextil mit ihrer Zwillings-Venus. Diese »Interaspekte« (ein Begriff, den die Astrologen Ken und Joan Negus geprägt haben) offenbaren viel darüber, wie zwei Menschen miteinander auskommen, ob die Beziehung ruhig dahinfließt und wo die Spannungspunkte sind. Wir werden uns mit dieser Technik im einzelnen in den Kapiteln 7 und 9 beschäftigen.

Zweitens: Finden Sie heraus, wie Walters Planeten in Desdemonas Häuserstruktur fallen und umgekehrt. Diese Technik zeigt, welche Lebensbereiche (Häuser) einer Person durch den anderen Menschen am stärksten beeinflußt werden. Wenn zum Beispiel Desdemonas 7. Haus bei 13 Grad im Stier beginnt und sich seine Sonne auf 15 Grad im Stier befindet, dann würden wir sagen, daß seine Sonne in ihr 7. Haus fällt und diesen Bereich der Ehe, Intimität und der Verbindlichkeit sozusagen »ins Licht« rückt.

Drittens: Vergleichen Sie den Gesamteindruck, den Sie von Desdemonas Horoskop haben, mit dem von Walters Horoskop. Wie ergänzen Sie einander? Wo sind sie gegensätzlich? Uns geht es jetzt um den »großen Gesamtzusammenhang«. Suchen Sie nach grundlegenden Stärken und Harmonien in den beiden Horoskopen. Wie kann das Paar sie vergrößern? Wo können Sie das maximieren, was sie gemeinsam haben? Es gibt viele spezielle Techniken, mit deren Hilfe diese Fragen beantwortet werden können; vor allem ist hier jedoch Phantasie und gesunder Menschenverstand wichtig.

Nehmen wir zum Beispiel an, daß sich Walter und Desdemona kennenlernen, weil er Regie bei dem Theaterstück führte, in dem sie die Hauptrolle spielte. Seine Regiearbeit profitiert von seiner Fähigkeit, eine innere Vision (die des Dramatikers) in die konkrete Wirklichkeit umzusetzen (erdige Stier-Sonne im Haus von Symbolismus und Unbewußtem; effizienter Steinbock-Aszendent). Er muß außerdem seine Schauspieler zu einer phantasievollen, sensiblen Darstellung ermutigen (emotionaler, auf Hege und Pflege bedachter Krebs-Mond im Haus der Kunstfertigkeit). Desdemona ist die geborene Schauspielerin (feurige Widder-Sonne im Haus des Selbstausdrucks; dramatischer, schauspielerischer Löwe-Mond; intensiver, launischer Skorpion-Aszendent). Das Theaterstück verschafft ihnen ein gemeinsames Ziel, das für beide von großer Bedeutung ist, und sorgt dafür, daß Walter im wahrsten Sinne des Wortes »hinter den Kulissen« arbeitet, während es Desdemona in die Mitte der Bühne stellt.

Ist Theater die einzige Rettung für Walter und Desdemona? Natürlich nicht. Ihnen stehen viele Möglichkeiten offen, um eine gemeinsame Basis zu finden. Grenzen werden ihnen nur durch die eigene Vorstellungskraft auferlegt. Beispielsweise könnten Walter und Desdemona Freude daran haben, gemeinsam mit Kindern zu arbeiten; sie hat einen spielerischen, kindlichen Löwe-Mond, und er verfügt über einen zärtlichen, liebevollen Krebs-Mond. Desdemona findet Geschmack am Abenteuer (Widder-Sonne), und Walter hält sich gerne in der freien Natur auf (Stier-Sonne); gemeinsame Campingausflüge wären für die beiden also eine ideale Freizeitaktivität. Je vertrauter Sie mit der Grundbedeutung von Zeichen, Planeten und Häusern werden, desto leichter wird es Ihnen fallen, die harmonischen Grundtendenzen in zwei Horoskopen aufzuspüren.

Achten Sie auch auf bedeutsame Spannungen zwischen den Partnern. Ihr Ziel kann es nicht sein, diese immer aufzulösen. Dabei handelt es sich in der Regel um eine unmögliche Aufgabe, es sei denn, die beiden beteiligten Personen vergewaltigen ihr Wesen. Walter wird niemals zu einem leidenschaftlichen Menschen mutieren und Desdemona nie zu einem stillen, ruhigen Teich. Ihr Ziel ist es, das Bewußtsein für den anderen zu schärfen, damit Mißverständnisse und Fehlinterpretationen des jeweiligen Verhaltens auf ein Minimum zu reduzieren und vernünftige Kompromisse bezüglich der unterschiedlichen Bedürfnisse zu erreichen.

Dritter Schritt: Das Paar begreifen

Als sich Walter und Desdemona kennenlernen und ineinander verlieben, schließen ihre Freunde heimlich Wetten ab, wie lange »es« halten wird. Sie sagen voraus, daß Walter sogar noch mehr Zeit lesend in der Theaterbibliothek verbringen wird, um sich Desdemonas theatralischem Getue zu entziehen, und daß Desdemona nach Intensität und Nähe hungern wird. Nach sechs Monaten setzen Walter und Desdemona ihre Freunde in Erstaunen, indem sie eine Schauspielschule gründen. Er stellt den Lehrplan zusammen, und sie wirft sich auf den Unterricht. Sie sind überglücklich mit ihrem Projekt, und ihre Freunde vergessen die Wetten, die sie abgeschlossen haben.

Was ist geschehen? Eins plus eins gibt nicht immer zwei! Zwei (oder mehrere) Geburtshoroskope können zu einem Horoskop für die Beziehung verbunden werden. Ein solches Schaubild deckt die innere Logik und Dynamik des Paars auf. Genauso, wie wir anhand eines Horoskops das mögliche glücklichste Leben eines einzelnen beschreiben können, so ist es auch denkbar, anhand eines Compositohoroskops zu verstehen, wie die Beziehung dieses Paars in seiner Lebendigkeit und Erfüllung aufrechterhalten werden kann. Solche Composite funktionieren genauso wie Geburtshoroskope. Wir müssen nur daran denken, daß wir über die Beziehung an sich sprechen.

Ein Blick auf Walters und Desdemonas Composit zeigt, daß sie zusammen eine Stier-Sonne im 3. Haus und einen Löwe-Mond im 6. Haus haben. Die Beziehung verlangt gemeinsame Erfahrungen im 3. Haus von stierhafter Art, wenn sie als Paar wachsen sollen. Welcher Art könnten diese Erfahrungen sein? Lassen Sie uns hierzu das Wesen des Stiers und das 3. Haus näher betrachten. Der Stier wird von der Venus beherrscht, dem Planeten der Beziehungsbildung. Beziehungen mit dieser Konstellation können gleichermaßen kreativ wie emotional sein. Stier-Menschen werden wie Waage-Menschen oft von der Kunst als Mittel angezogen, um innere Harmonie herzustellen, doch beim Stier nimmt der künstlerische Ausdruck eher konkrete und dreidimensionale Formen an: Pantomime, Bildhauerei, Tanz, Schauspiel. Das 3. Haus ist das Haus des Lehrens, der Kommunikation und mitgeteilter Information, folglich ist Walters und Desdemonas Schauspielschule ein möglicher Ausdruck ihrer Sonne im 3. Haus (Lehre) und im Stier (dreidimensionaler künstlerischer Ausdruck). Gemeinsam haben sie auch das emotionale Bedürfnis (Mond) nach geteilter Verantwortung (6. Haus) in bezug auf Kreativität, Darstellung und Talent (Löwe).

In Walters und Desdemonas Fall spiegelt ihr Beziehungshoroskop sie beide wider: Er ist Stier, und sie hat einen Löwe-Mond. Manche Composite bringen den einen Partner mehr als den anderen zum Ausdruck, während andere keinem der beiden ähneln. In beiden Fällen werden unterschiedliche Anpassungsmaßnahmen durch die betroffenen Personen erforderlich. Gleichgültig welchen Eindruck das Composit auch erweckt, es erzeugt eine dritte Kraft in der Beziehung, die in Betracht gezogen werden muß. In gewisser Weise symbolisiert sie die »Chemie« zwischen den Partnern, eine vorrangige »Stimmung« in der Beziehung, die die Individualität des einen oder des anderen Partners unterdrücken oder fördern kann. Die Erstellung von Composithoroskopen ist eine knifflige, aber auch eine tiefgreifende Technik. Eine Beschäftigung mit der Synastrie ohne sie wäre unvollständig. In den Kapiteln 10 und 11 wird diese Strategie ausführlich beschrieben.

Dies sind also die drei Schritte der Synastrie: Jedes der beiden Horoskope für sich verstehen, die Interaspekte untersuchen und dabei auf von ihnen möglicherweise symbolisierte Harmonien und Konflikte achten und zuletzt die Beschäftigung mit dem Composit. Dieses Buch beschreibt und erklärt detailliert diese Schritte. Wenn Sie die meistern, dann haben Sie schon ein gutes Stück des Wegs zu einer lohnenden Erfahrung mit einer wirkungsvollen synastrischen Interpretation zurückgelegt. Lassen Sie uns nun, im zweiten Teil des Buches, das individuelle Horoskop aus der Beziehungsperspektive genauer betrachten.

ZWEITER TEIL
LIEBE UND INDIVIDUALITÄT

Kapitel 4

Wen lieben Sie – und wie?

Ein Mann und eine Frau sitzen schweigend zusammen. Beide sind von ihrem Buch gefesselt. Der Abend verstreicht. Kein Wort wird gesprochen. Um elf Uhr erhebt sich der Mann, geht durch den Raum, beugt sich vor und küßt die Frau auf die Stirn. Sie blickt ihn liebevoll an und flüstert: »Ich liebe dich.« Er lächelt und seine Augen versinken einen Moment lang in den ihren. Dann geht er davon, um sich die Zähne zu putzen, und ist dankbar, daß sie Teil seines Lebens ist.

Einen Häuserblock weiter sitzt ein anderes Paar schweigend da. Er liest. Sie legt Patiencen. Eine Stunde verstreicht. Plötzlich explodiert die Frau: »Wenn du nicht endlich mit mir sprichst, werden wir beide verrückt! Ich fühle mich, als lebte ich mit einem Fremden!« Sie stürmt aus dem Raum und knallt die Tür zu. Er murmelt etwas und wendet sich dann wieder seinem Buch zu.

Jede Beziehung braucht Kommunikation. Jede Beziehung braucht außerdem Stille. Soviel ist allgemeingültig und kann auf jedermann angewandt werden. Alles, was darüber hinausgeht, befindet sich in einer Grauzone. Für das erste Paar sind lange Phasen gemeinsamer Stille eine Quelle erneuerter Nähe und gegenseitiger Anbindung. Für das zweite Paar – jedenfalls für die Frau, ist die gleiche Stille ein schmerzhaftes Problem. Was der ersten Ehe förderlich ist, vergiftet die zweite; was in einer glücklichen Partnerschaft als sinnloses Geplänkel erscheint, kann in einer strapazierten Beziehung eine Quelle von Freude und Heilung sein.

Zwei Ehen. Das bedeutet vier Menschen. Vier einzigartige menschliche Wesen, von denen ein jedes seine ureigensten Bedürfnisse, Spielräume und wunden Punkte hat.

Die Frau in der traumatisierten Ehe stürmt wütend aus dem

Haus und platzt bei einer Freundin herein. Sie beklagt sich, daß die Leidenschaft ihres Mannes für das Lesen seine Art ist, einer bedeutungsvollen Verbindungsaufnahme mit ihr aus dem Weg zu gehen. Sie bringt die Meinung zum Ausdruck, daß er ein »emotionales Leichtgewicht« sei, und wenn er nur über ein Mindestmaß an Einfühlungsvermögen verfügen würde, dann müsse er einen Termin bei einem Psychotherapeuten vereinbaren, wie sie es ihm bereits unzählige Male vorgeschlagen habe.

Ihrem Mann fällt es nach dem Krach mit seiner Frau schwer, sich auf sein Buch zu konzentrieren. Er geht hinaus auf die Straße und trifft dort auf einen Freund. Sie suchen sich einen Platz, um miteinander zu reden. Nun lernen wir seine Seite der Auseinandersetzung kennen. Es ist wenig überraschend, daß er die Situation vollkommen anders auffaßt als seine Frau. »Was kann ich tun? Ich setze mich hin, um eine Stunde zu lesen, und sie explodiert wie der Vesuv. Sie ist wie ein Kind. Sie braucht ständige Aufmerksamkeit. Wenn ich sie reden höre, in dem Augenblick, da ich ihr nicht mehr in die Augen sehe, bin ich für sie ein Psychopath! Sobald ich mich für irgend etwas interessiere, gehe ich ihr, so meint sie, aus dem Weg. Ich habe keine Chance.«

Wer hat recht? Das ist natürlich eine alberne Frage. Beide haben recht. Das heißt, beide bringen ihre legitimen Bedürfnisse zum Ausdruck. Das Problem besteht darin, daß die Frau mehr aktive, intensive Interaktion benötigt als ihr Mann. Er ist nicht ganz so »psychologisch« veranlagt wie sie. Für ihn haben Gefühle der persönlichen Erfüllung ihren Ursprung eher in der Erforschung von Vorstellungen als in der Erforschung von Gefühlen. Vielleicht sehnt er sich nach dem Tag, an dem sie ein Buch liest und mit ihm darüber ein interessantes Gespräch führt.

Sollten sie überhaupt miteinander verheiratet sein? Das ist eine legitime Frage. Wenn man ein paar Ratgeber zuviel gelesen hat, könnte man den Eindruck gewonnen haben, daß zwei beliebig ausgewählte Menschen ein glückliches Eheleben miteinander führen können, wenn sie nur die richtige Einstellung haben. Vielleicht verbirgt sich ein Funken Wahrheit in dieser Vorstellung, doch aus praktischen Gründen ist es bereits die halbe Miete auf dem Weg zu einer glücklichen Beziehung, wenn man hierzu den richtigen Partner wählt. Vielleicht passen der Mann und die Frau in dieser Geschichte schlecht zueinander? Vielleicht würde die Erfüllung der Bedürfnisse des jeweils anderen einen derart fundamentalen Betrug am eigenen Wesenskern bedeuten, daß sie ohne den anderen besser leben könnten.

Dies sind Fragen, die der Astrologe nicht beantworten kann, sondern nur die beiden Personen selbst. Die Aufgabe des Astrologen ist, dem Mann und der Frau durch praktische Vorschläge und Unterstützung zu gegenseitigem Verständnis zu verhelfen. Was darüber hinausgeht, müssen die beiden selbst entscheiden. Gleichgültig, wie unmöglich eine Beziehung vom astrologischen Standpunkt auch zu sein scheint, die zentrale Verantwortung des Astrologen besteht darin, Möglichkeiten zu beschreiben, die die Beziehung vielleicht zum Laufen bringen könnten. Dies trifft vor allem dann zu, wenn sich das Paar, wie in unserem Fall, bereits aneinander gebunden hat.

Jeder Mensch sehnt sich nach Liebe. Das ist eine der wenigen unqualifizierten Aussagen, die man zum Thema Nähe machen kann. Wenn es darüber hinausgeht, so betreten wir die unendlich komplizierte Welt menschlicher Unterschiedlichkeit. Der eine braucht Stille, der andere das Gespräch. Der eine verlangt nach Abenteuer und Anregung, der andere sehnt sich nach Sicherheit. Beschauliche Harmonie gegen Wachstum und Herausforderung. Gemeinsames Miteinander gegen radikale Individualität. Liebe zur Familie gegen Bevorzugung der Kinderlosigkeit. Wieviel intellektuellen Input brauchen Sie durch Ihren Partner? Wieviel Verspieltheit? Wieviel Ernsthaftigkeit? Wieviel Sex? Die Liste mit solchen Variablen könnte endlos fortgesetzt werden. Es gibt keine »artspezifische« Erfahrung menschlicher Liebe. Für jeden einzelnen von uns ist die Erfahrung von Liebe einzigartig.

Unser erster Schritt als Astrologe verlangt von uns, diese Einzigartigkeit in den Griff zu bekommen. Bevor wir eine Interaktion zwischen Menschen in Betracht ziehen, müssen wir uns zunächst ein gründliches Verständnis für den einzelnen erarbeiten. Und dieser Prozeß beginnt mit einem langen, gründlichen Blick auf jedes der beiden Horoskope.

Sonnenzeichen: Segen oder Fluch?

Praktisch jeder kennt sein Sonnenzeichen. Sogar die Menschen, die über die Astrologie lachen, wissen genug, um sagen zu können, »Ich bin Stier« oder »Ich bin Jungfrau.« Zumindest auf dieser Ebene ist die Astrologie ebenso fest wie Mickymaus oder Conan der Barbar in unsere Kultur eingewoben.

Die Parallelen zwischen dieser Art Astrologie und Mickymaus oder Conan dem Barbar sind tiefverwurzelt. Sonnenzeichen und Comicfiguren dienen im wesentlichen dem gleichen Zweck: Sie liefern beschwörende Bilder von grundlegenden menschlichen Prinzipien. Conan der Barbar steht für brutale Kraft. Mickymaus für unverwüstlichen Schneid. Auf ähnliche Weise steht der Widder für Mut, während Fische Empfindsamkeit symbolisieren. Und ebenso wie es Sie vermutlich schockieren würde, Conan den Barbar hinter sich in der Schlange im Supermarkt warten zu sehen, so würde es Sie auch schockieren, einem reinen unverfälschten Widder oder Stier zu begegnen. Auch sie würden wie aus einem Comicheft wirken.

Anders als ein für sich genommenes Sonnenzeichen ist das Geburtshoroskop keine zweidimensionale Illusion. Es ist ein mehrdimensionales Wesen voller Mehrdeutigkeiten und dunkler Ekken. Die astrologischen Erkenntnisse, die allein aus dem Sonnenzeichen zu erlangen sind, mit einem genauen Geburtshoroskop zu vergleichen, ist wie die Gegenüberstellung von »Indiana Jones und der Tempel des Todes« mit den Werken von Ernest Hemmingway oder Hermann Hesse.

Dennoch, die »Sonnenzeichen-Astrologie« besteht fort. Hierfür gibt es zwei Gründe. Erstens sind Sonnenzeichen einfach zu verstehen und leicht zugänglich. »Wann hast du Geburtstag? Oh, dann bist du ein Zwilling.« Dazu sind keine Berechnungen erforderlich. Keine entmutigenden Zahlenreihen. Keine Kluft zwischen Frage und Antwort.

Der zweite Grund, warum sich das Sonnenzeichen fortgesetzter Popularität erfreut: sie funktionieren. Trotz ihrer eng gesteckten Grenzen erfüllen sie einen praktischen Zweck. Die Kritiker der Astrologie bemängeln häufig, daß die Konzentration auf das

Sonnenzeichen »die Menschen in Schubladen steckt«. Dessen ist die Sonnenzeichen-Astrologie gewiß schuldig. Doch die gleichen Kritiker kategorisieren die Menschen oft mit noch einfacheren Typologien. »Sie ist so schrecklich introvertiert!« Im Vergleich zu anderen Typologien sind Sonnenzeichen ziemlich anspruchsvoll. Es gibt zwölf Zeichen, genug, um ein gewisses Maß an Subtilität zu gestatten. Doch ist es entscheidend, daran zu denken, daß kein Mensch eine bestimmte Kategorie *ist*. Wir alle sind weitaus komplizierter gestrickt.

Sind die Sonnenzeichen ein Segen oder ein Fluch? Das ist eine Frage, die sich nur schwer ehrlich beantworten läßt. Viele Astrologen entwickeln eine spontane Reaktion gegen sie: »Wir kommen uns vor wie Dichter, die für ein Publikum schreiben, das aber nur zwölf Wörter kennt.« Das ist die häßliche Seite der Medaille: Die Sonnenzeichen mit ihrer Art, uns in Versuchung zu führen, haben die Astrologie trivialisiert, sie von der Quelle alten psychologischen Wissens in eine Ware verwandelt, die im Lebensmittelgeschäft neben Klatschblättern und Hochglanzmagazinen verkauft werden kann.

Der Segen? Weil Sonnenzeichen so mühelos zugänglich sind, gerät fast jeder in unserer Gesellschaft früher oder später mit Astrologie in Berührung, und diese Tatsache hat sicherlich mit dafür gesorgt, daß das System erhalten geblieben ist. Ohne die Sonnenzeichen wäre die Astrologie vielleicht ebenso aus dem menschlichen Vorstellungsvermögen verdrängt worden wie die Alchimie, die Kräuterkunde oder die Weissagung mit Runensteinen.

Vielleicht ist es schlauer, die Sonnenzeichen nicht zu verurteilen, sondern zu versuchen, sie aus der Trivialität zu erretten und sie im größeren Zusammenhang des astrologischen Rahmens verständlich zu machen.

Sonne, Mond und Aszendent

Jeder kennt sein Sonnenzeichen – doch wie viele sind sich ihres Mondzeichens bewußt? Einer von Hundert? Ein Pseudoastrologe könnte diesen Mangel mit der Behauptung verteidigen, daß die Sonne auch viel wichtiger sei als der Mond. Lassen Sie sich nicht täuschen! Davon auszugehen, daß die Sonne wichtiger ist als der Mond, heißt, das Ich über die Vorstellungskraft oder den Verstand über das Gefühl zu stellen.

Beide, die Sonne und der Mond – und natürlich auch alle anderen Planeten –, treten als unterschiedliche Funktionen der Psyche zutage. Eine der wichtigsten Fähigkeiten in der Astrologie ist es, klar auseinanderzuhalten, mit welcher dieser Funktionen wir es gerade zu tun haben. Traditionell wurde die Sonne mit sogenannten »männlichen« Eigenschaften wie Vernunft, Führerschaft und Individualität assoziiert, während man den Mond als »weiblich« betrachtete – auf Hege und Pflege ausgerichtet, emotional und instabil. Doch jedes Geburtshoroskop enthält beide! Jeder Mensch, dessen Sonnen- oder Mondfunktion nicht vollständig entwickelt ist, ist wenigstens halb verrückt. Die Vorstellung, »die Sonne sei wichtiger als der Mond«, hat ihren Ursprung aus der gleichen »Weisheitsquelle«, die uns einst davon überzeugen wollte, daß es besser sei, einen Sohn statt eine Tochter zu haben.

Die Sonne hilft uns, eine Identität zu entwickeln und diese durch konkrete Leistungen zu untermauern. Der Mond sorgt dafür, daß wir Vergnügen und Schmerz, Freud und Leid erfahren. Wie wir in Kapitel 2 erfahren haben, läßt uns die Sonne wissen, wer wir sind, während uns der Mond Aufschluß über unsere Seele gibt – das heißt, der Mond spiegelt die »beseelte«, affektive Seite des Lebens wider. Jeder Funktion wird durch ein Zeichen Form gegeben, und dieses Zeichen wiederum dient dazu, ein bestimmtes Ziel zu beschreiben, zu dem unser solares Ich oder unsere lunare Seele strebt. Das Zeichen hat darüber hinaus noch eine Straßenkarte zu diesem Ziel hin zu bieten; das heißt, es beschreibt einen Satz Erfahrungen, die wir machen und verarbeiten können und die uns somit unserem Ziel rascher zuführen. Schließlich ist zu sagen, daß all dies Material durch Faulheit oder Angst ruiniert und in ein unangenehmes Syndrom von Einstellungen und Verhaltensweisen verwandelt werden kann, das wir für gewöhnlich als den »Schatten« des Zeichens bezeichnen.

In diesem Kapitel werden wir uns mit jedem der zwölf Zeichen im einzelnen beschäftigen. Im Augenblick reicht es aus, daran zu denken, daß jedes Zeichen für einen psychologischen Prozeß mit einem eindeutigen Ziel und für bestimmte Strategien steht, mit deren Hilfe dieses zu erreichen ist – und daß mit ihm absolut keine Garantien verbunden sind, es sei denn ein paar grundlegende Hilfsmittel. Darüber hinaus sind wir unser eigener Herr, frei auf der Basis unserer Entscheidungen die Höhen der Kreativität und der Freude oder die Tiefen der Verderbtheit zu erleben.

Was hat all dies mit Intimität und Nähe zu tun?

Im Rahmen der Sonnenzeichen-Astrologie erfahren wir vielleicht, daß alle Widder Stimulation und Abenteuer brauchen und daß sie daher pflichtschuldigst andere Feuerzeichen wie Schützen oder Löwen heiraten sollten. Doch was geschieht, wenn eine bestimmte Widder-Frau ihren Mond in der Jungfrau hat? Dann ist die Situation sehr viel komplizierter – und außerdem sehr viel menschlicher. Ihre solare Widder-Funktion – also ihre »Alltagspersönlichkeit« – bedarf weit größerer Intensität und sehr viel abwechslungsreicherer Erfahrungen als dies normalerweise der Fall wäre. Doch ihre lunare »Seele« verfügt über den Geist einer Jungfrau: Auf der Ebene des Instinkts (Mond) ist sie also ein wenig vorsichtiger und konservativer. Sie könnte sich sehr wohl an einer lohnenden lockeren Freundschaft mit einem Mann erfreuen, der alle Pyrotechniken und alle Farben des Feuers verkörpert – doch es ist zweifelhaft, ob er sie jemals sehr tief in ihrem Inneren berühren könnte. Ihr Jungfrau-Mond würde ihm nicht genug vertrauen! Jeder Mann, der zu ihr bis auf diese innere Ebene vordringen wollte, müßte sie erst davon überzeugen, daß er die Bedürfnisse ihres Jungfrau-Mondes befriedigen kann. Er müßte ihr also Verantwortungsbewußtsein und Kompetenz demonstrieren und beweisen, daß er seine Versprechungen auch einhält.

Sie könnte sich wahnsinnig in einen Musik machenden Schütze-Freigeist verlieben, nur um dann mit gebrochenem Herzen festzustellen, daß er niemals bereit sein könnte, ihr gegenüber eine Verpflichtung einzugehen. Sein energisches Charisma nährt ihre Sonne, läßt jedoch ihren Mond verhungern. Sie könnte sich über diese Situation hinwegtrösten, indem sie sich mit einem soliden Stier-Buchhalter einläßt – der sie mit seiner Vorhersagbarkeit bald zu Tode langweilen wird. Vielleicht ist er ebenso treu wie Rin-

Tin-Tin und daher eine Freude für ihren Jungfrau-Mond. Doch dann knurrt ihrer Sonne der Magen.

Durch eine Ansammlung solcher Erfahrungen erkennt unsere Heldin schließlich, daß ihr Bedürfnis nach Intimität durch subtilere Schattierungen befriedigt werden muß und daß die platte Aufforderung aus dem Sonnenzeichenbuch, »Such dir einen Löwe-Mann«, nicht ausreicht. Und schließlich wird sie mit zunehmender Reife auch erkennen, daß jeder potentielle Ehemann und oder Langzeitgefährte sie zugleich auf der solaren und der lunaren Ebene berühren muß. Anders ausgedrückt muß er ein ebenso kompliziertes Individuum sein wie sie.

Bisher haben wir uns gedanklich auf die Sonne und den Mond beschränkt. Allein durch die Sonne legen wir der Menschheit ein einfaches Muster von zwölf »Typen« zugrunde. Kommt der Mond hinzu, dann potenziert sich die Zahl der möglichen Kombinationen und erreicht 144 – und wie wir anhand unseres Beispiels gesehen haben, nimmt auch die Macht der astrologischen Symbole, die unser Bedürfnis nach Nähe beschreiben, proportional zu.

Und schließlich müssen wir auch noch die übrigen Planeten, die Aspekte und Häuser hinzunehmen. Bis wir an diesen Punkt geraten, sind wir Lichtjahre entfernt von jeglicher schematischen »Typologisierung«. Wir sprechen vielmehr über wirkliche Menschen, mit all ihren charakterlichen Eigenheiten. Doch das ist eine knifflige Angelegenheit, und es ist besser, sich diesem Ziel Schritt für Schritt zu nähern.

Im Augenblick soll es uns genügen, lediglich ein weiteres Gemüse in die astrologische Minestrone zu geben: den Aszendenten.

Wie die Sonne und der Mond dient auch der Aszendent einem einzigartigen und besonderen psychologischen Zweck. Er hilft uns, eine nach außen gerichtete, soziale Persönlichkeit aufzubauen. Mit einem Wort, der Aszendent steht für den persönlichen Stil eines Menschen. Der Begriff »Stil« ist treffend, doch leider vermittelt er auch einen Hauch von Belanglosigkeit oder letztliche Verzichtbarkeit – und das ist äußerst irreführend.

Der sprichwörtliche Bauernbub hat vor, ein Mädchen um eine Verabredung zu bitten. Schon seit Monaten hat er ein Auge auf sie geworfen. Schließlich bringt er den Mut auf, an sie heranzutreten.

Doch nun, da er vor ihr steht, muß er feststellen, daß ihn sein Mut
verlassen hat. Schweißtropfen bilden sich auf seiner Stirn. Er tritt
von einem Fuß auf den anderen. Er starrt auf seine Schuhe. »Da ist
eine Tanzveranstaltung am Samstagabend ... äh ... aber vielleicht
gehe ich trotzdem fischen.« Dann läßt er das Mädchen stehen,
ohne die entscheidende Frage zu stellen. Eine für beide qualvolle
Erfahrung.

Diese kleine Geschichte ist natürlich ein Klischee. Wir haben
sie viele Male auf der Leinwand gesehen. Und die meisten von uns
haben sie auch ein- oder zweimal selbst erlebt. Doch wenn wir sie
näher betrachten, dann kann sie uns etwas über den Aszendenten
sagen. Auf der tiefsten Motivationsebene ist mit diesem Bauern-
jungen alles in Ordnung. Er mag das Mädchen. Das ist etwas Gutes. Sie könnten vielleicht ein paar gemeinsame Erfahrungen machen, die ihnen beiden etwas bedeuten. Sein Problem ist das des
Stils. Er ist unfähig, seine innere psychologische Wirklichkeit in
einen äußeren Ausdruck tatsächlichen Verhaltens zu übersetzen.
Rein technisch gesehen handelt es sich also um ein oberflächliches
Problem. Davon abgesehen ist es jedoch auch eine emotionale
Katastrophe.

Der Aszendent kettet all die Komplexitäten unserer inneren
Welt mit den Erfordernissen der äußeren Wirklichkeit zusammen. Wenn wir stark auf ihn reagieren, dann fühlen wir uns »zen-
triert« und frei, füttern unser Unbewußtes bereitwillig mit einem
Satz bedeutsamer äußerer Erfahrungen. Reagieren wir schwach
auf ihn, dann tritt das Gegenteil ein; wir fühlen uns irgendwie
»doof« und abgetrennt und für gewöhnlich entsetzlich befangen.

Die Frau in unserem Beispiel ist ein solarer Widder mit einem
Jungfrau-Mond. Wir wollen nun unsere astrologische Analyse einen Schritt weiter bringen. Als sie ihren ersten Atemzug machte,
stieg das Zeichen Stier im Osten auf. Mit diesem Aszendent er-
strahlt ihre soziale Persönlichkeit – ob gut oder schlecht – in dem
Wellenlängenbereich des Stiers. Wir sagen »ob gut oder schlecht«,
weil sie sehr frei in ihrer Entscheidung darüber ist, wie sie auf
diese Potentiale reagiert. Im besten Fall präsentiert sie sich bescheiden, in einem Geist von Natürlichkeit und in geerdeter
Ruhe. Wenn sie älter wird, dann wird sie in zunehmendem Maße

eine Maske (Aszendent) ruhiger Gelassenheit und ungezwungener Wärme entwickeln. Bei nachteiliger Entwicklung könnte es passieren, daß sie in eine Pose der Stumpfheit, Sturheit und Berechenbarkeit abrutscht.

Im intimen Bereich reagiert sie auf Männer, deren Stil den ihren ergänzt. Das läßt ahnen, daß sie auf lange Sicht möglicherweise Schwierigkeiten mit einem »Spinner« oder einem selbsternannten Zauberer, der gerne mit langatmigen Abstraktionen um sich wirft, bekommen könnte. Diese Art Mann wäre für ihre mehr auf das Konkrete bedachte Persönlichkeit zu abstrus. Die Jungfrau ist wie der Stier ein Erdzeichen, und trotz ihres feurigen Sonnenzeichens sehen wir hier eine Frau, in der die erdigen Ideale Geduld, Realitätssinn und die praktische »lange Sicht« vorherrschen, die aber dennoch ihre grundlegende solare Lebenskraft aus der Widder-Zielsetzung Muterwerb bezieht.

Unserer astrologischen Palette die Farbe des Aszendenten hinzuzufügen, vergrößert die Subtilität unserer Typologie ganz erheblich. Wie wir bereits wissen gibt es zwölf Sonnenzeichen-Kategorien und 144 mögliche Sonne-Mond-Kombinationen. Mit dem aufsteigenden Zeichen erreichen wir eine Zahl von 1728 verschiedenen Mustern – und noch immer sind wir kaum tiefer als gerade einmal unter die Oberfläche eingedrungen.

Noch etwas zum Aszendenten: Wenn ein Zeichen aufsteigt, dann muß folglich das Zeichen direkt gegenüber im Westen gleichzeitig untergehen. Dieses Zeichen, auch als Deszendent bezeichnet, ist außerdem die Spitze des 7. Hauses, des traditionellen »Hauses der Ehe«. In der Synastrie ist das untergehende Zeichen von zusätzlicher Bedeutung. Es steht für eine Qualität, die den Ton unseres Aszendenten unterstützt oder dämpft. Da sich der Deszendent in Opposition zum Aszendenten befindet, ist die Qualität ihrer Interaktion im wesentlichen durch Spannung und durch Anziehung gefärbt.

Stellen Sie sich den Deszendenten folgendermaßen vor. Der Aszendent, der für unseren »Stil« steht, ist, wie wir gesehen haben, durch sein Wesen ein das Äußere widerspiegelndes Symbol. Damit soll nicht eine Schmälerung seiner Bedeutung im Geburtshoroskop nahegelegt, sondern lediglich aufgezeigt werden, daß sein Aktionsbereich die Oberfläche der Persönlichkeit ist. Der Psyche auf diese Weise eine stromlinienförmige Gestalt zu geben, ist entscheidend, wenn wir die praktischen Anforderungen des täglichen Lebens bewältigen wollen. Doch ist diese Anpassung nicht umsonst zu haben. Ein Großteil dessen, was wir ebenfalls sind, bleibt außen vor. Das Risiko ist groß, daß wir zu stark mit unserem Aszendenten identifiziert und daher oberflächlich und starr werden. Nur Stil und keine Substanz. Das menschliche Bewußtsein, wie es in der astrologischen Symbolik widergespiegelt wird, scheint diese Gefahr zu erkennen und den Versuch zu unternehmen, ihr etwas entgegenzusetzen. Wir werden von Menschen angezogen, deren Wesen dem unseren entgegengesetzt ist – Menschen folglich, die Qualitäten besitzen, welche unser untergehendes Zeichen symbolisiert. Typischerweise erleben wir ein emotionales Tauziehen mit ihnen, wenn unsere Charaktere versuchen, mit ihnen ins Gleichgewicht zu kommen. Doch dieses Tauziehen sorgt dafür, daß niemand zu einer zweidimensionalen Karikatur seines aufsteigenden Zeichens wird, seiner Sache vollkommen sicher und leer.

Die Frau in unserem Beispiel hat einen Stier-Aszendent. Ein Blick auf ein beliebiges Horoskop zeigt uns, daß sich der Skorpion dem Stier gegenüber befindet. Dieses Zeichen ist folglich ihr Deszendent und wirkt folgendermaßen für sie: Ihr Stier-Aszendent birgt die Gefahr, daß sie in ihrem äußeren Ausdruck zu einfach werden, daß einige der komplizierteren und dunkleren Dimensionen des Lebens unter den Tisch fallen könnten, was ihnen auf lange Sicht natürlich um so mehr Macht verleihen würde. Ganz einfach ausgedrückt, sie könnte ruhiger werden, als es ihr guttut, während sich komplizierte psychologische Vieldeutigkeiten und Bedürfnisse langsam auf den Punkt des Überkochens zu bewegen.

Es tritt auf: der Deszendent. Oder vielleicht könnten wir auch sagen: »Es treten auf: ihre Seelengefährten.«

Da sich der Skorpion an der Spitze ihres 7. Hauses befindet, wird unsere Protagonistin in Liebe und Freundschaft von Menschen angezogen, deren Wesensart betont skorpionhaft ist, das heißt, Menschen, die gerne in trübe Bereiche menschlichen Bewußtseins vordringen, schwere Fragen stellen und in ihrer Interaktion mit unserer Heldin konventionelle soziale »Tabus« brechen. Diese Menschen bringen sie ab und zu durcheinander, aber sie braucht sie, damit das Leben nicht zu prosaisch wird. Ähnlich hilft sie ihrerseits, indem sie ihnen einen Überblick über sich selbst verschafft und ihr Bemühen um Gleichgewicht unterstützt. Wie? Sie ermöglicht ihnen einen realistischeren Blick auf das manchmal beunruhigende Skorpion-Territorium, der ihnen hilft, zu lachen, sich zu entspannen und sich vielleicht manchmal ein klein bißchen weniger ernst zu nehmen.

Es ist eine der wunderbaren Dimensionen des Deszendenten, daß er trotz der Delikatesse des Zwecks, dem er dient, weitgehend unbewußt und automatisch operiert. Wir mögen Menschen, die im Einklang mit der Spitze unseres 7. Hauses schwingen. Wir werden von ihnen angezogen. Wir erleben mit ihnen – wenigstens zu Beginn – eine unbeschwerte Kameradschaft, die oft mit romantischen oder sexuellen Gefühlen gewürzt ist. Erst nachdem die Bande geknüpft sind, fängt der subtilere »Kampf« des Gleichgewichtschaffens, Vertiefens und Heilens an.

Das also sind die vorrangigen Merkmale unserer astrologischen Individualität: die »primäre Dreiheit« bestehend aus Sonne, Mond und Aszendent – und für die Zwecke der Synastrie zusätzlich aus Deszendent. Ein gründliches Erfassen aller vier Funktionen garantiert ein solides Fundament, um zu verstehen, wie sich eine beliebige Person den Labyrinthen menschlicher Liebe nähert.

Bevor wir uns den zwölf Zeichen im einzelnen zuwenden, wollen wir kurz rekapitulieren, was wir bisher erfahren haben:

• Die *Sonne* steht für Identität, Selbstbild und die bewußteren oder vorsätzlicheren Dimensionen der Persönlichkeit.
• Der *Mond* repräsentiert Instinkt, Gefühl und die unbewußten und subjektiven Dimensionen des Erfahrungshorizonts.
• Der *Aszendent* symbolisiert unseren äußeren »Stil« und das idealste »Ineinandergreifen« zwischen unserem psychischen Selbst und der äußeren Realität.
• Der *Deszendent* repräsentiert eine Art Mensch, von der wir uns in dem unbewußten Bemühen, unsere charakteristischsten

»blinden Flecke« oder Begrenzungen auszugleichen, angezogen fühlen.

Diese vier Funktionen sind universeller Art. Sie sind in jedem Menschen vorhanden. Doch in jedem Menschen kommen sie anders zum Tragen, abhängig davon, welches der zwölf Zeichen ihnen ihren Stempel aufdrückt. Auf den folgenden Seiten werden wir die Zeichen im einzelnen vorstellen und sie insbesondere im Hinblick auf den Bereich Nähe und Liebe besprechen.

Wenn Sie erst anfangen, sich mit Astrologie zu beschäftigen, dann ist es in Ordnung, wenn Sie die zwölf Zeichen in Beziehung zum Sonnenzeichen setzen. Doch hoffen wir, daß Sie inzwischen zu der Überzeugung gelangt sind, daß zur Vollständigkeit des Bildes mehr als das solare Ich gehört! Denken Sie immer daran, daß ein bestimmtes Zeichen zwar der eigenen Individualität (Sonne) Form geben kann, daß es aber ebenso leicht den eigenen »Stil« (Aszendent) modifizieren oder ein Licht auf die private Landschaft unseres verborgenen Innenlebens (Mond) werfen kann.

Wirkliches Geschick tritt dann in der astrologischen Arbeit zutage, wenn es uns gelingt, Sonne, Mond und Aszendent klar voneinander zu unterscheiden. Ansonsten ist es der sicherste Weg ins astrologische Chaos, wenn Sie all die Grundvorstellungen, die Sie sich zu Widder, Jungfrau und Stier eingeprägt haben, in die mentale Mikrowelle packen, Ihre Augen schließen und auf den Knopf drücken.

Die zwölf Zeichen

Über das eigene Sonnenzeichen Bescheid zu wissen, ist fast so einfach wie das eigene Geburtsdatum zu kennen. Wenn Sie am 25. Februar geboren sind, dann kann Ihnen jedes pseudoastrologische Buch sagen, daß Sie ein »Fisch« sind. Haben Sie jedoch am 20. Februar Geburtstag, dann stoßen Sie auf widersprüchliche Angaben. Ein Buch will Ihnen weiß machen, daß Sie »Fisch«, das andere, daß Sie »Wassermann« sind. Hierfür gibt es einen einfachen Grund. Die Sonne tritt nicht jedes Jahr genau am gleichen Tag in ein neues

Zeichen ein. Das hängt damit zusammen, daß die Astrologie auf dem tatsächlichen Sonnenjahr basiert und daß dieses nicht genau 365 Tage dauert. Folglich ist es unmöglich, astrologische Ereignisse deckungsgleich mit unserem Kalender zu datieren.

Auf den folgenden Seiten untersuchen wir jedes der zwölf Zeichen. Zur leichteren Handhabung geben wir auch das ungefähre Datum an, das den Eintritt der Sonne in jedes Zeichen bezeichnet. Wenn Sie Ihr Sonnenzeichen nicht kennen, dann können Sie es in diesem Abschnitt herausfinden – es sei denn, Sie sind an einem der von uns genannten Termine oder am Tag davor oder danach geboren. In diesem Fall benötigen Sie ein genaues Geburtshoroskop, um Ihr Sonnenzeichen herauszufinden.

Um Ihren Aszendenten oder Ihr Mondzeichen zu ermitteln, ist ohnehin Ihr Geburtshoroskop erforderlich, das Sie erstellen können, wenn Sie Datum, Uhrzeit und Ort Ihrer Geburt kennen. Es ist jedoch nicht notwendig, sich in komplizierte Berechnungen zu vertiefen. Inzwischen gibt es genug einschlägige Dienste, die diese Arbeit für Sie übernehmen. Mit Ihrem Geburtshoroskop halten Sie das vollständige astrologische Bild in Händen: Sonne, Mond, Aszendent, alle Planeten, Häuser und Aspekte.

Nichts von dem, was folgt, ist auf die Sonnenzeichen beschränkt. Unsere zwölf astrologischen Beschreibungen gelten ebenso für Mond und Aszendent. In späteren Kapiteln werden wir sie außerdem auf die Planeten anwenden. Gleichgültig, welches Sonnenzeichen Sie haben, wir raten Ihnen, die Texte zu allen zwölf Zeichen zu lesen. Wie Sie in diesem Buch noch lesen werden, spielt ein jedes eine gewisse Rolle in Ihrem Geburtshoroskop.

Widder (21. März bis 20. April)

Archetypen
Der Krieger, der Pionier, der Waghalsige, der Überlebenskünstler.

Entwicklungsziel
Bewußt oder unbewußt zielt jeder widderhafte astrologische Grundzug auf den Erwerb von *Mut* ab. Um sein Potential voll zum Erblühen zu bringen, muß dieser Charakterzug seine Wil-

lenskraft vor allem unter Streß und im Angesicht von Hindernissen formen. Dabei geht es nicht um Furchtlosigkeit – diese ist nur ein schizophrener Zustand, in dem wir die Anbindung an natürliche Gefühle verloren haben. Für den Widder muß das Motto lauten: »Spüre die Angst und tue es trotzdem.«

Strategien und Mittel

Um Mut zu erwerben, müssen wir uns willentlich Streß aussetzen. Für den Widder bedeutet dies, Risiken zu akzeptieren und Abenteuer zu suchen. Schlucken Sie Ihre Angst hinunter und schreiben Sie sich bei diesem Tiefseetauchkurs ein! Sie werden mehr lernen, als nur zu tauchen. Indem Sie sich Ihrer Angst vor tiefem Wasser stellen, erteilen Sie Ihrem Unbewußten eine Lehre über seine Stärke – und wenn Sie beim nächsten Mal um zwei Uhr morgens über den dunklen Parkplatz gehen müssen, dann wird sich Ihr Unbewußtes an die Lektion erinnern und weniger ängstlich sein.

Das Mittel des Widders ist, und das erscheint paradox, Mut. All diese widderhafte Tapferkeit ist in der Person bereits vorhanden, doch muß sie durch eine Reihe angsteinflößender Ereignisse erweckt werden, bevor die Person sich ihrer voll bewußt werden kann. »Bis zu dem Augenblick, als ich die Erfahrung machte, daß ich angesichts eines Hammerhais in 40 Fuß Tiefe ruhig bleiben kann, hatte ich keine Ahnung davon, daß ich diese Art Mut besitze!«

Der widderhafte Prozeß des Muterwerbs verlangt es nicht immer, in mit Haien verseuchten Gewässern zu schwimmen. Der Vorgang ist nicht immer so körperlich. Der »Hai«, dem wir uns stellen müssen, kann sehr wohl ein menschlicher sein: ein unausstehlicher Vorgesetzter, ein kritisierender Elternteil, ein Liebespartner, der die Wahrheit nicht anerkennen will. Den »Hai« könnten auch Zigaretten symbolisieren, falls wir gerade versuchen, das Rauchen einzustellen, oder Sahnenußeis, falls wir ein paar Kilo abnehmen wollen.

Welcher Art der Hai auch ist, das Motto des Widders ist immer das gleiche: Du mußt dich nur genug Haien stellen, ohne mit der Wimper zu zucken, und du wirst sehr viel mutiger sein als jemals zuvor.

Schatten

Die dunkle Seite des Widders liegt in der Fehlleitung dieser feurigen Energie. Möglicherweise begeht eine Frau die »Widder-Todsünde« und gestattet es der Angst, sie von der Erfüllung eines Traums abzuhalten. »Ich würde alles darum geben, Jane, wenn ich diesen Tiefseetauchkurs mit dir machen könnte, aber ich habe im Augenblick nicht das Geld dafür.« Dann löst sich die Energie, die der Überwindung ihrer Angst vor tiefem Wasser hätte dienen sollen, in sinnlosen und destruktiven Temperamentsausbrüchen, überflüssigen Streitereien und zielloser Leidenschaftlichkeit auf.

Der verliebte Widder

Der Widder ist ein intensives, erfahrungsorientiertes Zeichen. In der Partnerschaft benötigt er einen handfesten Kontakt und ein gewisses Maß an »psychologischem Armdrücken« mit seinem Partner. Wenn eine Beziehung den Anschein erweckt einzuschlafen, dann bringt der Widder das Boot instinktiv wieder zum Schaukeln. Bedenken Sie, daß der Widder in der Liebe, wie in jedem anderen Lebensbereich auch, Mut lernen muß – und sein Partner sollte besser bereit sein, auch seinen Teil des Handels zu erfüllen.

Mit der *Sonne im Widder* ist die gesamte Identität (Sonne) der betreffenden Person widderhaft. In Liebesangelegenheiten wird vermutlich eine ausgesprochene Direktheit vorherrschen. Auf der negativen Seite führt dies möglicherweise zu unnützen Feuerwerken und rein symbolischem Streit, der beide Partner nur sinnlos verletzt und häufig eine Atmosphäre mangelnden Vertrauens schafft.

Mit dem *Mond im Widder* bleibt die Beziehungslogik wie sie ist, nur ist sie sehr viel tiefer vergraben. Die betreffende Person lernt, in emotionaler Hinsicht Mut aufzubringen. Gemeint ist die Bereitschaft, Bedürfnisse und Ängste mit dem Partner zu teilen, gleichgültig wie unklug dies auch zu sein scheint. Auf der dunklen Seite fällt mitunter eine eindeutig irrationale (lunare!) Reizbarkeit oder Aggressivität auf, da die Widder-Lauffeuer unkontrolliert brennen.

Der *Widder Aszendent* legt die angestrebte Entwicklung eines direkteren und konfrontativeren persönlichen Stils nahe. Der Schatten besteht auch hier aus fehlgeleiteten Wutanfällen und symbolischer Kriegsführung, jedoch findet der Prozeß dichter unter der Oberfläche statt. Viele Menschen mit Widder-Aszendent müssen zu ihrem Entsetzen feststellen, daß ihre widderhaften »Vibrationen« ihre Mitmenschen abschrecken. Sie müssen sich daher bemühen, das Vertrauen ihrer Partner zurückzugewinnen und ihnen klarmachen, daß sie nicht so gefährlich sind, wie sie auf den ersten Blick zu sein scheinen.

Stier (21. April bis 21. Mai)

Archetypen
Der Bodenständige, der Musiker, der Schweigsame, der zuverlässige Bürger.

Entwicklungsziel
Was sucht der Stier? Frieden. Sicherheit. Sanftheit. Leichtigkeit. Natürlichkeit. Einfachheit. Stille. Wenn Sie all diese Tugenden in einem Bild zusammenfassen, dann haben Sie das Entwicklungsziel des Stiers erfaßt. Jeder stierhafte astrologische Charakterzug, ob der Betreffende ihn versteht oder nicht, verfolgt einen Kurs, dessen logisches Ziel dieses abgeklärte, zeitlose Gefühl ist.

Strategien und Mittel
Der Stier fühlt sich instinktiv von allem und jedem angezogen, das oder der Beständigkeit, Zuverlässigkeit und Frieden verspricht. Die Sicherheit, die der Stier sucht, ist ein innerer und weniger ein äußerer Zustand. Der Stier würde sein Ziel tausendmal schneller erreichen, wenn er an einem Junimorgen im Wald sitzen würde, statt in der New Yorker Börse Magenmittel zu futtern.

Musik beruhigt den Stier. Gleiches gilt für zuverlässiges Werkzeug, erprobte und treue Freunde und vertraute Landschaften. Einen Garten zu bepflanzen, gehört zu den Freuden des Stiers. Gleiches gilt für das Malen. Und für die Herstellung eines Bücherregals aus guter Eiche. Oder das Betasten einer guten alten Geige.

Die typische Stier-Strategie ist eine der endlosen Vereinfachung. Keine existentiellen Melodramen. Keine anstrengenden
»schwerwiegenden persönlichen Veränderungen«, die doch nicht
wirklich etwas verändern. Nur ein langsames Abschälen des Lebens, bis schließlich nur noch seine Essenz übrigbleibt – Gesundheit, Wahrheit, Liebe und Stille ... und die Ehrfurcht vor ihr.

Schatten

Der Schatten des Stiers besteht aus verwirrendem innerem Frieden verbunden mit äußerer Sicherheit. Der Stier kann besessen
sein von Stabilität auf jeder äußeren Ebene: finanziell, zwischen-
menschlich, erfahrungsmäßig. Folglich kann sich dieses Zeichen
zu Tode langweilen, dickköpfig und materialistisch werden oder
aber Angst vor jeder kleinsten Veränderung entwickeln. Der Stier
muß daran erinnert werden, daß Bewegung und Veränderung
zwei typische Eigenschaften des Lebens sind – und daß Stabilität
eine universale Eigenschaft des Todes ist.

Der verliebte Stier

Auch in Angelegenheiten des Herzens versucht der Stier Stabilität, Solidität, Verläßlichkeit zu verwirklichen. Mit dem Stier
werden sinnliche, sogar romantische Qualitäten in Verbindung
gebracht. Die Vorstellung, daß der Stier einen Gefährten/eine Gefährtin mit den gleichen Vorstellungen und Methoden suchen
könnte, die man auch mit dem Kauf eines Gebrauchtwagens assoziiert, ist irreführend. Nach astrologischem Schlüsselverständnis
muß man aber erkennen, daß sich der Stier für die Dinge auf lange
Sicht interessiert. Nur selten wird sich dieses Zeichen von äuße-
rem Glanz und dem Mumpitz glitzernder Phantasien einnehmen
lassen. Der emotionale *Mond* betont die Sinnlichkeit des Stiers
und sein instinktives Suchen nach Stabilität. Die rationalere *Sonne*
konzentriert die stierhaften Kräfte in einer vernünftigen Ange-
messenheit – und zäher Beharrlichkeit – in emotionalen Situationen. Der aufs Äußere ausgerichtete *Aszendent* verleiht ihm ein
natürliches und ehrliches Auftreten, das dem Erreichen von Beziehungen auf dem soliden Boden des Realismus förderlich ist.

Zwillinge (22. Mai bis 21. Juni)

Archetypen
Der Zeuge, der Lehrer, der Geschichtenerzähler, der Journalist.

Entwicklungsziel
Das Entwicklungsziel des Zwillings ist es, einen Sinn für das Wunderbare zu entwickeln. Zwillinge müssen lernen, dem Universum die Erlaubnis zu geben, erstaunlich, voller Überraschungen und Wunder zu sein. *Verwirrung* – so kann man ihr Ziel nennen, vorausgesetzt man denkt sorgfältig über das Wort und den Zusammenhang nach. In diesem Sinn bedeutet »Verwirrung« einen psychischen Zustand, in dem das, was zu erleben wir uns gestatten, dem einen riesigen Schritt voraus ist, was wir durchschaut haben.

Strategien und Mittel
Die zentrale zwillinghafte Strategie ist das Sammeln von vielen Erfahrungen. Neugier, Ruhelosigkeit, ein Widerwillen gegen Wiederholungen und Vorhersagbarkeit: all dies sind die typischen Mittel des Zwillings. Dies gilt auch für die Liebe zum Gespräch. Die Pseudoastrologie unterstreicht für gewöhnlich die Gesprächigkeit dieses Zeichens. Diese Qualität ist in der Regel tatsächlich vorhanden, doch noch hervorstechender ist die Freude des Zwillings am Zuhören. Warum? Einfach deshalb, weil wir in der Regel mehr erfahren, wenn wir unseren Mund geschlossen halten.

Der Zwilling wird häufig für ein »jugendliches« Zeichen gehalten. Es ist ein Jammer, das Zeichen auf diese Weise abzustempeln, da hiermit Aufgeschlossenheit, ein frischer Denkansatz und die Bereitschaft, sich überraschen zu lassen, zu adoleszenten Qualitäten reduziert werden. Diese sollten jedoch keineswegs auf die Jugendjahre eines Menschen begrenzt werden, vor allem dann nicht, wenn sich seine Sonne, sein Mond oder sein Aszendent in den Zwillingen befindet.

Schatten

Die reine Geschwindigkeit des Zwillinge-Prozesses kann zu seinem Untergang führen. Gewieftheit und Oberflächlichkeit können die Folge sein. Gleiches gilt für Aufgeblasenheit, Nervosität und für einen unsteten, schwankenden Lebensstil, in dem sich alles in einer fortwährenden Krise befindet. Mit dieser Art Energie zu arbeiten ähnelt dem Versuch, einen Turbo-Porsche mit 120 Stundenkilometern einen Abhang hinunterzusteuern – vermutlich kann es Ihnen gelingen, aber nur, wenn Sie sich absolut konzentrieren. In dieser Geschwindigkeit ist das Leben nicht sehr nachsichtig. Halten Sie inne, legen Sie eine Pause ein und lesen Sie das Kleingedruckte – ein guter Rat für alle Zwillinge.

Der verliebte Zwilling

Wie immer bekommt man einen Einblick in die Beziehungsdynamik eines Zeichens aus dem Erkennen seines grundlegenden Entwicklungsziels. Der Zwilling sucht das Wunderbare. Er wird von seiner Neugier angetrieben. Er reagiert auf Stimulierung. Er wendet sich vom Routinierten und Vorhersagbaren ab. Jeder Liebende, der sich die Aufmerksamkeit des Zwillings bewahren will, muß ohne Zweifel mehr als Mittelschicht-Tugenden zu bieten haben. Solche Tugenden könnten zwar ebenfalls im Angebot sein, aber er oder sie sollte auf jeden Fall auch noch die Würze von aufregenden Ideen, Überraschungen und ein breitgefächertes Interesse mitbringen.

Die Pseudoastrologie legt nahe, daß der Zwilling wankelmütig ist. Ohne Zweifel besteht diese Möglichkeit. Doch müssen wir seine »Wankelmütigkeit« als das erkennen, was sie wirklich ist: der unersättliche Appetit des Zwillings auf Erfahrungen. Eine Möglichkeit, um diesen Appetit zu befriedigen, besteht darin, Kontakte, ob sexueller oder anderer Art, zu vielen faszinierenden Menschen gleichzeitig aufrechtzuerhalten. Verstehen Sie dies jedoch nicht falsch: Der Zwilling ist durchaus zu einer glücklichen monogamen Beziehung fähig, unter zwei Voraussetzungen: Erstens muß der Zwilling mit dem Segen seines Gefährten oder seiner Gefährtin Zugang zu einem großen, lebhaften Freundeskreis haben. Zweitens, und dies ist noch wichtiger, muß der Liebespartner gewillt und bereit sein, ebensoviel zu einem gemeinsamen Leben der Überraschungen und Abwechslung beizutragen. Die ideale Ehe des Zwillings würde sich um ein vom Hundertsten ins Tausendste kommendes, »bis der Tod uns scheide« fortdauerndes Gespräch drehen, das lustig, tiefschürfend und ohne Ende ist.

Krebs (22. Juni bis 23. Juli)

Archetypen
Die Mutter, der Heiler, der Unsichtbare, der Sensitive.

Entwicklungsziel
Vollkommenes Einfühlungsvermögen in das Reich der Gefühle und Phantasie, das ist das Ziel des Krebses. Um diese Zielrichtung genau zu begreifen, müssen wir erkennen, daß dieses Einfühlungsvermögen nicht nur bei der Psyche des Krebs-Individuums zur Anwendung kommt, sondern auch in bezug auf andere Menschen. Zunächst erfolgt die Heilung des Herzens des Krebses selbst, eine Öffnung der Vorstellungskraft, der Empfindungsfähigkeit. Dann, wenn der Krebs die Rolle des auf Hege und Pflege und auf Unterstützung bedachten übernimmt, dehnt sich dieser Prozeß auch in die Welt hinein aus.

Strategien und Mittel
Der Krebs wird mit der Fähigkeit geboren, die Sprache des Unbewußten flüssig zu sprechen: die Sprache der Gefühle. Beim Krebs ist Subjektivität und Gefühl bis zum Anschlag aufgedreht. Wie sein im Salzwasser lebender Artgenosse braucht auch der astrologische Krebs eine Schale. Der Krebs muß seine inneren Prozesse schützen, er verbirgt sich, während er seine Kräfte sammelt, häufig hinter einer Schale aus Schüchternheit oder Zurückgezogenheit.

Radikaler Selbstschutz ist anfangs in Ordnung, aber schließlich muß der Krebs nach einer Weile doch seinen Mut zusammennehmen, seine Schale abwerfen und es wagen, zu lieben. Wenn er den Mut zu diesem Schritt aufbringt, dann wächst ihm, genauso wie seinem Namensvetter im Meer, eine zweite, größere Schale, die besser geeignet ist, seine gewachsenen Ausmaße aufzunehmen. Er tritt nun aktiv zur Welt in Beziehung und schützt sich mit seiner neuen, beeindruckenderen Schale: der Rolle des Heilers und Helfers und Trösters. Auf diese Weise dehnt er den Prozeß des feinfühligen Förderns nach außen hin aus, mit dessen Hilfe er zuvor das nebelige Terrain seines Geistes erforscht hat.

Schatten
Die Schalen beider Krebse sind Ausdruck evolutionärer Gefahren. Wenn sich der Krebs mit seiner ersten Schale – Schüchternheit – zufriedengibt, dann nimmt er eine ängstliche, konservative Haltung im Leben ein, erträgt langweilige Arbeit, eine ereignislose Ehe und einen eingeengten, geknebelten Geist.

In der zweiten Schale – jener des Förderers – verbirgt sich ein weiterer Schatten: die Gefahr, ständig die Rolle des Vergebenden, des Beschützers, des Psychotherapeuten zu spielen. Diese Rollen sind für den Krebs natürlich und gesund, bis sie so automatisch und zur Sucht werden, daß die multidimensionale Ganzheitlichkeit des Krebses verschwindet und hinter der Schale der »Bemutterung« unsichtbar wird.

Der verliebte Krebs
»Defensivität« ist ein Wort, das wir mit großer Vorsicht verwenden müssen, wenn wir über den Krebs sprechen. Die auf einem atlantischen Strand herbeieilende Krabbe, ist sie defensiv? Oder wäre es offensichtliche Tollkühnheit, wenn sie ihre Schale direkt unter der über ihr kreisenden Möwe abwürfe? Empfindsamkeit muß sich verteidigen. Die Alternative ist reine Selbstzerstörung. Wenn der Krebs in romantischen Situationen ein wenig reserviert erscheint, dann liegt es daran, daß für ihn viel auf dem Spiel steht, denn sobald er jemanden in seine Schale hineingelassen hat, ist er zutiefst verletzbar. Also ist der Krebs vorsichtig, streckt seine »Fühler« aus, um den anderen nach möglichen Gefahrenmomenten abzutasten. Jemand, der einem Krebs den Hof macht, muß ihn erst von seiner Liebenswürdigkeit, Ehrlichkeit, Befähigung zu Zärtlichkeit und Hingabe, seiner Bereitschaft zum »Nestbau«

überzeugen. Bis dies gelungen ist, wird dieser andere Mensch nur Schale zu Gesicht bekommen – vielleicht auch Eis, zurückhaltende Weisheit oder sogar Geist. Aber bestimmt nicht die Seele des Krebses.

Mit der *Sonne im Krebs* folgt die Flugbahn der Nähe meist genau dem Muster, das wir eben beschrieben haben – es sei denn, der Schatten des Krebses dominiert das Szenario. Dann wird die Schale nie abgeworfen.

Befindet sich der *Mond im Krebs*, dann ist die Situation komplizierter. Sehr viel hängt dann vom Sonnenzeichen ab. Der Krebs-Mond sucht eine sichere Schale, hinter der er sich verbergen kann, und die Sonne stellt diese häufig auf wunderbare Weise dar. Es kann einige Zeit dauern, bis der Liebespartner in die außerordentlich verletzbare Ebene der Gefühle eindringen darf, die entsteht, wenn das Planetensymbol für die Gefühle (der Mond) mit dem Zeichensymbol der Subjektivität (Krebs) interagiert. Bis zu diesem Zeitpunkt erlebt der Partner nur die anderen, die äußeren Eigenschaften, die im Geburtshoroskop seines Gefährten angelegt sind.

Der *Krebs-Aszendent* legt nahe, daß der individuelle Stil der betreffenden Person krebsartig ist. Einen solchen Menschen überhaupt erst durch die Tür zu bringen, ist schon eine schwierige Aufgabe. Mit großer Zurückhaltung und geduldiger Umsicht wird uns der Krebs zunächst einmal studieren, als seien wir eine unangenehme und vielleicht gefährliche zoologische Gattung. Dann, wenn wir seiner Überprüfung standhalten, öffnen sich die Schleusentore der Fürsorge und Zärtlichkeit – aber nur, wenn wir den Test wirklich bestanden haben.

Löwe (24. Juli bis 23. August)

Archetypen
Der König, der Schauspieler, der Clown, das Kind.

Entwicklungsziel
Das Ziel des Löwen ist es, ein warmes, selbstbewußtes Gefühl der *Zugehörigkeit* und Selbstdarstellung zu entwickeln. Darin enthalten ist ein gewisses Verlangen nach Sicherheit – doch keine Vorsicht.

Die Sicherheit des Löwen ist abhängig davon, ob er sich spontan und unkritisch von jedermann vollkommen akzeptiert fühlt.

Die Idealvorstellung des Löwen ist eine wohltuende, nicht vorsätzliche Selbstvergessenheit. »Leben, ich liebe dich! Ich feiere dich!« Und sobald sich ein paar Kilometer auf seinem existentiellen Kilometerzähler angesammelt haben, fügt er möglicherweise einen weiteren Grundsatz hinzu: »Leben, ich vergebe dir!« Das Entwicklungsziel des Löwen ist Freude.

Strategien und Mittel
Sich gut zu fühlen – darüber kann man leicht reden, doch es zu erreichen, ist nicht so einfach. Für den Löwen entstehen Freude und Spontaneität nicht automatisch. Sie müssen erreicht werden, indem er ganz bestimmte Strategien zum Einsatz bringt. Die Tatsache, daß diese Strategien oft unbewußt sind, schmälert nicht ihre Wirksamkeit.

Der Löwe ist eine Frau, die eine Weile einsam gewesen, vielleicht auch verletzt worden ist. Nun hat sie seit zwei Wochen eine neue Beziehung – und Angst. Sie schreibt ein Gedicht darüber, direkt aus dem Herzen heraus. Leidenschaftlich. Und aufschlußreich – vielleicht zu aufschlußreich in Anbetracht des üblichen Interesses an einer embryonischen sexuellen Bindung. Sollte sie das Gedicht ihrem Liebsten zeigen? Sie geht das Risiko ein … und er reagiert. Als er von dem Gedicht aufblickt, läuft eine Träne seine Wange hinunter. Sie umarmen sich. Den verbleibenden Rest des Abends fühlt sie sich mit diesem Mann entspannter und spontaner als jemals zuvor.

Diese kleine Geschichte enthält in mikroskopischer Form eine klare Beschreibung des Entwicklungsziels des Löwen: zu lernen, das Risiko einzugehen, sich zum Ausdruck zu bringen. Wenn wir uns auf diese Weise offenbaren – und dafür Applaus ernten –, dann fühlen wir uns sofort besser, sicherer und haben ein besseres Gefühl, was unseren Platz in der Welt betrifft. Das Leben fühlt sich freundlicher an – und das ist das Ziel des Löwen.

Die Mittel des Löwen? Kreativität, Gespür für das Dramatische, Schwung – allesamt Elemente einer liebens- und lobenswerten Darstellung.

Schatten

Was ist, wenn das Gedicht nicht ankommt? »Löwe, ich rate dir: Schreib keine Gedichte.« Vielleicht verstummt der Löwe und geht nie wieder ein solches Risiko ein. Möglicherweise treibt sich unsere Löwe-Frau auch wie rasend dazu an, es ihrem Liebsten »recht zu machen« und ihm eine Vorstellung zu bieten, um sich seiner Zustimmung zu versichern, auch wenn sie sich dazu verbiegen muß. Welchen Weg sie hier auch wählt, er führt zum Schatten des Löwen. Die erste Herangehensweise, verstummen und sich zurückziehen, führt für gewöhnlich zu Hochmut und übersteigerter Ichbezogenheit. Das Feuer des Löwen läßt sich auf diese Weise einfach nicht fortsperren. Die zweite Herangehensweise, es »recht zu machen« und zu schauspielern, führt zwangsläufig zu einer lärmenden Art Oberflächlichkeit, zu der Sorte »gute Stimmung«, die man von Werbung für Pepsi Cola erwartet. Der Löwe strengt sich zu sehr an.

Was ist also die Lösung? Sie ist täuschend einfach: Er muß sich ein dankbareres Publikum suchen. Damit sich der Löwe entwickeln kann, muß er der Welt einen greifbaren Beweis seiner inneren Prozesse in die Hände legen, und dieser Beweis muß wertgeschätzt werden. Damit die Strategie des Löwen funktionieren kann, muß er darauf achten, daß beide Bedingungen erfüllt sind: ehrlicher, kreativer, unkalkulierter Selbstausdruck und eine positive Aufnahme dieses Selbstausdrucks. Wird eine der beiden Bedingungen nicht erfüllt, dann ist seine Strategie nur großes Geschrei, mit dem nichts erreicht werden kann.

Der verliebte Löwe

Anderen Menschen den Hof zu machen, ist eine natürliche Betätigung des Löwen. Selbstausdruck – das Erzählen der persönlichen Geschichte – ist einer der entscheidenden Prozesse im Rahmen der sexuellen Anbindung. Gleiches gilt für das Aussprechen und Empfangen von Lob. Und für das Spielerische. Und all dies liegt für den Löwen auf dem Weg. Rosen, Gedichte, herzliche Gespräche, Kerzenschein: Das sind die Münzen, mit denen der Löwe seinen Eintritt ins Reich der Liebe bezahlt.

Es fällt dem Löwen leicht, sich zu verlieben. Und verliebt zu bleiben? Auch das kann geschehen, aber nur, wenn der Löwe fortgesetzt Bestätigung, Aufmerksamkeit und Anerkennung durch den Liebespartner erhält. Niemand mag die Starre einer abgestandenen Liebe. Für den Löwen ist diese Starre tödlich – es sei denn, sie wird umgehend mit einer starken Dosis Freude und erneuertem Werbeverhalten geheilt.

Befindet sich der *Mond im Löwen*, dann braucht die betreffende Person noch immer den gleichen Applaus, doch kann dieses Bedürfnis unsichtbar bleiben: Ein nicht zum Ausdruck gebrachtes Gefühl. Applaudieren Sie dem Löwe-Mond, und Sie werden ein Lächeln zu sehen bekommen, das Sie ohne Zweifel an einen Sonnenaufgang direkt über einer Straße erinnern wird. Dieser Mensch hat die Seele eines Schauspielers. Es kann sein, daß dies nicht auf den ersten Blick zu erkennen ist.

Der *Löwe-Aszendent* kann irreführend sein. Da ein solcher Mensch die »Maske des Königs« trägt, kann es so aussehen, als ob er kein Lob braucht. Lassen Sie sich nicht narren – hinter dem aristokratischen Auftreten verbirgt sich ein tiefer Hunger. Stillen Sie ihn, und Sie werden die äußeren Grenzen der Verteidigungslinien dieser Person durchstoßen. Vernachlässigen Sie ihn, und Sie werden keinen Schritt weiterkommen.

Jungfrau (24. August bis 23. September)

Archetypen
Der Diener, der Märtyrer, der Perfektionist, der Analytiker, der Kritiker.

Entwicklungsziel
Reinheit – das ist das Ziel der Jungfrau. Lassen Sie sich jedoch nicht durch das Wort »Jungfrau« dahingehend an der Nase herumführen, indem Sie annehmen, es stünde für sexuelle oder überhaupt für eine Unerfahrenheit. Das ist nicht der Fall. Das Ziel der Jungfrau ist es, die höchste, verfeinertste Ebene ihres Potentials zu erreichen. Ihre »Reinheit« ist ein Lebensstil und eine gedankliche Qualität, die von nichts anderem beeinflußt wird, als der besten ihr bekannten Wahrheit. Die Jungfrau zielt also auf *Perfektion* ab.

Strategien und Mittel

Das grundlegende Mittel der Jungfrau ist ihr Gespür für den Idealzustand. Ein Gefühl für das, was sein könnte. Sie ist außerdem gesegnet mit einem peinlich genauen, äußerst ehrlichen Sinn dafür, was ist. Durch die Spannung zwischen diesen beiden – dem Ideal und der Wirklichkeit – wird das Wachstum der Jungfrau gesteigert und gelenkt. Sie verfügt über eine ruhelose Versicherungspolice gegen Faulheit und Selbstzufriedenheit. Gleichgültig, was sie erreicht, sie will mehr, weiß, daß mehr möglich ist. Unerbittlich und oft mit verschmitzt wirkungsvollen Taktiken verwandelt sie ihre persönliche Wirklichkeit in immer vollkommenere Muster.

Für den mittelalterlichen Astrologen war die Jungfrau das Zeichen des Dieners. Fassen Sie Mut: Es geht nicht darum, als Lagerhalter oder Zimmermädchen zu arbeiten. Thema ist vielmehr eine ganz bestimmte Entwicklungsstrategie. Die Jungfrau blickt nach innen, findet einen Aspekt ihrer selbst, der poliert und der Welt präsentiert werden kann. Sie findet, anders ausgedrückt, den Teil ihrer selbst, der am leichtesten zu vervollkommnen ist. Dann identifiziert sie sich auf radikale Weise mit dieser bestimmten Tugend. In gewisser Weise macht sie sich damit zur Dienerin dieser Tugend. Wie? Einfach indem sie viele Stunden in die ausschließliche Beschäftigung mit ihr investiert.

So könnte eine Jungfrau zum Beispiel Schriftstellerin sein. Solange sie schreibt, hat sie das Gefühl, ihr »bestes Selbst« auszuleben. Also schreibt und schreibt sie, verfeinert ihren Stil, versucht jeden Tag, ihre Worte noch eloquenter aneinanderzureihen als am Vortag. Vielleicht neigt unsere Jungfrau-Schriftstellerin aber auch zur Klatschhaftigkeit; bestimmt nicht der Teil ihres Charakters, den sie als »besseres Selbst« bezeichnen würde.

Und hier ist die Crux ihrer Strategie: Solange sie schreibt, hat sie keine Zeit für den Schwatz an der Gartenpforte. Dieser Teil ihres Charakters wird vernachlässigt. Die besseren Bestandteile werden gepflegt. Oberflächlich gesehen scheint diese Jungfrau-Strategie einfältig zu sein, doch sie funktioniert. Im Laufe eines Lebens vermag sie, einen Charakter grundlegend zu verändern und der Vollkommenheit anzunähern. Und Vollkommenheit ist, wie wir gesehen haben, das eigentliche Ziel der Jungfrau.

Schatten

»Das ist mein Ideal. So könnte mein Leben aussehen ... wenn ich nicht verrückt wäre. Hier, auf der anderen Seite, ist das, was ich wirklich bin ... Gott stehe mir bei.« Perfektion ist eine gestrenge Herrin, und der Schatten, den sie wirft, ist lähmende, zerstörerische Selbstkritik. Die Jungfrau muß Selbstakzeptanz und Selbstvergebung lernen. Ansonsten fällt sie zurück in ein Muster des Zweifels und der Selbstbeschränkung. Und wenn sie diesem Gift erliegt, dann fällt sie rasch auch ihrem zweiten Schatten zum Opfer: Kritiksucht, Zynismus und Negativität im Hinblick auf alles und jeden in ihrer Umgebung.

Die verliebte Jungfrau

In Liebesdingen weiß die Jungfrau zwei Dinge zu schätzen: Realismus und Engagement für Wachstum. Vielleicht würde sie nicht genau diese Worte wählen, aber sobald eine dieser beiden Qualitäten aus ihrer Liebe verschwindet, dauert es nicht lange, und die Jungfrau sucht ebenfalls das Weite.

Zu Realismus würden wir Tugenden wie logisches Denken, das Bewahren eines klaren Kopfes, Geduld, Kompetenz, vielleicht Ehrgeiz zählen. All die Qualitäten also, die uns helfen, in der Wirklichkeit zu leben.

Das Engagement für Wachstum bedeutet den Bedürfnissen der Jungfrau zufolge Rechtschaffenheit, die Fähigkeit, Kritik großzügig und anerkennend entgegenzunehmen, und die Bereitschaft, konkrete Anstrengungen zu unternehmen, um schlechte Gewohnheiten zu verändern.

Damit die Liebe der Jungfrau überleben kann, muß sich die Liebe selbst ständig verändern und wachsen. Sie reagiert auf einen Liebespartner, der gemeinsame Projekte anbietet, neue Ideen zur detaillierten Erforschung vorschlägt und Pläne für die Zukunft macht. Vielleicht fällt sie einmal in ihrem Leben auf leeren Glanz herein, aber dies dauert nicht lange an. Sobald sie etwas erfahrener ist, wird sie einen Menschen, dem sie Zuneigung entgegenbringt, erst dann lieben, wenn sich dieser als vertrauenswürdig erwiesen hat.

Auf der dunklen Seite kann die Perfektionsliebe der Jungfrau zu nörglerischer Kritik am Partner führen – Kritik, die schließlich das Vertrauen und die Freude untergräbt, auf denen die Liebe gedeiht. Ähnlich vermag der Jungfrau-Schatten des Selbstzweifels den betreffenden Menschen in eine selbstzerstörerische Verbindung mit einem intensiven, selbstsüchtigen oder autoritären Partner führen.

Waage (24. September bis 23. Oktober)

Archetypen
Der Liebhaber, der Künstler, der Friedensstifter, der therapeutische Berater, der Diplomat.

Entwicklungsziel
Gelassenheit – das ist die Zielsetzung der Waage. Die Waage symbolisiert Gleichgewicht. Jeder gesunden Waage-Aktion liegt – bewußt oder unbewußt – das Bemühen zugrunde, die Ruhe zu bewahren. Die Spannung freisetzend, die Mitte findend, die zerzausten Federn glättend, bewegt sich die Waage Schritt für Schritt auf ihr Ziel zu: Das Erlangen unerschütterlichen Friedens.

Strategien und Mittel
Ein Zyniker hat eine starre Weltsicht: Jeder kümmert sich nur um sich selbst, egal welcher philosophischen Maske sich der einzelne bedienen mag, um seinen Egoismus zu verbergen. Konfrontiert mit einem Akt reiner altruistischer Nächstenliebe ist dieser Zyniker erst verwirrt, aber dann müht er sich, diese Wahrnehmung in sein düsteres Bild vom Leben einzupassen. Er ist so versessen auf sein dunkles Bild von menschlicher Motivation, daß Nächstenliebe ihn nervös macht und ihn in eine Raserei der Rationalisierungen führt.

Eine andere Person ist davon überzeugt, daß jedes Ereignis, wie qualvoll es auch sein mag, einen Sinn hat und letztlich ein Lehrstück ist. Konfrontiert mit der brutalen Ermordung der Tochter eines Freundes, fühlt sich dieser spirituellere Mensch einer Spannung ausgesetzt, die jener ähnelt, die der Zyniker im ersten Fall verspürte. Der Versuch, diesen Mord in das prosaischere Modell des Lebens einzupassen, funktioniert auch nicht besser. Auch hier zieht sich die Gesichtsmuskulatur angestrengt zusammen und verkrampft. Der Geist legt dröhnend einen höheren Gang der Rationalisierungen ein. Und ein Gefühl der Anstrengung überwältigt die Psyche.

Die Wahrheit ist immer kompliziert und paradox. Jeder Versuch, an Vereinfachungen festzuhalten oder sie gegen die Wirklichkeit zu verteidigen, muß zu Streß führen. Und Streß ist das Gegenteil des Waage-Entwicklungsziels. Der Waage ist ein mächtiges Mittel an die Hand gegeben: ein hohes Maß an Toleranz für Paradoxes und Mehrdeutiges. Die Waage berücksichtigt beide Seiten jeder Sache. Sie sucht die Mitte und findet dort ihr Gleichgewicht.

Schönheit tröstet uns. Wir werden von einem wunderschönen Sonnenuntergang überrascht. Wir seufzen. Wir bauen Spannung ab. Es ist daher eine Waage-Strategie, die ästhetische Seite des Lebens zu kultivieren, entweder passiv als Kenner oder aktiv als Künstler.

Zwischenmenschliche Spannungen – Auseinandersetzungen mit unseren Liebespartnern etwa – sind außerordentlich anstrengend. Auch in diesem Bereich verfügt die Waage über eine Strategie: die Höflichkeit. Dies kann ein blasser Begriff sein, doch wir verwenden ihn hier nicht in einem oberflächlichen Sinn. Höflichkeit ist die Fähigkeit, unser Handeln zum Teil danach abzuwägen, wie es sich auf unsere Mitmenschen auswirkt – und Waage-Menschen verfügen über diese Fähigkeit im Überfluß.

Schatten

Der Waage-Schatten ist, wie die dunkle Seite aller übrigen Zeichen auch, nichts anderes als die Verzerrung der Waage-Strategien und -Mittel. Die Fähigkeit der Waage, Mehrdeutigkeiten zu ertragen, kann zu reiner Verwaschenheit und Entschlußlosigkeit verdorben werden, die ästhetische Empfindsamkeit des Zeichens sich in glänzende Geschmacklosigkeit verwandeln und Höflich keit zu glatter Cleverneß und der Unfähigkeit werden, sich wirklichen Konflikten von Angesicht zu Angesicht zu stellen. Paradoxerweise führen all diese Pervertierungen der Waage-Natur zu Anspannungen. Sie richten also mehr an, als nur die gesunden Strategien zu unterminieren; sie wirken aktiv in die andere Richtung.

Die verliebte Waage
Für mittelalterliche Astrologen war die Waage »das Zeichen der Ehe«. Auf symbolische Weise gilt dies auch heute noch. Bei der Waage stoßen wir auf das Prinzip des Gleichgewichts, in dem zwei sehr unterschiedliche Wesenheiten zusammenfinden: ein wirkungsvolles Symbol für eine gesunde Ehe und für das Eingehen von Verpflichtungen im allgemeinen. Jedes der zwölf Zeichen funktioniert in Beziehungen und wird in einem gewissen Maße von Beziehungen angezogen. Doch für kein anderes Zeichen ist Intimität und Nähe eine so entscheidende Bewährungsprobe in Sachen Entwicklung. Die Waage braucht die Herausforderungen und Fallstricke der Liebe; wie nichts anderes sonst beschleunigen sie das Wachstum dieses Zeichens.

In der Liebesbeziehung braucht die Waage Höflichkeit und emotionales Taktgefühl von ihrem Partner. Hier liegt eine verfeinerte Empfindsamkeit vor; grobe Witze und ein Klaps auf den Allerwertesten führen nicht in den Luftraum der Waage. Für die Waage ist die Liebesbeziehung eine Kunst. An sie muß mit Würde herangegangen werden, mit wachen Sinnen und mit der bewußten Wahrnehmung jedes Zuges. Ein sauberes Hemd kann sehr hilfreich sein. Gleiches gilt für ein tiefgreifendes Verständnis des Geistes, der hinter den Werken von Miss Manners steht. Verstehen Sie diese Schwäche für Würde nicht falsch: Die Waage ist kein sozialer Unteroffizier. Es geht ihr nicht um formelhafte »Korrektheit«, sondern um Höflichkeit in ihrem wahren, tiefen Sinn. Also um die Kunst, die unvermeidliche Reibung, die aufkommt, wann immer zwei Menschen in dieselbe kleine Kiste gesteckt werden, auf ein würdevolles Mindestmaß zu reduzieren.

Die Waage muß sich davor hüten, zu weit in dem Bemühen zu gehen, die unvermeidlichen sozialen Falten des Lebens glätten zu wollen. Das Risiko besteht hier darin, daß die Waage den Standpunkt der anderen Person so gründlich versteht und verinnerlicht, daß sie schließlich ihre Bedürfnisse aus dem Blick verliert. Waage-Menschen sind in der Lage, den Anschein paradiesischer Harmonie in einer Beziehung zu erwecken, um dann festzustellen, daß ihre wahre Individualität vollkommen von einer Maske aus Liebenswürdigkeit, Geduld und Fügsamkeit erstickt worden ist.

Skorpion (24. Oktober bis 22. November)

Archetypen
Der Detektiv, der Zauberer, der Hypnotiseur, der Psychologe.

Entwicklungsziel
Sigmund Freud wurde einmal um eine kurze Definition des Begriffs »Psychoanalyse« gebeten. Seine Antwort: »Psychoanalyse ist der Prozeß, in dem das Unbewußte bewußt gemacht wird.« Mit diesen Worten lieferte er unwissentlich eine knappe Definition der Vorgänge, die Astrologen mit dem Skorpion in Verbindung bringen.

Jeder von uns sitzt auf einem Vulkan; jeder von uns wird durch unbewußte – oder unbeachtete – psychische Kräfte, die wir nur ungefähr verstehen, zum Handeln angetrieben. Sex ist ein Beispiel dieser Kräfte. Fordern Sie einen 15jährigen Jungen auf, Ihnen zu erklären, warum er Mädchen mag. Erst wird er Sie ansehen, als hätten Sie den Verstand verloren. Dann murmelt er vielleicht: »Weiß nich … hat vielleicht was damit zu tun, wie sie aussehen.« Für die meisten von uns reicht diese Erklärung aus. Wir akzeptieren diese unbewußten »Gegebenheiten« in unserem Leben. Für den Skorpion ist das nur der Anfang.

Strategien und Mittel
Scharfsinnige Selbstanalyse ist die fundamentale Entwicklungstaktik des Skorpions. Kein anderes Zeichen starrt mit so unablässiger Intensität in die Tiefen der menschlichen Psyche. Der Skorpion ist instinktiv mißtrauisch – »Was immer ich sehe, die Wahr-

heit dahinter ist größer.« Untersuchend, erspürend, das innere Terrain sondierend, nimmt der Skorpion an Weisheit und Tiefe zu, je bewußter er sich des schwach erleuchteten Kerns des menschlichen Geistes wird, es sei denn, er geht während dieser Reise nach Innen dem Schatten in die Falle.

Um die Reise in die Tiefen der Psyche sicher antreten zu können, muß der Skorpion seine Strategie emotionaler Selbstanalyse mit zwei wesentlichen Mitteln unterstützen, keines von beiden ergibt sich automatisch, sie müssen willentlich kultiviert werden. Das erste Hilfsmittel ist die Fähigkeit, von sich selbst zurückzutreten und sich einen Überblick zu verschaffen. Diese Strategie verlangt das Schlucken einer bitteren Pille: Der Skorpion darf sich selbst nicht zu ernst nehmen. Er muß lernen, über sich selbst zu lachen, die komische Seite an seinem Drang zur extremen Selbstanalyse erkennen. Das zweite Hilfsmittel des Skorpions sind seine Freunde. Ein besserer Ausdruck könnte »Verbündete« oder vielleicht »Partner im Wachstum« sein. Das sind Menschen, die dem Skorpion helfen, den Überblick zu bewahren. Sie helfen ihm zu lachen. Sie unterstützen ein gesundes, aktives Interesse an der äußeren Welt, indem sie dem Skorpion faszinierende äußere Alternativen zu seiner instinktiven Beschäftigung mit sich selbst bieten: »Laß uns doch dieses Wochenende an den Strand fahren!« Bei anderer Gelegenheit dringen diese Verbündeten mit dem Skorpion bis in den Kern der Psyche vor, bringen jedoch die Mittel mit, die dem Skorpion vielleicht fehlen: Humor und ein Gefühl für das Gesamtbild.

Schatten

Der Schatten des Skorpions ist morbide Introspektion. Brüten. Launenhaftigkeit. Bedrücktheit. Das sind die Fallen. Dieser »mangelhafte, repressive Mechanismus« verschafft dem Skorpion einen wunderbaren Zugang zum Unbewußten. Doch handelt es sich dabei um eine zweiseitig befahrbare Straße: Das Unbewußte hat auch einen wunderbaren Zugang zum Skorpion. Ohne die entscheidenden Mittel – Überblick und Freunde – höhlt all das schmerzhafte, verwirrende Material in der Tiefe der Psyche den Geist des Skorpions aus, zieht ihn hinab in einen sumpfigen Morast aus dunklen Emotionen. Ein Skorpion, der dieser dunklen Straße folgt, verletzt schließlich nicht nur sich selbst; fest im Griff des Schattens sticht der Skorpion auch andere, zwingt sie sinnlos, »sich mit sich selbst zu konfrontieren«, besteht darauf, daß sie sich mit allen Möglichkeiten schmerzlicher psychologischer Realitäten auseinandersetzen. Liebenswürdigkeit wird auf dem Altar der Wahrheit geopfert. Pandoras Schachtel ist geöffnet ... doch keiner weiß, wie man sie wieder schließt oder was man mit den Dämonen anfangen soll, die in die Freiheit entlassen wurden.

Der verliebte Skorpion
Die Pseudoastrologie legt nahe, daß der Skorpion das am stärksten sexualisierte Zeichen ist. Wir haben eine kleine Erhebung in dieser Angelegenheit gemacht und herausgefunden, daß Sex bei den anderen elf Zeichen ebenfalls beliebt ist. Das ist ein Bereich für den keines der Zeichen ein Monopol hat. Die Vorstellung, daß der Skorpion eine besondere Beziehung zur Sexualität hat, ist die verzerrte Wahrnehmung einer grundlegenderen astrologischen Erkenntnis: Der Skorpion ist das Zeichen der kathartischen emotionalen Intensität. Die Tatsache, daß unsere Kultur dazu neigt, solche Gefühle mit Sexualität gleichzusetzen, bedeutet nicht, daß man zu ihnen nicht auch auf anderen Wegen gelangen kann – oder daß Sexualität nicht ohne sie auskommen kann. Es gibt genug Menschen, denen Sex »Spaß macht« und die keine komplizierten psychischen Tiefen heraufbeschwören müssen. Doch keiner von diesen Menschen ist ein gesunder Skorpion.

Meine Nase ist fünf Zentimeter von deiner Nase entfernt. Wir sehen einander nicht nur an; vielmehr sind meine Pupillen auf deine Pupillen fokussiert. Plötzlich bekommen wir beide eine Gänsehaut. Ich rufe aus: »Mein Gott ... du bist eine Seele in einem Körper!« Das ist der Skorpion. Ob wir Liebende sind oder nicht, spielt keine Rolle.

In Liebesdingen braucht der Skorpion ein Gefühl des Zusammentreffens. Ein gegenseitiges Berühren der beiden Geister. Eine Bereitschaft, immer noch ein wenig tiefer zu gehen. Für dieses Zeichen hat das Wort »Nacktheit« wenig mit Kleidung zu tun. Die »Nacktheit«, die der Skorpion braucht, ist die Nacktheit der

Seele. Wenn der Liebespartner des Skorpions kein »Partner im Wachstum« ist, dann verblassen alle Gefühle, auch die sexuellen, rasch. Befindet sich der *Mond im Skorpion,* dann gilt mehr oder weniger das gleiche, nur sind die Bedürfnisse des Skorpions vielleicht noch tiefer verborgen, weniger sichtbar und irrationaler. Die betreffende Person muß sich auf die Art des Skorpions einstimmen, oder all ihre Beziehungen fühlen sich, oft aus vagen oder konstruierten Gründen, unbefriedigend an. In einer solchen Beziehung herrscht stumme, brodelnde Übellaunigkeit vor, ab und zu durchbrochen von entsetzlichen Ausbrüchen.

Der *Skorpion-Aszendent* hebt den skorpionhaften Prozeß in der »Maske« der betreffenden Person an die Oberfläche. Hier stößt man vielleicht auf eine beunruhigende Intensität. Auf einen alles durchdringenden Blick. Doch was verbirgt sich dahinter? Das hängt von den tieferen Strukturen des Geburtshoroskops ab. Hier stößt man leicht auf einen Skorpion-Aszendenten, der geschickt darin ist, sich in eine unglaublich intensive Intimität mit einem intensiven Partner einzubringen – aber keine Ahnung hat, was er nun mit dem tun soll, was er angefangen hat. Der Aszendent hängt mit der Oberfläche des Charakters zusammen. Wenn es um fortgesetzte Liebe und Sexualität geht, dann spielt er eine wichtige Rolle, doch nicht annähernd so wichtig, wie Mond und Sonne sie innehaben.

Schütze (23. November bis 21. Dezember)

Archetypen
Der Zigeuner, der Student, der Philosoph, der Forscher, der Anthropologe.

Entwicklungsziel
Das Leben ist für den Schützen vor allem anderen eine *Suche.* Der Schütze ist ein Suchender. Ruhelos und unnachgiebig. Ein Gefühl des endlosen Suchens veranlaßt die innere Logik dieses Zeichens zum Handeln. Wem oder was jagt der Schütze nach? Letztlich ist das Ziel die fundamentale Bedeutung des Lebens. Wie immer in der Astrologie ist dies ein Ziel, dessen sich der einzelne nicht im-

mer vollkommen bewußt sein muß. Tatsächlich trifft in der Tat der umgekehrte Fall zu, und dies gilt für alle zwölf Zeichen. Doch ob bewußt oder nicht, das Entwicklungsziel des Zeichens treibt den Menschen voran und erklärt einen Großteil seines Verhaltens, das ansonsten vielleicht unverständlich und sinnlos erscheinen würde.

Strategien und Mittel

Die Bedeutung des Lebens finden! Handelt es sich hierbei um ein rein idealistisches Ziel? Für den Schützen ist das keine Frage. Die Frage lautet, was das Leben bedeutet, und nicht, wo es etwas bedeutet. Damit lernen wir das vorrangige Mittel des Schützen kennen: Sein Vertrauen in die Vorstellung, daß sich hinter all der scheinbaren Willkürlichkeit unseres Lebens ein großes Muster verbirgt.

Wie kann der Schlüssel zu diesem Muster gefunden werden? Erfahrung. Erforschung. Die Bereitschaft, die geisttötenden Gewohnheiten des Alltags aufzubrechen. Das sind die Strategien des Schützen.

Ohne Freiheit ist eine Suche nicht möglich. Folglich ist kein anderes Zeichen so zurückhaltend darin, sein Recht auf die Suche nach neuen Erfahrungen zu gefährden. Die Kritiker des Schützen interpretieren diese Freiheitsliebe möglicherweise als Furcht davor, Verpflichtungen einzugehen. In Einzelfällen mag diese Analyse durchaus zutreffend sein. Doch im allgemeinen müssen wir erkennen, daß der Schütze ohne Freiheit dahinschwindet. Und es ist eine traurige, aber offensichtlich nicht zu vermeidende Tatsache, daß die Liebe oft sehr gnadenlos mit der Freiheit umspringt.

Schatten

Doch die Liebe hat noch eine andere Seite: Sie vermag die eigene Freiheit zu erhöhen und die eigenen Erfahrungen mit den menschlichen Lebensbedingungen zu bereichern. Die Bedeutung des Lebens? Wer weiß? Die größten Lehrer der Menschheit stimmen darin überein, daß, was immer das Leben auch bedeutet, dies etwas mit der Liebe zu tun hat. Der Schatten des Schützen zeigt sich in seiner möglichen Vermeidung wirklicher Zuwendung, die

Art von Zuwendung, die nur möglich ist, wenn wir uns wirklich, komme was wolle, mit einem anderen Menschen zusammentun. Der Schütze kann über die Oberfläche des Lebens rutschen wie ein Stein, der über einen zugefrorenen Teich schlittert und rast, ... und dabei ebensoviel lernen.

Die Prinzipien, die hier zur Debatte stehen, sind umfassender als nur Nähe und Sexualität. Sie beinhalten auch die Vorstellung, daß der Schütze mehr über das große Muster erfahren kann, indem er ein ausgezeichnetes Buch im kleinsten Detail erfaßt, als wenn er durch die ersten Seiten jedes Buches in der Staatsbibliothek blättern würde. Bandbreite ist eine Tugend, aber niemand muß den Schützen daran erinnern. Notwendiger mag es sein, ihn daran zu gemahnen, daß Intensität und Konzentration ebenfalls Tugenden sind – ob in der Liebe oder in der Bibliothek.

Der verliebte Schütze
In Herzensdingen eilt dem Schützen der Ruf voraus, ein eloquenter Theoretiker, aber ein schlechter Praktiker zu sein. Dies muß nicht zwangsläufig zutreffen, doch um unangenehme Schütze-Szenarios wie Scheidung oder zwanghafte Untreue – oder ein einsames Muster oberflächlicher emotionaler Kontakte – zu vermeiden, muß sich der Schütze einer Reihe vorsätzlicher Schritte unterziehen. Der erste ist die Entwicklung eines philosophischen Engagements für die Vorstellung, daß fortgesetzte Liebe unter bestimmten Umständen eine gesunde und aufregende Reise sein kann. Vorstellungen sind für den Schützen machtvolle Motivationen – doch sie müssen überzeugend sein. Keine gedankenlose, romantische Schwärmerei kann den Schützen lange Zeit fesseln, jedenfalls nicht über das Probieren und Verdauen dieser Erfahrung hinaus.

Der zweite Schritt ist besonders kritisch: Der Schütze muß seinen potentiellen Liebespartner außerordentlich sorgfältig auswählen. Unsere Kultur versucht Ehen oder Beziehungen zu stabilisieren, indem sie eine im Grunde genommen falsche gegenseitige Abhängigkeit zwischen den Partnern erzeugt. Frauen zum Beispiel werden so sozialisiert, daß sie in Anbetracht nicht funktionierender technischer Geräte in lähmende Unfähigkeit verfallen.

Männer wissen nichts darüber, wie sie sich ernähren sollen, und sind entsprechend hilflos. Bei der Liebe, die der Schütze für die Unabhängigkeit hegt, kann er es sich nicht erlauben, sich in diesen Fallen fangen zu lassen. Er muß seine Freiheit aufrechterhalten, auch wenn die Versuchungen der Liebe locken. Außerdem muß er einen Partner wählen, der Freiheit ebenfalls zu schätzen weiß, der seine Interessen und eigene Freunde hat, der offen ist für endlose Veränderungen und der frei ist von kindlicher Eifersucht. Wenn all diese Bedingungen erfüllt sind, dann dringt der Schütze zu einem grundlegenden schützehaften Geheimnis vor: Die Suche ist viel reicher und viel tiefer, wenn man sie teilt.

Steinbock (22. Dezember bis 20. Januar)

Archetypen
Der Einsiedler, der Vater, der Premierminister, die Autoritätsperson, der Stratege.

Entwicklungsziel
Unter Männern und Frauen, die sich von Astrologie und Psychologie angezogen fühlen, gibt es eine unverfängliche Bemerkung: »Es ist gut, mit den eigenen Gefühlen auf Tuchfühlung zu sein.« Doch was würde geschehen, wenn wir alle unsere Gefühle lebten und nichts da wäre, um sie zu regulieren? Stellen Sie sich das Chaos vor: Nichterscheinen am Arbeitsplatz, Nichtbeachten roter Ampeln, Mord und Totschlag.

Der Steinbock steht für die andere Seite dieser Münze. Zwar ist es nicht so, daß er seine Gefühle gar nicht kennt, doch ist er vor allem mit der radikalen Entwicklung jener Tugenden beschäftigt, die Gefühle ausgleichen: Integrität, Geduld, Charakter, Beharrlichkeit, die Fähigkeit, Befriedigung hinauszuzögern und Versuchungen zu widerstehen.

Strategien und Mittel
Um zu wachsen, muß der Steinbock eine große Aufgabe übernehmen, eine Arbeit, die ihn an die Grenzen seines Potentials bringt. Er muß kämpfen und beharrlich sein, mit den inneren Dämonen

ringen. Die »große Aufgabe« des Steinbocks kann sehr wohl auf der beruflichen Ebene zur Entfaltung kommen. Doch gibt es durchaus auch andere Möglichkeiten. Der Steinbock könnte zum Beispiel in einem kleinen Segelboot über den Atlantik fahren. Er könnte mitten im Getto einer gesunden, glücklichen Familie vorstehen. Vielleicht ein Buch schreiben.

Dem Steinbock geht es vor allem darum, daß sich in seinen Handlungen seine Intentionen und weniger seine Gefühle widerspiegeln – vor allem wenn diese Gefühle von Beklommenheit, Preisgabe und Frustration erfüllt sind.

Schatten

Um das Entwicklungsziel des Steinbocks zu erreichen, müssen natürliche Gefühle kontrolliert und gelenkt werden. Das Schreckliche ist, daß es gelingen kann, sie ganz und gar zu unterdrücken. Wenn der Steinbock Streß ausgesetzt ist, dann bricht als letzte seiner Funktionen sein Benehmen zusammen. Die Oberfläche. Bis zu dem Augenblick, da das Licht flackernd erlischt, verfolgt der Steinbock seinen Kurs. Ist das gut oder schlecht? Eine dumme Frage. Das Leben ist viel zu kompliziert, um es mit solchen Kategorien zu erfassen. Es besteht nicht so sehr die Gefahr, daß der Steinbock den Kontakt zu seinen Gefühlen verliert. Es könnte eher geschehen, daß allen übrigen die Anbindung an seine Gefühle abhanden kommt. Der Steinbock kann sich in der Rolle der Autoritätsperson, als Fels von Gibraltar wiederfinden und die Show makellos im Griff haben – und gleichzeitig verkümmert er in seiner selbstauferlegten einsamen Gefangenschaft.

Der verliebte Steinbock

Eine Verpflichtung einzugehen, fällt dem Steinbock relativ leicht. Ein Rätsel ist ihm das, was er tun muß, sobald er sich verpflichtet hat. Der Steinbock muß lernen, seinen emotionalen Selbstausdruck zu disziplinieren, wenn seine Liebe lebensfähig und befriedigend sein soll. Sonst verfängt er sich in einem mechanisch effizienten, ritualisierten Muster der Beziehungsführung und erträgt stoisch all die notwendigen Disziplinierungen der Liebe ohne in den Genuß ihres Nutzens zu kommen.

Für den Steinbock ist es entscheidend, den richtigen Partner zu wählen. Instinktiv wird er von potentiellen Partnern angezogen, die stabile Tugenden verkörpern: Verläßlichkeit, Verantwortungsbewußtsein, Selbstzufriedenheit, Ausgeglichenheit. Weniger offensichtlich ist die Notwendigkeit, einen Partner zu finden, der einige Lücken im eigenen Verhaltensrepertoire des Steinbock füllt: einen Menschen mit einer ungezwungenen emotionalen Ausdruckskraft, mit einem gewissen »Funkeln«.

Wer den *Steinbock als Sonnenzeichen* hat, der folgt weitgehend dem eben beschriebenen Muster, es sei denn, in seinem Geburtshoroskop sind Elemente enthalten, die das Gegenteil nahelegen.

Befindet sich der *Mond im Steinbock*, dann umgibt den betreffenden Menschen eine Aura der Einsamkeit. Er muß oft eine ganze Reihe ihm fremder Fertigkeiten – vor allem das Teilen – erlernen, wenn seine Liebe überleben soll. Ein solcher Mensch braucht außerdem einen Partner, der nicht zu tief schockiert ist, wenn er schließlich feststellt, daß er zwar geliebt, aber letzten Endes doch nicht gebraucht wird.

Der *Steinbock-Aszendent* kann eine harte, geschäftsmäßige und vorsichtige Schale bezeichnen. Eine solche Schale ist für gewöhnlich nicht der Ausdruck von Schüchternheit wie man erwarten könnte, da dem Steinbock doch für gewöhnlich »Reserviertheit« unterstellt wird. Die Schale ist in sozialer und anderer Hinsicht nützlich. Die Steinbock-Maske entwickelt für gewöhnlich ein instinktives Verstehen der Wege, die die Welt nimmt. Darin kann er weltmännisch, sogar mitteilsam sein. Doch vermutlich hat der Steinbock-Aszendent ein Full house im Ärmel, und der Pokerspieler in ihm schätzt genau das Blatt seiner Mitspieler am Tisch ab.

Es ist vielleicht kein Problem, die Steinbock-Maske zu mögen, aber sie zu lieben, fällt schwer. Damit sich wirkliche Liebe entwickeln kann, muß die Maske früher oder später fallen, um das tiefere, hinter ihr liegende Material zu offenbaren. Manch einem mag das, sobald sich Vertrauen eingestellt hat, leicht fallen und keine größere Mühe bereiten. Bei anderen gelingt es vielleicht nie. Was steht hinter dem Steinbock-Aszendenten? Um das herauszufinden, muß das gesamte Geburtshoroskop einbezogen werden.

Wassermann (21. Januar bis 19. Februar)

Archetypen
Das Genie, der Revolutionär, der Wahr-Sager, der Exilant, der Wissenschaftler.

Entwicklungsziel
In den Nachrichten wird von einer Frau berichtet, die als erster Mensch den Mount Everest allein und in Nike-Turnschuhen erklettert hat. Wir staunen über ihren Mut. Nicht so rasch erkennen wir vielleicht, daß 98 Prozent des Mutes, der erforderlich war, um den Gipfel zu bezwingen, bereits aufgebraucht war, als sie den Fuß des Berges noch nicht einmal erreicht hatte. Allein schon die Entscheidung, den Mount Everest zu besteigen – das ist das Herz ihrer Leistung.

Ihre Eltern wollten von ihr, daß sie den Nachbarjungen heiratet. Ihre Alterskameraden zwangen ihr einen konventionellen Lebensstil auf: Karriere, Familie, Kinder. Die Gesellschaft also errichtete eine Menge »Berge« zwischen ihr und dem Everest. Jeder einzelne von ihnen mußte zunächst erklettert werden.

Nicht alle von uns sind auf die Welt gekommen, um Berge zu besteigen. Tatsächlich machen die meisten von uns tiefe, ergreifende, spirituell wertvolle Erfahrungen, während wir ein relativ konventionelles Leben führen. Normalität ist keine Sünde! Doch für manche von uns sind die Erfahrungen, die unser Herz bewegen, eben nicht die, wie Ann Landers sie für uns im Sinn hat. Diese Menschen sind typischerweise solche, deren Geburtshoroskop auf zentrale Weise durch das Zeichen Wassermann geprägt ist. Ihr Entwicklungsziel? Das Erlangen ihrer *Individualität.*

Strategien und Mittel
Der Wassermann muß lernen, gegen die Regeln zu verstoßen. Es geht jedoch nicht darum, Ziegelsteine in Schaufenster zu werfen; solches Handeln hat, wie wir noch sehen werden, mehr mit dem Wassermann-Schatten zu tun. Ziel ist es vielmehr, Autoritäten unablässig zu hinterfragen. Manchmal schlägt sich diese Strategie im Verhalten nieder: »Vater, ich habe mich nun doch entschieden,

nicht in die Firma einzutreten. Ich habe vor, Astrologe zu werden.« Manchmal ist die Strategie auch mehr ins Innere verlagert, wenn wir lernen zu erkennen, daß die Gesellschaft uns, als wir noch sehr jung waren, programmiert und mit einer Reihe von Werten und Annahmen versorgt hat, die vielleicht wenig mit unseren wirklichen Bedürfnissen und unserer Aufgabe in der Welt zu tun haben. Wir müssen unsere Identität unter all diesen Mythologien zutage fördern.

Wir sprechen von »Freigeistern« – doch die Wahrheit ist, daß die meisten dieser menschlichen Freigeister schon vor Äonen von Säbelzahntigern gefressen wurden. Als Gattung hing unser Überleben immer von unserer Fähigkeit ab, uns zusammenzurotten. Auch heute sind wir noch immer herden- und stammesgebunden. Instinktiv suchen wir die Mitgliedschaft in einer Gruppe und sind für gewöhnlich bereit, zu jeder Melodie zu tanzen, um dieses Ziel zu erreichen. Der Stamm muß nicht immer unbedingt die Mittelklasse sein. Häufig ziehen die Leute die Mitgliedschaft in einer Subkultur vor. Doch auch hier herrscht noch immer der Stammesinstinkt.

Mit seiner Strategie will sich der Wassermann über den Stammesinstinkt hinwegsetzen. »Ich bin der, der ich bin. Wenn du mich magst, dann ist das wunderbar. Wenn du findest, ich sei verrückt, ... das ist interessant.« So ist der Wassermann.

Der Wassermann verfügt über die Mittel, seine Entwicklungsstrategie zu unterstützen. Er wird mit einem instinktiven Mißtrauen gegen paternalistische Hierarchien geboren, neigt zu »abweichlerischem Denken« und fühlt sich magnetisch angezogen von Denkbereichen, die sich außerhalb des Mainstream befinden. Er hat eine »Außenseitermentalität«, die klare, kühle Sichtweise, die wir von Exilanten in einem neuen Land erwarten – Männer und Frauen, die Überraschungen erwarten, aber nicht Verständnis.

Schatten
Symbolische Rebellion – das ist der Schatten des Wassermanns. Die Frau, die den Mount Everest hätte besteigen sollen, beugt sich statt dessen dem sozialen Druck, geht eine konventionelle Ehe ein, verfolgt eine konventionelle Karriere. Und was geschieht? All

diese rebellischen, auf Unabhängigkeit abzielenden Wassermann-Instinkte werden an irrelevanten Zielen abreagiert. Sie besteht auf ihr gottgegebenes Recht, lila Strümpfe zur Arbeit anzuziehen. Sie weigert sich hartnäckig, jemals wieder mit ihrem Großvater zu sprechen. Statt ihre Individualität und ihr Recht auf einzigartige, wassermanntypische Erfahrungen zu verteidigen, verschwendet sie diese Energie mit der Verteidigung sinnloser Schrullen. Da ihre wahre Individualität unentwickelt bleibt, verbirgt sie sich immer häufiger hinter diesen Exzentrizitäten. Die Leute merken, daß sie, trotz ihrer äußerlichen Selbstsicherheit, irgendwie »nicht da« ist. Sie empfinden die Wassermann-Frau als »unnahbar« oder vielleicht sogar als »kalt«, verwechseln ihren Schatten mit ihrer wahren Individualität, die gerade abwesend ist.

Der verliebte Wassermann
Die Liebe springt manchmal grob mit der Individualität um – oder aber sie unterstützt und fördert sie. Für den Wassermann hängt alles davon ab, dafür zu sorgen, daß der Kopf nach oben zeigt, wenn die Münze landet. Wie? Erstens, indem ihm ein guter Start bei der Bewußtwerdung seiner Einzigartigkeit gelingt. Obwohl also eine Ehe für den Wassermann gesund und beglückend ist, ist eine zu früh geschlossene Verbindung für gewöhnlich lähmend und meist von kurzer Dauer.

Es muß ein Partner gewählt werden, der bereit ist, dem Wassermann viel Bewegungsfreiraum zu gewähren. Klaustrophobische Nähe mag für den Skorpion oder Krebs erträglich sein, aber niemals für den Wassermann – es sei denn, dessen Geburtshoroskop behauptet das Gegenteil. Für den Wassermann sind Trennungsphasen in einer engagierten Beziehung Zeiten der Heilung und nicht nur des Stresses.

Wenn die Welt voller Wassermänner wäre, dann gäbe es zwar noch immer die Ehe, aber sie würde sich grundlegend von den Mustern unterscheiden, die wir gewohnt sind. Viele glücklich verheiratete Paare würden sich vielleicht entscheiden, nicht zusammen zu wohnen! Und ein solches Arrangement würde als vollkommen normal und in Übereinstimmung mit der psychologischen Wirklichkeit empfunden.

Möglicherweise ist die folgende Einsicht in bezug auf Wassermänner und Nähe die entscheidende: Sexualität ist ein außerordentlich kompliziertes Thema, und die Gesellschaft eilt uns in diesem Bereich zu Hilfe, indem sie uns mit vorfabrizierten »Drehbüchern« ausrüstet, denen wir entnehmen können, wie man mit ihr umgehen kann. Von Promiskuität wird abgeraten oder sie wird sorgfältig in vorgeschriebene Werberituale umgeleitet. Die Monogamie wird allgemein unterstützt – und dort, wo sie nicht möglich ist, wird für »sichere« Ventile gesorgt. Frauen werden ermutigt, »Nester zu bauen«, und Männer, einen blinden Zwang zum Geldverdienen zu entwickeln. All diese Vorschläge verfolgen das Ziel, die Sexualität in gesellschaftlich akzeptierte Bahnen zu lenken. Wir können diese Kanalisierung kritisieren, doch vielleicht stellen wir auch fest, daß sie die angesammelte Weisheit der Menschheit in bezug auf ein sehr schwieriges Thema repräsentiert. Eine fehlerhafte Weisheit, gewiß. Doch noch immer die beste, die wir haben.

Für die meisten von uns ist es hilfreich, wenn vielleicht auch nur, um unser Gleichgewicht zu halten, uns in einem gewissen Maß diesen Mustern zu unterwerfen. Für den Wassermann gilt das nicht. Er muß alles in Frage stellen. »Laß uns heiraten – und nicht zusammen leben!«

Fische (20. Februar bis 20. März)

Archetypen
Der Mystiker, der Träumer, der Poet, der Seher, der Romantiker.

Entwicklungsziel
Fische ist das letzte Zeichen im Tierkreis. Auf gewisse Weise ist es das höchste Zeichen – praktisch ist dies zu verstehen, indem man sagt, daß für dieses Zeichen die Hürden am höchsten liegen. Der Fische-Mensch gewinnt oder verliert im großen Stil. Dies ist das Zeichen der »großen Flucht«. Nicht so sehr eine Flucht aus der Welt als vielmehr eine Flucht vor der Tyrannei des sich selbst verherrlichenden Ich. In den Fischen werden wir uns der Tatsache bewußt, daß wir letztlich selbst das Bewußtsein sind, das die Per-

sönlichkeit beobachtet und sich durch sie ausdrückt. Wir treten zurück. Wir erleben uns als Mitspieler in einem großen Theaterstück. Und aus dieser Perspektive betrachtet wirkt unsere »normale« Beschäftigung mit Erfolg und Niederlage, mit Gewinn und Verlust, mit Stolz und Demütigung unaussprechlich, unwiderstehlich komisch.

Dieser typische fischehafte Humor ist nicht beißend oder zynisch. Er enthält nicht einen Tropfen Sarkasmus. Wenn überhaupt, dann erfüllt er das Herz mit Mitgefühl ebenso wie mit Gekicher. Letztlich ist es schwierig, das Entwicklungsziel der Fische zu beschreiben, ohne in eine mystische, religiöse Sprache hinüberzugleiten. Das ist eben nun einmal der Ordner in dem großen Ablagesystem der Menschheit, in dem wir traditionell alle Informationen über die Erfahrungen der Fische abgelegt haben.

Das Entwicklungsziel der Fische ist *Selbsttranszendenz*.

Strategien und Mittel

Um das Fische-Ziel zu erreichen, müssen wir uns tiefer erleben, als durch Name, Rang und Nummer über uns Auskunft gegeben wird. Wir müssen über den Teil unseres Selbst hinauswachsen, der nur eine Rolle in dem großen Theaterstück der Menschheit zu spielen hat. Diesen Prozeß könnte man als »Meditation« bezeichnen. Es ist ein ausgezeichneter Begriff, nur leider hat die Gesellschaft sehr viel Salatdressing darüber ausgeschüttet. Wenn wir hier von Meditation sprechen, dann implizieren wir damit kein besonderes Glaubenssystem. Schon gar nicht wollen wir zu einem besonderen »spirituellen« Lebensstil raten. Keine Metaphysik. Keine Soziologie. Nur ein roher, nicht interpretierter Bewußtseinsprozeß, der sich seiner selbst bewußt wird. Das ist Meditation – und auch die zentrale fischetypische Entwicklungsstrategie.

Wie funktioniert sie? Jeder kann meditieren. Man muß dazu nicht einmal ein Fische-Mann oder eine Fische-Frau sein. Schließen Sie Ihre Augen, atmen Sie tief und langsam und halten Sie Ausschau nach den stillen Augenblicken zwischen Ihren Gedanken, fertig. Das ist Meditation. Nichts dabei. Der Trick besteht darin, zu lernen, diese stillen Zwischenräume aneinanderzuhängen, bis sie eine lange ununterbrochene Kette reinen Bewußtseins bilden. Wenn dem Fische-Menschen dies gelingt, dann beginnt er tatsächlich, sich selbst als Bewußtsein zu erleben – ebenso wie jemand, der ohne Unterlaß Basketball spielt, sich selbst nach und nach als eine Reihe physischer Reflexe erfährt.

Schatten

Es kann vorkommen, daß Fische diesen inneren Drang nach Selbsttranszendenz mißdeuten oder mißverstehen, wie sie dabei vorgehen sollen. Das Zeichen sinkt dann zu einem Symbol des reinen Eskapismus ab. Altmodische Astrologiebücher sind voll von Hinweisen auf die Gefahren des Trinkens. Heutzutage müssen wir den Mißbrauch von Drogen, Fernsehen, Nahrung, Sex, Schlaf, Arbeit, Musik, Geld, Kunst, Reisen, Einkaufen, Hobbys, Bildung, sozialem Aktionismus und Religion hinzufügen. Praktisch alles, woran wir Spaß haben, kann als Wirklichkeitsflucht mißbraucht werden. Es geht nicht darum, Vergnügungen und Spaß zu vermeiden, sondern eher um die Neigung der Fische, sich in ihnen zu verlieren.

Die verliebten Fische

Fische sind erfüllt von tiefgreifender Empfindsamkeit. Keinem anderen Zeichen kann das romantische Ideal von dem »Verschmelzen mit dem Partner« so spürbar wirklich erscheinen. Die einzige Art von Beziehung, die bei Fischen eine Überlebenschance hat, ist eine mit einer »spirituellen« Basis. Wir setzen das Wort »spirituell« in Anführungszeichen, weil wir meinen, daß das Wort sorgfältig betrachtet werden muß. Wie die meisten Klischees rutscht es uns leicht von der Zunge, ohne zuvor durch unser Hirn gewandert zu sein.

Zwei Presbyterianer, ihres Zeichens Fische, können zusammen in der Kirche sitzen, tiefgreifende presbyterianische Erfahrungen machen und dennoch keine spirituelle Beziehung zueinander haben. Warum? Einfach deshalb, weil der Geist des einen nicht mit dem des anderen in Beziehung tritt! Auf der anderen Seite können zwei Atheisten schweigend vor einem Lagerfeuer sitzen, in einen meditativen Zustand hinübergleiten und »das Feuer träumen«, wie die Swahili es ausdrücken. Sie sind sich schwach der gegensei tigen Anwesenheit bewußt und dankbar, daß sie diesen magischen Raum miteinander teilen können, ohne Kommentare und ohne die Gefahr störenden aufdringlichen Humors: »Erde an Jane! Bitte melden! Wir empfangen keine Signale mehr von dir!« Das ist eine spirituelle Beziehung. Der Geist des einen berührt den Geist des anderen und umgekehrt. Sie sind in einen »veränderten Bewußtseinszustand« eingetreten und spüren noch immer eine Verbindung zueinander: für Fische das Paradies.

In Liebesdingen sollten Fische einen Partner wählen, der für solche transzendenten Bewußtseinszustände offen ist. Ob ihre Glaubenssysteme miteinander harmonieren oder nicht, spielt keine Rolle. Der eine kann Presbyterianer, der andere Zen-Buddhist sein. Was zählt, ist die gemeinsame Erfahrung, nicht die gemeinsame Interpretation der Erfahrung. Sobald sie einander erst einmal gefunden haben, muß ihr Band mit der Art Input gefördert werden, die diese Form hoher Berührungen herbeiführt: gemeinsam verbrachte stille Zeit, Kerzenschein, Spaziergänge am Strand oder im Wald, vielleicht Erfahrungen in Kirchen oder Meditationsgruppen. Dies vorausgesetzt, haben die beiden Liebenden, die auf der Wellenlänge der Fische zueinanderfinden, etwas gemeinsam, das nur Fische kennen: Liebe, Tanz, ausgelassene Fröhlichkeit und eine Ahnung vom kosmischen Witz.

Kapitel 5

Liebe und Krieg

Sie haben nun etwas über Sonne, Mond und Aszendent als die primäre Dreiheit der Persönlichkeit erfahren. Doch reife Liebe gibt es nur zwischen zwei Menschen in ihrer Gesamtheit, was bedeutet, daß alle Planeten in Sachen Nähe relevant sein können, so wie sich auch die ganze Person in einer Liebesbeziehung einbringt. Jedoch sind insbesondere zwei Planeten ausgezeichnet dazu in der Lage, uns unser Verhalten in der Partnerschaft zu offenbaren. Es ist an der Zeit, Venus und Mars kennenzulernen, die Göttin der Liebe und den Gott des Krieges.

Seit dem Altertum haben traditionelle Astrologen den Mars mit »Männlichkeit«, Mut, Initiative, Selbstbewußtsein und Willenskraft gleichgesetzt. Die Venus hingegen wurde mit dem »Weiblichen«, mit Sanftmut, Beziehungsbereitschaft, Empfänglichkeit und Schönheit assoziiert. Im 20. Jahrhundert sind diese beiden Beziehungsprinzipien zunehmend für beide Geschlechter aktiv und zugänglich. Der Mars steht nicht für Testosteron, sondern vielmehr für Tatendrang, Entschlossenheit und den Impuls, das zu suchen, wonach wir uns sehnen. Auch die Venus ist kein Synonym für Östrogen; sie symbolisiert die Schaffenskraft, Anziehungskraft und die Fähigkeit, Beziehungen einzugehen. Der Mars verfolgt, und die Venus zieht an. Sind Sie – unabhängig von Ihrem Geschlecht – nicht zu beidem fähig?

Manchmal bemühen wir uns aktiv um eine Beziehung, dann wieder spielen wir eine eher passive Rolle und überlassen jemandem anderen die Initiative. Mars zeigt, wie wir auf den Menschen zugehen, der uns aufgefallen ist. Venus offenbart, wie wir uns attraktiv machen und Beachtung zu erlangen hoffen. Außerdem zeigt die Venus auch an, und das ist wichtig, was wir an anderen anziehend finden. Der Astrologe Stephen Arroyo rät, sich die Venus des Menschen, dem wir gefallen wollen, »anzugewöhnen«! Wenn es um die Venus geht, dann handeln wir alle auf der Basis des Prinzips »Gleiches zieht Gleiches an«. Jemand, der die Qualitäten unserer Venus verkörpert, zieht uns an, und wir offenbaren unsere venustypischen Qualitäten, wenn wir uns bemühen, auf andere einen guten Eindruck zu machen. Der Mars folgt diesem Venus-Köder. Venus ist die Sirene und Mars der Freier. Venus ist der Lockvogel und Mars der Jäger. Venus ist die Strategie und Mars die Taktik.

Wir wollen diese Vorstellungen genauer untersuchen, indem wir anfangen, die vier Hauptrichtungen, aus denen dieser archetypische Wind bläst, zu untersuchen: die Elemente.

Die vier Elemente

Feuer, Erde, Luft und Wasser sind die astrologischen Namen für vier Bewußtseinszustände, die in uns allen in unterschiedlichem Maße aktiv sind.

- Die Prinzipien von *Feuer*, dynamische Energie, Abenteuer, Spiel und der intuitive Sprung ins Unbekannte, beleben die Zeichen *Widder*, *Löwe* und *Schütze*.
- *Erde* steht für die Materie: die konkrete Realität, das Praktische, Einfallsreichtum und die Meisterschaft der greifbaren, meßbaren Welt. Inkarnationen der Erde sind die Zeichen *Stier*, *Jungfrau* und *Steinbock*.
- *Luft* symbolisiert die mentalen Funktionen der Wahrnehmung, Vernunft, Abstand, Klarheit und Neugier. Luft stellt die Welt durch die Zeichen *Zwillinge*, *Waage* und *Wassermann* in Frage.
- Das Reich des *Wassers* ist Gefühl, Subjektivität, Empfindungsvermögen, Phantasie und Hege/Pflege. Wasser tritt durch die Zeichen *Krebs*, *Skorpion* und *Fische* in die Welt.

Ihre Venus oder Ihr Mars werden durch ihre/seine Elemente bestimmt, und diese Konditionierung erhält ihre Feinabstimmung durch das Zeichen in diesem Element. Wenn Sie im folgenden die Beschreibungen von Mars und Venus in jedem Element und Zeichen lesen, dann denken Sie bitte daran, daß jeder Planet nur *ein* Merkmal eines Geburtshoroskops darstellt und daß *kein* Merkmal getrennt von allen übrigen in Betracht gezogen werden sollte.

Kein Mensch tritt nur auf der Basis seines Mars oder seiner Venus in Beziehung zu anderen. Denken Sie an den arbeitsorientierten Walter (Kapitel 3), dessen Widder-Venus so zu verstehen war, daß er Menschen mochte, die ihn dazu herausforderten, bei der Arbeit das Beste zu geben. Betrachten Sie die folgenden Abschnitte als Richtlinien, die Ihren Interpretationsprozeß auslösen sollen, und Sie werden das Geburtshoroskop als Ganzes nicht aus den Augen verlieren.

Wo sind Ihre Venus und Ihr Mars?

Wenn Sie diese Frage nicht beantworten können oder diese Planeten im Horoskop einer anderen Person lokalisieren wollen, dann schlagen Sie im Anhang in den »Mini-Ephemeriden« für Venus und Mars nach.

Venus im Feuerzeichen

Menschen deren Venus in einem Feuerzeichen steht, üben Anziehung aus, indem sie uns zeigen, wieviel Spaß sie haben und wie farbenfroh, mutig, abenteuerlustig und edelmütig sie sind. Sie führen also die Qualitäten des Feuers vor. Ihre Kontaktanzeige besagt, daß wir wirklich etwas Besonderes verpassen, wenn wir sie ignorieren. Wie können wir solcher Verwegenheit und schludriger Ritterlichkeit widerstehen?

Venus im Widder

Wer die Venus im Widder hat, der tritt als Krieger der Amazonen auf, stürmt mit einem Pioniergeist durchs Leben, der alle Nackenschläge einsteckt und sogar durch sie aufblüht. »Sieh nur, wie stürmisch ich bin. Ich bin nicht nur eine Verabredung; ich bin ein Abenteuer. Ich bin die elementare Leidenschaft.« Die Widder-Venus ist durchaus bereit, sich von ihren impulsiven Wünschen begeistern zu lassen. Sie kann sehr schnell in die Beziehung hineinaber auch wieder aus ihr herausfinden. Wer die Venus im Widder hat, der wirft Ihnen eine romantische Herausforderung vor die

Füße und stachelt Sie dazu an, seine/ihre Hand zu gewinnen. »Triff mich mit deinem besten Schuß.« Sie weiß Unabhängigkeit, Mumm und Direktheit zu schätzen und geht gerne Risiken ein. Solche Menschen finden Geschmack an gesundem Wettbewerb, vor allem, wenn sie am Schluß gewinnen. Marilyn Monroe und Elizabeth Taylor, zwei der Frauen, um die am meisten geworben und denen unablässig nachgestellt wurde, hatten ihre Venus im Widder. Das gleiche gilt für Jack Nicholson, dessen Langzeitgefährtin Anjelica Houston von ihm sagt: »Er bringt mein Blut zum Kochen.«

Venus im Löwen
Menschen, deren Venus sich im Löwen befindet, erkaspern sich den Weg in Ihr Herz oder beeindrucken Sie durch ihre hoheitsvolle, aristokratische Art. »Wenn du ein Kenner bist, dann wirst du mich mögen.« Sie machen großes Theater und große Gesten, um Ihren Blick auf sich zu ziehen. Ein bewunderndes Publikum stört sie keineswegs, und sie sorgen dafür, daß Sie einen Platz in der ersten Reihe haben. »Von all meinen Fans bist du die Nummer eins. Die ganze Welt ist eine Bühne, und du und ich stehen an der ersten Stelle auf dem Programm. Wir wollen uns an der Show erfreuen. Wer eine Löwe-Venus hat, der zeigt, wie nobel, großzügig, kreativ, unterhaltsam und respektierlich er ist und welches Ruhmesblatt er für Sie wäre. Wenn Sie begehrt werden, um so besser: Mögen sich Ihre Königreiche vereinen. Solche Menschen können den Richard Löwenherz oder einen kleinen Tyrannen spielen, je nachdem, wie sehr ihr Selbstrespekt unterstützt oder durchlöchert wurde. Der Zirkusbesitzer P.T. Barnum hatte die Venus im Löwen, gleiches gilt für Leonard Bernstein.

Venus im Schützen
Die Schütze-Venus hat eine komplizierte Herangehensweise an die Kunst der Anziehung und wechselt zwischen ihren Archetypen hin und her: Zigeuner, Student, Philosoph, Forscher und Anthropologe. Zigeuner oder Forscher sagen: »Sieh nur, wie abenteuerlustig und sorgenfrei ich bin. Schlag über die Stränge und fahr mit mir ins Ausland.« Der Student reizt Sie mit Einblicken in die angesammelten Weisheiten aller Zeiten. Der Philosoph

überzeugt Sie davon, daß Ihr spiritueller Weg direkt zu ihm führt. Der Anthropologe führt Sie durch eine verzaubernde Sammlung menschlicher Typen, eine Mitgift faszinierender Freunde und Bekannter. Der Schütze wird beherrscht von Jupiter, dem König der Götter, Gesetzgeber – und Schürzenjäger. Diese Züge sind sicherlich nicht in jedem vorhanden, dessen Venus sich im Schützen befindet, doch sie zeigen den enormen Appetit, den solche Menschen auf Erfahrung, Abenteuer und Vielfalt haben und ihre manchmal widersprüchliche Zuneigung zu Idealen und Prinzipien. Langweilen Sie sie nicht, machen Sie nie ihre Überzeugungen schlecht, und genießen Sie die Safari. Der außergewöhnliche Gitarrist Jimi Hendrix, der seine Gruppe »Band of Gypsies« nannte, hatte die Venus im Schützen. Dies trifft auch auf die politische Aktivistin Jane Fonda und auf Joan Baez zu. Die »Anthropologen« der Menschheitskomödie, Lenny Bruce und Federico Fellini gehören ebenfalls dazu.

Mars im Feuerzeichen

Der Ausspruch: »Der Zaghafte vermag die Hand der Schönen nicht zu gewinnen«, veranschaulicht den Mars im Feuerzeichen. Solche Menschen geben direkten, aktiven Herangehensweisen den Vorzug; sie brennen mit heißer Flamme. Es fällt ihnen leicht, die Initiative zu ergreifen. Der Mars in einem Feuerzeichen besitzt unwiderstehliche Macht.

Mars im Widder

Wer über einen Widder-Mars verfügt, der tritt an Sie heran und sagt: »Ein Nein als Antwort akzeptiere ich nicht.« Der Rockmusiker Pete Townshend hat seinen Mars im Widder und dies kommt in seinen Songtiteln zum Ausdruck: »Gonna Get Ya«, »Rough Boys« und »I Am an Animal«. Glühend und ungestüm kämpft der Krieger-Archetyp Mars um Ihr Herz. Leidenschaft und Direktheit sind seine Taktiken, es sei denn, das übrige Geburtshoroskop hat eine sehr milde Ausprägung. Der Wettbewerb stachelt den Widder-Mars an; er mag die Erregung der Verfolgungsjagd. Clint Eastwood (»Schau nach vorn und mach das beste daraus.«) hat den Mars im Widder. Wenn Sie der Gegenstand dieser ungeteilten Aufmerksamkeit sein wollen, dann ist sie wundervoll. Geben Sie nicht zu bald nach, und es wird sogar noch wunderbarer sein, wenn Sie es dann tun. Sollten die Gefühle nicht auf Gegenseitigkeit beruhen, dann machen Sie sich auf eine Belagerung gefaßt, und gewähren Sie kein Pardon, da dies nur als Zeichen der Kapitulation gewertet wird. Wenn Sie ihren Freier davon überzeugen können, daß er die Schlacht nicht gewinnen kann, dann wird der Widder-Mars schließlich der impulsiven Anziehung eines empfänglicheren »Opfers« nachgeben.

Mars im Löwen

Der Löwe-Mars wirbt auf Grund »des göttlichen Rechts der Könige«. Sich in »höfischer Liebe« hervortuend, spielt er den Ritter in der glänzenden Rüstung und ist bereit, Sie davonzutragen, vor allem, wenn Zeugen anwesend sind. Er versteht mehr von der dramatischen Wirkung des Werbens als irgendein anderes Zeichen. Wer den Mars im Löwen hat, der achtet auf die Bühnenumgebung und die Requisiten. Könige überschütten ihre Zukünftigen mit Geschenken. Das gleiche gilt für Menschen mit einem Löwe-Mars, ob sie es sich leisten können oder nicht; wenn Sie mehr auf die praktische Erde eingestimmt sind, dann mag Sie das vielleicht aus der Fassung bringen. Der Löwe-Mars schickt Ihnen Rosen – ins Büro. Er macht Ihnen in einem überfüllten Fahrstuhl einen Antrag. Solche Menschen können wahrhaft edelmütig, warm, aufrichtig, loyal und liebevoll sein. Seien Sie im Gegenzug ehrlich und verletzen Sie nicht ihren Stolz, denn sonst könnte der Löwe brüllen. Einige sehr beliebte Männer haben den Mars im Löwen: Robert Redford, Bruce Springsteen und Frank Sinatra. Auch Robert von Ranke-Graves, der für seine Liebespoesie und seine Studien zur archetypischen Großen Göttin berühmt ist, hatte den Mars im Löwen.

Mars im Schützen

Er verfolgt durch die Archetypen seines Zeichens. Der Student bittet Sie zu einer Gedichtrezitation. Der Philosoph oder der Anthropologe macht Ihre Welt verständlicher und weniger verwirrend, indem er seine Perspektiven darlegt. Der eine oder der andere könnte Sie zu einer politischen Demonstration mitnehmen. Der Zigeuner und der Forscher versprechen Abenteuer, seien sie im Erfahrungsbereich auf der romantischen oder sexuellen Ebene. Der Schütze-Mars beeindruckt Sie mit seiner Liebe zur Freiheit, seinem fragenden Geist, Idealismus und seinen visionären Qualitäten. Wenn sich Mars in diesem Zeichen aufhält, dann wirkt er direkter und unverblümter als seine Vettern im Widder oder Löwen und zieht es vor, direkt auf den Punkt zu kommen, statt seine Zeit mit der Jagd oder mit Show zu vertun. Wenn auch Sie zu Direktheit neigen, dann werden Sie diese Qualität zu schätzen wissen. Sind Sie jedoch empfindsamer und ziehen sanftes Werben vor, dann fühlen Sie sich vielleicht zurückgestoßen. Menschen mit Schütze-Mars können auf scherzhafte Weise ehrlich und ein wenig subtil sein, wenn Sie sich von Ihnen oder anderen angezogen fühlen, ob sie nun danach handeln oder nicht. Die Rocklegende Janis Joplin hatte den Mars im Schützen und nahm kein Blatt vor den Mund. Der französische Dichter Arthur Rimbaud, der behauptete, daß ein Dichter sich zum Seher machen muß, indem er seine Sinne mit Erfahrungen überflutet, verfügte ebenfalls über einen Schütze-Mars. Auch der aktive Sportler Prinz Charles hat seinen Mars im Schützen.

Venus im Erdzeichen

Jene von uns, deren Venus sich in einem Erdzeichen befindet, machen sich selbst attraktiv, indem sie die Qualitäten dieses Elements, die da sind Realismus, praktische Veranlagung, Meisterschaft des Dreidimensionalen und konkrete Weltsicht, zur Schau stellen. Solche Menschen sind erdig und körperorientiert. Die Venus in einem Erdzeichen zeigt uns, wie sinnlich, geduldig, zuverlässig und effizient, wie reif und geerdet sie ist.

Venus im Stier
Die Stier-Venus übt Anziehungskraft aus, indem sie das physische, körperzentrierte Wesen der Erde betont. Sie strahlt Berührbarkeit aus und kuschelt gern. »Sieh nur, wie natürlich und leicht

es ist, mit mir zusammenzusein«, sagt sie. »Schau doch nur, wie beruhigend meine Anwesenheit auf dich wirken kann. Leg die Beine hoch und setz die Kopfhörer auf. Ich bin die Mutter/der Vater Erde. Ich sorge dafür, daß alles einfach ist.« Menschen, deren Venus sich im Stier befindet, wissen Bequemlichkeit und Luxus zu schätzen; sie appellieren an Ihre Sinne oder an Ihre Brieftasche. Sie sagen Ihnen vielleicht nicht mit Worten, daß sie Sie mögen, aber sie versuchen, Sie zu gewinnen, indem sie Ihnen zeigen, wie gut es sich anfühlt, wenn Sie zusammen sind, und wie viel sie in physischer oder materieller Hinsicht zu bieten haben. John Wayne, Held vieler Westernfilme, hatte seine Venus im Stier. Ebenso verhält es sich bei den Schauspielern Ryan O'Neal und Marlon Brando, die beispielhaft für die erdige Attraktivität der Venus im Stier stehen.

Venus in der Jungfrau

Sie lockt damit, indem sie Ihnen klarmacht, wie vollkommen das Leben an ihrer Seite sein könnte. Die Jungfrau-Venus zeigt, wieviel Aufmerksamkeit sie jedem Detail einer Beziehung schenkt und daß sie zu Veränderungen bereit ist. »Sieh nur, wie ehrlich ich bin; sieh, wieviel mir daran liegt, aus dieser Beziehung alles herauszuholen, was in ihr steckt.« Solche Menschen demonstrieren außerdem ihren merkurischen Verstand, ihre Kritik- und Unterscheidungsfähigkeit. Sie machen sich Ihnen in so vielen Bereichen wie möglich unverzichtbar. Zwei Verhaltensextreme können bei dieser Konfiguration zu Tage treten: Manchmal wird die Jungfrau-Venus zu kritisch und glaubt, daß niemand für sie gut genug ist, manchmal fürchtet sie aber auch, nicht gut genug für eine solche Beziehung zu sein, und verbiegt sich, um dem Partner zu dienen oder sich seiner würdig zu zeigen. Es ist offensichtlich, daß beide Extreme vermieden werden sollten. Eleanor Roosevelt, unentbehrlich für ihren Mann Franklin Delano Roosevelt, hatte ihre Venus in der Jungfrau. Auch im Horoskop des Dichters und Mythologieforschers Robert von Ranke-Graves war eine Jungfrau Venus enthalten und kam in den verbalen Fähigkeiten, die diese Kombination mit sich bringt, zum Ausdruck. Der Rolling-Stones-Sänger Mick Jagger hat seine Venus ebenfalls in der Jung-

frau; sehen Sie sich seine Songtitel an, von »Under My Thumb«
bis zu »She's the Boss«.

Venus im Steinbock

Solche Menschen erregen Ihr Interesse mit dem für den Steinbock
typischen strategischen und effizienten Denken. Sie strahlen eine
Aura der Reserviertheit aus und faszinieren Sie frei nach dem Ausspruch »Stille Wasser sind tief«. »Es mag zwar sein, daß ich ein ein-
samer Wolf bin, aber ich mag dich. Irgendwie hast du einen Weg in
mein Einsiedlerherz gefunden.« Dann bringen sie ein weiteres
Lockmittel zum Einsatz. »Aber ich werde nie klammern und dir
die Luft abschnüren.« Sie betonen Ihr Verantwortungsbewußtsein,
Ihre Effizienz und Integrität. »Ich bin zuverlässig. Ich bin kein
Dummkopf, der mit dem Kopf in den Wolken schwebt. Ich bin
kein Schwindler. Auf mich kannst du zählen.« Sie beeindrucken Sie
durch ihre Meisterschaft der materiellen Welt, möglicherweise
durch ihren Status, ihren guten Ruf oder ihre privaten Besitztümer.
»Ich falle vielleicht nicht besonders auf, aber ich bin wie ein klassisches sicheres Aktienpaket. Es lohnt sich, in mich zu investieren,
und ich werde mit zunehmendem Alter noch besser.« Wer die Venus in der Jungfrau hat, für den ist es in der Regel kein Problem,
sich zu binden, gleichgültig, ob der gegenwärtige Zeitgeist eine solche Vorstellung unterstützt oder nicht. James Dean und Katherine
Hepburn hatten beide die Venus in der Jungfrau und zeigten den
»einsamen Wolf« und die »klassische« Seite dieser Kombination.

Mars im Erdzeichen

In diesem methodischen Element nutzt Mars praktische Veranlagung, Geduld und Strategie, um sich dem Menschen zu nähern,
für den er sich interessiert. Der Mars in einem Erdzeichen verschwendet seine Zeit nicht mit Reden oder Wünschen; er treibt einen konkreten Plan voran. Wenn Warten ein Bestandteil des Plans
ist, dann hat er damit kein Problem. Wie ein General im Manöver
verfolgt er Ihre Gewohnheiten, Bewegungsmuster, Vorlieben und
Abneigungen und paßt seine Taktiken entsprechend an. Er ist davon überzeugt, daß sich Hartnäckigkeit auszahlt

Mars im Stier

Er tritt als »guter Versorger« auf, nicht nur in finanzieller, sondern auch in sinnlicher Hinsicht, und damit sind alle fünf Sinne gemeint. Der Stier-Mars kümmert sich um Ihr körperliches Wohlbefinden, ob es dabei nun darum geht, Ihr Konto auszugleichen, Ihre Lieblingsmahlzeit auf den Tisch und die von Ihnen bevorzugte Musik auf den Plattenteller zu bringen, Ihren Rücken zu massieren oder Ihr Lieblingsparfüm zu tragen. Er will Sie einlullen und zu Ihrer Entspannung beitragen. Er macht sich die Mutter Natur zum Verbündeten und nimmt Sie im Frühling mit in den Zoo und geht an einem Sommerabend mit Ihnen im Wald spazieren. Dies ist eine sehr physische, hedonistische Plazierung für den Mars, die zudem Entschlossenheit in einem solchen Maß aufweist, daß sie manchmal an Dickköpfigkeit oder Besitzergreifung grenzen kann. Wenn ein Stier-Mars Sie will, dann will er Sie sehr und für eine lange Zeit. Die Tanzpartner Rudolf Nureyev und Margot Fonteyn haben beide den Mars im Stier; dies gilt auch für Sidney Poitier und Mick Jagger.

Mars in der Jungfrau

Ein solcher Mensch sagt: »Sieh doch nur, wie sehr wir einander helfen könnten. Eine Beziehung mit mir ist wie der Aufenthalt einer Amöbe auf dem Nährboden eines Zoologen; du wirst garantiert einige Veränderungen durchlaufen. Willst du denn nicht all das sein, was du sein könntest?« Der Mars in der Jungfrau fordert Sie dazu heraus, Ihre zwischenmenschlichen Fähigkeiten so zu vervollkommnen wie Sie dies auch im Hinblick auf Technik und Details bei Ihrer künstlerischen oder musischen Begabung tun würden. Menschen mit dieser Konstellation prüfen Sie und Ihr Leben genau und machen Ihnen Vorschläge, wie Sie beides verbessern können. Sie sind immer bereit zu helfen; sie kennen einen besseren Weg. Sie beeindrucken Sie mit ihrer Intelligenz und ihrer analytischen Art. Sollten sie mit Ihnen oder mit sich selbst kritisch ins Gericht gehen, dann denken Sie daran, daß es ihr Ziel ist, Sie davon zu überzeugen, daß diese Beziehung vollkommen sein könnte, und daß sie zu diesem Zweck Analyse und Kritik einsetzen. Der hingebungsvolle Tänzer Michail Barischnikow und Jac-

109

queline Kennedy Onassis, die das Weiße Haus aufpolierte, hatten ihren Mars in der Jungfrau.

Mars im Steinbock

Wer den Mars im Steinbock hat, der ist ein Meisterstratege, der das Können und die kühl berechnende Effizienz des archetypischen Premierministers oder der Autoritätsperson einsetzt, um Sie dazu zu bringen, »sich der Firma anzuschließen«. Sie lassen sich nicht in die Karten blicken, bis sie sicher sein können, daß Sie interessiert sind. Sie wollen Sie gründlich einschätzen, bevor sie einen Zug machen. Sie planen die Eroberung wie die Besteigung des Matterhorns. In der Art, wie sie Jagd auf Sie machen, sind ihre Methoden gut organisiert und sorgfältig aufeinander abgestimmt. Sie wollen Resultate sehen und neigen dazu, unerreichbare Ziele anzustreben. Sie liefern Ihnen praktische, vorzeigbare, oft sogar greifbare Gründe, um Sie davon zu überzeugen, daß Sie Ihren Interessen am besten dienen, wenn Sie sich mit ihnen zusammentun. Wer den Mars im Steinbock hat, ist vermutlich keine überbordende Quelle der Emotionalität, auch wenn viel vom übrigen Geburtshoroskop abhängt. Lassen Sie sich nicht von einem scheinbaren Mangel an Wärme, einer leichten Demonstrativität abschrecken. Seien Sie versichert, sie zeigen ihre Fürsorge, indem sie ihre Verantwortung Ihnen gegenüber beachten – was auf lange Sicht vielleicht wichtiger ist als Pralinen und Blumen. David Bowie, der lange Zeit in der Musikwelt überleben konnte, weil er seinen Stil immer wieder veränderte, hat seinen Mars im Steinbock. Marlon Brando profitierte von seinem Steinbock-Mars, als er die Rolle des Paten spielte.

Venus im Luftzeichen

Personen, die ihre Venus in einem der Zeichen des geistigen Elements haben, ziehen ihre Mitmenschen durch die Macht personifizierter Konzepte an. Sie nutzen Intellekt und logisches Denken, um sich interessant zu machen. Sie versprechen ein faszinierendes, geistiges Leben mit ihnen. Sie sind brillant; sie sind witzig; sie sind sprühend. Sie gewinnen Sie durch Ideen.

Venus in den Zwillingen

Wer die Venus in den Zwillingen hat, der glaubt, daß der Weg zu Ihrem Herzen durch Ihr Hirn führt. Ein solcher Mensch gehört zu den ursprünglichen guten Unterhaltern, ist ein Erzähler, der Sie mit Geschichten über die gehörten Vorlesungen, die gelesenen Bücher, die gemachten Erfahrungen zu fesseln vermag. Sie sind wunderbare Briefpartner und beeindrucken Sie mit ihrer Bibliothek. »Ich bin intelligent, aber kein Pedant. Ich werde nie langweilig sein; wir werden immer Gesprächsstoff haben.« Sie mögen verbale Zwischenspiele und können gut flirten. Der institutionalisierte Salon des 18. Jahrhunderts, in dem die großen Köpfe der Zeit beim Kaffee im Heim einer intelligenten Gastgeberin zusammentrafen, war vermutlich der Einfall eines Menschen, der seine Venus in den Zwillingen hatte. Solche Menschen sind aufmerksam und freundlich, interessieren sich für nahezu alles und sind bereit, mit fast jedermann zu sprechen, es sei denn, das übrige Geburtshoroskop legt nahe, daß sie Gefallen an einsamen Nachtwachen und tibetischen Höhlen finden. Wenn Sie eine breitgefächerte Anzahl von Interessensgebieten haben, dann werden Sie denen, deren Venus in den Zwillingen steht, um so mehr gefallen. Sie sind nicht so sehr absichtlich wankelmütig als vielmehr endlos neugierig. Sorgen Sie dafür, daß sie sich amüsieren, und sie werden Sie hervorragend unterhalten. Bill Cosby und Cher haben ihre Venus in den Zwillingen, der Songschreiber Bob Dylan und William Shakespeare ebenfalls.

Venus in der Waage

Menschen mit einer Waage-Venus bezaubern Sie mit ihren sozialen Umgangsformen, ihrer Liebe zum Frieden, zur Harmonie und zur Schönheit und mit ihrem ästhetischen Einfühlungsvermögen. Sie zeigen Ihnen, wie kultiviert, feinfühlig, künstlerisch, warmherzig und auf andere Menschen ausgerichtet sie sind. Wer die Venus in der Waage hat, zeigt, wie fair und moralisch er ist, wie sehr er Gerechtigkeit liebt und wie sehr er Streitereien und Bigotterie haßt – und wie angenehm das Leben folglich mit ihm sein könnte. Denken Sie an die Archetypen der Waage; sie geben Menschen, die ihre Venus in der Waage haben, mehrere Möglichkeiten, wenn sie versuchen, auf andere anziehend zu wirken. Der Künstler beeindruckt Sie mit Kreativität, der Liebhaber mit Sensibilität, der therapeutische Berater mit Mitgefühl, der Diplomat mit Takt und der Friedensstifter mit Fairneß und Ausgewogenheit. Die mentalen Qualitäten des Luftelements tendieren in der Waage zu Idealismus und Romantik und verkörpern mitunter einen Hang zur verbalen Harmonie um jeden Preis – vorausgesetzt das übrige Horoskop ist nicht das eines Raufbolds. Der Diplomat und der Friedensstifter gehen möglicherweise zu viele Zugeständnisse auf ihre Kosten ein, oder verlangen von Ihnen zu viele. Sollten Sie ein Hühnchen mit ihnen zu rupfen haben, dann tun sie es sanft, aber entschlossen, und lassen Sie sich nicht durch ihre Engelszungen hereinlegen. Oscar Wilde, ein Dramatiker, der ausgefeilte Komödien über die höhere Gesellschaft schrieb, hatte seine Venus in der Waage. Gleiches gilt für die schöne Schauspielerin Vivien Leigh, die für ihre Rolle in »Vom Winde verweht« am besten bekannt war und ihre Arbeit als darstellende Künstlerin sehr ernst nahm.

Venus im Wassermann
Wer die Venus im Wassermann hat, strahlt seine Originalität, Unabhängigkeit und seine Aufgeschlossenheit aus, um auf andere anziehend zu wirken. »Ich habe revolutionäre Ideen und Einsichten, die dir zur Freiheit verhelfen können.« Solche Menschen unterstreichen Ihre Gedankenklarheit, ihre Zuneigung zur Wahrheit, wie sie sie sehen, und ihre »Genialität«, wie immer sie sich auch äußern mag. »Ich bin ein Bürger der Zukunft. Ich bin ein Visionär, der seiner Zeit voraus ist, und ich bin so froh, daß du das erkennen kannst.« Sie erweisen sich der Aufmerksamkeit würdig, indem sie anders sind, sich nicht so leicht einfügen, indem sie hinterfragen, was sie um sich herum sehen. »Ich bin unabhängig. Bei mir kannst du vollkommen du selbst sein, und dafür mag ich dich sogar noch mehr.« Menschen mit der Venus im Wassermann brauchen und geben Ihnen viel Raum, so sehr, daß sie manchmal übermäßig distanziert wirken können. Vorausgesetzt, das übrige Horoskop zeigt nicht etwas anderes an, will die Wassermann-Venus so offen, frei und ohne Besitzergreifung sein wie möglich und

tadelt sich selbst und Sie dafür, wenn dieses Ziel nicht erreicht wird. Menschen mit dieser Konstellation brechen nicht nur die bestehenden Regeln, sie ziehen es vor, die Regeln komplett über Bord zu werfen und durch ihre eigenen oder gar nicht zu ersetzen. Die Feministinnen Simone de Beauvoir, Gloria Steinem und Erica Jong haben ihre Venus ebenso im Wassermann wie der Dramatiker Edward Albee.

Mars im Luftzeichen

Der Mars in einem Luftzeichen verfolgt Sie mit Überzeugungskraft. Personen mit dieser Kombination bedienen sich verbaler Fähigkeiten, Eloquenz oder Rationalisierungen, um Sie zu umwerben, und sie können außerordentlich überzeugend sein. Sie wissen das Gespräch zu einem guten Spiel zu machen. Sie schreiben Briefe, Gedichte, Karten und Erklärungen. Sie führen glühende Telefongespräche und sprechen Ankündigungen aus. All die mentale Beweglichkeit der Luft nutzend, sammeln sie alle nur denkbaren Argumente, um Sie zu überzeugen.

Mars in den Zwillingen

Menschen mit einem Zwillinge-Mars werden Sie mit Verstand, Großartigkeit und Altklugheit blenden. Sie schreiben Sonette für Sie oder schreiben eines für Sie ab und schicken es Ihnen. Wer den Mars in den Zwillingen hat, der wird Ihre Gedichte lesen wollen und Sie in jedes Antiquariat der Stadt schleppen. Sie lesen Ihr Lieblingsbuch, damit Sie darüber diskutieren können, sprechen mit Ihnen und hören Ihnen zu, ergreifen jede Gelegenheit, um das Kommunikationsniveau zu vertiefen und zu verfeinern. Solche Menschen haben Spaß daran, Sie mit Karten für einen Leseabend mit Ihrem Lieblingsschriftsteller oder für ein Stück, das Sie schon lange sehen wollen, zu überraschen. Der Mars in diesem erfahrungshungrigen Zeichen könnte eine Fahrt zur Landesausstellung, dem Zirkus oder in die Dritte Welt vorschlagen. Er erzählt Ihnen Geschichten; er bringt Sie zum Lachen; er befestigt einen originellen Spruch an Ihrer Tür, in dem Sie die Hauptrolle spielen. Das Ziel all dieser geistigen Stoßkraft ist es, einen vertrauten Dialog mit Ihnen zu entwickeln und Sie dazu zu überreden, diesen fortzusetzen. Die Schriftsteller F. Scott Fitzgerald, Ram Dass, Richard Bach und Erica Jong haben allesamt ihren Mars in den Zwillingen.

Mars in der Waage

Diese Kombination hört sich im ersten Moment wie ein Widerspruch an: Der Gott des Krieges im Zeichen des Liebhabers? Stellen Sie sich vor, daß Mars (der Verfolger) die Methoden der Waage (Verständnis und Mitgefühl) anwendet und Sie erfassen diese Konfiguration. Der Mensch mit dem Waage-Mars wird seine Vorstöße machen, indem er darauf beharrt, wie gut er Sie versteht (der therapeutische Berater), wie friedlich und harmonisch (der Friedensstifter) Ihr Leben sein könnte, wenn Sie diese Beziehung eingehen (der Liebhaber). »Ich sage dir, Ich *kenne* dich; ich weiß alles über dich; für mich bist du wie ein offenes Buch.« Wer den Mars in der Waage hat, der wendet Energie auf, um Intimität mit Ihnen herzustellen (der Diplomat). Der Künstler will Sie malen lassen, Sie auf die Bühne stellen oder Ihnen Kleidung kaufen, die Ihnen steht. Der Liebhaber versucht es mit Romantik, ist zärtlich und einfühlsam. Der therapeutische Berater hört Ihnen zu und rät Ihnen. All diese Archetypen möchten mit Ihren Freunden gut auskommen, um ihre Unterstützung zu gewinnen. Der romantische Dichter Percy Bysshe Shelley und der Begründer der Psychoanalyse Sigmund Freud hatten den Mars in der Waage. In dem biographischen Film »Lenny« über Lenny Bruce, dessen Mars sich ebenfalls in der Waage befand, füllt der Hauptdarsteller das Ankleidezimmer seiner Frau Honey mit Blumen. Ob sich dieser Vorfall tatsächlich ereignete oder nicht, jedenfalls ist er ein gutes Beispiel für diese Konstellation.

Mars im Wassermann

Er stellt sich wie der Zwillinge-Mars als Intellektueller dar, doch schlägt er hier einen anderen Ton an. »Ich bin ein Genie, und du solltest das erkennen. Alle anderen werden es früher oder später ebenfalls herausfinden. Bleib bei mir, und du erhältst die Freiheit und die Wahrheit, die es dir gestattet, du selbst zu sein. Also, was willst du nun damit anfangen?« Sie faszinieren Sie durch ihre einzigartige Sichtweise der Welt, durch ihre Originalität. Sie bieten Ihnen einen uneingeschränkten, die Individualität fördernden Lebensstil. »Ich bin nicht wie alle anderen. Ich bringe dich vielleicht zur Verzweiflung, aber langweilen werde ich dich nie.« Der Wassermann-Mars tritt auf wie der grundlose Rebell, der verrückte Wissenschaftler, das mißverstandene Genie oder der Vorbote sozialen Fortschritts. Der Bürgerrechtsaktivist W.E.B. Du Bois, der Botaniker Luther Burbank und der Schriftsteller J.D. Salinger haben den Mars im Wassermann.

Venus im Wasserzeichen

Menschen, deren Venus sich in einem Wasserzeichen befindet, werden durch dieses Symbol für Emotion und Subjektivität beeinflußt. Sie appellieren durch unsere Gefühle an uns. Sie lassen uns wissen, daß sie von der empfindsamen Art sind, daß sie in unsere Herzen blicken können und vorsichtig mit dem umgehen werden, was sie dort antreffen. Sie laden uns ein in die verzauberte, subjektive Welt der Imagination.

Venus im Krebs
Diese Konfiguration läßt ihre Anziehungskräfte wirken, indem sie uns zeigt, wie schützend, zärtlich und heilend sie ist. »Komm zu mir, du, der du müde und schwer beladen bist, und ich werde dir Ruhe verschaffen.« Die traditionelle Astrologie bezeichnet jene, deren Venus sich im Krebs befindet, als bemutternde und erstickende, als häusliche, klammernde Typen, die voller sentimentaler Gefühle sind. Die Schattenseite jedes Zeichens bringt Nachteile mit sich, aber die Vorstellung von der »erstickenden Mutter« wird der Krebs-Venus nicht gerecht. Menschen mit dieser Kombination bieten Ihnen an, Ihnen bei der Suche nach Ihren Wurzeln zu helfen und diese zu pflegen, ob sie nun häuslicher, psychologischer oder archetypischer Natur sind. »Sieh nur, wie verständnisvoll, wie sehr ich auf dein wahres Ich eingestimmt bin. Ich erkenne den Supermann unter deinem sanften Clark-Kent-Äußeren. Sie bieten Ihnen eine »Heimatbasis« an, in der Sie sich sicher

fühlen können, und appellieren an Sie, indem Sie Ihnen zeigen, wie einfallsreich und phantasievoll sie sind und welch guten Kopilot sie bei Ihren Reisen in das Reich der Phantasie abgeben würden. Judy Garland hatte ihre Venus im Krebs und griff auf diese Konstellation zurück, als sie die ihr Zuhause liebende Dorothy darstellte, die durch das phantastische Land von Oz wanderte. Die Venus von C.G. Jung befand sich ebenfalls im Krebs und half ihm bei der Erforschung der persönlichen Mythen seiner Klienten.

Venus im Skorpion

Wer die Venus im Skorpion hat, der strahlt Rätselhaftigkeit, Macht und Sexualität aus, wenn er wahrgenommen werden möchte. Solche Menschen besitzen eine magnetische Anziehungskraft; nicht umsonst wirkt sich der Archetyp des Hypnotiseurs in dieser Konstellation aus. »Du kannst mir nicht entkommen. Sieh mir in die Augen, tiefer, tiefer.« Durch den Archetypen des Zauberers laden sie Sie dazu ein, mit ihnen die übersinnlichen Dimensionen der Beziehungsaufnahme zu erforschen. Sie fragen sich, ob sie aus Ihrer Hand oder Ihre Gedanken lesen sollen. Die Venus im Skorpion verspricht grundlegende, transformierende Intensität in sexueller, emotionaler oder psychischer Hinsicht. »Sieh nur, wie stürmisch ich bin. In mir brodeln vulkanische Emotionen. Und ich werde es nicht zulassen, daß du dich vor den deinen versteckst.« Sollten Sie ein Ehrlichkeits- oder ein Intensitätsfanatiker sein, dann sind Sie sehr schnell abhängig. Ist dies nicht der Fall, dann ist es für Sie besser, sich andernorts umzusehen. Die Skorpion-Venus ködert Sie mit einer Aura des Unbekannten und Verborgenen, die ursprüngliche Bedeutung des Wortes »okkult«. Der Rolling-Stones-Gitarrist Keith Richards', für seine Sammlung von Totenkopfringen bekannt, hat die Venus im Skorpion; gleiches gilt für Tina Turner, von der Mick Jagger gesagt hat: »Neben ihr [auf der Bühne] zu stehen, ist der heißeste Ort auf Erden!«

Venus in den Fischen

Menschen mit einer Fische-Venus üben Anziehung durch die von Neptun beherrschten Archetypen aus: Mystiker, Poet, Träumer, Seher und Romantiker. Sie wollen, daß Sie den reinen, freien Geist bemerken, der Sie durch einen Körper aus Fleisch und Blut hindurch anblickt. Sie bieten einen Rückzug aus der farblosen »wirklichen Welt« in ein Reich des Bewußtseins, der Phantasie und Illusion an, in dem das Bewußtsein statt die Persönlichkeit mit ihrer Sozialversicherungsnummer und ihrer Einkaufsliste unangefochten herrscht. Ob die Fische-Venus Sie mit ihren visionären Fähigkeiten in einer Kirche, einem Tempel, einer Moschee oder einem Ashram beeindruckt oder ganz ohne dies auskommt, spielt keine Rolle; Menschen mit dieser Kombination locken Sie mit Erste-Klasse-Tickets für das Innenleben. Achten Sie darauf, daß bei diesen Tickets die Rückfahrt inbegriffen ist. »Verschmelze mit mir. Erneuere deinen Geist mit mir. Hör dir meine Platten an oder laß uns zusammen den Mond über dem Wasser betrachten. In meiner Gegenwart kannst du dein tiefstes Inneres atmen lassen, und ich werde es nicht mit zu hellem Licht und harten Fragen vertreiben.« Die New-Age-Autoren Ram Dass und Shirley MacLaine haben ihre Venus in den Fischen; gleiches gilt für den Ballettänzer Michail Barischnikow und die Dichter Edgar Allan Poe und Elizabeth Barrett Browning.

Mars im Wasserzeichen

Der Mars in einem Wasserzeichen verfolgt Sie entweder mit einer heftigen emotionalen Attacke oder mit ruhigen Wellen des Gefühls, die beharrlich und unwiderstehlich über Sie hinwegspülen und Ihren Widerstand erweichen. Wer immer die chinesische Wasserfolter erdacht hat, vermutlich hatte er seinen Mars in einem Zeichen dieses Elements. Unterschätzen Sie also die Fähigkeiten solcher Menschen nicht, das zu bekommen, was sie wollen.

Mars im Krebs

Der Krebs-Mars macht sich daran, Ihnen zu beweisen, wie sehr Sie durch die Beziehung mit ihm umsorgt und wie vollständig

Ihre emotionalen Bedürfnisse erfüllt würden. Er bietet Ihnen Schutz, Sicherheit und ein »Nest«, wo er Ihre ausgefransten Nerven beruhigen und heilen wird – und er ist bereit, Anakondas niederzuringen, damit es auch so bleibt. Abhängig von Ihrer Wesensart fühlen Sie sich mit ihm entweder vollkommen sicher oder aber von ihm bedrängt. Solche Menschen sorgen für emotionalen Halt und Verständnis und nehmen, ähnlich wie die Fische, an Ihrem Innenleben Anteil. Beispielsweise wird Sie der Krebs-Mars nach dem Traum der vergangenen Nacht fragen, und wenn Sie dann erzählen, wird er nicht gähnen oder in die andere Richtung sehen. Wer den Mars im Krebs hat, der wird aktiv zuhören und eigene Interpretationen beisteuern, Ihnen ein Traumtagebuch schenken und Sie in die Arme nehmen, wenn Sie von einem Alptraum erwachen. Er interessiert sich für Ihre persönliche Mythologie. Nehmen wir zum Beispiel an, Sie erzählen Ihrem Liebsten mit seinem Krebs-Mars, daß Veilchen schon immer ein Frühlingssymbol für Sie waren, weil Sie diese Blumen schon als Kind gerne gemocht haben. Am 1. Mai wird er mit einem großen Strauß Veilchen anrücken, die er für Sie gepflückt hat. Humphrey Bogart, der darin brillierte, harte Männer mit weichem Herzen unter ihren harten Schalen zu spielen, hatte seinen Mars im Krebs. Auch der Mars von William Shakespeare und Lord Byron, ein Dichter der Romantik, befand sich im Krebs. Ebenso war es bei Marie Antoinette, die ihre Phantasien zur Grundlage ihres Handelns machte und vor der Französischen Revolution zu ihrer Erbauung ein Bauerndorf in Versailles errichten ließ.

Mars im Skorpion

Menschen mit dieser Konstellation überfluten Sie mit Leidenschaft oder lähmen Sie mit einem durchdringenden Blick, der seinesgleichen sucht. Sie hypnotisieren Sie oder analysieren Sie oder überwältigen Sie mit ihrer Intensität. Sie haben Erfüllung auf sexueller, emotionaler oder mitmenschlicher Ebene zu bieten. »Diese Beziehung wird uns beide verändern und ein Band knüpfen, das niemals mehr getrennt werden kann. Ich bin bereit dazu; und du? Ich will dir sagen, warum du Angst hast.« Wer den Mars im Skorpion hat, der legt Wert auf seine Ehrlichkeit, Wahrhaftigkeit, auf seine Fähigkeit, mit heiklen Themen zurechtzukommen, seinen Wunsch, die eigene Tiefe mit Ihnen zu teilen. Er erzählt Ihnen von seiner Arbeit im Hospiz. Er nimmt Sie zu einem psychologischen Vortrag mit, zu einer Seance, in einen Horrorfilm oder mit zu sich nach Hause, um dort mit Ihnen die Seele offenbarende, faszinierende Gespräche bis morgens um drei zu führen. Solche Menschen wollen Ihnen zeigen, daß sie immer richtig sind für Sie, Ihnen näher stehen als Ihre eigene Haut, und wenn Sie sich nach dieser Art Nähe sehnen, dann werden sie Ihnen unwiderstehlich erscheinen. Der Gitarrist Jimi Hendrix hatte seinen Mars im Skorpion; auch im Horoskop von Henry Miller, ein im wahrsten Sinn des Wortes leidenschaftlicher Mensch, war diese Konstellation vorhanden.

Mars in den Fischen

Der Fische-Mars verfolgt Sie unter dem Banner des spirituellen Kriegers. Er befindet sich auf dem Kreuzzug, und Sie sind der Heilige Gral. Er versucht Ihre Seele sanft, mit bloßen Händen zu berühren. Vielleicht reitet er nicht auf einem weißen Pferd vor Ihre Haustür, doch wünscht er sich dies im geheimen und lädt Sie ersatzweise zu Science-fiction- und Fantasy-Tagungen ein. Wer den Mars in den Fischen hat, der schreibt Ihnen Gedichte, geht mit Ihnen in »Star Wars«, tut alles nur denkbare, um Ihnen zu helfen und Sie in der Flucht vor der Wirklichkeit zu unterstützen. In dem Theaterstück »A Thousand Clowns« antwortet einer der Darsteller, der von seinem Beziehungspartner gebeten wird, doch einen Augenblick lang in die Wirklichkeit zurückzukehren, sofort: »Aber nur als Tourist!« – Ein gutes Beispiel für den Fische-Mars. Der Dichter und Songschreiber Bob Dylan, der den Mars in den Fischen und im Haus des Berufes hat, ist in vielerlei Hinsicht zum öffentlichen Symbol für diese Konfiguration geworden. Seine Texte und einige seiner Songtitel spiegeln typische Fische-Phantasien wider: »Blowin' in the Wind«, »Visions of Johanna«, »Mr. Tambourine Man«, »You Angel You«.

Venus und Mars im Geburtshoroskop

Venus und Mars in den Zeichen sind nicht die einzigen Hinweise darauf, wie ein Mensch eine Beziehung eingeht. Berücksichtigen Sie Venus und Mars immer im Zusammenhang mit dem gesamten Geburtshoroskop. Angenommen diese schüchterne kleine Mildred, die Grundschulbibliothekarin, hat sieben Planeten in der Waage und den Mars im Widder. Ihr Widder-Mars wird Mildred nicht zum Zorro der Single-Bars machen. In diesem ungewöhnlich waageorientierten Geburtshoroskop könnte man den Widder-Mars so verstehen, daß Mildred immer Kraft investieren wird, um den Frieden aufrechtzuerhalten, immer bereit sein wird, einen Ausgleich zu finden und den ersten Versöhnungskuß zu geben. Ihr Werbeverhalten könnte aktiver sein, als bei einer Frau mit einem solchen Waageübergewicht normal wäre; sie könnte zum Beispiel höflich auf einen Mann zugehen und ihm Karten für ein Ereignis anbieten, von dem sie weiß, daß es ihn interessiert, doch würde sie dabei so vorgehen, daß er ablehnen könnte, ohne sich oder sie in Verlegenheit zu bringen. Doch wird Mildreds Werbeverhalten nicht so beharrlich sein, wie es normalerweise bei Widdern der Fall ist; sie wird keine Litanei dringender Einladungen auf seinem Anrufbeantworter zurücklassen und auch nicht auf seiner Schwelle kampieren.

Nachdem Sie sich mit Venus und Mars als Indikator für die unterschiedlichen Arten der Beziehungsanbahnung beschäftigt haben, betrachten Sie sie im Zusammenhang mit dem gesamten Horoskop. Wenn Sie dies nicht außer acht lassen, dann sind Sie auf dem richtigen Weg. Geburtshoroskope bestehen nicht nur aus Planenten. Im nächsten Kapitel wollen wir uns mit einigen Häusern beschäftigen, die in Beziehungsdingen von besonderer Bedeutung sind.

Kapitel 6
Der Beziehungsbogen

Womit verbringen Sie den größten Teil Ihrer Zeit? Beziehungen? Beruf? Psychologischer Arbeit an sich selbst? Kreativen Projekten? Welche Art von Erfahrungen haben Sie dort, wo Sie leben? Beantworten Sie diese Fragen, und Sie beginnen das Konzept der Häuser zu begreifen.

Häuser, was sind sie? In der Traumarbeit ist ein Haus ein Symbol für das Selbst. In der Astrologie ist es eine Arena, in dem sich das Selbst betätigt. In einem Geburtshoroskop sind die Häuser die zwölf hervorstechenden »Kuchenstücke«. Physikalisch gesehen sind sie der in Abschnitte unterteilte Bereich oberhalb und unterhalb des Horizonts im Geburtshoroskop, sechs darüber und sechs darunter. Die Planetenpositionen in den Häusern teilen uns mit, wo der entsprechende Planet aufging, wo er unterging und wo er sich in der Zwischenzeit aufhielt. Aber das ist nicht alles.

In Kapitel 2 haben wir erfahren, daß Häuser – innere oder äußere – Territorien symbolisieren, die wir betreten und erforschen können. Planeten, Sie werden sich erinnern, beantworten die Frage nach dem *Was*, danach, um welchen Teil des Geistes es geht. Zeichen beantworten die Fragen nach dem *Wie* und dem *Warum*: Was veranlaßt diesen Teil des Geistes zu seinem Verhalten? Häuser beantworten die Frage nach dem *Wo*: In welchem Bereich des Lebens einer Person wirkt sich diese Planeten-Zeichen-Kombination aus?

Häuser zeigen, wo etwas los ist! Häuser offenbaren, wo das Leben eines Menschen stattfindet. Sie beruhen auf Erfahrung; in jedem von ihnen entfaltet sich ein eigenes, spezielles Leben. Die Drehbücher unterscheiden sich voneinander und beinhalten Themen wie »eine soziale Persona herausbilden«, »einen persönlichen Mythos entwickeln« und »die Zukunft planen«. Zwölf dieser in Gang befindlichen Dramen sind im Leben eines jeden Menschen aktiv, doch einige dieser zwölf Bereiche können stärker hervorgehoben sein als die übrigen. Sie können sich die Sache fol-

121

gendermaßen vorstellen: Ihr Geburtshoroskop ist wie ein Fernseher, in dem ständig zwölf Seifenopern ausgestrahlt werden, doch nur einige von diesen sehen Sie besonders gerne, und diese erhalten folglich mehr Aufmerksamkeit als die übrigen.

Abbildung 2: Die zwölf Häuser

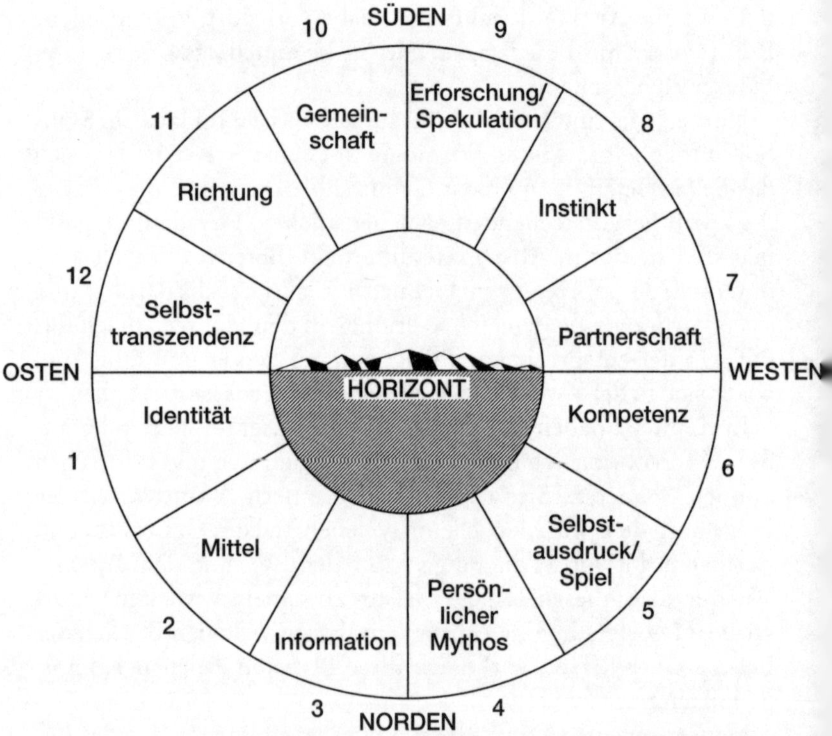

Vier Häuser bilden eine eigene kleine Gruppe, die im Zusammenhang mit Beziehungen relevant ist. Die Häuser 5, 6, 7 und 8 stellen gemeinsam den *Beziehungsbogen* im Geburtshoroskop dar. Jedes dieser Häuser kann als spezielle Dimension des beziehungsbildenden Prozesses betrachtet werden. Jedes stellt eine Stufe in diesem Prozeß dar, enthält seine eigenen potentiellen Gefahren und Trittsteine, die auf dem vorangehenden Haus oder auf den Häusern innerhalb des Beziehungsbogens aufbauen. Jedes Haus muß gemeistert werden, wenn wir nicht unter einem sich wiederholenden Zyklus der Frustrationen leiden wollen. Man lernt Sitzen, bevor man krabbelt, Krabbeln, bevor man steht, Stehen, bevor man geht. Der Beziehungsbogen steht für eine andere Art Entwicklungsabfolge im Wachstum der Beziehungen.

Kurz gesagt:

- das *5. Haus* betont spielerische, selbsterneuernde romantische Aktivität,
- das *6. Haus* ist auf Verantwortung, Hingabe und Selbstaufgabe ausgerichtet,
- das *7. Haus* hebt die Themen Verpflichtung und Vertrauen hervor,
- und das *8. Haus* ist sexuell und im Unbewußten verwurzelt. Die Bereiche »Chemie« und »Elektrizität« in der Beziehung sind hier angesiedelt und die Frage, wie sie auf lange Sicht aufrechterhalten werden können.

Im letzten Teil des Kapitels werden wir ein paar Beispiele dafür liefern, wie sich Planeten und Zeichen in einem bestimmten Haus verhalten könnten. Zunächst wollen wir uns jedoch den Häusern innerhalb des Beziehungsbogens einem nach dem anderen zuwenden.

Das 5. Haus

Traditionelle Bezeichnung: Haus der Kinder
Korrespondierendes Zeichen: Löwe
Korrespondierender Planet: Sonne
Lebensbereich: Vergnügungen, kreativer Selbstausdruck, das Sichverlieben, Verspieltheit.
Prozeß: Die eigene Geschichte mit einem interessanten Fremden teilen. Freude an Spontaneität, Vergnügungen und Entspannung. Bereitschaft, sich von einem anderen verzaubern zu lassen und sich zu verlieben. Fortgesetzte Entdeckung und Erschaffung der Beziehung.

Scheitern: Unfähigkeit, Kontakte zu Menschen herzustellen oder auf sie zu reagieren. Rigidität, Kontrolle, Ernst, Eiseskälte, Unfähigkeit zu spielen. Abhängigkeit von ständiger Neuheit und Aufregung in der Beziehung; Weigerung, Routine oder Langeweile zu ertragen. Bestehen darauf, ausschließlich in der Gegenwart zu leben.

Willkommen im Haus der Liebesaffären – dies ist eine seiner traditionellen Bezeichnungen. Treten Sie ein in das Haus der Freuden – ein weiterer seiner Namen. Amüsieren Sie sich. Verwöhnen Sie sich. Spielen Sie, was Sie wollen im Haus des kreativen Selbstausdrucks, doch wenn Sie hier steckenbleiben, dann enden Sie als Erwachsener, der sich im Haus der Kinder verirrt hat.

Dies ist das Haus, in dem man sich verliebt, das Haus der Romanzen, in denen die Funken zu fliegen beginnen. Dies ist der Ort der ersten, der zweiten oder dritten Verabredung. Die Anfangsphasen einer Liebesaffäre werden von diesem 5. Haus bestimmt.

Was geschieht in diesem frühen Stadium? Ohne Zweifel durchlaufen wir ein Ritual, das man als »Austausch der Lebensgeschichten« bezeichnen könnte. Wir sind fasziniert von dem anderen Menschen, von all dem Neuen und Geheimnisvollen, das er in unser Leben trägt. »Erzähl mir deine Geschichte, dein Drama, deine Sage. Erzähl mir von dir.« Hier stellen wir die ersten Verbindungen zu unserem Partner her. Wir sehen durch die bewundernden Augen eines anderen Menschen, wie interessant, wie buntschillernd wir sind. Wir spielen. Uns ist schwindelig, wir fühlen uns geschlagen und berauscht. Der andere Mensch erscheint uns unendlich vollkommen. Paare haben Freude an jeder neuen Entdeckung, die sie aneinander machen. Die Beziehungsphase im 5. Haus ist voller Aufregung, Frische, wunderbar Neuem und fühlt sich für unser Ich wie himmlisches Manna an.

Planeten oder Zeichen, aber vor allem Planeten, in Ihrem 5. Haus zeigen an, welche Qualitäten Sie in der anderen Person zu Beginn einer Liebesbeziehung als eine Art gutes Omen vorfinden müssen, damit die Beziehung von Dauer sein kann. Wenn sich in diesem Teil des Horoskops ein Planet befindet, dann fungiert er als Auslöser für den Mechanismus des Sichverliebens. In der frühen Phase der Beziehung muß die andere Person auf das *Werben* ansprechen, – darum geht es letztlich im 5. Haus. Auf lange Sicht sind natürlich auch noch andere Faktoren relevant, doch müssen beide Personen zunächst im 5. Haus aktiviert werden, wenn die Beziehung überhaupt beginnen soll.

Wie kann mit dem 5. Haus etwas schiefgehen? Vielleicht haben wir nicht gelernt, wie man spielt, sich entspannt und Spaß hat. Wenn der Planet oder die Planeten, die wir in diesem Haus haben, von anderer Qualität sind als das übrige Horoskop, dann kann einem dieses Haus wie fremdes Territorium vorkommen. Um jedoch die Sprache der Liebe zu erlernen, müssen Sie mit der Sprache des 5. Hauses beginnen, selbst wenn sich sieben Ihrer Planeten im einsiedlerischen Steinbock befinden und es Sie verlegen macht, Ihre romantische Venus im 5. Haus zum Ausdruck zu bringen. Eine weitere Funktionsstörung des 5. Hauses kann in der Weigerung bestehen, es zu verlassen. Verständlicherweise genießen wir unseren Aufenthalt im 5. Haus. Manche Menschen sehnen sich nach dem erregenden Gefühl der Verliebtheit, wollen ihre Geschichte erzählen und sind abhängig von der Aufmerksamkeit einer Person, die diese Geschichte zum ersten Mal hört. Andere fühlen sich unwohl damit, ihre Fehler, sobald der erste Glanz scheinbarer Vollkommenheit verblaßt ist, der Überprüfung einer Beziehung zu unterziehen, die bereits über das 5. Haus hinausgegangen ist. Manche Menschen können nichts und niemanden ertragen, das oder der zur Gewohnheit geworden ist und sie vermeiden die Eintönigkeit oder Verantwortung, die länger bestehenden Beziehungen innewohnt. Die Kunst des Liebens besteht nicht allein aus Spiel und Staunen, dennoch weigern sich viele von uns, diese Wahrheit zu akzeptieren. Ein solcher Mensch wagt sich in das 6. Haus der Verantwortung – Hingabe und Arbeit an der Beziehung – und kehrt erschrocken in das 5. Haus zurück, das damit zu seinem Gefängnis wird.

Das 6. Haus

Traditionelle Bezeichnung: Haus der Dienstboten
Korrespondierendes Zeichen: Jungfrau
Korrespondierender Planet: Merkur
Lebensbereich: Pflichten, Kompetenzen und Fertigkeiten; Hingabe und Selbstaufgabe.
Prozeß: Akzeptieren gleicher Verantwortung für die Beziehung. Bereitschaft, die praktischen Details des Miteinander zu erarbeiten. Erkennen, daß niemand vollkommen ist; Toleranz gegenüber den Fehlern des anderen. Entwicklung von beziehungsrelevanten Fertigkeiten.
Scheitern: Ungleiche Rollenverteilung; Muster von Dominanz und Unterordnung; ein Partner leistet einen weit größeren Beitrag als der andere. Weigerung, Verantwortung oder Kompromiß zu akzeptieren. Ständiges gegenseitiges Kritisieren, Herabsetzen oder Sabotieren. Geringe beziehungsrelevante Fertigkeiten.

Montagmorgen. Der Wecker schrillt Ihnen sadistisch in die Ohren. Sie stolpern in Richtung Badezimmer und stoßen im engen Durchgang mit Ihrem Partner zusammen. Ihr Partner treibt Sie unter die Dusche. Sie gießen sich den letzten Rest Orangensaft ein und toasten sich verschlafen eine Scheibe Brot. Ihr Partner kommt in die Küche und ist verletzt, weil Sie nur für sich toasten und den Orangensaft ausgetrunken haben. Sie gehen ins Badezimmer und stellen fest, daß der Abfluß des Waschbeckens mit Haaren verstopft ist, die Handtücher auf dem Boden liegen und die Verschlußkappe der Zahnpasta nirgends zu finden ist. Sie beide beenden Ihr Frühstück und beginnen Ihre Woche mit einer Auseinandersetzung.

Kommt Ihnen das bekannt vor? In erwachsenen Liebesbeziehungen erleben wir das 6. Haus ebensooft wie das 5. Haus, aber wir feiern es weniger in Songs und Geschichten. Dabei ist eine starke Reaktion auf das 6. Haus ebenso notwendig wie auf das 5. Haus, wenn wir wollen, daß die Beziehung bestehen bleibt und gedeiht.

Die entscheidenden Fragen des 6. Hauses lauten: Wie bekommen wir die Sache zum Laufen? Wie erarbeiten wir uns die Details dieser Partnerschaft? Wie bekommen wir zwei Individuen, jeder mit seinen Marotten und Eigenheiten, unter einen Hut und sorgen dafür, daß ihr gemeinsamer Alltag glatt über die Bühne geht? Hierzu müssen wir drei Dinge tun: Eine gemeinsame Vorstellung von der Beziehung entwickeln, gewissenhaft und gemeinsam daran arbeiten, sie umzusetzen, und der Versuchung widerstehen, den anderen dafür verantwortlich zu machen, wenn wir das Ideal einmal nicht erreichen. Wir müssen also unsere Unvollkommenheit und die des anderen akzeptieren, während wir gleichzeitig versuchen, sie zu überwinden. Dies ist das zentrale Thema des 6. Hauses.

Im Geburtshoroskop ist dies das Haus der Kompetenz, der Leistungen, des Übernehmens bedeutsamer persönlicher Verantwortungen. Eine schwache Reaktion auf dieses Haus kann dazu führen, daß man sich unzulänglich fühlt und sich vorkommt, als stecke man in unterlegenen Rollen fest und werde von bedeutungslosen Aufgaben niedergedrückt. In einer Beziehung symbolisiert dieses Haus die Entwicklung von beziehungsrelevanten Fertigkeiten. Die wichtigste dürfte hier vermutlich die Kommunikationsfähigkeit sein; schließlich ist der Herrscher dieses Hauses Merkur. Andere Verantwortlichkeiten beinhalten die Bereitschaft, gleichermaßen zu der Beziehung beizutragen: zur Hausarbeit, zum Etat, zum Geben und Nehmen von Zuneigung und in emotionaler Hinsicht. Keiner der Partner sollte dem anderen ausschließlich »dienen«; der Sinn des traditionellen »Hauses der Dienstboten« besteht darin, einander gleichermaßen zu »dienen«. Keiner der Partner sollte die Hauptverantwortung in einem Bereich der Beziehung tragen, ohne dafür in einem anderen entschädigt zu werden. Zeichen und Planeten, vor allem aber Planeten, in Ihrem 6. Haus weisen darauf hin, welche beziehungsrelevanten Fertigkeiten Sie entwickeln sollten.

Steven Forrest ist ein begeisterter und einfallsreicher Koch. Er prägt sich nicht die Rezepte aus Kochbüchern ein, auch wenn er manchmal in ihnen blättert. Meist behauptet er: »Gott sagt mir, was ich zu tun habe.« Wenn Jodie Forrest allein war, bereitete sie

127

sich in den seltenen Fällen, in denen sie dazu Lust hatte, eine Mahlzeit zu, doch meist gab sie sich mit einer Büchse Thunfisch, etwas rohem Gemüse und ein paar Reiskeksen zufrieden. Steve und Jodie kamen zu dem Schluß, daß es angesichts seines Talents und ihrer Disposition unsinnig sei, Kochen und Abwaschen gleichmäßig zu verteilen. Steve hat nun die Aufgabe des Kochens und Jodie die des Abwaschens übernommen, und beide sind sich sicher, daß sie das jeweils bessere Los gezogen haben. Auf diese Weise findet ein für das 6. Haus typisches Drama ein gutes Ende.

Das Ziel des 6. Hauses ist eine gut funktionierende Beziehung. Die Gefahr besteht jedoch darin, auf Vollkommenheit zu *bestehen*. Weitverbreitete Fehler im 6. Haus sind das Sich-Drücken vor Verantwortlichkeiten und die Erwartung, daß der Partner wie unser Doppelgänger funktioniert, der all Ihre Erwartungen erfüllt und all Ihren Wünschen zuvorkommt – ganz gewiß keine Beziehung Gleichberechtigter! Genauso schlimm ist der Fehler, solchen Forderungen nachzugeben. Das 6. Haus kann scheitern, wenn einer der beiden Partner unablässig versucht, den anderen durch einen unaufhörlichen Strom der Kritik, des Krittelns und Nörgelns zu »verbessern«, sich bei allem aufhält, was mit der Beziehung und dem Partner nicht stimmt und dabei die guten Qualitäten des anderen und das Potential der Beziehung außer acht läßt.

Der Prozeß des 6. Hauses setzt sich in unterschiedlichen Formen, die auf die sich verändernden Rollen und Verantwortlichkeiten des einzelnen Partners zurückgehen, durch das gesamte Bestehen der Beziehung hindurch fort. Das Unvermögen, auf die Anforderungen des 6. Hauses richtig zu reagieren, ist eine schlechte Voraussetzung, um im 7. Haus, dem Haus der Verpflichtung, erfolgreich zu sein.

Das 7. Haus

Traditionelle Bezeichnung: Haus der Ehe
Korrespondierendes Zeichen: Waage
Korrespondierender Planet: Venus

Lebensbereich: Bindung, Nähe, Vertrauen, Identifikation mit anderen, Partnerschaft, Kooperation, gesunde gegenseitige Abhängigkeit.

Prozeß: Aufbau einer dauerhaften, engagierten Beziehung. Gleichberechtigtes, flexibles Teilen der Pflichten und Freuden der Beziehung. Tagtägliche auf die Beziehung und die sich verändernden Bedürfnisse der Partner gerichtete Aufmerksamkeit.

Scheitern: Keine feste Verpflichtung eines oder beider Partner. Mißtrauen, Reserviertheit, Fehlen von Nähe. Ungleichmäßige Verteilung der Verantwortlichkeiten und Vorteile. Rigide Rollenteilung. Selbstsucht, überwiegende Beschäftigung mit sich selbst. Verlust der eigenen Identität. Stagnation.

Da wir nun vom 6. zum 7. Haus wechseln, überschreiten wir zum ersten Mal innerhalb des Beziehungsbogens den Horizont. Der Übergang von den subjektiven zu den objektiven Bereichen des Horoskops enthält eine symbolische Bedeutung: Um eine erwachsene Bindung einzugehen, müssen wir unsere Egozentrik aufgeben. Wir müssen uns anderer Menschen bewußt werden, ihre Andersartigkeit spüren. Im Haus der »anderen«, des »Nicht-Ich« müssen wir erkennen, daß andere Menschen nicht Kopien unserer selbst sind und auch nicht sein sollten. Die Erkenntnis »Dieser Mensch unterscheidet sich von mir« führt zu den Fragen: Was könnte er haben, was mir fehlt? Was könnte er wissen, was ich nicht weiß? Wie könnte mein Leben durch diesen Menschen bereichert werden? Wir begreifen, daß die Person, die unsere Qualitäten des 7. Hauses verkörpert, uns auf eine mysteriöse Weise zu ergänzen scheint.

Im 5. Haus erleben wir die Magie der Attraktion, das Zukopfsteigen der Romanze. Im 6. Haus werden wir in die Wirklichkeit zurückgeholt, indem jeder der beiden Partner erkennt, daß der andere nicht vollkommen ist. Im 7. Haus akzeptieren wir unsere Mängel und unser Bedürfnis, durch den Input eines anderen Menschen über die Grenzen unseres egozentrischen Selbst hinaus zu wachsen. Im 6. Haus entdecken wir unsere blinden Flecken, und im 7. Haus suchen wir nach einem Partner, der uns hilft, diese blinden Flecken zu überwinden.

Wir fühlen uns immer von jemandem angezogen, der die Qualitäten unseres 7. Hauses repräsentiert, und das ist ganz natürlich so. In einer gesunden Reaktion auf dieses Haus identifizieren wir uns mit der anderen Person, die Züge zeigt, die wir in einem gewissen Maß bereits haben, die wir jedoch noch weiter entwickeln müssen. Unser Partner des 7. Hauses fungiert im Zusammenhang mit diesen Zügen als Rollenvorbild, beleuchtet sie in uns, ermutigt uns, sie mehr und mehr zum Ausdruck zu bringen. Ohne diese Art Identifikation können wir unsere Beziehung nicht aufrechterhalten. Es ist jedoch etwas anderes, bestimmte Eigenschaften an einem Partner zu mögen, und zu glauben, daß man sie selbst nicht besitzt und daher vom anderen verlangt, den wahrgenommenen Mangel auszugleichen. Der Partner ist das Rollenvorbild, nicht der Ersatzlieferant. Zeichen und Planeten in Ihrem 7. Haus zeichnen ein Bild von dem Menschen, der Ihnen mit dem Versprechen der Ganzheit winkt, doch müssen Sie daran denken, daß es sich um Ihr 7. Haus handelt und daß die darin befindlichen Zeichen und Planeten Ihnen und nicht jemandem anderen gehören. Sie werden von diesen Qualitäten in einem anderen Menschen angezogen, doch ist Ihr 7. Haus kein leerer Bereich in Ihrem Horoskop, der nur durch einen anderen Menschen gefüllt werden kann. Wenn Sie diese Auffassung vertreten, dann identifizieren Sie sich nicht mehr länger mit Ihrem Partner, sondern Sie projizieren bereits auf ihn.

Hier ist ein Beispiel für Projektion. Rachel versteht nicht, warum sie immer an Männer gerät, die keine feste Bindung eingehen wollen, sondern auf »Raum« und Autonomie beharren. Sie mag offene, verrückte Männer nach dem Vorbild von Monty Python, die sie zum Lachen bringen, aber nie an einem Ort bleiben wollen. Akteure des Straßentheaters und vom Weg abgekommene Genies flitzen mit beunruhigender Regelmäßigkeit in ihr Leben rein und raus. Was geschieht? Hinweis Nummer eins: Rachel ist ein Wassermann, der daran arbeitet, seine Unabhängigkeit und Individualität zu entwickeln. Hinweis Nummer zwei: Rachel hat einen Löwe-Uranus im 7. Haus.

Zu einer Projektion kommt es dann, wenn wir, im allgemeinen unbewußt, eine unserer positiven oder negativen Eigenschaften, die auszudrücken uns schwerfällt, nehmen und sie einem anderen Menschen auferlegen, der sie für uns »auslebt«. Sobald Rachel anfängt – um es im psychologischen Jargon auszudrücken –, ihre »Projektionen zurückzunehmen« und ihre Individualität auszudrücken, wird sie sich vollständiger und mehr als einheitliches Ganzes fühlen. Bis sie in einen anderen Menschen ihre Uranus-Qualitäten hineinprojizieren kann, damit sie sich vollständig fühlt, wird ein solcher Mensch mit dem Wesen des Uranus auf sie unwiderstehlich anziehend wirken. Wird sie aufhören, Exzentrizität zu mögen, sobald sie ihre Projektion zurückgenommen hat? Nein, und sie sollte es auch nicht. Sobald Rachel ihre Individualität erkennt, wird sie sich mit einer anderen starken Persönlichkeit identifizieren und sich daran erfreuen, wie die Qualitäten ihres Gefährten sie darin unterstützen, ihren einzigartigen Stil auszudrücken, statt diese Charaktereigenschaft zu projizieren und auf einer übertriebenen Version davon in ihren Liebespartnern zu bestehen.

Die Fähigkeit, sich mit einem anderen Menschen zu identifizieren, ohne dabei die eigene Identität zu verlieren, ist entscheidend für eine Beziehung auf der Basis des 7. Hauses. Um dieses Haus erfolgreich zu durchwandern, müssen wir Mitgefühl, Sympathie, Verständnis und die Fähigkeit entwickeln, uns in den anderen zu versetzen – wobei wir jedoch uns selbst nicht vergessen dürfen. Es geht also darum, zwischen dem »Selbst« und dem »Nicht-Selbst« zu unterscheiden. Wir müssen unsere Ichbezogenheit aufgeben und uns einer anderen Person bewußt werden, seiner Ängste und Bedürfnisse, uns klar machen, wie sie sich von unseren unterscheiden oder mit ihnen korrespondieren. Wir müssen damit einverstanden sein, vernünftige Kompromisse in bezug auf unsere unterschiedlichen Hoffnungen und Träume zu schließen. Wir müssen unsere Beziehung einer häufigen Inventur unterziehen und zulassen, daß sie sich mit jedem der beiden Partner verändert. Wir müssen anerkennen, was jeder dem anderen auf seiner Reise zur Ganzheit zu bieten hat. Dieses Haus ist auch als »Haus der offenen Feinde« bekannt, ein interessanter Name in Anbetracht der Tatsache, daß wir Qualitäten in uns, die wir nicht mögen, ebenso gut projizieren können wie jene, die wir mögen. Die Beziehung

131

als Spiegel des Besten und des Schlechtesten in uns ist ein Thema dieses Hauses. Im 7. Haus ist der Partner ein Mensch, den wir als ebenbürtig betrachten, in dem wir unseren Meister finden, der uns an die Grenzen unseres Wachstums schiebt, der uns so tiefgreifend reagieren läßt, wie wir überhaupt nur fähig sind.

Wie gehen wir mit diesen »wichtigen anderen« aus dem 7. Haus um? Wir akzeptieren sie, wie sie sind und nicht, wie wir sie gerne hätten. Wir respektieren ihre Andersartigkeit. Wir polarisieren nicht bezüglich Persönlichkeitsangelegenheiten. »Du bist der Verrückte, und ich bin die Vernünftige; du bist die Spirituelle, und ich der Erdige; du bist der Emotionale, und ich der Denkende.« Diese Art Aufspaltung, wie Sie einander sehen, ist ein Warnsignal des 7. Hauses.

Wie können wir eine solche Partnerschaft erreichen? Indem wir vertrauen. Indem wir offen und ehrlich unser einzigartiges Wesen, unsere Bedürfnisse und Wünsche miteinander teilen. Indem wir uns aneinander binden. Vertrauen und Verpflichtung sind sehr voneinander abhängig. Können Sie sich an jemanden binden, dem Sie nicht vertrauen? Können Sie jemandem vertrauen, an den Sie nicht gebunden sind? Solche Beziehungen fühlen sich normal, gleichberechtigt, ehrlich, vertraut, fair und stabil an, manchmal sogar von Anfang an. Das Paar im 7. Haus ist eines, das überdauert, nachdem das Feuerwerk des 5. Hauses heruntergebrannt ist, die Funktionsstörungen des 6. Hauses behoben und die Projektionen des 7. Hauses aufgelöst sind. Beziehungen des 7. Hauses sind langsam blühende Blumen, die sich mit der Zeit entfalten, deren Hege und Pflege in der Gestalt von Gleichberechtigung, gegenseitige Abhängigkeit, Vertrauen und Bindung daherkommt.

Das 8. Haus

Traditionelle Bezeichnung: Haus des Todes
Korrespondierendes Zeichen: Skorpion
Korrespondierende Planeten: Mars, Pluto
Lebensbereich: Knüpfen des Bandes mit dem Gefährten.
Prozeß: Eine andere Person sexuell, mental und emotional prä-

gen. Akzeptieren von Gefühlen, die aus den instinktiven Ebenen des Bewußtseins aufsteigen. Ehrlichkeit, psychische Nacktheit.

Scheitern: Sexuelle Funktionsstörung. Mangelnde Tiefe, Beziehung ist freundschaftlich, aber nicht die von Liebenden. Vermeiden psychisch aufgeladener Themen.

Was wir bisher im Beziehungsbogen abgehandelt haben, hätte sich auch darauf beziehen können, wie Sie mit Ihrem besten Freund zurechtkommen. Doch beim Eintreffen im 8. Haus überschreiten wir die Grenze zur Sexualität. Dies ist das Haus der *Instinkte*, der Motivationen, die tiefer wurzeln, als unser bewußter Verstand: Sexualität, Tod und das »Okkulte« oder welche Vorstellung auch immer wir bezüglich des Lebens nach dem Tod haben. Explosive Themen.

Nun werden die im 7. Haus geschlossenen Bindungen jenseits von Verstand und Vernunft mit reinem Gefühl überprüft: Ist dies mein Gefährte/meine Gefährtin? Bin ich zu diesem Menschen eine Bindung eingegangen, die tiefer als mental ist, mehr als spirituell, mehr als sexuell? Habe ich auf der Ebene des Gefühls im Bauch, mit jeder Zelle meines Körpers, mit all meinen Reflexen, mit dem Stammhirn mich diesem Menschen eingeprägt?

Sex ist ein Bestandteil dieser Bindung. Sie setzt mehr als physischen Sex voraus, doch ist physischer Sex für die Erschaffung und Aufrechterhaltung der Beziehung entscheidend. Sexualität und das Eingehen einer Bindung sind Prozesse, die auf mehreren Ebenen gleichzeitig stattfinden; physischer Sex ist nur einer der beteiligten Faktoren.

Die Planeten und Zeichen im 8. Haus zeigen, welche Qualitäten Sie in einem Partner brauchen, um diese Verbindungsebene durch und jenseits von Ihrem sexuellen Schaltkreis aufrechtzuerhalten. Wenn sich beispielsweise Ihr Mond im 8. Haus befindet, dann muß Ihr Gefährte über bestimmte lunare Qualitäten verfügen: Phantasie, Einfühlungsvermögen, Zärtlichkeit, Intuition. Stellen Sie sich vor, daß Sie seit relativ kurzer Zeit mit jemandem ausgehen und feststellen, daß diese Person sexy, intelligent, mutig und amüsant ist, daß sie jedoch ein emotionales Einfühlungsvermögen wie ein Holzklotz hat. Wenn sich Ihr Mond im 8. Haus befindet, dann ist das das Ende Ihrer Begeisterung, und sie wird auch nicht zurückkehren. Sicherlich mögen Sie diese Person vielleicht auch weiterhin, doch eignet sie sich nicht als Gefährte fürs Leben.

Zu gesunder Sexualität gehört mehr, als sich all die Stellungen in einem einschlägigen Ratgeber einzuprägen. Dazu gehört auch das Freisetzen und Akzeptieren überwältigender Gefühle. Manchmal fällt dies leicht und ist eine freudige Erfahrung; dann wieder kann es schmerzhaft und peinlich sein, doch in beiden Fällen ist es entscheidend, alle durch den Partner hervorgerufenen Gefühle anzuerkennen, um die Bindung herzustellen und zu festigen.

Sie befinden sich auf einer Party. Ihr Partner verbringt den ganzen Abend in einer Ecke angekuschelt an ein attraktives Mitglied des anderen Geschlechts. Ob Sie sich nun auf dem Nachhauseweg im Auto beiläufig nach dem Gesprächsinhalt erkundigen oder eine gepfefferte Auseinandersetzung mit Ihrem Gefährten haben, mit Sicherheit werden Sie ein gewisses schmerzhaftes Stechen verspüren, das seinen Ursprung im 8. Haus hat. Was ist, wenn Ihr Partner Sie verläßt? Der alte Primat in Ihnen weiß, daß ein solches Verlassenwerden eine verringerte Überlebenschance bedeutet, und er sträubt knurrend sein Nackenfell. »Bring den Eindringling um!« Wenn Sie ein mit Kreditkarten ausgerüsteter, moderner Stadtmensch sind, dann sind Sie vielleicht entsetzt darüber, daß Sie zu einer solchen Reaktion fähig sind, aber ob entsetzt oder nicht, es ist besser, sich gemäß Ihres Stils vorsichtig oder direkt damit zu befassen als die Angelegenheit zu unterdrücken.

Die für das 8. Haus typischen Gefühle entstammen anderen Ebenen als jenen, die den Primaten zum Handeln treiben. Ihre ganz persönlichen psychischen Themen werden auch von Ihrem Partner ausgelöst. Beispielsweise könnte Ihre Reaktion auf das Gespräch bei der Party ihren Ursprung auch darin haben, daß Sie in der Kindheit von einem Ihrer Eltern verlassen wurden. Wenn Sie sich diesen Gefühlen nicht stellen, dann streuen Sie womöglich Salz in diese frühe Wunde und erkennen nie ihre Verbindung zu Ihren gegenwärtigen Unsicherheiten. Doch wenn Sie das Thema mit Ihrem Gefährten anschneiden, der Ihre Lebensge schichte kennt (erinnern Sie sich: das 5. Haus), dann könnte er Sie vielleicht darauf hinweisen, daß Ihre Reaktion auf Ihre persönliche frühe Geschichte zurückzuführen ist.

Einer der beiden Planeten, die dieses Haus beherrschen, ist Mars, der Planet von Sexualität, Selbstbewußtsein, Aggression, Initiative, Willenskraft, Trieb, Mut und Begeisterung. Der andere ist Pluto, der Herrscher über die psychischen Tiefen. In der reifen Liebe akzeptieren wir die Tatsache, daß blind machende Leidenschaft nicht ununterbrochen glühen kann, doch die Verbindung des Mars mit diesem Haus ist von außerordentlicher Bedeutung. Eine Bindung im 8. Haus braucht die Gegenwart des Mars. Den Gott des Krieges, nicht nur die Göttin der Liebe! Wie kann das sein?

Ohne Zweifel bedarf es Willenskraft, Antrieb und Mut, um eine Beziehung des 8. Hauses am Leben zu erhalten. Erforderlich ist außerdem die Aufrechterhaltung einer guten sexuellen Beziehung, Kompromißbereitschaft bei voneinander abweichenden sexuellen Vorstellungen und ein gewisses Maß an Realitätssinn bei der Einschätzung, was eine »gute« sexuelle Beziehung ist und was nicht. Zwei Menschen machen sich überflüssige Sorgen, wenn sie annehmen, daß sie ernsthafte Schwierigkeiten haben, weil sie, nachdem sie seit zehn Jahren zusammen sind, nicht mehr nacheinander lechzen und es ihnen irgendwie gelingt, die Hände voneinander zu lassen. Schwere sexuelle Störungen – chronisches Unbefriedigtsein, Frigidität, Impotenz – sind jedoch eindeutig ein Problem. Warum steuern Beziehungen manchmal in eine solche Richtung? Eine vollständige Antwort auf diese Frage würde eindeutig den Rahmen dieses Buches sprengen. Wir können die Frage jedoch astrologisch beantworten und sagen: Mangel an der plutotypischen Ehrlichkeit in Anbetracht von Gefühlen, dessen Ursprung für gewöhnlich in einem zu gering entwickelten marstypischen Mut liegt. Die Populärkultur hält eine endlose Zahl an Beispielen bereit, in denen ein Partner, der wütend (Mars) auf den anderen ist, Sex verweigert (ebenfalls Mars). Solches Verhalten ist Reaktion mit passiver Aggression, statt die aktive Konfrontation mit dem Konflikt zu suchen. Wenn unaufgelöste Wut in einer Beziehung fortbesteht, dann kann sie noch sehr viel mehr blockieren als nur körperliche Zuneigung. Ein nagender Mars läßt Begeisterung abstumpfen, Intensität verlöschen, Ehrlichkeit verkümmern (weil sie zu gefährlich ist), erstickt jegliche Initiative, sich mit schwierigen Themen auseinanderzusetzen, und kann zu einem langsamen Aushöhlen des Kerns der Beziehung in sexueller oder anderer Hinsicht führen. Die Moral von der Geschichte: Befassen Sie sich mit Ihrer Wut, bearbeiten Sie problematische Themen gemeinsam, und fördern Sie Ihre Mars- und Pluto-Funktionen, wenn Sie das Band zwischen sich erhalten und verstärken wollen.

Wir haben nun den Beziehungsbogen, die Häuser 5, 6, 7 und 8 kennengelernt, in denen Beziehungen ihren Anfang nehmen, bearbeitet, zu Bindungen umgeformt und getestet werden. Nun ist es an der Zeit, einige Beispiele für Planeten und Zeichen in diesen Häusern zu liefern. Wir wollen Sie mit einer Methode bekannt machen, mit deren Hilfe man begreifen kann, was es zum Beispiel bedeutet, einen Skorpion-Merkur im 7. Haus zu haben. Sobald Ihnen diese Methode geläufig ist, können Sie sie anwenden, um die Wirkung eines beliebigen Planeten in jedem Zeichen oder Haus zu interpretieren.

Lehrer, Methoden und Klassenzimmer

Ein Planet in einem Haus ist Ihr Lehrer, der Ihnen sagt, wie Sie das mit diesem Haus verbundene Material meistern können. Stellen Sie sich diesen Planeten als eine Person vor. Erschaffen Sie für sich ein Bild von Venus, der Göttin der Liebe. Sie reagieren auf sie als Lehrerin ganz anders als zum Beispiel auf Saturn, den Herrn der Einsamkeit. Planeten in einem Haus richten Ihre Aufmerksamkeit auf diesen Lebensbereich. Das Wesen des Planeten, des Lehrers, bestimmt Ihr Erleben dieses Hauses am stärksten.

Was ist, wenn Sie in einem Haus keine Planeten haben? In der astrologischen Fachsprache werden diese Häuser als »unbesetzt« bezeichnet. Ein unbesetztes Haus heißt nicht, daß es in Ihrem Leben keine Ereignisse gibt, die auf dieses Haus Bezug nehmen. Jeder Mensch betritt jedes einzelne dieser zwölf Territorien. Ein leeres Haus bedeutet lediglich, daß Sie in diesem Bereich »auf eigene Faust« lernen. Haben Sie fünf Planeten im 7. Haus? Sie haben vielleicht fünf Lehrer in diesem Fach nötig. Diese fünf Lehrer kommen entweder gut oder schlecht miteinander aus, wie dies auch im Lehrerkollegium der Fall ist.

Sie können feststellen, welcher Methoden sich der Lehrer (Planet) des Hauses bedient, indem Sie Ihr Augenmerk auf das Zeichen richten, in dem sich der Planet befindet. Sollte ein Haus einen Planeten in einem Zeichen und ein weiteres Zeichen, das aber von keinem Planeten bewohnt ist, enthalten, dann wird der Unterricht für dieses Haus zum Teil durch den Planeten mittels der Methode des Zeichens erteilt und zum Teil auf eigene Faust unter Zuhilfenahme der Methoden des unbewohnten Zeichens.

Sind Sie nun bereit für ein Beispiel? Stellen Sie sich vor, daß Sie im 7. Haus einen Skorpion-Merkur haben. Merkur lehrt Sie, wie Sie engagierte Beziehungen (7. Haus) entwickeln können. Merkur sagt: »Kommuniziere! Teile dich mit! Rede! Nimm einen Dialog auf!«

Sie sind der Schüler, der Merkur Fragen stellt, und wollen wissen: »Welche Art Dialog? Wie kann mir das gelingen?«

»Mach dir die Methoden des Skorpions zunutze«, antwortet Merkur. »Sei ehrlich, sei intensiv, sei emotional. Bediene dich dieser Sprachebene. Stelle Fragen. Bringe magenverdrehende Gesprächsthemen auf. Die Leute, die bei solchem Austausch bei sich bleiben können, sind deine Seelenpartner.«

Was ist, wenn sich mehr in Ihrem 7. Haus befindet, als nur dieses eine Zeichen? Wie verändern sich dann die Methoden?

Angenommen Ihr 7. Haus beginnt bei 20 Grad in der Waage und endet bei 25 Grad im Skorpion, wobei sich der Merkur auf 6 Grad im Skorpion befindet. In diesem Fall ist Merkur Ihr Lehrer, der Skorpion-Methoden verwendet, und außerdem lernen Sie auf eigene Faust mit Waage-Methoden. Ihr Klassenzimmer »7. Haus« enthält ein Handbuch mit dem Titel »Wie man auf Waage-Art Beziehungen knüpft«. In diesem Buch lesen Sie über Höflichkeit und Liebenswürdigkeit und Einfühlungsvermögen nach, und darüber hinaus lernen Sie auch noch die Fragestellungen Ihres Skorpion-Merkur kennen.

Angenommen, ein Haus beginnt bei 20 Grad in der Waage, enthält den gesamten Skorpion und endet bei 3 Grad im Schützen. Wenn ein Zeichen vollkommen in einem Haus enthalten ist, dann bezeichnen Astrologen dieses Zeichen als in diesem Haus »eingeschlossen«. Was haben eingeschlossene Zeichen zu bedeuten? Einige mittelalterliche Traditionen gehen davon aus, daß man zu einem eingeschlossenen Zeichen keinen Zugang hat, aber wir sind anderer Auffassung.

Stellen Sie sich das Zeichen an der Spitze des Hauses als Ihre Einführungsmethode (Zeichen) für das Fach (Haus) vor, das in diesem Fall »Wie man auf Waage-Art Beziehungen knüpft« lautet. Sie haben einen Lehrer, Merkur, dessen Methoden die des Skorpions sind. Auf diesem Skorpion-Merkur liegt Ihr Hauptaugenmerk bei Ihrer Arbeit in diesem Haus; er ist Ihr Lehrer. Doch müssen Sie in diesem Haus auch auf eigene Faust unter Verwendung von Waage- und Schütze-Methoden lernen.

Bekommen Sie langsam ein Gespür für diese Bildersprache? Sie kann auf jedes Haus im Horoskop übertragen werden. Ein Planet ist Ihr Lehrer, der Ihnen die für dieses Haus relevanten Themen beibringt. Zeichen sind die Methoden. Das Haus selbst ist das Fach, in dem unterrichtet wird.

Lassen Sie es uns mit einem weiteren Beispiel probieren. Bill hat seinen Jupiter im 5. Haus. Der Jupiter bringt ihm bei, wie man sich verliebt, und er hält die Augen für mögliche Gelegenheiten offen.

»Bill, da drüben! Siehst du die Frau, die da an der Straßenecke jongliert?« Jupiter, der Herrscher des Schützen, macht Bill auf die Zigeuner unter uns aufmerksam. Und das ist noch nicht alles. Jupiter schiebt Bill neben die Frau, die eine Ausgabe von »Let's Go: Europe« (der Forscher, der Anthropologe) kauft, oder zu der Philosophin, die sich an der Universität oder an der Kneipe an der Ecke ausläßt.

Während Bill mit einer dieser Frauen spricht, kommentiert Jupiter fortgesetzt vom 5. Haus aus. »Du hast in einem halbstündigen Gespräch mit dieser Frau mehr Spaß gehabt als in den letzten

Wochen. Das ist ein gutes Zeichen! Hebt sie nicht deine Stimmung?« Bill verliebt sich immer über eine jupitertypische Erfahrung in einen anderen Menschen. Eine überschwengliche, gutmütige, neugierige, raumgreifende Persönlichkeit bringt immer die Schaltkreise seines 5. Hauses zum Brummen.

Sein Jupiter befindet sich im Zeichen Fische, also verwendet Bill Fische-Strategien, um die jupiterhaften Kontakt zu verlängern. Zum Beispiel gewinnt er die Frau für eine eskapistische Phantasie oder einen Zeitvertreib (Fische), der verspricht, die närrische Verbindung (Jupiter) zwischen ihnen aufrechtzuerhalten. Er fordert sie auf, mit ihm zum Zirkus zu gehen, oder sich ihm in einem »Alles was schwimmt, aber kein Schiff ist«-Wettbewerb anzuschließen. Er führt die Jupiter-Atmosphäre auf Fische-Art fort, um das zu fördern, was zwischen ihnen wächst. Während das Nicht-Schiff gebaut wird und den Fluß hinunterfährt, ist noch genug Zeit, um sich gegenseitig Lebensgeschichten zu erzählen.

Da wir den Beziehungsbogen erforscht und Techniken kennengelernt haben, um zu verstehen, wie Planeten in Zeichen und Häusern wirken, wollen wir uns mit der gegenseitigen Einwirkung zweier vollständiger Geburtshoroskope beschäftigen.

DRITTER TEIL
Den Himmel miteinander teilen

Kapitel 7

Wie Geburtshoroskope aufeinander einwirken

Egal, wie verschieden zwei Menschen auch sind, wenn wir sie in den Dampfdrucktopf geben und diesen fest verschließen, dann werden sie ein gemeinsames Beziehungsmuster erarbeiten. Es kann freudevoll sein, es kann aber auch auf gegenseitige Zerstörung hinauslaufen. Doch ein Muster wird zutage treten – und es kann, unabhängig davon, wer die beiden Menschen sind, durch die Untersuchung des Zusammenspiels der beiden Geburtshoroskope analysiert werden.

Der erste Schritt besteht darin herauszufinden, wie sich die Planeten des einen Horoskops auf die des anderen auswirken. Hierzu gibt es zahlreiche Techniken, mit denen wir uns beschäftigen werden. Doch im Mittelpunkt des Prozesses steht nicht die Meisterschaft der technischen Einzelheiten. Weit zentraler sind gesunder Menschenverstand, Phantasie und die Bereitschaft, die Astrologie in diese wunderbare Bibliothek menschlicher Erfahrungen einzustöpseln, die Sie in Ihrem Kopf mit sich herumtragen.

Was geschieht, wenn eine Maus und eine Katze zusammen eingesperrt werden? In der Welt der Tiere ist die Antwort offensichtlich. Doch in der Welt von Männern und Frauen sind die Spiele subtiler. Vielleicht wird »die Maus« verspeist, vielleicht aber auch nicht. Möglicherweise gibt sich »die Katze« damit zufrieden, eine Haltung gütiger Autorität einzunehmen, bei der sie ihre Zähne zwar zeigt, aber doch nicht zum Einsatz bringt. Denkbar auch, daß unsere Maus eine ausgesprochen sympathische ist. Viele Geschichten sind möglich, und keine von ihnen ist schwer vorstellbar.

Katzen und Mäuse sind bekannte Charaktere. Sobald Ihnen der Mars und der Mond ebenso vertraut sind, sind Sie ein Astrologe. Ein Mann hat einen sehr starken Mars in den Anfangsgraden des Zeichens Widder. Er befindet sich in seinem 1. Haus in Konjunktion mit der Sonne. Wir könnten diesen Mars mit einer »Katze« vergleichen – schließlich ist der Mars ein Jäger, besitzt Kampfgeist, Willenskraft und Leidenschaft. Möglicherweise hat die Frau dieses Mannes ihren Mond in den Anfangsgraden der Waage – ein milderes, verletzbareres Motiv, eine »Maus«, jedenfalls im Vergleich mit der grimmigen Mars-Plazierung des Mannes.

Was wird geschehen? Wie wir alle können auch diese beiden Menschen tun und lassen, was sie wollen. Die Astrologie bietet ihnen zahlreiche Verhaltensmöglichkeiten an, und es ist nicht die Aufgabe des Astrologen, die eine zu erraten, die sie sich aussuchen werden. Die Übersetzung von »Mars« und »Mond« in »Katze« und »Maus« bringt den Interpretationsball ins Rollen.

Im vorangegangenen Teil dieses Buches haben wir uns damit beschäftigt, den einzelnen aus der astrologischen Perspektive zu begreifen. Sobald Ihnen dies gelingt, wird die Synastrie zum großen Teil zu einem Selbstläufer, jedenfalls wenn Sie bereit sind, sich stark auf Ihre alten Freunde gesunder Menschenverstand, Phantasie und Ihre Erfahrung zu verlassen.

Der Widder-Mars des Mannes und der Waage-Mond seiner Frau bilden zusammen einen *Oppositionsaspekt*, was an Spannung denken läßt (schlagen Sie in Kapitel 2 nach). Sollten Sie diesen Aspekt erst berechnen müssen, bevor Sie die Spannung zwischen dieser Katze und dieser Maus spüren, dann benötigen Sie vermutlich morgens, um aufzuwachen, einen Guß Wasser ins Gesicht! Wenn Sie einen wirklichen Einblick in das individuelle Geburtshoroskop gewonnen haben, dann springt Sie diese Spannung förmlich an.

Zögern Sie? An dieser Stelle erweist es sich als großer Vorteil, wenn man laut über astrologische Symbole sprechen und damit zugleich Klarheit über sie gewinnen kann. Wenn Sie sich mit diesen beiden Menschen hinsetzen würden, um mit ihnen ihre Beziehung aus astrologischer Perspektive zu erforschen, dann würden Sie sich, während Sie die Bedeutung seines Widder-Mars im 1.

Haus ergründen, sicherlich bei der schroffen Bissigkeit der »Maske« dieses Mannes aufhalten, denn schließlich ist sie ein hervorstechendes Merkmal seiner Individualität. Aus vergleichbaren Gründen würden Sie sich bestimmt auch mit der zerbrechlichen Empfindsamkeit und den tiefgreifenden Beziehungsbedürfnissen des Waage-Monds der Frau näher beschäftigen. Bei all diesen in der Luft hängenden Einschätzungen wäre das potentielle Aufeinanderprallen dieser beiden Konfigurationen unübersehbar und offensichtlich – selbst dann, wenn Sie nicht die geringste Ahnung davon hätten, wie man die Aspekte zwischen zwei Horoskopen berechnet.

Trotzdem, diese Interaspekte – Aspekte, die zwischen den Planeten zweier Horoskope gebildet werden – sind die Arbeitspferde der Synastrie. Warum? Einfach deshalb, weil nicht alle Interaktionen zwischen zwei Geburtshoroskopen so offensichtlich sind, wie das besondere »Katz-und-Maus-Szenario«, mit dem wir uns eben beschäftigt haben. Einige sind weitaus subtiler. Ohne die Kenntnis von Interaspekten wären Sie trotzdem in der Lage, die großen interaktiven Themen ohne Schwierigkeiten wahrzunehmen. Und wenn es Ihnen dann gelänge, warme, weise, menschliche Ratschläge darüber zu geben, wie man mit diesen umfassenden Themen liebevoller umgehen kann, dann wären Sie ein guter Astrologe und würden jedem weiterhelfen können, der sich von Ihnen beraten lassen wollte. Verstehen Sie jedoch etwas von Interaspekten, dann hat dies den Vorteil, daß sie Ihnen alle interaktiven Muster sozusagen telegraphisch mitteilen, auch solche, die Ihnen sonst vielleicht entgangen wären.

Zu viel Technik, zu wenig menschliche Wirklichkeit: Das ist eine der riskantesten Fallgruben für den Astrologen. Achten Sie sorgfältig darauf, sich nicht in den Labyrinthen der Theorie zu verlieren. Interaspekte sind sehr einflußreich, aber sie können auch eine Einfachfahrkarte in ein solches Labyrinth sein. Später in diesem Kapitel und in Kapitel 8 werden wir uns ausführlicher mit Interaspekten beschäftigen, doch zunächst einmal ist es unser Ziel, beide Geburtshoroskope in uns aufzunehmen, sie innerlich gefühlsmäßig zu erfassen und sie dann auf dieser Gefühlsebene miteinander zu vergleichen. Was erhalten wir? Katzen und Mäuse.

Träumer und Realisten. Stubenhocker und Zigeuner. Das ist die Ebene, auf der Magie stattfindet. Das ist die Ebene, auf der Astrologie menschlich wird.

Hier ein praktischer Grundsatz: *Bringen Sie Ihre synastrische Analyse so weit wie möglich auf der Basis Ihres gefühlsmäßigen Erfassens der beiden Horoskope voran, dann vertiefen Sie Ihr Verstehen, indem Sie sich den Interaspekten zuwenden.*

Bevor wir uns mit der mehr technischen Seite der Arbeit mit Interaspekten befassen, wollen wir in Übereinstimmung mit unserem Leitsatz ein paar Beispiele dazu nutzen, um zu zeigen, was mit dem gefühlsmäßigen Erfassen der verschiedenen astrologischen Interaktionen gemeint ist.

Der verliebte Saturn

Der Saturn kann ein Symbol der Blockade sein – ein »Gefühl«, das sich nur allzuoft in Beziehungen einstellt. Er steht für das, was zu erfahren wir uns weigern. Auf einer noch tieferen Ebene symbolisiert Saturn den Bereich, in dem wir herausgefordert werden und versuchen, durch den Einsatz positiver Saturn-Tugenden wie Selbstdisziplin, Geduld und Entschlußkraft unsere Blockaden zu überwinden. Doch diese Tugenden stellen sich nie automatisch ein, weder beim einzelnen noch in der Partnerschaft. Wir müssen uns zu ihnen vorarbeiten. Und wenn wir dies nicht tun, dann bleibt die Blockade erhalten, in der Regel geschützt durch eine harte Schale aus Dickköpfigkeit und Selbstgerechtigkeit.

Zwei Liebende haben vielleicht den Saturn in einem Feuerzeichen. Kein astrologisches Merkmal kann herausgelöst aus dem restlichen Horoskop sicher interpretiert werden, doch auf abstrakte Weise verweist der Saturn in einem Feuerzeichen auf eine gemeinsame Blockade (Saturn) im Hinblick auf Selbstsicherheit, Risikotoleranz und dem Ausdruck von Wut (Feuer). Da die Blockade eine gemeinsame ist, besteht Harmonie.

Er: »Die O'Rileys haben gefragt, ob wir dieses Wochenende mit ihnen zum Haie-Ringen gehen wollen. Hast du Lust?«

Sie (mit Nachdruck): »Bist du verrückt?«
Er: »Ich hatte gehofft, du würdest so reagieren.«

So weit so gut. Doch wie hinter den meisten Formen astrologischer »Harmonie« verbergen sich auch hinter dieser Gefahren. Die mangelnde Risikobereitschaft dieses Paares könnte zu einer abtötenden Absprache führen, in der alle Aussichten auf Neues und Veränderungen in ihrer Beziehung systematisch ausgeschlossen werden. Unter solchen Umständen würde die Beziehung daran scheitern, daß sie vor allem aus Ritualen und Vorhersagbarkeit besteht. Hier sei noch einmal deutlich gesagt, daß dies keineswegs das »vorbestimmte Schicksal« dieses Paares ist, es ist lediglich eine Gefahr, die durch diese besondere Art der »Harmonie« verursacht wird.

Bald werden wir erfahren, daß die Harmonie bei diesem doppelten Feuerzeichen-Saturn mit der Tatsache verbunden ist, daß die beiden Planeten einen Trigonaspekt miteinander bilden. Diese Verbindung könnte uns bei unserer vorbereitenden und möglicherweise intuitiveren Analyse der beiden Geburtshoroskope vielleicht entgehen. Das macht nichts. Spätestens wenn wir zum technischen Teil und damit zu den Interaspekten übergehen, würde uns dieser Aspekt auffallen. Interaspekte sind also ein wunderbares Sicherheitsnetz – doch wie bei allen Seiltänzern sollte auch Ihre artistische Priorität darin bestehen, auf dem Seil zu bleiben.

Jodie Forrest könnte eines Tages einen Horrorroman schreiben, der von ihren frühen Safaris in die dunkleren Gebiete von Steven Forrests Wohnung berichtet. Steve hat seinen Saturn in der Jungfrau, und eine seiner Blockaden hat etwas mit dem eindeutigen Jungfrau-Thema »Haushalt« zu tun.

Steve dagegen erfuhr große Frustration im Zusammenhang mit dem, was er Jodies Mangel an Begeisterung für die Abenteuer des Lebens nennt: dem Erklettern von Steilwänden, dem Wandern in verschneiten Wäldern, durch die der Wind heult, dem unrühmlichen Schlafen in einer Schlammpfütze mitten in einer ansonsten großartigen Naturumgebung. Jodies Saturn befindet sich im Schützen – das Zeichen für Erforschung und die handfeste Auseinandersetzung mit Erfahrungen. Dort hat sie *ihre* Blockaden.

Ohne Zweifel üben diese beiden Planeten Reibung aufeinander aus. Steves Saturn-Blockade stört Jodie, Jodies Saturn-Blockade stört Steve. Was also ist die Folge? Scheidung wäre eine Möglichkeit. Eine andere, erwachsene: Kompromisse. Seit sie geheiratet haben, ist Steve zu einem (etwas) fleißigeren Hausmann geworden und Jodie zu einer (etwas) abenteuerlustigeren Frau. Damit ihre Ehe funktionieren kann, mußten beide stark auf das Verlangen des Saturn nach Selbstdisziplin und entschlossenem Bemühen reagieren. Ansonsten wären die Blockaden unangefochten und unverändert bestehen geblieben, und die starren Prophezeiungen der Wahrsager hätten Recht behalten.

Wenn Sie mit einem Verstehen des Jungfrau-Saturn und des Schütze-Saturn beginnen, dann ist die Reibung zwischen ihnen offensichtlich – vorausgesetzt Sie gehorchen der Hauptregel der Synastrie und untermauern die Vorstellung zunächst mit Ihrem Gefühl, bevor Sie sie aussprechen. Und falls Ihnen diese Verbindung entgehen sollte, kein Problem – Sie werden sie herstellen, sobald Sie die Interaspekte berechnen und entdecken, daß Stevens Saturn sich im Quadrat zu Jodies Saturn befindet – im 90-Grad-Aspekt der Reibung.

Wie man Interaspekte erkennt

Da wir die Interaspekte ins rechte Licht gerückt haben, wollen wir uns mit ihnen beschäftigen. Sie sind ein sehr überzeugendes Werkzeug, und Sie müßten in der Tat ein sehr intuitiver Astrologe sein, wenn sie qualitativ hochstehende synastrische Interpretationen ohne ihre Hilfe vornehmen wollten.

Viele neugekürten Astrologen fühlen sich von der Vorstellung entmutigt, diese geometrischen Winkel im Horoskop ablesen zu müssen. Ein derartiges Zurückschrecken ist nicht gerechtfertigt. Wenn Sie sich von der richtigen Ausgangsposition aus mit Aspekten beschäftigen, dann sind sie nicht schwer zu erfassen. Der Trick besteht darin, mit einem kristallklaren mentalen Bild vom Rad der Zeichen zu beginnen. Wenn Ihnen das gelingt, dann fällt alles andere automatisch an seinen Platz.

Aspekte sind geometrische Winkel zwischen Planeten, die sich in verschiedenen Zeichen befinden. Jeder Winkel legt ein anderes Beziehungsmuster nahe – Reibung, Harmonie, Spannung. (In Tabelle 4 auf Seite 34 finden Sie eine Zusammenfassung der Hauptaspekte.)

Lassen Sie uns die Geburtshoroskope zweier der erfolgreichsten Liebenden Hollywoods betrachten: Katharine Hepburn und Spencer Tracy. Wie anzunehmen ist, waren ihre Schicksale durch zahlreiche wirkungsvolle Interaspekte miteinander verbunden.

Katharine Hepburns Neptun befindet sich mitten im Krebs. Spencer Tracys Sonne liegt mitten im Widder. Ergibt sich daraus ein Interaspekt? Um das herauszufinden, rufen Sie sich das Bild vom Rad der Zeichen ins Bewußtsein. Krebs und Widder stehen im rechten Winkel zueinander – ein Blick auf die Ekliptik sagt Ihnen das. Sofort wissen Sie, daß ihr Neptun und seine Sonne einen Quadrataspekt miteinander bilden.

Was wäre, wenn sich ihr Neptun mitten im Krebs, seine Sonne jedoch mitten im Löwen befände? Läge hier ein Interaspekt vor? Diesmal befinden sich die beiden Zeichen unmittelbar nebeneinander, folglich wären die beiden Planeten durch ungefähr 30 Grad, also um den Umfang von genau einem Zeichen, voneinander getrennt. Sehen Sie sich noch einmal die Tabelle auf Seite 34 an. Zwischen Planeten, die 30 Grad voneinander entfernt liegen, gibt es keinen Hauptaspekt. In diesem Fall läge also auch kein Interaspekt vor.

Hier folgt eine methodische Verfahrensweise. Wählen Sie einen Planeten in Katharine Hepburns Horoskop aus, zum Beispiel ihren Saturn, der sich im Widder befindet – und damit eine Konjunktion mit Spencer Tracys Sonne bildet. Zählen Sie links und rechts vom Widder *ein Zeichen* weiter. Tracy hat in beiden Zeichen Planeten. Sind also Interaspekte vorhanden? Nein, denn das nebenliegende Zeichen ist nur 30 Grad entfernt, und bei diesem Winkel handelt es sich nicht um einen Hauptaspekt. (Vielmehr handelt es sich um einen sogenannten »Nebenaspekt«, mit denen wir uns hier jedoch nicht befassen wollen. Die Hauptaspekte liefern uns bereits genug Material zum Nachdenken.)

Zählen Sie zwei Zeichen links und rechts von Hepburns Saturn

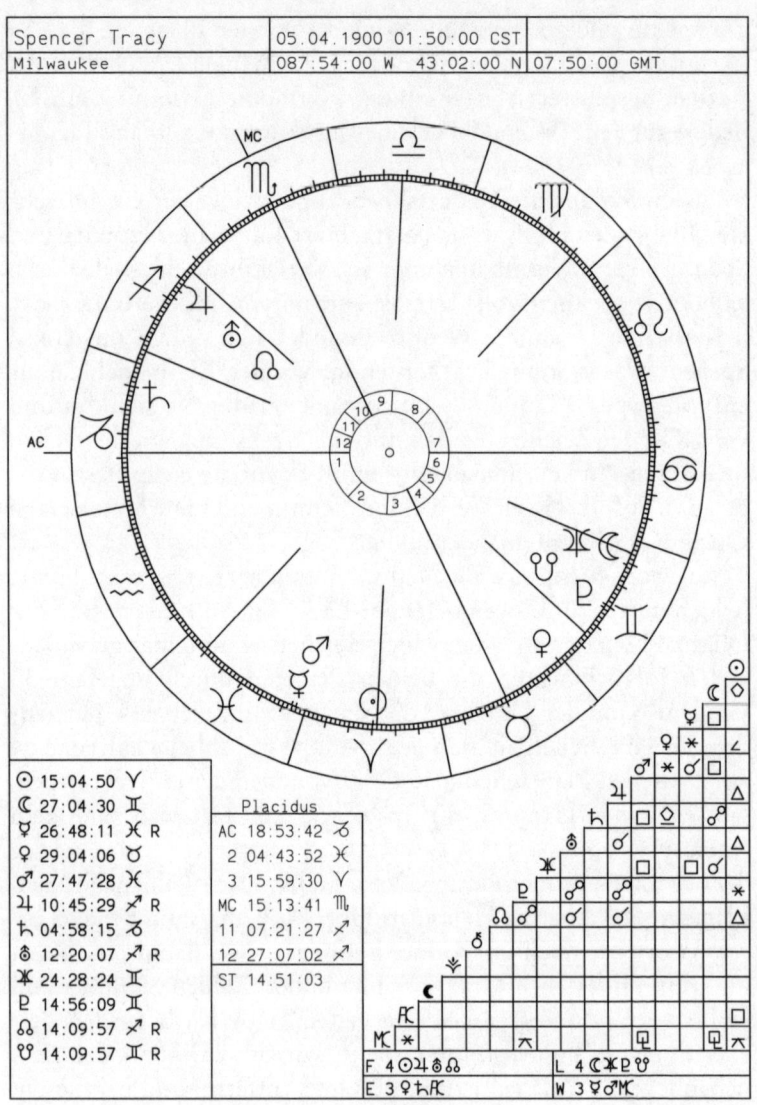

Spencer Tracy	05.04.1900 01:50:00 CST	
Milwaukee	087:54:00 W 43:02:00 N	07:50:00 GMT

Abbildung 3: Die Geburtshoroskope von Spencer Tracy und Katharine Hepburn

148

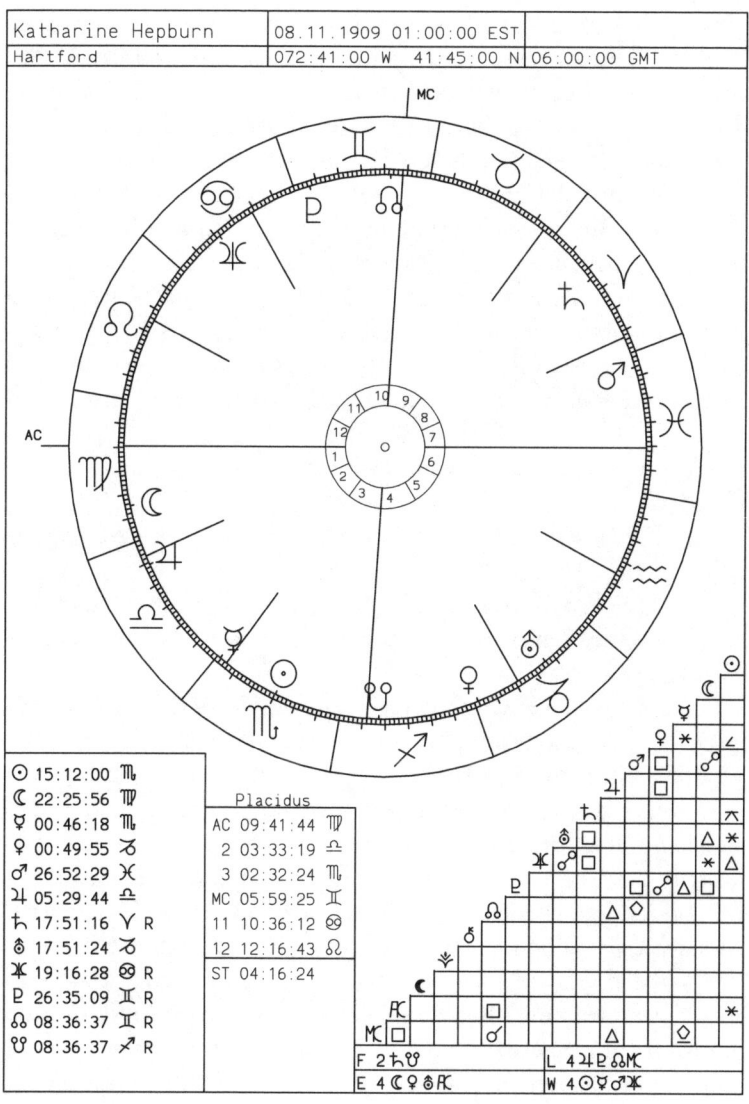

Katharine Hepburn	08.11.1909 01:00:00 EST	
Hartford	072:41:00 W 41:45:00 N	06:00:00 GMT

☉ 15:12:00 ♏
☾ 22:25:56 ♍
☿ 00:46:18 ♏
♀ 00:49:55 ♐
♂ 26:52:29 ♓
♃ 05:29:44 ♎
♄ 17:51:16 ♈ R
⚷ 17:51:24 ♐
♆ 19:16:28 ⊕ R
♇ 26:35:09 ♊ R
☊ 08:36:37 ♊ R
☋ 08:36:37 ♐ R

Placidus
AC 09:41:44 ♍
2 03:33:19 ♎
3 02:32:24 ♏
MC 05:59:25 ♊
11 10:36:12 ⊕
12 12:16:43 ♌
ST 04:16:24

weiter. Sie stoßen auf Zwillinge und Wassermann. *Zwei Zeichen*
Abstand bedeuten ein Sextilaspekt – und falls Spencer Tracy Planeten in der Mitte eines oder beider Zeichen hat, dann sind sie
durch diesen Interaspekt mit Katharine Hepburns Saturn verbunden. Hat er Planeten in diesen Zeichen? Der Wassermann ist leer,
aber er hat drei Planeten im Zeichen Zwillinge: Pluto, Neptun und
den Mond. Bilden sie ein Sextil mit Hepburns Saturn? Wir werden
bald feststellen, daß es nicht ausreicht, sich im richtigen Zeichen zu
befinden, um die Existenz eines Interaspekts zu garantieren. Die
Planeten müssen sich auch im richten Abschnitt des Zeichens befinden – in diesem Fall in der Mitte, da sich Katharine Hepburns
Saturn in der Mitte ihres Widders befindet und dies unser Ausgangspunkt ist. Nur Pluto erfüllt diese Bedingungen.

Wenn wir *drei Zeichen* weiter zählen, dann bringt uns dies zum
Quadrat.

Vier Zeichen vom Ausgangspunkt stoßen wir auf den Trigoninteraspekt.

Fünf Zeichen weiter treffen wir auf einen weiteren Nebenaspekt namens Quincunx, auf den wir für unsere Zwecke gut verzichten können.

Sechs Zeichen weiter stoßen wir schließlich auf die Opposition.
Denken Sie daran sowohl im Uhrzeigersinn als auch gegen den
Uhrzeigersinn zu zählen. Aspekte gibt es in beiden Richtungen!

In unserem Beispiel haben wir sorgfältig darauf geachtet, daß
sich Hepburns Saturn in der *Mitte* des Widders befindet – und festgestellt, daß Tracys Mond in den *späten* Zwillingen kein Sextil mit
ihm bildet. Lassen Sie uns dies näher betrachten. Das Problem ist,
daß sich die beiden Planeten »außerhalb der Aspektorben« befinden und daß sie kein Interaspekt miteinander verbindet. Ein Sextil
ist also rein technisch betrachtet ein Winkel von 60 Grad. Er muß
jedoch nicht genau sein – eine Abweichung von ein paar Grad auf
einer oder beiden Seiten des genauen Sextilpunkts verändern
nichts an der grundlegenden Bedeutung dieses Interaspekts, es
schwächt ihn nur ein wenig ab. Eine Abweichung von mehr als 7
oder 8 Grad ist jedoch zuviel: Der Aspekt kommt nicht mehr zustande. Die Planeten befinden sich außerhalb der Reichweite des
Aspekts.

Aspektorben werden also nicht besonders streng gehandhabt. In Tabelle 4 (Seite 34) haben wir hierzu entsprechende Arbeitsanweisungen gegeben, aber es gibt keinen Grund, sich diesen sklavisch zu unterwerfen. Engere Orben haben den Vorteil, weniger Interaspekte zu erzeugen und Ihre Aufmerksamkeit folglich auf die wirklich bedeutsamen zu beschränken. Weitere Orben zwingen Sie, sich mit einer größeren Zahl von Aspekten zu befassen. Hierdurch wird größere Feinheit möglich, aber vielleicht auch größere Verwirrung. Sie haben die Wahl. Bei Anfängern raten wir zu engeren Orben.

Wie immer Sie sich entscheiden, denken Sie bei Aspekten, an denen die Sonne oder der Mond beteiligt ist daran, ein paar zusätzliche Grad hinzuzugeben, und bei Aspekten mit dem absteigenden oder aufsteigenden Mondknoten 2 bis 3 Grad abzuziehen.

Um genau mit Interaspekten zu arbeiten, ist unsere Verfahrensweise im wesentlichen die, wie wir sie eben beschrieben haben: zwei Zeichen Abstand bedeuten ein Sextil, drei Zeichen ein Quadrat usw. Wir fügen lediglich einen weiteren Schritt hinzu.

Spencer Tracys Mond befindet sich auf 27 Grad in den Zwillingen. Katharine Hepburns Mond auf 22 Grad in der Jungfrau. Das ist ein Abstand von drei Zeichen (Zwillinge: null, Krebs: eins, Löwe: zwei, Jungfrau: drei) und wir nehmen an, daß die beiden Planeten einen Quadratinteraspekt miteinander bilden. Stimmt das? Begründen Sie den Sachverhalt folgendermaßen: Der Punkt in der Jungfrau, der sich im genauen Quadrat zu 27 Grad in den Zwillingen befindet, ist 27 Grad in der Jungfrau. Doch Hepburns Mond befindet sich auf 22 Grad in der Jungfrau – 5 Grad vom genauen Quadrat entfernt. Ist das nah genug, damit es gilt? Für Quadrate haben wir einen Orbis von 7 Grad vorgeschlagen. In diesem Fall existiert der Interaspekt also tatsächlich. Mit einer Abweichung von 5 Grad ist der Winkel genau genug, um wirksam zu funktionieren. Hätte sich Katharine Hepburns Mond auf 15 Grad in der Jungfrau befunden, dann wäre der Orbis zu groß gewesen und aus praktischen Gründen hätte dies das Zustandekommen eines Interaspekts verhindert.

Nun haben wir mit Zahlen jongliert, doch die grundlegende Argumentation ist einfach. Erstens, zählen Sie die Zeichen, die die

Planeten voneinander trennen, um festzustellen, ob ein Aspekt vorliegen könnte. Zweitens, stellen Sie fest, bei genau wieviel Grad »Planet A« stehen müßte, um einen genauen Aspekt zu »Planet B« zu bilden. Drittens, finden Sie heraus, wie weit »Planet A« tatsächlich von dem *genauen Aspekt* entfernt ist. Befindet er sich innerhalb des Orbis, dann haben Sie einen Aspekt. Wenn nicht, dann haben sie keinen.

Lassen Sie es uns mit einem weiteren Beispiel versuchen.

Katharine Hepburns Venus befindet sich auf 0 Grad im Steinbock – und das konfrontiert uns mit einer komplizierteren Situation. Der Punkt, der ihrer Venus genau gegenüberliegt, ist 0 Grad im Krebs – und Spencer Tracy hat dort keinen Planeten. Trotzdem steht sein Mond in Opposition zu ihrer Venus! Wie kann das sein? Die Antwort hat etwas mit den Orben zu tun. Während 0 Grad im Krebs den Punkt bezeichnet, der ihrer Venus *genau* gegenüberliegt, befindet sich alles, was etwa 7 Grad von diesem genauen Aspektpunkt entfernt ist, ebenfalls innerhalb des für die Opposition gültigen Orbis. Das führt uns in Tracys Horoskop 7 Grad in den Krebs hinein – noch immer leerer Raum. Wenn wir jedoch 7 Grad in die andere Richtung zählen, dann gelangen wir in das Zeichen Zwillinge. Da sich Tracys Mond auf 27 Grad in den Zwillingen befindet, ist er gut innerhalb des Orbis einer Opposition zu Hepburns Venus und nur 3 Grad entfernt vom genauen Aspektpunkt, auch wenn er im »falschen« Zeichen zu finden ist. Unsere Regel, die Zeichen zu zählen, bricht also in sich zusammen, wenn wir es mit einem Planeten zu tun haben, der sehr nahe am Ende oder am Anfang eines Zeichens anzutreffen ist. Doch versagt die Regel nicht vollständig: Sie liefert uns trotzdem unfehlbar die genaue Gradzahl für den *genauen* Aspekt. Danach liegt es an Ihnen, sich daran zu erinnern, daß der Orbis eines Aspekts auch in das benachbarte Zeichen hinüberreichen kann.

Wenn eine solche Situation entsteht, dann spricht man von einem Aspekt, der sich zwischen »falschen« Zeichen ergibt. Dies wirkt sich dahingehend aus, daß die Wirksamkeit dieses Aspekts ein wenig abgeschwächter ist, und Sie sollten mit den Orben solcher Aspekte um 1 oder 2 Grad strenger sein.

Die Faustregel lautet, daß Sie zusätzlich vorsichtig sein müssen, wenn Sie Interaspekte suchen, die Planeten am Anfang oder Ende eines Zeichens miteinander verbinden. Vorausgesetzt, Sie können bis sechs zählen, so werden Sie keine Schwierigkeiten damit haben, Interaspekte zu ermitteln.

Aspektbildung allein durch die Elemente

Aspekte basieren auf den vier Elementen – Feuer, Erde, Luft und Wasser. Alle Feuerzeichen zum Beispiel stehen im Trigon zueinander. Das heißt, sie kommen gut miteinander aus, haben das Ziel und das Temperament des Feuerelements gemeinsam. Die gleiche Harmonie besteht unter den drei Erdzeichen usw. Somit bilden die Elemente »Familien« und genießen die Gesellschaft, die sie einander leisten.

Feuer (Wille) mischt sich bereitwillig mit Erde (Geduld). Traditionell wurden Feuer und Luft als die »positiven« oder »männlichen« Elemente bezeichnet, während man Wasser und Erde als »negativ« und »weiblich« betrachtete. Während die größte Harmonie jeweils innerhalb der vier Elementefamilien besteht, ist die Feuer-Luft-Gemeinschaft ebenso friedlich wie die Erde-Wasser-Gemeinschaft. Jedes Feuerzeichen bildet zum Beispiel Aspekte mit allen drei Luftzeichen – zwei stimulierende, harmonische Sextile und eine spannungsvolle (oder polarisierende) Opposition. Die Opposition kann immer problematisch sein, doch von allen Aspekten ist sie mit Sicherheit die »romantischste«. Wenn zwei Menschen dieses Gefühl »Du bist meine andere Hälfte« erleben, dann fallen oft zahlreiche Oppositionen zwischen ihren beiden Geburtshoroskopen auf. Feuer mischt sich mit Wasser, entweder in einem Geist gegenseitiger Stimulierung (Sextil) oder durch die spannungsvolle Faszination der Opposition.

Eine vergleichbare Logik verbindet Luftzeichen mit allen drei Feuerzeichen entweder durch Sextile oder durch Oppositionen. Sie verbindet auf die gleiche Weise auch Erde mit Wasser oder Wasser mit Erde.

Doch Feuer weiß nicht, was es mit Wasser oder Erde anfangen soll! Diese Elemente sprechen unterschiedliche Sprachen. Feuer kann sich, da es »positiv« oder »männlich« ist, nicht einfach mit dem Temperament der »negativen« oder »weiblichen« Elemente verbinden. Das Mißverständnis besteht in beiden Richtungen: Wasser zum Beispiel weiß nicht recht, was es mit Luft anfangen soll. Erde findet nicht so leicht eine gemeinsame Basis mit Feuer. Es ist daher nicht überraschend, daß dies die Elementekombinationen sind, auf die wir in Quadrataspekten (Reibung) oder in den verschiedenen Nebenaspekten stoßen, bei denen sich das interaktive Muster so oft darauf reduzieren läßt, daß zwei Menschen aneinander vorbeireden oder eben darin versagen, eine Verbindung zueinander herzustellen.

Aspekte sind also eng mit dem Verstehen der vier Elemente verbunden. Begreifen Sie eines, und Sie befinden sich schon auf dem richtigen Weg, um auch die übrigen zu durchschauen. All dies führt zu einem sehr praktischen Einblick in die Synastrie: Selbst dann, wenn Aspekte rein technisch nicht vorhanden sind, werden bereits Muster der Harmonie, Reibung oder der Indifferenz sichtbar, wenn man die Planeten der beiden Horoskope bereits im Hinblick auf ihre Zugehörigkeit zu den Elementen untersucht.

Achten Sie auf die Elemente! Katharine Hepburns Uranus auf 17 Grad im Steinbock bildet kein Trigon zu Spencer Tracys Venus auf 29 Grad im Stier – sie liegen 12 Grad auseinander und damit außerhalb des Orbis. Doch befinden sich beide Planeten in Erdzeichen und sprechen die gleiche Sprache. Ihre Individualität (Uranus) strebt die Ziele der Erde an – Solidität, Verwirklichung, stetiges Wachstum und Verpflichtung. Genau die gleichen Ziele bewegen seinen romantischen Instinkt (Venus) zum Handeln. Die Verbindung wäre stärker, wenn der Interaspekt tatsächlich existierte, doch auch wenn die Zahlen nicht genau stimmen, herrscht hier Harmonie vor.

Aus diesem Grund sollten Interaspekte, die sich im »falschen« Zeichen befinden, mit besonderer Aufmerksamkeit betrachtet werden. Wir haben bereits an früherer Stelle gesehen, daß zwischen Tracys Zwillinge-Mond und Hepburns Steinbock-Venus eine Opposition im »falschen« Zeichen besteht. Normalerweise haben die Zeichen Zwillinge (ein Luftzeichen) und Steinbock (ein Erdzeichen) nichts miteinander zu schaffen. Sie stammen aus unterschiedlichen »Gemeinschaften« und sprechen Sprachen, in denen sie sich gegenseitig nicht verstehen können. Die frenetische Suche der Zwillinge nach Erfahrungen erscheint dem ordentlichen Steinbock sinnlos und ungeplant. Die zielstrebige Effizienz des Steinbocks kommt den Zwillingen kalt und hoffnungslos engstirnig vor. In dem vorliegenden Fall sind die beiden Planeten durch einen Oppositonsaspekt miteinander verbunden. Sie könnten dennoch die Erfahrung machen, daß ihnen die Bedeutung des jeweils anderen entgeht und sie sich in ihrer Zielsetzung mißverstehen, doch sind sie aufgrund der Opposition trotzdem durch das Muster der Spannung und gegenseitiger Faszination, das für diesen Interaspekt typisch ist, aneinander gebunden.

Wenn Sie bis zu diesem Punkt bei uns geblieben sind, dann: Herzlichen Glückwunsch! Der größte Teil des technischen Materials liegt nun hinter uns, und wir sind fast bereit, mit der emotional lohnenderen Arbeit des Interpretierens zu beginnen. Doch zunächst noch ein Thema, das Sie vielleicht schon gequält hat …

Interaspekte im Auge behalten

Typischerweise beherrscht eine Handvoll dominierender Interaspekte die astrologischen Interaktionen eines Paars. Es ist nicht überraschend, daß diese Interaspekte für gewöhnlich die primäre Dreiheit von Sonne, Mond und Aszendent einbeziehen. Hepburns Saturn zum Beispiel fällt auf Tracys Sonne, während sein Aszendent eine Konjunktion mit ihrem Uranus bildet. Diese breit wirkenden Interaspekte aus dem Grundgestein der Vertrautheit stellen zumindest eine astrologische Perspektive dar. Der Erwerb synastrischer Fertigkeiten hängt weitgehend davon ab, ob ein klares Bild dieser fundamentalen Verbindungen besteht. Das ist nicht so schwer wie es sich vielleicht zunächst anhört; in der Regel gibt es nicht sehr viele dieser dominierenden Interaspekte.

Die Interpretation läßt sich schwerer fassen, wenn wir alle Interaspekte einbeziehen, statt uns auf die dominierenden zu beschränken, die durch die Planeten der primären Dreiheit gebildet werden. Dann springen wir von einer Handvoll Verbindungen zu Dutzenden – und das heißt, daß Sie eine Strategie brauchen, um all Ihre astrologischen Daten unter Kontrolle zu halten.

Tabelle 6: Synastrisches Arbeitsblatt

Tracys Einfluß auf Hepburns Geburtshoroskop:

Seine Sonne fällt in ihr 8. Haus ☌♄□♅□♆
Sein Mond fällt in ihr 10. Haus □☽△☿☍♀□♂☌♇
Sein Merkur fällt in ihr 7. Haus ☍☽□♀☌♂△♆□♇
Seine Venus fällt in ihr 9. Haus △☽⚹♂
Sein Mars fällt in ihr 7. Haus ☍☽□♀☌♂△♆□♇
Sein Jupiter fällt in ihr 4. Haus ⚹♃△♄☍☊☌☋□AC☍MC
Sein Saturn fällt in ihr 4. Haus ⚹☿☌♀□♃△AC
Sein Uranus fällt in ihr 4. Haus ⚹♃△♄☍☊☌☋□AC☍MC
Sein Neptun fällt in ihr 10. Haus △☿☍♀□♂⚹♃☌♇
Sein Pluto fällt in ihr 10. Haus ⚹♄☌☊☍☋□AC
Sein aufsteigender Mondknoten fällt in ihr 4. Haus △♃□AC
Sein absteigender Mondknoten fällt in ihr 10. Haus ⚹♃□AC
Sein Aszendent fällt in ihr 5. Haus ⚹☉△☽□♄☌♅☍♆
Seine Himmelsmitte fällt in ihr 3. Haus ☌☉⚹♅△♆

Hepburns Einfluß auf Tracys Geburtshoroskop:

Ihre Sonne fällt in sein 10. Haus ☌MC⚹AC
Ihr Mond fällt in sein 8. Haus △AC☍☿☍♂△♀□☽
Ihr Merkur fällt in sein 9. Haus ⚹♄△☽△♆
Ihre Venus fällt in sein 12. Haus ☌♄□☿□♂☍♆☍☽
Ihr Mars fällt in sein 2. Haus ☌☿☌♂⚹♀⚹♆□☽
Ihr Jupiter fällt in sein 8. Haus ⚹♃⚹♅□♄
Ihr Saturn fällt in sein 3. Haus ☌☉⚹♇⚹♆△♃△♅△☊□AC
Ihr Uranus fällt in sein 1. Haus ☌AC□☉⚹□MC
Ihr Neptun fällt in sein 7. Haus ☍AC△MC△☿△♂□☉
Ihr Pluto fällt in sein 6. Haus ☌♆☌☽□☿□♂
Ihr aufsteigender Mondknoten fällt in sein 5. Haus ☍♃☍♅☌♇
Ihr absteigender Mondknoten fällt in sein 11. Haus ☌♃☌♅☍♇
Ihr Aszendent fällt in sein 8. Haus □♃□♅□☊△♄□♇
Ihre Himmelsmitte fällt in sein 5. Haus ☍♃☍♅

Wir wissen, daß diese Tabelle auf den ersten Blick etwa so einleuchtend aussieht wie eine Abschrift von einer der Innenwände der Dhufus Pyramide – aber lassen Sie sich nicht nervös machen. All diese Hieroglyphen sind Ihnen bereits bekannt. Das Arbeitsblatt führt alle Interaspekte auf, die die Horoskope von Tracy und Hepburn miteinander verbinden, auch einige unbedeutende.

Wie wir bereits festgestellt haben, bildet Hepburns Saturn eine Konjunktion mit Tracys Sonne. Sehen Sie sich Hepburns Hälfte des Arbeitsblattes an. Suchen Sie dort den Saturn. Lesen Sie die Liste der folgenden Aspekte. Diese Liste führt jeden Hauptaspekt auf, den Hepburns Saturn zu Tracys Planeten und Wirkpunkten bilden würde, wenn er sich in Tracys Horoskop befände: Eine Konjunktion mit seiner Sonne. Ein Sextil mit seinem Pluto und seinem Neptun. Trigone mit seinem Uranus, Jupiter und seinem aufsteigenden Mondknoten. Ein Quadrat mit seinem Aszendenten. Auf einen Blick sehen Sie, wie ihr Saturn mit seinem Geburtshoroskop verbunden ist.

Warum sind die Interaspekte so zahlreich? Die Antwort ist leicht. Sehen Sie sich die obere Hälfte des Arbeitsblatts an. Suchen Sie Tracys Sonne. Dort sehen Sie, welche Aspekte seine Sonne bilden würde, wenn man sie in Hepburns Horoskop stellte: Ein Quadrat zu ihrem Neptun. Ein Quadrat zu ihrem Uranus. Und die bereits bekannte Konjunktion mit ihrem Saturn – und das ist unsere Antwort. Jeder Interaspekt kommt in dem Arbeitsblatt zweimal vor, einmal aus der Sicht von Katharine Hepburns Horoskop und ein weiteres Mal aus der Sicht von Spencer Tracys Horoskop. Ihre Sonne bildet eine Konjunktion mit seinem Saturn – sein Saturn mit ihrer Sonne. Wie wir im folgenden Kapitel erfahren werden, sind beide Formulierungen aufschlußreich. Obgleich diese Prozedur der »Doppeleintragungen« zusätzliche Schreibarbeit verlangt, ist sie die Mühe wert. Eines der Geheimnisse erfolgreicher Synastrie ist die Fähigkeit, flüssig vom Bezugssystem der einen Person in das der anderen zu wechseln, ohne dabei in einer der beiden möglichen Sichtweisen steckenzubleiben. Unsere Doppeleintragungen auf dem Arbeitsblatt sorgen dafür.

In Kapitel 8 bieten wir spezielle Verfahrenstechniken, um diese

Interaspekte zu interpretieren. An dieser Stelle geht es lediglich darum, uns mit der reinen Information zu versorgen. Wie sollen wir dabei vorgehen?

Zunächst erstellen Sie sich ein synastrisches Arbeitsblatt. Sie können dies leicht auf der Basis dessen tun, was Sie in Tabelle 6 gesehen haben.

Als nächstes wählen Sie eines der beiden Geburtshoroskope aus. Angenommen, Sie wählen jenes von Katharine Hepburn, dann arbeiten Sie sich methodisch durch die Liste ihrer Planeten, Mondknoten, ihres Aszendenten und ihrer Himmelsmitte. Beginnen Sie oben mit ihrer Sonne. Sie befindet sich auf 15 Grad im Skorpion. Prägen Sie sich diese Angabe ein, dann legen Sie Hepburns Geburtshoroskop beiseite und nehmen sich das von Spencer Tracy vor. Im Grunde wollen Sie Hepburns Sonne in Tracys Horoskop stellen. Wo in seinem Horoskop ist 15 Grad im Skorpion? Genau auf seiner ebenfalls auf 15 Grad befindlichen Skorpion-Himmelsmitte. Tragen Sie dies im oberen und im unteren Teil Ihres Arbeitsblatts ein: einmal für Hepburns Sonne und einmal für Tracys Himmelsmitte. Fahren Sie in diesem Prozeß fort, und verwenden Sie hierzu die Verfahrenstechnik, die wir in diesem Kapitel beschrieben haben. Jedesmal, wenn Sie feststellen, daß ihre Sonne einen Aspekt zu einem seiner Planeten aufweist, tragen Sie dies an beiden Stellen im Arbeitsblatt ein. Wenn Sie mit ihrer Sonne fertig sind, dann nehmen Sie sich ihren Mond vor und halten es mit ihm ebenso. Probieren Sie einen Planeten nach dem anderen durch, bis Sie am Ende der Liste angelangt sind. Wenn Sie alle Aspekte doppelt eingetragen haben, dann ist Ihre Arbeit abgeschlossen. Es ist nicht erforderlich, Spencer Tracys Planeten auf die gleiche Weise durchzugehen – weil Sie alles doppelt eingetragen haben, bleibt Ihnen dieser Schritt erspart.

Sie haben nun eine vollständige Liste aller Interaspekte, die diese beiden Schauspieler miteinander verbindet. Sie können einen beliebigen Wirkpunkt in einem der beiden Horoskope auswählen und mit einem Blick überprüfen, wie er sich auf die Planeten des anderen Horoskops auswirkt.

Wenn Sie dies als zu viel Arbeit empfinden, dann fassen Sie Mut: Sobald Sie erst einmal ein wenig Übung haben, füllen Sie ein solches synastrisches Arbeitsblatt innerhalb weniger Minuten aus. Sollten Sie länger brauchen, dann fällt es Ihnen offenbar schwer, sich die Aspekte vorzustellen. Die Lösung, wie wir bereits erfahren haben, liegt darin, den Kreis der Zeichen in einem klaren Bild vor Augen zu haben.

Notieren Sie, während Sie das synastrische Arbeitsblatt ausfüllen, in welche Häuser der einen Person die Planeten der anderen fallen würden. Lassen Sie sich auf Ihrem Arbeitsblatt für diese Information entsprechenden Platz frei. Spencer Tracys Sonne zum Beispiel liegt auf 15 Grad im Widder in seinem 3. Haus. Wo befände sich seine Sonne, wenn man sie in Katharine Hepburns Horoskop stellte? 15 Grad im Widder befinden sich bei ihr im 8. Haus. Daher können wir behaupten, daß Spencer Tracys Sonne in *diesen* Bereich ihres Geburtshoroskops fällt.

Was hat es zu bedeuten, wenn sich die Venus von X im 4. Haus von Y befindet? Das ist ein wichtiges Thema. Wir werden uns damit in Kapitel 9 beschäftigen. Wir haben es hier nur aus praktischen Gründen eingeführt, da es ein Bestandteil des synastrischen Arbeitsblatts ist und weil die entsprechenden Informationen leicht festgehalten werden können, während Sie die so wichtigen Interaspekte niederschreiben.

Noch etwas Feinabstimmung: Obwohl wir die Häuserspitzen genau definieren, sind sie in Wahrheit verschwommene, nur wenige Grad breite Bereiche. Sobald ein Planet in diesem Bereich steht, wird er tatsächlich in das nächste Haus »vorgeworfen«. Zum Beispiel befindet sich Hepburns Sonne (auf 15 Grad im Skorpion) rein technisch gesehen in Tracys 9. Haus, da sein 10. Haus erst bei 15 Grad im Skorpion beginnt. Aus praktischen Gründen gehen wir jedoch davon aus, daß ihre Sonne sich auf sein 10. und nicht sein 9. Haus auswirkt. Warum? Weil sie sich in seiner »Hausspitze« befindet und ihre Wirkung daher »vorgeworfen« wird.

Befindet sich ein Planet anderthalb Grad vor einer Häuserspitze, dann wirkt er sich in erster Linie auf das folgende Haus aus.

Mit Ihrem ausgefüllten synastrischen Arbeitsblatt – und einem Grundverständnis für jedes der beiden Geburtshoroskope – sind

Sie nun bereit, sich dem Kreuzfeuer astrologischer Vertrautheit zu stellen. Sie haben gelernt, Interaspekte zu erkennen. Nun wollen wir feststellen, was sie bedeuten.

Kapitel 8
Interaspekte

Rock 'n' Roll-Fans werden die Band »The Who« nie vergessen. Von ihren bescheidenen Anfängen im London der frühen sechziger Jahre bis hin zu ihrem Auseinandergehen Anfang der Achtziger setzten sie neue musikalische Maßstäbe. Angeführt vom Leadsänger Roger Daltrey und vorwärts getrieben durch den waghalsigen Gitarrenstil des Komponisten Pete Townshend, beflügelte die Gruppe den Geist einer ganzen Generation. Sogar heute noch, wenn etliche von uns älter werdenden »Baby-boomers« schlechter Stimmung sind, müssen wir nur die Lautstärke bei »Baba O'Riley« oder »Pinball Wizard« hochdrehen, und wir sind wieder obenauf.

Das allgemeine Krachenlassen und Zusammenknallen, das ein so elementarer Teil der Musik von »The Who« ist, war nicht nur auf ihre musikalischen Auftritte beschränkt. Pete Townshend und Roger Daltrey waren berühmt-berüchtigt dafür, aneinanderzugeraten, vor allem in der Presse. Ihre infamen Fehden sorgten bei zahlreichen Gelegenheiten dafür, die Band fast auseinanderbrechen zu lassen. In vielerlei Hinsicht schienen sie einander nicht besonders zu mögen. Und doch hielt eine Kraft sie zusammen, zwang sie wieder und wieder zur Zusammenarbeit. Sie waren Gegensätze. Townshend: mysteriös, intellektuell, wütend, ein Steppenwolf. Daltrey: verspielt, weltlich gesinnt, ein klassisches Teenie-Idol. Dennoch waren sie vor ein und denselben Karren gespannt. Zorn – und Faszination. Rebellion – und doch gegenseitige Abhängigkeit. Eskapismus – doch nicht im Exil. Sobald wir solche Paradoxe in einer zwischenmenschlichen Beziehung entdecken, fallen uns automatisch die Opposition erzeugenden Aspekte ein ...

Und tatsächlich, wenn wir ihre Geburtshoroskope betrachten, dann ist es genau das, was wir dort finden. Pete Townshends Mond befindet sich bei 5 Grad in der Jungfrau in seinem 4. Haus. In Opposition dazu: Roger Daltreys Sonne in seinem 4. Haus.

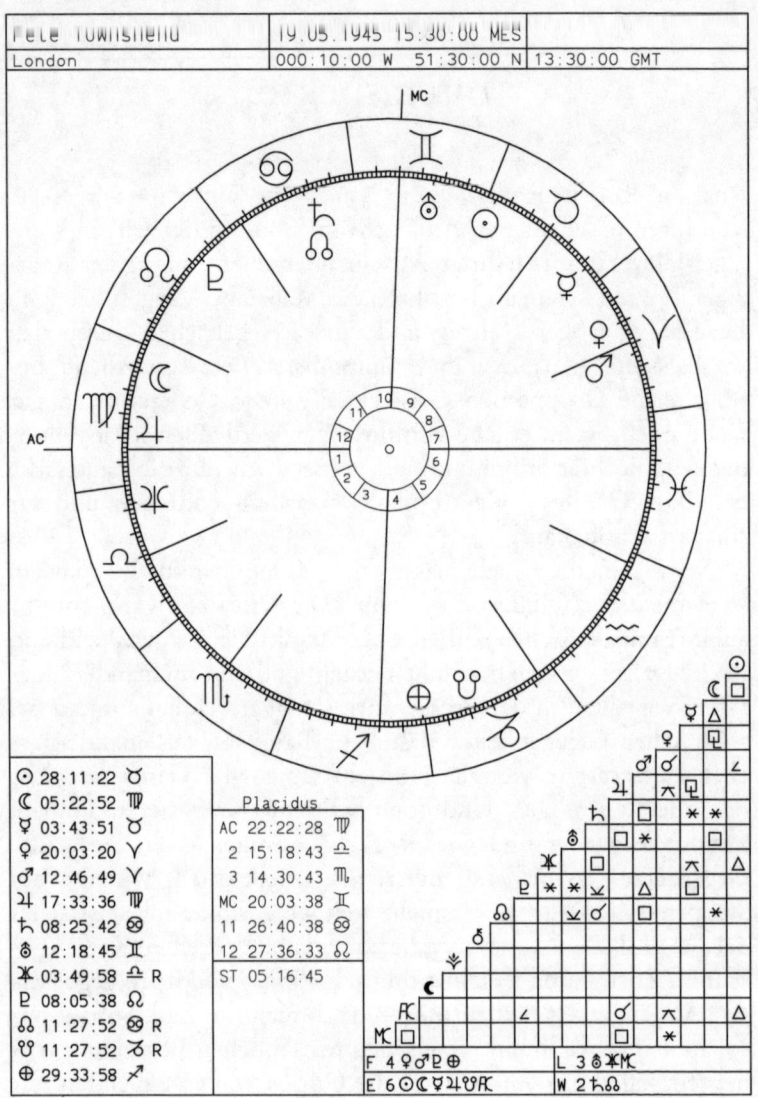

Abbildung 4: Die Geburtshoroskope von Pete Townshend und Roger Daltrey

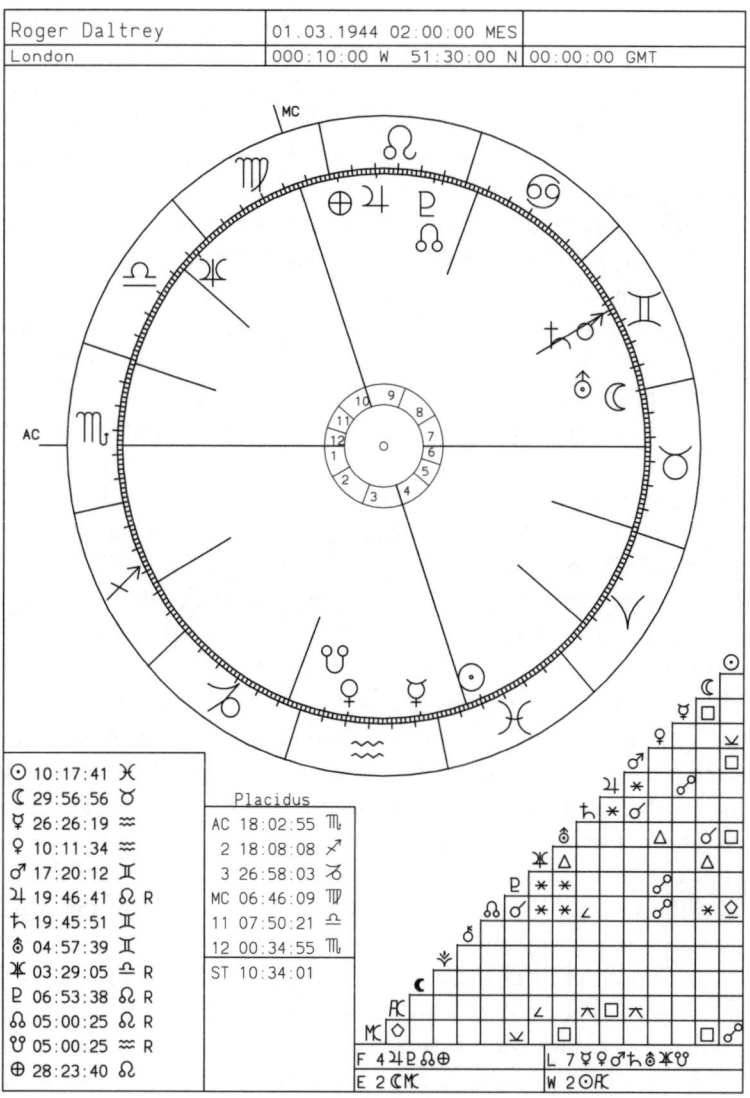

Roger Daltrey	01.03.1944 02:00:00 MES	
London	000:10:00 W 51:30:00 N	00:00:00 GMT

⊙ 10:17:41 ♓
☾ 29:56:56 ♉
☿ 26:26:19 ♒
♀ 10:11:34 ♒
♂ 17:20:12 ♊
♃ 19:46:41 ♌ R
♄ 19:45:51 ♊
⚷ 04:57:39 ♊
♅ 03:29:05 ♎ R
♇ 06:53:38 ♌ R
☊ 05:00:25 ♌ R
☋ 05:00:25 ♒ R
⊕ 28:23:40 ♌

Placidus
AC 18:02:55 ♏
 2 18:08:08 ♐
 3 26:58:03 ♑
MC 06:46:09 ♍
11 07:50:21 ♎
12 00:34:55 ♏
ST 10:34:01

F 4 ♃ ♇ ☊ ⊕
E 2 ☾ MC

L 7 ☿ ♀ ♂ ⚷ ♄ ♅ ☋
W 2 ⊙ ♅

Eine Sonne Mond Verbindung. Wenn man mit Aspekten arbeitet, dann ist das als träfe man auf eine Goldader. Gleichgültig was auch sonst noch in den beiden Horoskopen los ist, wir wissen: Diese beiden Menschen zupfen einander an sensiblen Saiten.

Wie sollen wir vorgehen, um die Bedeutung eines solchen Interaspekts zu entschlüsseln?

Unser erster Schritt besteht darin, zunächst jede Konfiguration für sich zu verstehen. Erst dann sind wir in der Lage, die Interaktion zwischen beiden zu erfassen.

Townshends Seele (sein Mond) wird angetrieben von einem endlosen, unstillbaren Hunger nach Vollkommenheit (Jungfrau). Er spürt (Mond) die Kluft zwischen der Wirklichkeit und dem Ideal, zwischen dem, was er tatsächlich erreicht, und dem, was er hätte erreichen können – und vermutlich erlebt er diese Kluft recht schmerzhaft. Im besten Fall treibt ihn seine lunare Konfiguration zu herausragenden Leistungen; im schlimmsten Fall zu Selbstzerstörung und pingeligen Ärgernissen. Wo wird diese Energie freigesetzt oder, das heißt in welchem Haus befindet sich sein Mond? Im 12. Haus – und seine »lunare« Seele verlangt nach der Erfahrung der Selbsttranszendenz, die das Territorium dieses Hauses darstellt. Er spürt instinktiv (Mond) das, was wir die Gegenwart Gottes nennen könnten, und er erlebt einen über die Vernunft hinausgehenden Drang, in diesem erhabenen Zustand zu verbleiben. Das Problem ist, wenn er den Selbstzweifeln der Jungfrau anheimfällt, dann kann er sich mit Ersatzlösungen, wie etwa einem unablässigen Alkoholrausch, zufrieden geben. Für die Astrologen des Mittelalters war das 12. Haus das »Haus der Mühen und Schwierigkeiten«. Dies ist eine unangemessen enge und pessimistische Einschätzung, doch trifft es zu, daß Planeten dort die Tendenz haben, Amok zu laufen, wenn sie nicht in einer spirituellen Disziplin verankert sind. Pete Townshend treibt sich selbst also in materieller und psychischer Hinsicht an. Wenn es ihm gelingt, sein Gleichgewicht aufrechtzuerhalten, dann kann er in beiden Reichen Unglaubliches leisten. Gelingt es ihm jedoch nicht, die Schattenseite der Konfiguration unter Kontrolle zu halten, dann entgleitet er in Launenhaftigkeit, Eskapismus und Selbstbestrafung und trägt außerdem seine inneren Spannungen nach außen, um sie in kleinlichen Angriffen an den Menschen, die ihm am nächsten stehen, auszulassen.

Nun stellen wir all das zurück, damit wir uns Roger Daltrey zuwenden können.

Daltreys Grundidentität (seine Sonne) wird geformt durch das Zeichen Fische und findet Ausdruck im 4. Haus. Mit der Unterstützung von etwas astrologischem Wissen erkennen wir, daß sein öffentliches Image als archetypischer superheterosexueller »Rockstar« nur wenig mehr als eine Maske ist. Sowohl das Zeichen Fische (Selbsttranszendenz) als auch das 4. Haus (das Unbewußte) zeigen ein Verschwimmen von Roger Daltreys solarer Identität an. Daß er so begabt darin ist, die Rolle des öffentlichen Symbols zu spielen, liegt *nicht* darin begründet, daß sein Ich so stark und gut definiert ist, sondern vielmehr im Gegenteil: Weit mehr als die meisten von uns ist Roger Daltrey empfänglich für die Unterströmungen, die den Geist der Massen prägen. Das Ich, wie wir es gewöhnlich verstehen, hat sich in ihm nie richtig ausgebildet. Alles in allem begegnen wir in Roger Daltrey einem sensiblen, warmherzigen Mann, der eifrig auf eine wohldefinierte Rolle bedacht ist, die er spielen kann, und der sich ohne eine solche auf verheerende Weise nackt fühlt.

Was geschieht, wenn diese beiden Männer aufeinander einwirken? Townshends Mond und Daltreys Sonne sind durch einen Oppositionsaspekt miteinander verbunden – und sofort spüren wir die zweierlei Qualitäten Spannung und Komplementarität, die charakteristisch für diese astrologische Konfiguration sind.

Auf der Spannungsseite kann Townshends scharfer, kritischer Perfektionismus für Daltreys Sensibilität schwer zu ertragen sein. Andererseits machen Daltreys »Unbestimmtheit« und »Irrationalität« Townshend mit seinem Sinn für Perfektion und intellektuelle Strenge vermutlich wütend. Auf der Seite der Komplementarität vermag Daltreys relative Sanftheit vielleicht Townshends Härte, die er sich selbst und anderen zumutet, zu erweichen. Daltrey reagiert auf kollektive Unterströmungen; weit mehr als Townshend verfügt er über den Instinkt, zu wissen, was die Leute sehen und hören wollen. Townshend dagegen ist der vollendete Handwerker, der von Jungfrau-Träumen von der Vollkommenheit vorangetrieben wird. Wären sie nicht zueinander gestoßen und hätten zusammengearbeitet, dann, so drängt sich dem Betrachter auf, hätte Townshend vermutlich kreative Entscheidungen getroffen, die seinem Publikum befremdlich vorgekommen wären – möglicherweise schon lange bevor er überhaupt ein Publikum gehabt hätte. Aus Daltrey wäre vermutlich einfach ein Mietpferd geworden, das sich im Auftrag anderer über die Stile lustig macht, die gerade aktuell sind. Doch zusammen waren sie dazu in der Lage, sehr viel mehr zu erreichen – und zwar nicht trotz ihrer Unterschiedlichkeit, sondern eher wegen ihr.

Unsere Welt besteht aus Graustufen. Theoretisch hätte dieser Oppositionsinteraspekt zwischen den beiden treibenden Kräften von »The Who« in herrlicher, bewußter Komplementarität zusammenarbeiten können – oder in mörderischer Spannung. Doch in der Praxis stoßen wir in der Regel auf eine Mischung aus dem Besten und dem Schlechtesten und auf viel, das zwischen beidem liegt. Die Aufgabe des Astrologen besteht natürlich nur darin, alle Möglichkeiten zu beschreiben und die Entscheidung den Menschen selbst zu überlassen.

Wir wollen uns noch ein bißchen tiefer mit den Geburtshoroskopen dieser beiden Musiker beschäftigen und versuchen, ein paar grundlegende Prinzipien abzuleiten, die allgemein auf alle Interaspekte anwendbar sind und auch für Menschen gelten, die weniger Zeit auf der Überholspur zubringen.

Roger Daltreys Mond befindet sich in den letzten Graden des Stiers in seinem 7. Haus (dem »Haus der Ehe«). Ein Wahrsager hätte ihm gesagt, daß es ihm bestimmt sei, »einen Stier zu heiraten« und vermutlich einen emotionalen (Beitrag des Mondes). Eine modernere und sicherlich genauere Art, die Vorhersage in Worte zu fassen, könnte lauten: Roger Daltrey wird sich viel mit »Seelengefährten-Angelegenheiten« herumschlagen müssen, wobei es sich um Männer und Frauen handelt, deren Wesen lunar und stierhaft ist. Das heißt also mit Männern und Frauen, die Phantasie haben, launisch sind, von ihrem Wesen her subjektiv (Mond) und sich mit Stier-Themen beschäftigen (Natur, Musik, Sicherheit, konkrete Leistungen, dem Körper). Solche Seelengefährten tauchen mit Sicherheit an kritischen Übergängen in seinem Leben auf und lassen ihn oft in Richtungen davoneilen, die er sich vor ihrer Ankunft niemals für sich hätte vorstellen können. Er muß lernen, mit diesen Seelengefährten zusammenzuarbeiten, ohne sich von ihnen in den Schatten stellen zu lassen. Das ist der Kern des 7. Hauses: zu lernen, gleichberechtigte und gesunde gegenseitige Abhängigkeit in einer Partnerschaft auf lange Sicht herzustellen.

In Roger Daltreys Leben stürmt im zarten Alter von 19 Jahren ein emotionaler, kreativer Stier – Pete Townshend –, der eine Reihe von Ereignissen auslöste, die einen unauslöschlichen Eindruck auf Daltrey machten. Wo genau befindet sich Townshends Sonne? In den letzten Graden des Stiers, weniger als 2 Grad entfernt von Daltreys Mond im 7. Haus. Eine Konjunktion. Die lange kreative Partnerschaft der beiden Männer hat sich als die »Ehe« herausgestellt, die der Wahrsager prophezeit hätte. Ihre Existenz wird durch Daltreys Geburtshoroskop nahegelegt. Doch ihre Umsetzung – sie ist so unsicher wie die Marotten der Teenager im nächsten Jahr.

Wir haben bereits festgestellt, daß Townshends Mond durch eine Opposition mit Daltreys Sonne verbunden ist. Nun fügen wir die Beobachtung hinzu, daß sich Daltreys Mond zu Townshends Sonne in Konjunktion befindet. Die Astrologie sagt voraus, was die Geschichte bestätigt: Ihre beiden Schicksale sind aufs engste miteinander verknüpft. Bereits eine Sonne-Mond-Verbindung reicht aus, um diesen Schluß nahezulegen.

Obwohl diese Sonne-Mond-Konjunktion eine einzige Konfiguration ist, kann sie auf zweierlei Art zum Ausdruck gebracht werden. Jede hebt einen anderen interpretativen Standpunkt hervor. Wir könnten sagen, »Roger Daltreys Mond steht in Konjunktion mit Pete Townshends Sonne«, oder wir könnten die Sache umdrehen und feststellen, »Townshends Sonne bildet eine Konjunktion mit Daltreys Mond«. Diese Umkehrung ist mehr als nur ein Spiel mit Worten. Die Aussagen haben zwar die gleiche Bedeutung, doch unterscheiden sie sich in ihrer Nuancierung. Die erste Formulierung der Aussage betont die Tatsache, daß Daltrey Einfluß auf Townshend nimmt; die zweite, daß Townshend auf Daltrey einwirkt. Zu verstehen, daß der Fluß astrologischer

167

Interaktion in zwei Richtungen fließt, ist der Schlüssel zu unserer Generalformel für alle Interaspekte.

Daltreys Mond fällt auf Townshends Sonne. Welche Bedeutung hat das? Wie fühlt sich dieser Interaspekt an? Irgend etwas von Daltreys Instinkten und Gefühlen (sein Mond) tritt an die Seite von Townshends Persönlichkeitskern (seine Sonne). Daltrey überflutet Townshends Bewußtsein mit lunarer Energie – also mit Gefühl. Anders ausgedrückt reagiert also Townshend auf Daltrey immer emotional, ob dies nun gut oder schlecht ist. Sein solares Ich ist angefüllt mit atypischen lunaren Qualitäten. Einfach formuliert, Daltrey erzeugt in Townshend Stimmungsschwankungen – sogar noch mehr, als in ihm ohnehin schon vorhanden sind. Außerdem nimmt er in einer Weise auf ihn Einfluß, die seine kreative Phantasie stimuliert.

Roger Daltreys Einfluß auf Pete Townshend ist dergestalt, daß er seine Sonne mondhaft färbt.

Drehen wir die Formulierung um, dann erkennen wir, daß sich auch Townshends Sonne auf Daltreys Herz auswirkt und es stimuliert, auf eine mehr solare Weise zu funktionieren. Das heißt, Townshend drängt Daltreys Mond in die aktive Manifestation. Potentiale, die in den übersinnlichen Tiefen des Sängers (Mond) verborgen sind, werden zu aktiver, extrovertierter Entwicklung ausgelöst. Um es noch genauer zu formulieren, wir stellen fest, daß Roger Daltrey, der im wesentlichen ein warmherziger, aber zurückgezogener Mann ist (Fische-Sonne im 4. Haus), dennoch auch mit einem Instinkt geboren wurde, sich auf eine erdige, emotionale Weise (Stier-Mond) zu Menschen in Beziehung zu setzen (7. Haus). Sich selbst überlassen, würde sich diese Qualität vermutlich in einem zwar liebevollen, doch wohl vor allem durch enge Grenzen definierten persönlichen Leben manifestieren. Auftritt: Pete Townshend; da die Sonne seines Partners seinen Stier-Mond zu einem sehr viel solareren Ausdruck bewegte, konnte man feststellen, daß der »schüchterne« Roger Daltrey über ein Jahrzehnt zu einer kulturellen Ikone wurde. Sein erdiger Stier-Mond im 7. Haus wurde zu einer weit aggressiveren Haltung gedrängt, als er sie jemals unter natürlichen Bedingungen eingenommen hätte.

Townshend wirkt folglich auf Daltrey, indem er seinen Mond sonnenhaft färbt.

Hier nun also unser Hauptprinzip. Bei allen Interaspekten erfolgt die Einflußnahme in zwei Richtungen, da jeder Planet dem Wesen und der Wirkweise des anderen Planeten seinen Stempel aufdrückt.

Wenn also die Sonne des einen Horoskops einen Planeten in einem zweiten Horoskop berührt, dann steht dieser unter dem Einfluß der Sonne, das heißt, sie lädt ihn mit solarer Vitalität auf und inspiriert ihn zum Handeln. Die Sonne wird erfüllt von den Qualitäten der Planeten, die auf sie einwirken. Das bedeutet, sie erhält mondhafte, merkurhafte, jupiterhafte Färbungen usw. Der Rest dieses Kapitels ist der genauen Analyse eines jeden Planeten auf der Basis dieser Erkenntnisse gewidmet.

Gehen Sie niemals davon aus, daß ein derartiger Prozeß garantiert und ausschließlich schrecklich oder erfreulich sein muß. Letztlich hängt alles von den Einstellungen, der Entschlossenheit und der Größe des Engagements der beiden beteiligten Personen ab. In der Liebe kann jeder Planet ein Gebender oder ein Dieb sein. Welche Rolle wird er übernehmen? Es ist unmöglich, diese Frage astrologisch zu beantworten. Alles hängt ab vom Großmut, dem Selbstbewußtsein und der Motivation der beiden Partner.

Townshends Sonne bildet eine Konjunktion mit Daltreys Mond. Der Fluß von Townshend zu Daltrey steht unter dem Einfluß der Sonne. Was wäre, wenn sich seine Sonne statt dessen *im Quadrat* zu Daltreys Mond befunden hätte? Der Prozeß wäre dennoch treffend als »Sonnen-Einfluß« zu bezeichnen, doch hätte das Wesen dieser Einwirkung nun eine andere Färbung. Statt der Verschmelzung, die wir mit einer Konjunktion assoziieren, würden wir nun die Reibung beobachten, die wir mit einem Quadrataspekt in Verbindung bringen. Folglich kann also ein Sonnen-Einfluß auf vielerlei Art stattfinden und sich manchmal harmonisierend und manchmal explosiv auswirken.

Um all dies in subjektive Begriffe zu fassen: Es kann uns entweder gefallen, wenn wir unter Sonnen-Einfluß stehen – dies trifft typischerweise zu, wenn das durch Trigone und Sextile geschieht – oder aber es gefällt uns gar nicht, was im allgemeinen bei Quadraten oder Oppositionen der Fall ist. Diese Aussagen sind zutreffend ... rein subjektiv. Doch vergessen Sie nicht, daß in der Liebe Gezogen-und-Gebogen-Werden eine der Qualitäten ist, die eine Partnerschaft lebendig erhält, und daß zu viel Leichtigkeit und Bequemlichkeit oft zu Schlafwandelei führt.

Das Hauptprinzip lautet also: *Die Planeten, die den Interaspekt bilden, bestimmen die Entwicklungsthemen, die auf dem Spiel stehen – Einfluß der Sonne, des Mondes usw. –, während der Aspekt, der sie miteinander verbindet, die spezielle Färbung des Prozesses festlegt (Spannung, Komplementarität, Reibung usw.).*

Wie intensiv wird dieser Prozeß des »Jupiter-Einflusses« oder »Neptun-Einflusses« sein? Drei Faktoren spielen für unser Verständnis hier eine Rolle. Erstens, berücksichtigen Sie die Genauigkeit des Interaspekts. Planeten, die nur 1 Grad von einem genauen Sextil trennt, interagieren weit lebhafter als Planeten, denen 7 Grad zum genauen Sextil fehlen. Zweitens, ziehen Sie in Betracht, wie zentral die Rolle ist, die jeder Planet im individuellen Geburtshoroskop spielt. Wenn Neptun also im Geburtshoroskop der einen Person der Herrscher des Aszendenten ist und sich in einer engen Konjunktion mit der Sonne befindet, dann handelt es sich bei ihm um eine treibende Kraft, und jeder Interaspekt, den er bildet, kann sich sehr wohl als der Schlüssel zur gesamten synastrischen Interpretation erweisen. Wenn Neptuns Rolle im betreffenden Geburtshoroskop relativ unbedeutend ist, dann stehen auch seine Interaspekte weniger im Vordergrund.

Der dritte Faktor bei der Intensitätsbestimmung eines Interaspekts ist keine rein astrologische Überlegung. Sie hat etwas mit der Intensität der Beziehung selbst zu tun. Wenn Sie sich im Bus neben einen Fremden setzen und dieser Fremde Ihre Sonne mit seinem Merkur berührt, dann werden Sie vermutlich ein interessantes Gespräch mit ihm führen, indem Sie ungewöhnlich viel über sich selbst reden (Merkur: Sprechen; Sonne: Ich). Sollten Sie einen solchen Menschen heiraten, dann könnten Sie vielleicht einen halbautobiographischen Roman schreiben. Die Beziehung ist aufgeladener; gleiches gilt für die Reaktion auf den Interaspekt.

Interaspekte sind Ecksteine der praktischen Synastrie. Lassen Sie uns also nun jeden für sich betrachten.

Der Einfluß der Sonne

Planet: Sonne

Als Schenkende: Aufladen und beleben; zur aktiven Manifestation drängen; ermutigen; unterstützen.

Als Diebin: In den Schatten stellen; überwältigen; dominieren; ausbrennen.

Stellen Sie sich vor, Sie sind der erste Astrologe. Es gibt keine astrologische Tradition, auf die Sie sich stützen können, keine vorgefaßten Vorstellungen über die Planeten. König Hundsfot der Schreckliche beruft Sie, die Astrologie zu erfinden – und will Sie köpfen lassen, falls Sie sich für die Aufgabe als ungeeignet erweisen sollten. Mit dieser Art von Ermutigung entwickeln Sie sehr schnell Kreativität. Die erste Frage des Königs lautet: »Welche Bedeutung hat die Sonne?« Sie haben drei Tage, um sie zu beantworten. Sie überlegen: Der Sommer ist grün und voller Leben, der Winter ist tot und trübe. Tage, an denen der Himmel bewölkt ist, sind traurig. Tage, an denen die Sonne sich zeigt, sind fröhlich. Pflanzen wenden sich der Sonne zu und verdörren im Schatten ... Sie haben die Antwort: Die Sonne bedeutet Leben.

Jetzt, 10000 Jahre später, würde Ihnen kein Astrologe seine Zustimmung verweigern. Die Sonne bedeutet noch immer Leben. Sie ist das reinste, einfachste Symbol für die Lebenskraft selbst. Vitalität. Energie. Der Treibstoff in Ihrem existentiellen Tank.

In der Synastrie überflutet die Sonne die von ihr berührten Planeten mit einer Flutwelle der Energie, hebt sie hervor, drängt sie zu dramatischen Entwicklungen.

Ist dies immer ungetrübt gut? Nicht unbedingt. Manchmal ist die Kraft der Sonne überwältigend. Stellen Sie es sich folgendermaßen vor: In einem Ihnen nicht vertrauten Raum fällt der Strom aus. Sie brauchen ein wenig Licht, damit Sie die Kerzen finden können. Sie suchen in Ihren Taschen nach einem Streichholz. Sie finden nur einen kleinen atomaren Sprengkopf. Der wird einen Blitz erzeugen, aber vielleicht ein bißchen heller, als Sie es sich vorgestellt hatten ... Und genau das ist die Gefahr bei solaren Interaspekten. Die Wirkung kann sehr mächtig sein – zu mächtig.

Im besten Fall kann ein solarer Interaspekt den berührten Planeten auf ein neues, höheres Energieniveau heben. Ein Interaspekt, in dem zum Beispiel Ihr Uranus unter dem Einfluß der Sonne steht, hebt Ihre natürlichen uranustypischen Qualitäten hervor – Ihre Unabhängigkeit, Ihre Kapazität zu kreativem, divergierendem Denken, Ihre Fähigkeit des Freigeists, ein eigenes Leben zu führen. Vermutlich werden Sie ein paar uranustypische Erfahrungen machen, wie etwa morgens um zwei in Paris in einer Bar enden, wo Sie mit David Bowie Pernod trinken, obwohl Sie doch nur aus der öffentlichen Telefonzelle Ihre Mutter anrufen wollten.

All diese uranustypische Aufregung kann wunderbar sein ... wenn Sie damit umgehen können. Die dunkle Seite ist, daß vielleicht das Grundgerüst Ihrer psychischen Struktur nicht stark genug ist, um mit dieser Attacke gesteigerter (unter dem Einfluß der Sonne) uranustypischer Reize fertig zu werden. Was geschieht dann? Die dunkle Seite des Planeten fängt an, Ihr Verhalten zu dominieren. Sie werden exzentrisch, griesgrämig, unrealistisch, dickköpfig – alles typische Uranus-Krankheiten.

Die Faustregel lautet, je gesünder Ihre Reaktion auf einen Planeten in Ihrem Geburtshoroskop ist, desto glücklicher wird Ihre Erfahrung sein, wenn jemand diesen Planeten mit seiner Sonne beeinflußt. Warum? Weil die Sonne belebend, verstärkend, hervorhebend wirkt – und sie macht dabei keinen Unterschied zwischen Ihren Tugenden und Ihren Schwachstellen. Die Sonne zwingt sich Ihnen auf. Vielleicht ist das ein Geschenk; möglicherweise aber auch die Arbeit einer Diebin, die Ihnen das Gleichgewicht und die gute Urteilsfähigkeit stiehlt wie ein rücksichtsloser Pelzhändler, der die ahnungslosen Indianer des 19. Jahrhunderts mit »Feuerwasser« bezahlte.

Sonne ist Identität. Ich. Wenn es zwischen zwei Menschen zum Sonnen-Einfluß kommt, dann drückt sich das Ich des einen auf einen Aspekt der Individualität des anderen auf. Folglich verfügt der Sonnen-Einfluß über zwei kritische Dimensionen. Die erste, die wir eben untersucht haben, besteht darin, daß der Planet, der unter dem Einfluß der Sonne steht im Verhalten eines Menschen in den Vordergrund geschoben wird, ob zu seinem Nutzen oder zu seinem Schaden. Die zweite Dimension zeigt sich insofern, als die natürlichen Qualitäten des unter dem Einfluß der Sonne stehenden Planeten nicht nur betont werden; bis zu einem gewissen Grade werden sie auch verdreht. Etwas Neues, etwas Fremdes, sogar Unnatürliches wird der natürlichen Funktion dieses Planeten hinzugefügt. Eine neue Stimme, neue Werte, neue Motivationen treten in Erscheinung.

Es also zuzulassen, daß das eigene Selbst sonnenhaft berührt wird, heißt, einem anderen Menschen auf zentrale und intime Weise Zutritt zum eigenen Leben zu gewähren. Der Einfluß dieses Menschen, insbesondere in einer intensiven, engagierten Beziehung, wird sich als unberechenbar erweisen. Als das Leben formend. Etwas von der Individualität dieses Menschen dringt in Sie ein und bleibt dort. Was ist, wenn Ihnen das nicht gefällt? Dann laufen Sie! Schauen Sie, daß Sie fortkommen! Eine andere Verteidigung gibt es nicht. Allein schon der Kontakt zu diesem Menschen sorgt für einen garantierten Zusammenprall.

In unserer Gesellschaft wird uns beigebracht, Unabhängigkeit und persönliche Freiheit hoch einzuschätzen. Und trotzdem verlangt Liebe ein gewisses Maß an Wehrlosigkeit, ein Verschmelzen, eine Bereitschaft, zu berühren und berührt zu werden. Der Einfluß der Sonne – dieses liebevolle Aufnehmen der Identität eines anderen Menschen in die Struktur des eigenen Seins – ist ein Akt ultimativ tiefen Vertrauens. Wir werden verändert. Unser Lebensweg schlägt eine andere, eine neue Richtung ein.

Auf der positiven Seite steht, daß wir, indem wir die solare Identität unseres Partners verinnerlichen, unseren Lebensprozeß befruchten und uns vor der Art psychischer »Inzucht« bewahren, die stattfindet, wenn wir nie von einem anderen Menschen lernen, es einem anderen nie gestatten, uns zu inspirieren oder zu überraschen.

Auf der negativen Seite steht, daß uns unser Partner dominieren kann und daß wir möglicherweise unseren Kurs aus den Augen verlieren. Vielleicht werden wir in den Schatten gestellt. Auf demütigende Weise werden wir unter Umständen zu einem bloßen Abguß der Persönlichkeit des anderen reduziert. Eine Marionette.

Wenn Sie von der Sonne eines Menschen beeinflußt werden, den Sie lieben, dann lernen Sie von ihm, vertrauen Sie ihm. Lassen Sie dieses Individuum in Ihr Herz und in Ihren Geist ein. Machen Sie sich keine Sorgen, wenn Sie bestimmte typische Gesten oder Redewendungen dieses Menschen für sich übernehmen. Bei Sonnen-Einfluß ist das normal. Doch bewahren Sie sich auch Ihre Freiheit. Finden Sie einen Mittelweg. Hören Sie auf sich und auf Ihren Liebespartner. Gestatten Sie es sich zu lernen. Lassen Sie es zu, daß Sie verändert werden. Dann machen Sie das Gelernte und die Veränderungen zu Ihrem eigenen.

Wenn Sie sich in einer Situation wiederfinden, in der Sie mit Ihrer Sonne einen anderen Menschen beeinflussen, dann seien Sie sanft. Vermutlich begreifen Sie nicht ganz die Macht, die Sie besitzen, und das macht Sie extrem gefährlich! Erkennen Sie diese Tatsache an, gleichgültig wie stark Sie das Gleichheitsprinzip auch verfechten, daß Sie einen unglaublichen Einfluß auf das Schicksal Ihres Partners haben. Der Planet, den Sie in diesem Menschen berühren, ist wie Ton in Ihren Händen, bereit, sich von Ihnen beeinflussen zu lassen. Nehmen Sie diese Verantwortung ernst. Stellen Sie sich vor, wie Sie im stillen die Entwicklung dieser Lebensdimension Ihres Partners lenken. Seien Sie ein guter Führer. Nicht zu dominant. Nicht zu lähmend. Nicht zu überzeugt von Ihrer Unfehlbarkeit. Und wenn Ihr Partner in die Defensive gerät und kilometerhohe Mauern errichtet, dann machen Sie sich klar, daß er vermutlich die überwältigende, von der Sonne beeinflussende Gefahr in Ihnen spürt und einen Selbsterhaltungsversuch auf die einzig mögliche Weise unternimmt: indem er fortläuft.

Der Einfluß des Mondes

Planet: Mond
Als Schenkender: Sensibilisieren; vertiefen; trösten, inspirieren.
Als Dieb: Emotionalisieren; erschüttern; ersticken.

Was bedeutet Mondlicht? Lassen Sie den Dichter in Ihnen antworten, nicht den Rationalisten. Der Mond ist eine Kreatur der Nacht. Um seine Bedeutung zu erfassen, müssen Sie von der

Nachtseite Ihres Wesens aus reagieren, von Ihrem Unbewußten, Ihren Träumen und Phantasien. Ihr Tag-Selbst ist hier ohne Wert. Es spricht eine andere Sprache, eine rationale. Bei Luna müssen Sie die Antwort *erspüren*.

Die Bedeutung des Mondes? Magie. Romantik. Leidenschaft. Das ist wahr. Doch soviel verstehen auch schon Hollywoods Mondanbeter von der Astrologie.

Gehen Sie einen Schritt weiter. Zum Mond gehört mehr als nur Knutschen im Mondlicht. Tief in Ihrem Inneren wissen Sie das bereits. Die geisterhafte Sichel, die in einer schwarzen, windigen Nacht durch die Bäume scheint. Wolkenfetzen. Der alte Friedhof. Eine Katze schreckt ohne Grund auf. Was fühlen Sie? Etwas weltfernes, surreales. Etwas vage ominöses. Etwas ... beunruhigendes. Auch das ist Luna.

Vor langer Zeit gab es in der Vorstellung von Männern und Frauen eine Göttin. Sie war die Mutter und sie war weiblich. Aber sie war nicht Betty Crocker. Vor langer Zeit war das »Weibliche« eine Urkraft, dem Männlichen in jeder Hinsicht ebenbürtig. Aber anders. Das Weibliche beherrschte ein klar abgegrenztes Reich: die Nacht. Das Reich der Träume – und Alpträume. Das Reich von Geburt – und Tod. Ein Reich der zärtlichen Hege und Pflege – und der unbeschreiblichen, blitzartigen Gewalt. Die Göttin, so könnte man sagen, hatte also Zähne. Als die Menschheit ihren Sinn für das Urweibliche verlor, verdarb ungehemmte, einseitige Macht die Entscheidungen von aktiven, aggressiven »solaren« Menschen, und ein entsprechender Wahnsinn ergriff Besitz von den »lunaren« Dichtern, Träumern und Visionären.

Wenn wir aus synastrischen Gründen den Einfluß des Mondes begreifen wollen, dann müssen wir die alte, halbvergessene Luna zurückholen. Wir müssen unseren ursprünglichen Respekt vor den Mächten der Nacht wiedergewinnen.

Berührt der Mond des einen Geburtshoroskops einen Wirkpunkt in einem zweiten, dann wird dieser Lebensbereich mit Gefühlen überflutet. Der betroffene Planet wird gezwungen, sich selbst auf eine Weise zu spüren, wie niemals zuvor. Das Bewußtsein selbst wird verstärkt. Sie nehmen Ihre Zähne vielleicht niemals bewußt wahr ... bis zu dem Tag, an dem Sie zum erstenmal

Zahnschmerzen haben. Sie denken möglicherweise nie an Ihren Rücken ... bis jemand so freundlich ist, ihn zu kratzen. Das ist die Art Einfluß, die der Mond vornimmt. All die inneren, subjektiven Prozesse, die mit Planeten, die unter dem Mond-Einfluß stehen assoziiert werden, werden hervorgehoben. Vieles, das zuvor unbewußt war, blitzt plötzlich im Bewußtsein auf. Die Lautstärke aller Gefühle, die mit dieser Planetenfunktion verbunden sind, wird hochgedreht, ob sie nun angenehm oder unangenehm ist, vernünftig oder nachweislich übergeschnappt.

Ist der Mond-Einfluß ein positiver Einfluß? Alles hängt davon ab, wie wir damit umgehen. Man könnte eine Parallele in einem anderen lunaren Prozeß sehen: der Psychotherapie. Ist Psychotherapie »gut« oder »schlecht«? Doktrinäre Verfechter beider Seiten haben ihre Schriften in der Schublade liegen und sind bereit, bei der kleinsten Provokation aus ihnen zu zitieren. Vielleicht ist die umfassendere Wahrheit, daß Psychotherapie hilfreich sein kann; sie kann aber auch ein sinnloses, gefährliches Unterfangen sein. Das Unbewußte aufzuwühlen, ist nicht besonders schwierig, nicht schwieriger als Pandoras Büchse zu öffnen. Das Problem liegt im nächsten Schritt. Da all diese Dämonen und Pestilenzen wachgerufen sind, was sollen wir da mit ihnen anfangen?

Ein guter Psychotherapeut warnt seine Klienten in der ersten Sitzung: Sind Sie sicher, daß Sie sich diesem Prozeß unterziehen wollen? Sind Sie sich bewußt, auf was Sie sich einlassen? Das gleiche könnte man auch über den Einfluß des Mondes sagen. Er hat das Potential zur Heilung – aber er ist auch potentiell grauenvoll.

Der Mond ist die Mutter. Der Mond will den Planeten, den er berührt, nähren, ihn von der Schwäche zur Stärke führen, von der Kindlichkeit zur Reife. Er will diesen Planeten trösten, ihn mit Vision und Phantasie erfüllen, ihn glücklich machen. Wie geht Luna dabei vor? Manchmal ziemlich ungehobelt. Sie verhält sich wie ein Mensch, der leidenschaftlich und dogmatisch davon überzeugt ist, daß Psychotherapie die Antwort auf jede Frage ist. »Was fühlst du?« »Was meinst du, warum du so empfindest?« »Wie fühlt es sich für dich an, so zu fühlen?« Es fällt leicht, diesen Prozeß zu verhöhnen, aber er funktioniert. Er ist erfolgreich darin, das Unbewußte zu öffnen. Das Problem ist, Luna könnte feststellen, daß es schwerer ist, die Büchse wieder zu verschließen als sie zu öffnen.

Ein vertrauter Freund erfüllt Ihren *Bindungsmechanismus* (Venus) mit Gefühl, hilft Ihnen, tieferes Verständnis für Ihre Bedürfnisse nach Nähe aufzubringen, Ihre Kapazität zu fördern, fortgesetzten, gegenseitig unterstützenden Umgang zu suchen. So weit, so gut. Stellen Sie sich vor, daß Ihr Freund, indem er Ihre Venus »psychotherapiert«, Ihnen hilft, mit einigen fundamentalen Vakuums in Ihrer Ehe in Kontakt zu treten. Auch das kann – vielleicht – hilfreich sein. Alles hängt davon ab, welche Maßnahmen Sie als Folge Ihres Wissenszuwachses ergreifen. Möglicherweise bringen Sie dieses Wissen heim zu Ihrem Mann oder Ihrer Frau und fangen an, aktiv an der Vertiefung Ihrer Beziehung zu arbeiten. Das ist ein praktisches Beispiel für das Geschenk des Mondes. Doch vielleicht verdreht der Dieb das Muster und bringt lediglich eine kindliche Saat der Unzufriedenheit aus. Sie brechen aus Ihrer Ehe aus oder zerstören sie mit einer Affäre – nur um festzustellen, daß Sie, wenigstens in diesem Fall, ohne die »Weisheiten« des Mondes besser dran gewesen wären.

Das Schlüsselprinzip ist also, daß die Göttin Zähne hat. Der Mond – das Unbewußte – ist ein stürmisches, gefährliches Meer. Wir müssen es befahren, wenn wir weise werden wollen. Doch sollten wir es vorsichtig befahren und wissen, wann es besser ist, den nächsten Hafen anzusteuern, statt sich in unserem erbsengrünen Boot dem Sturm entgegenzustellen.

Auf der positiven Seite können wir, da wir durch den Einfluß des Mondes für unsere inneren Prozesse sensibilisiert werden, weiser werden – das heißt glücklicher, weniger angetrieben durch die neurotischen, unbewußten Dimensionen unseres Charakters. Unser von unserem Mond beeinflußter Partner könnte uns zu neuen Ebenen des Selbstverständnisses führen, uns zu neuen Einblicken in unsere Eigenheiten und verrückten Bedürfnisse verhelfen. Das ist eine gute Nachricht.

Auf der negativen Seite steht, daß wir durch den Einfluß des Mondes regressiv zurück in die Kindlichkeit und in narzißtische Emotionalität getrieben werden könnten, weil sich der Mond des

Unbewußten auf gefährliche Weise bemächtigt. Irrationale Ängste, selbstzerstörerische »Bedürfnisse« und entwicklungsbedingte Funktionsstörungen, die ihren Ursprung in unseren frühen Jahren haben – all dies kann unter Strom gesetzt und wie ein alter Zombie, den wir längst für erfolgreich begraben hielten, aus der Krypta wieder emporgehoben werden. Dann müssen wir uns mit ihnen beschäftigen. Oder sie beschäftigen sich mit uns.

Wenn Sie von einem Menschen, den Sie lieben, mondhaft berührt werden, dann seien Sie auf eine sehr emotionale Beziehung vorbereitet. Sie werden Zärtlichkeit und Fürsorglichkeit wie niemals zuvor kennenlernen. Außerdem werden Sie sich selbst mit Launenhaftigkeit, Irrationalität und kindischen Wutanfällen von Zeit zu Zeit entsetzlich in Verlegenheit bringen. Lassen Sie sich bemuttern, jedoch nicht ersticken. Die Aufgabe des Kindes ist es, erwachsen zu werden, und das ist ein empfindlicher, ironischer Prozeß. Das Kind braucht die Mutter und muß außerdem lernen, sie nicht zu brauchen. Ihr Partner schafft einen Brutkasten für Ihr Wachstum. Nutzen Sie ihn, aber erkennen Sie auch, wann Sie aus ihm heraus in die Welt klettern, sich die Tränen abwischen und einen erwachsenen Standpunkt einnehmen müssen.

Wenn Sie sich selbst in einer Beziehung wiederfinden, in der Sie Ihren Partner mondhaft färben, dann bereiten Sie sich darauf vor, sehr verletzbar zu sein. Ob Sie dies in Worten ausdrücken oder nicht, die Aura Ihres Seins scheint diese Person aufzufordern: »Fühle, fühle, fühle!« Vielleicht empfindet dieser Mensch Liebe und Bewunderung für Sie. Wunderbar. Daran kann man sich leicht gewöhnen. Aber möglicherweise empfindet er auch Wut und Frustration. Vielleicht hat ihm vor Jahrzehnten seine Mama nicht erlaubt, diesen dritten Becher Eis zu essen, und diese zornigen, leidenschaftlichen Gefühle des »kleinen Jungen« sind noch immer in seinem Unbewußten eingesperrt. Am besten wäre es wohl, wenn sie dort auch weiterhin blieben, aber Sie stimulieren ihren Wiedereintritt ins Bewußtsein. Diese dunklen Gefühle sind ein Teil des Ganzen. Sie sind der »Psychotherapeut«, wenigstens in diesem Teil Ihrer Beziehung. Vor dieser Rolle gibt es kein Entkommen. Also seien Sie ein guter Psychotherapeut. Machen Sie sich klar, wann es an der Zeit ist, aktiv zu lieben, und wann man sich zurückziehen sollte. Erkennen Sie den richtigen Moment, um zu Gefühlen zu ermutigen, und wann Gefühle mit erwachsener Vernunft und mit Verantwortungsbewußtsein ausgeglichen werden müssen. Vor allem aber geraten Sie nicht in die Falle, Ihren Partner erst dazu zu ermutigen, zu fühlen und zu wachsen und zu erforschen – und dann springen Sie ihm in dem Augenblick an die Gurgel, in dem Ihnen dieser verwirrende Prozeß auf die Nerven zu gehen beginnt.

Der Einfluß des Aszendenten

Als Schenkender: Gesellschaftlich verkehren; stimulieren; stilisieren; anstacheln.
Als Dieb: Trivialisieren; karikieren; einen Narren aus jemandem machen.

Es gibt eine wunderbare Formulierung, um zu sagen, daß man sich gut fühlt: »Ich fühle mich wohl in meiner Haut.« Diese Umschreibung entspringt direkt dem Teil des menschlichen Bewußtseins, den Astrologen den Aszendenten nennen. »Sich in seiner Haut wohl fühlen.« Was hat diese Redewendung zu bedeuten? Wohlergehen, sicherlich. Doch auch mehr: Haltung. Zentriertheit. Selbstakzeptanz. Ein Zustand ungezwungener Normalität.

Um etwas über den Aszendenten zu erfahren, bedarf es keiner erhabenen Meditation, und es müssen nicht endlos viele Stunden mit der Lektüre undurchsichtiger mittelalterlicher Astrologietexte zugebracht werden. Statt dessen ist es genug, wenn Sie auf eine Party gehen – und je aufdringlicher und unechter die Party ist, desto besser. Beobachten Sie, wie sich die Leute verhalten, vermutlich wäre »schauspielern« unter solchen Umständen die angemessenere Beschreibung. Wer kann schon »echt« sein – also sich an intensiver psychologischer Ehrlichkeit beteiligen –, wenn die Musik mit 80 Dezibel plärrt, die Drinks stark sind und man sich zwischen einer Horde Fremder hindurchdrückt, die sich gegenseitig mit Salven geistreicher Bemerkungen bombardieren? Da bleibt einem nichts anderes übrig, als zum Schauspieler zu werden.

Manche von uns mögen Parties. Andere nicht. Und auf der Welt ist für uns alle Platz. Doch im Alltagsgeschehen sind wir alle gezwungen, unsere Psyche auf eine Weise anzupassen, die es uns gestattet, oberflächlich mit unserer direkten sozialen Umgebung in Beziehung zu treten. Wenn uns dies gut gelingt, dann fühlen wir uns in »unserer Haut wohl« – und wir reagieren stark auf unseren Aszendenten.

Jemand könnte einen aufsteigenden Löwen oder eine aufsteigende Waage haben. Ein solcher Mensch wird sich vermutlich in sozialen Situationen zu Hause fühlen. Diese Zeichen sind freundlich, mitteilsam und gut auf Partys, es sei denn, der Rest des Geburtshoroskops drückt stark in die entgegengesetzte Richtung. Doch was ist, wenn jemand eines der mehr nach innen gewandten Zeichen als Aszendent hat, wie etwa Skorpion oder Krebs? Diese Person kann sich dennoch »wohl in ihrer Haut fühlen«, nur eben auf ruhigere Art. Nicht jeder im Raum muß ein »Partykönig« sein. Der Trick mit dem Aszendenten besteht nicht darin, der schön redende, gewiefte Gutgekleidete zu sein, der die besten Witze kennt und die Party im Kreis einer Horde bewundernder, möglicher Sexkandidaten verbringt. Vielmehr hat der Aszendent etwas mit dem akzeptierten Wissen um den eigenen natürlichen Stil zu tun, mit der Fähigkeit, diesen Stil in einer sozialen Umgebung wirkungsvoll einzusetzen, und einem sicheren Wissen um den Unterschied zwischen einer ehrlichen Anpassung an die sozialen Gegebenheiten und dem bloßen Posieren oder einer Vortäuschung.

In der Synastrie spielt der Aszendent eine bedeutende Rolle. In Übereinstimmung mit unserer Hauptformel liegt seine Bedeutung darin, den Planeten, den er im Horoskop des Partners berührt, durch den Aszendenten zu färben. Die Qualitäten, die mit dem Aszendenten assoziiert werden – Haltung, Stil, Selbstvertrauen in sozialer Umgebung –, werden dem vom Aszendenten berührten Planeten übergestülpt.

Eine Frau hat ihre Sonne in den Fischen im 8. Haus, einen Krebs-Aszendenten und Saturn im 1. Haus: nicht gerade ein sozialer Schmetterling. Sie hat einen Jungfrau-Merkur im 3. Haus, womit sie über ein im höchsten Maß ausdrucksfähiges, kommunikatives Merkmal verfügt. Eindeutig herrscht hier Spannung vor. Wie kann ein introvertierter Mensch mit einer starken Sprachbegabung dieses Paradox auflösen? Vielleicht tut sie es nicht! Möglicherweise fühlt sie sich aufgestaut. Kann sein, daß sie lange Phasen hindurch schweigsam ist und dann Ausbrüche sinnlosen nervösen Geplappers erlebt. Aber vielleicht ist ihre Reaktion auch stärker. Sie schließt Frieden mit ihrer Innerlichkeit, schlägt Kapital aus ihrer lebhaften Phantasie und schreibt Fantasy-Romane. Und dennoch ist sie schweigsam und unaufdringlich auf Partys.

Dann kommt eine zweite Frau, die den Merkur der ersten aszendentenhaft färbt. Anfangs, als sich eine Freundschaft entwickelt, besteht die Wirkung dieses Interaspekts lediglich darin, die Romanschriftstellerin zum Sprechen zu bringen. Sie redet über Buchpläne, Gefühle, das Wetter, Politik ... und ganz nebenbei verbessert sie die sprachlichen Fähigkeiten ihrer durch ihren Aszendenten berührten Freundin. Früher oder später bemerkt sie, daß sie sich, wenn sich beide Frauen zusammen in einer Gruppensituation befinden, mit sich selbst besser fühlt. Unbefangener. Sie findet schneller die richtigen Worte. Sie weiß, was sie sagen will. Sie ist gewandt, unterhaltsam, informativ, interessant ... sie hat ein Geschenk erhalten.

Wie bei allen übrigen astrologischen Prozessen gibt es auch bei dem Einfluß des Aszendenten wenig Garantien. Der Dieb kann ebensogut zuschlagen wie der Schenkende. Der vom Aszendenten berührte Planet wird zu einem aktiveren sozialen Funktionieren bewogen. Das ist alles, was wir sicher wissen. Im besten Fall wird dadurch Haltung und Reife bewirkt. Im schlechtesten reißt der Dieb die Sache an sich, trivialisiert den berührten Planeten, treibt ihn zu voreiliger, unreflektierter Aktivität. Unsere Schriftstellerin könnte zum Beispiel feststellen, daß sie immer, wenn sie mit ihrer Freundin in der Öffentlichkeit ist, dazu neigt, den Mund schon aufzumachen, noch bevor sie Gelegenheit hatte, ihr Hirn einzuschalten – mit entsetzlichen, peinlichen Folgen.

Was entscheidet darüber, ob wir den Dieb oder den Schenkenden zu Gesicht bekommen? Es läuft darauf hinaus, wie stabil die bisherige Reaktion des durch den Aszendenten gefärbten Individuums auf den fraglichen Planeten war. Wenn die introvertierte

Romanautorin ihr Schreiben ernst genommen hat, ihre handwerkliche Kunst verfeinert, ihren Geist mit Neugier und Offenheit gefüttert hat, dann hat sie vermutlich einen Grund, den Einfluß des Aszendenten willkommen zu heißen. Ihr Merkur ist gesund; ein Anstoß von ihrer Freundin, und er beginnt zu glänzen. Vielleicht war die Schriftstellerin aber auch faul. Möglicherweise hat sie sich mit Klischees zufriedengegeben. Vielleicht ist sie gar keine Schriftstellerin – in ihrem Horoskop herrschen dunklere Möglichkeiten vor. Wenn dann dieser kurz gehaltene Merkur aszendentenhaft gefärbt wird, dann tritt seine Krankheit für alle deutlich erkennbar an die Oberfläche.

Im vorangegangenen Kapitel haben wir uns mit den Geburtshoroskopen von Spencer Tracy und Katharine Hepburn beschäftigt. Jeder, der ihre Filme gesehen hat, konnte sich an ihrer Begabung zu Geplänkel, gutmütigem Streit und schlagfertiger Verspieltheit erfreuen. Gemeinsam strahlten sie einen »Stil« aus – und auch hier meinen wir nicht modische Aufmachung. Tracys Aszendent befindet sich bei 8 Grad im Steinbock, Hepburns bei 11 Grad in der Jungfrau. Folglich bilden ihre Aszendenten einen stimulierenden Sextilinteraspekt. Beide Schauspieler standen unter dem Einfluß des Aszendenten des anderen – und boten jedem, der es sehen wollte, eine Augenweide des Stils.

Der Einfluß Merkurs

Planet: Merkur

Als Schenkender: Informieren; intellektuell erregen; beleben; Sprache fördern.

Als Dieb: Durcheinanderbringen; »Knoten in der Zunge«; nervös machen.

In ihrem Buch »The Faces of Science Fiction« zitiert die Fotografin Patti Perret einen der großen alten Meister des Genres, Fritz Lieber: »Ich halte eine der halben Billion Stationen im Sprachnetz des Geschichtenerzählens, des Klatschaustauschs, des Beobachtungenmitteilens in englischsprachigen Köpfen besetzt. ... Es ist mein Job, meine Station in guter Arbeitsverfassung zu erhalten, eifrig zu empfangen und zu senden ... und mit meiner polierten und geschärften Antenne Hinweise auf das Merkwürdige, das Mysteriöse, das Wunderbare einzufangen, auszuschmücken, neu zu verweben und wieder auszusenden.«

Wir kennen Fritz Liebers Geburtshoroskop nicht, doch ist klar, daß er den Merkur meisterlich beherrscht. Merkur ist der Planet der Datenübermittlung. Informationen, die kommen und gehen. »Intelligenz« ist hier ein Schlüsselwort. Gleiches gilt für »sprechen« und »zuhören«. Doch am zentralsten ist dieser nach Wundern suchende, Wunder liebende innere Zustand, den wir Neugier nennen.

Unter Merkur-Einfluß wird der berührte Planet aufgefordert zu denken. Das steht im Zentrum des Prozesses. Wie wird derartiges Nachdenken gefördert? Indem der betreffende Planet etwas erhält, worüber er nachdenken kann! Wenn wir uns langweilen, dann sind wir schwerfällig. Man hat bewiesen, daß Kinder, die in einer Umgebung aufwachsen, in der es an Stimulation mangelt, weniger intelligent und aufgeweckt sind als Kinder, die Zugang zu vielfältigen Erfahrungen, interessanten Objekten und sich verändernden Standpunkten haben. Merkur überflutet den Planeten, den er berührt, mit Ideen und Erfahrungen. Manchmal streitet er sich. Manchmal bietet er Bücher an. Oft spielt er einfach Spiele im Kopf. Es kommt nicht selten vor, daß er mit Karten für einen Film oder mit Tickets nach Lissabon vor der Tür steht.

Merkur ermutigt den Planeten, den er berührt, frei von der Leber weg zu sprechen. Erst reichert er die Informationsumgebung an. Dann erzwingt er Gespräche, in der Regel in der Form von Dialogen. Ein Mann hat seinen Saturn im 10. Haus (Karriere; Gemeinschaft). Ein Tennisfreund färbt den Saturn merkurhaft. »Du hast letztlich erwähnt, daß du darüber nachdenkst, deine Firma als Aktiengesellschaft eintragen zu lassen. Zufällig hatte ich zu Hause Bücher zu diesem Thema. Ich habe sie dir mitgebracht. Ich hatte einen Freund, der diesen Schritt ebenfalls getan hat. Sie mußten ihn an die Lungenmaschine hängen – er bekam unter all seinen Papieren keine Luft mehr. Dann kenne ich diesen anderen Typen, der seine Firma wirklich hätte eintragen lassen sollen. Er ist Anstreicher. Oder war es. Er kippte einen Eimer Farbe über das antike Marmorschachspiel dieser alten Dame. Hatte einmal Napoleon gehört. So behauptete sie jedenfalls. Also die hat ihn auf alles verklagt, bis auf seine Zehennägel ... wofür meinst du, wirst du dich entscheiden?«

Merkur, der Dieb, wirkt sich aus, indem er nie den Mund hält – oder indem er versucht, den Kopf der anderen Person mit vorgefertigten Gedanken zu verstopfen. Mit seiner verbalen Wendigkeit kann er den Planeten, den er berührt, nervös machen und ihm die Zunge verknoten. Er kann Auseinandersetzungen für sich entscheiden, selbst wenn er gar nicht Recht hat. Der Schenkende teilt mit, was er weiß, und hört dann zu. Der Dieb beharrt auf Zustimmung.

Wenn Sie jemanden merkurhaft färben, der Ihnen etwas bedeutet, dann stellen Sie zunächst fest, welchen Planeten Ihr Merkur im Horoskop des anderen berührt. Für welche Themen steht dieser Planet im Leben des anderen? Die Antwort hängt natürlich nicht nur vom Namen des Planeten ab, sondern auch von seinem zugehörigen Zeichen, dem Haus, in dem er sich befindet, und der Rolle, die er im Gesamtmuster des Horoskops spielt. Wenn Sie den großen Zusammenhang begriffen haben, dann müssen Sie erkennen, daß Sie Zugang zu gewissen Informationen oder zu einer bestimmten Art des Denkens haben, die für diesen Lebensbereich Ihres Partners außerordentlich nützlich sein könnte. Teilen Sie sich mit. Verwickeln Sie den Partner in ein Gespräch. Sie sind nicht direkt ein Lehrer ... mehr eine Bibliothek. Stimulieren, informieren Sie, stellen Sie schwere Fragen, ermöglichen Sie so gut Sie können klares Denken. Doch versuchen Sie nicht, Entscheidungen zu erzwingen.

Wenn Sie sich in einer Beziehung wiederfinden, in der Sie von Merkur berührt werden, dann akzeptieren Sie, daß der berührte Planet in Ihrem Geburtshoroskop nur dann allwissend sein kann, wenn Sie ein erleuchtetes Wesen sind. Letztlich wird auch er ein oder zwei blinde Flecken haben. Da ist etwas, was er nicht sieht, etwas Wichtiges ... und Ihr Partner kann helfen. Er hat die erforderlichen Informationen oder kennt wenigstens die Methode, um sie zu beschaffen. Die Schwierigkeit und die Freude besteht darin, daß Sie das fehlende Stück des Puzzles gemeinsam finden müssen.

Stellen Sie sich diesen Partner als Bibliothek vor – aber als eine ungeordnete. Die Bücher sind überall verteilt und durcheinander. Es gibt keinen Katalog. Die Hälfte der Bände ist auf Lateinisch. Um das zu finden, was Sie brauchen, werden Sie gemeinsam suchen, Ihre Notizen vergleichen, miteinander sprechen, forschen, hinterfragen müssen.

Der Dichter Percy Bysshe Shelley beeinflußte mit seinem Merkur das Horoskop seiner Frau, Mary Shelley. Sein Merkur stimulierte ihren phantasiebegabten Neptun über ein Sextil und ergänzte ihren dunklen Pluto durch eine Opposition im »falschen« Zeichen. Hätte sie ohne ihn den »Frankenstein« geschrieben? Oder trug er dazu bei, dieser Kreatur in den Tiefen ihres Neptun und Pluto eine Stimme zu geben – gerade als ihr Neptun und ihr Pluto seinen zungenfertigen Merkur mit transzendenten Visionen fütterte?

Der Einfluß der Venus

Planet: Venus
Als Schenkende: Anziehen; verfeinern; erwärmen; beruhigen.
Als Diebin: Verführen; manipulieren; einlullen.

Männer haben eine überproportional große Rolle dabei gespielt, die Mythen und Symbole, auf denen unsere Kultur beruht, zu schaffen. Deshalb ist die Vorstellung, der Planet Venus sei eine schöne Frau, weit verbreitet. Fordern Sie ein Dutzend Männer auf – vor 5000 Jahren oder heute –, ein Bild von Attraktivität, Unwiderstehlichkeit und verführerischer Wärme zu zeichnen, und was bekommen Sie? Die Göttin Venus – feminin, kurvenreich, mit verschleiertem Blick und drapiert mit einem sexy griechisch-römischen Negligé aus Marmor.

Man kann die Jungs kaum dafür verantwortlich machen. Doch falls sich das Gleichgewicht jemals verschieben und Frauen zu den dominierenden Symbolweberinnen werden sollten, dann kann man mit ziemlicher Sicherheit voraussagen, daß die Venus eingepackt und nach Schweden verschifft wird, um dort eine Operation über sich ergehen zu lassen …

Anziehung: Das ist der Schlüssel zur Venus. Wenn ein anderer Mensch Sie venushaft berührt, dann stehen die Chancen gut, daß Ihnen das Gefühl gefallen wird. Wie fühlt es sich an? Das hängt davon ab, welchen Planet in Ihrem Horoskop die Venus der anderen Person berührt. Wenn die Venus Ihren Merkur berührt, dann fühlt sich Ihr Verstand angezogen. Sie finden diese Person faszinierend. Ist Ihr Neptun der Empfänger des Venus-Einflusses, dann wird Ihr Sinn für Magie und das Wunderbare geweckt. Sollte Venus Ihren Saturn kontaktieren, dann werden in Ihnen saturntypische Gefühle wach – dieser Mann oder diese Frau erfüllt Sie mit einer Kombination aus Verlangen und Respekt, als ob er oder sie ein unerreichbares Ideal repräsentiere.

Die Welt ist in vielerlei Hinsicht kalt und verräterisch, voller zweibeiniger Raubtiere. Die meisten von uns legen sich aufgrund der Ansammlung erlebter Enttäuschungen, Verletzungen und Ängste mit der Zeit eine schützende Schale zu. Naiverweise halten einige von uns diese Schale für »schlecht«. Zynischerweise halten andere sie für »gut«. Ein besseres, neutraleres Wort wäre »unvermeidlich«. Wie notwendig diese Schale auch sein mag und wie unvermeidlich ihr Entstehen, eins trifft mit Sicherheit zu: Jemanden zu finden, bei dem man die Schale ablegen kann, ist eine der wunderbarsten Erfahrungen im Leben.

Venus bringt diese Schale zum Schmelzen. Wenn wir venushaft berührt werden, dann spüren wir sofort Wärme in unserem Herzen, Vertrauen, Verständnis, Interesse, Anziehung … als ob sich eine große magnetische Leere zwischen uns auftäte und uns zusammenzöge.

Im besten Fall werden wir von einer im höchsten Maße heilsamen Aktivität in Anspruch genommen: Lieben. Tatsächlich ist ein starker Venus-Kontakt das am weitesten verbreitete astrologische Merkmal in glücklichen Ehen und bleibenden Freundschaften. Sich gegenseitig zu mögen, ist entscheidend für zwei Menschen, wenn sie die Erschütterungen und Unebenheiten intimer menschlicher Interaktion überstehen sollen. Eine starke Venus-Verbindung kommt einer Garantie dieser Art von Zuneigung näher als jede andere planetare Konfiguration.

Wo also ist der Haken? Haben Sie jemals einem Menschen

wirkliche Zuneigung entgegengebracht, ihm wirklich vertraut, sich wirklich geöffnet – und sind dann an die Wand genagelt worden? Und wenn Sie nun zurückblicken, würden Sie dann sagen, daß die Katastrophe ihren Ursprung in Mißverständnissen und Wunschdenken ihrerseits hatte, noch gesteigert durch die Fehlinterpretation Ihres Partners? Wenn Sie sich mit diesem Szenario identifizieren können, dann muß ich Ihnen Venus, die Diebin, nicht mehr vorstellen.

Der alte Spruch »Liebe macht blind« gewährleistet einen hilfreichen Einblick in Venus-Interaspekte. Wenn jemand Sie mit seiner Venus berührt, dann ist es so, als sei dieser Mann oder diese Frau plötzlich in eine glitzernde Aura der Wunderbarkeit gehüllt. Geigen spielen auf. Süß duftende, berauschende Nebel steigen hoch. Bevor Sie sich noch darüber im klaren sind, werden Sie schon angezogen. Ihr Denken ist nicht mehr so klar, wie es das vielleicht normalerweise wäre. Sie wollen diesen Menschen als die Verkörperung all dessen sehen, was im Universum anständig ist. Das ist ein zweischneidiges Schwert. Die gute Seite ist, daß Sie ein Auflodern von etwas erfahren, was bedingungsloser Liebe nahekommt: Großzügigkeit und die Bereitwilligkeit zu vergeben. Und das ist ein fruchtbarer Boden, um darauf aufrichtiges Engagement zu begründen. Die schlechte Seite ist Blindheit. Wenn Sie venushaft berührt werden und die Motive der betreffenden Person räuberisch oder nur grillenhaft sind, dann haben Sie die Katze zum Wellensittich gelassen.

Wenn Sie einen anderen Menschen venushaft berühren, dann versuchen Sie dieser Person gegenüber ehrlich zu sein. Er oder sie erwartet viel von Ihnen, wahrscheinlich weit mehr, als Sie auf lange Sicht bieten oder leisten können. Nehmen Sie dem Stoß schon vorher mit disziplinierter Wahrheit seine Spitze.

Die Rolling Stones sind nie für Tugendhaftigkeit nominiert worden, noch wollten sie je eine solche Vorstellung erfüllen. Die gewalttätige Unterströmung in ihrer Musik und die wiederkehrenden sexistischen Elemente haben viele Menschen abgestoßen. Eine der traurigsten Angelegenheiten dieser Generation ist das Dahinschwinden von Männerfreundschaft. Ironischerweise sind es ausgerechnet die »Stones« Mick Jagger und Keith Richards', die

die Fackel der »Kumpel« seit über drei Jahrzehnten tragen, niemals öffentlich ihre Freundschaft mythologisieren oder aus ihr Profit schlagen und dennoch erfolgreich gemeinsam die Stürme und Versuchungen des Ruhms überstehen, Scheidungen, Firmenpolitik, Midlife-crisis, Reichtum, sich verändernde Musikstile und verschiedene rechtliche Schwierigkeiten, von Keith' langem Kampf mit Narkotika gar nicht zu reden. Es ist wenig überraschend, daß wir, wenn wir die Horoskope der beiden Männer vergleichen, auf ungezügelten Einfluß der Venus stoßen. Zunächst einmal bilden beide Planeten bereits untereinander einen Sextilinteraspekt. Außerdem steht Jaggers Venus mit Richards' Mond in Konjunktion und formt ein Trigon mit seinem Merkur, während sich Richards' Venus in Opposition zu Jaggers Mars und außerdem im Quadrat zu seinem Jupiter, Merkur und Pluto befindet.

Der Einfluß des Mars

Planet: Mars
Als Schenkender: Begeistern; ermutigen; erregen.
Als Dieb: Terrorisieren; ärgern; erzürnen.

Leidenschaft. Adrenalin. Hitze. Feuer. Das sind die Begriffe des Mars. Spüren Sie sie in Ihrem Körper, und Sie spüren die mehrdeutige Beziehung, die der menschliche Geist zum roten Planeten hat. Wir lieben und hassen ihn, wir fürchten und suchen ihn.

Ein leidenschaftsloses Leben. Eine leidenschaftslose Ehe. Solche Sätze hören sich wie Anklagen an. Oder vielleicht wie Todesurteile. Doch jagt uns Leidenschaft einen Schrecken ein. Wir wenden uns von ihr ab – und blicken sehnsuchtsvoll zu ihr zurück. Wir bezahlen einen hohen Preis für sie – und ersticken sie dann so schnell wir können, nur um sie unter Kontrolle zu halten.

Der marstypische Thermostat verfügt nur über zwei mögliche Einstellungen: eiskalt oder kochend. Das ist das Problem beim Mars. Festmahl oder Hungersnot. Zu viel Intensität. Oder zu wenig.

Stellen Sie sich vor, daß Sie und ich Karikaturen vorstädtischer Werte in den fünfziger Jahren sind. Wir haben einen gemeinsamen

Gartenzaun. Wir sind beide draußen und jäten zwischen den Tomaten Unkraut, schwatzen dabei über ein anderes Paar in der Nachbarschaft. »Ich kenne sie seit 15 Jahren. Ich sage Ihnen, die beiden führen die beste Ehe, die ich je gesehen habe. Sie haben sich noch nie gestritten.« Sie nicken, und in Ihren Augen ist ein abwesender Blick.

Heutzutage sind wir hoffentlich ein bißchen klüger. Wir könnten entgegnen: »15 Jahre ohne einen einzigen Streit? Worauf warten die bloß?« Und wenn wir sogar noch ein wenig klüger sind, dann fügen wir vielleicht hinzu: »Und wie gut kennen die sich überhaupt gegenseitig?«

Konflikte innerhalb der Beziehung sind gräßliche, jämmerliche Erfahrungen. So viel ist sicher. Doch wenn sie fair und ehrlich durchgestanden werden, dann können sie auch eine Form der Kommunikation sein. Sie können den eisigen, schönen Schein der Lügen und Halbwahrheiten aufbrechen, der sich automatisch in jeder Beziehung aufbaut, die mehr als ein paar Monate alt ist.

Wie die meisten Erfahrungen, die uns bedrohen, so ist auch der Mars – und sein Einfluß – mit Tabus beladen. Da gibt es bestimmte Beobachtungen, die wir »nicht machen sollten«, gewisse weitverbreitete menschliche Verhaltensweisen, bei denen wir uns einig sind, daß man sie am besten übersieht.

Kratzen Sie einen alten Kater hinter den Ohren. Streicheln Sie seinen Rücken. Er streckt sich, aalt sich – und beißt Sie. Warum? Er ist sexuell erregt. Und er reagiert aggressiv. Kampfpiloten haben davon berichtet, daß sie Erektionen bekamen, als sie in die Schlacht flogen. Sehen Sie sich einen Film an. Was bekommen Sie zu sehen? Sex und Gewalt. Warum sind diese Themen immer miteinander verbunden? Ein sexuell erregter Mann oder eine sexuell erregte Frau hat immer eine gewisse undefinierbar-gefährliche Aura. Warum?

Mars ist der gemeinsame Nenner. All diese Energien sind marstypisch. Wenn die Astrologie der Schaltplan des menschlichen Geistes ist, dann erfahren wir, daß Leidenschaft und Zorn – Sex und Gewalt – in ein und demselben Schaltkreis miteinander verbunden sind.

Während ich diese Worte niederschreibe, spüre ich einen unglaublichen Widerstand in mir, als ob ich diese Dinge nicht sagen dürfte. Doch wenn wir dunkle Themen wirkungsvoll handhaben wollen, dann ist der Trick, den wir lernen müssen, der, nie nur die halbe Strecke zu gehen und uns dann von Angst oder »Moral« lähmen zu lassen. Wir müssen immer weiter, tiefer vordringen.

Kein Sex ohne Gewalt. So lautet der tabuisierte Grundsatz. Ein Dummkopf könnte diese Vorstellung als Rechtfertigung von Vergewaltigung, Brutalität und Sadomasochismus werten. Die meisten »guten« Leute sind vermutlich schockiert, wenn sie in einem »anständigen« Astrologiebuch von solchen Schweinereien lesen.

Noch einen Schritt weiter: »Gewalt«, im marstypischen Sinne, kann viele Formen annehmen. Es muß nicht extra erwähnt werden, daß körperliche Gewalt keinen Platz in einer gesunden sexuellen Beziehung hat. Sie zerstört Vertrauen, und ohne Vertrauen ist die Liebe zum Sterben verurteilt. Gleiches läßt sich auch über emotionale Gewalt sagen. Doch gibt es noch eine andere Art von Gewalt: die Aufrichtigkeit. Es ist eine schwierige Sache mit Aufrichtigkeit, denn es tut weh, die Wahrheit zu sagen, und noch mehr, sie sich anhören zu müssen. Aufrichtigkeit, die sich den kostbaren Verteidigungsmechanismen und den geliebten Lügen entgegenstellt.

Ein Paar hat sich mit dieser einzigartigen modernen Krankheit angesteckt: sie treiben auseinander. Er widmet sich seiner Karriere. Sie beschäftigt sich im großen Stil mit Astrologie. Sie unterstützen sich, doch tief in ihnen lauern Wut und Angst. Natürlich hat auch ihr Liebesleben angefangen, die zunehmende Distanz, die sich in ihre Ehe eingeschlichen hat, widerzuspiegeln. Eines Nachts läuft das Faß über. All die sogenannte »gegenseitige Unterstützung« fliegt aus dem Fenster. All die Anspannung, die sich zwischen ihnen aufgebaut hat, entlädt sich in einer lodernden Feuerkugel. Der Streit ist schrecklich, aber ehrlich. Sie sind beide verletzt, aber der Konflikt bringt sie schließlich zur Wahrheit zurück. Sie hat Angst, daß er im Licht seiner beruflichen Erfolge den Respekt vor ihr verliert. Er fürchtet, daß sie ihn im Licht ihres astrologischen Interesses als psychologischen oder spirituellen Krüppel sieht. Sie brauchen vier höllische Stunden, um den Schein der »Höflichkeit« fortzureißen, der sich immer tiefer in das leidenschaftliche Herz ihrer Ehe gefressen hat. Doch das ist es wert. In dieser Nacht schlafen sie miteinander, und es ist der beste Sex, den sie seit Monaten miteinander hatten. Warum? Weil in der Welt gesunder Erwachsener guter Sex und unangefochtene defensive Blockaden einander ausschließen.

Wenn jemand, den Sie lieben, einen Ihrer Planeten marsisch färbt, dann können Sie davon ausgehen, daß sich hier ein Konflikt entwickelt. Diese Aussage ist nicht halb so pessimistisch, wie sie sich im ersten Augenblick anhört. Sie brauchen diesen Konflikt. Dieser Planet ist nicht so wach, wie er sein müßte. Da ist etwas, das er zu sehen, zu erfahren fürchtet, eine Wahrheit, die so »schrecklich« ist, daß ein schrecklich großer Teil der Energie dieses Planeten in seine Defensivität fließt. Wenn der Heilungsprozeß einsetzt, dann haben Sie anfangs vielleicht den Eindruck, daß sich Ihr Partner – Sie mit seinem Mars beeinflussend – in Ihren Feind verwandelt oder Sie jedenfalls in die Irre führen will. Möglicherweise ist da Irreführung. Vielleicht auch Grausamkeit. Das kann sein. Doch vielleicht ist da auch Wahrheit, eine Wahrheit, die Sie lieber nicht hören wollen. Halten Sie Ihre Angst in Schach. Bezähmen Sie Ihre Wut. Hören Sie zu und urteilen Sie dann. Im schlimmsten Fall hören Sie eine Unwahrheit. Das ist nicht so schlimm: Sie können sie korrigieren. Im besten Fall geben Sie Ihrer Partnerschaft diesen gefährlichen, wunderbaren, leidenschaftlichen kleinen Unterschied gemeinsamen Wachstums zurück.

Sollten Sie einen Planeten marsisch färben, dann denken Sie daran, daß der Planet, den Sie in Ihrem Partner berühren, Sie ebenfalls berührt – mitten im Herzen Ihres Mars. Gleichgültig welcher der andere Planet in diesem Interaspekt ist, Ihr Mars wird stimuliert. Treten Sie also einen Augenblick zurück, und überprüfen Sie sich. Leidenschaft verzerrt im allgemeinen, indem sie vergrößert: Der Mensch, der schlechter Laune ist, wird in den Augen der Leidenschaft zur negativsten Person der Welt. Derjenige, der seine Unterwäsche auf dem Boden hat liegenlassen, wird zum größten und unordentlichsten Schmutzfink aller Zeiten. Denken Sie nach, bevor Sie den Mund aufmachen. Vermutlich sehen Sie die Wahrheit, und Sie sollten sie wohl auch mitteilen, selbst wenn Sie sich damit nicht beliebt machen. Aber wägen Sie sorgfältig

Ihre Worte ab. Achten Sie auf Ihren Tonfall. Widerstehen Sie diesem sehr komischen, vernichtenden Einzeiler, der Sie bestimmt wurmen wird. In einer Sittenkomödie würde er wunderbar wirken; aber im Schlafzimmer funktioniert er nicht. Nicht notwendig, übervorsichtig zu sein. Aber übertreiben Sie es auch nicht.

Die Sängerin Linda Ronstadt und der frühere Gouverneur von Kalifornien, Jerry Brown, mußten sich nicht wenige Mißfallensäußerungen gefallen lassen, als sie vor einigen Jahren eine Beziehung eingingen. Da waren jene, die ein solches Verhalten bei einem Mann seines Rangs »unpassend« fanden. Ein Blick auf ihre Geburtshoroskope zeigt, daß Linda Ronstadt Jerry Browns unabhängigkeitsliebenden Uranus durch einen harmonisierenden Trigoninteraspekt marsisch färbt. Er verfügte über angeborenen Schneid und eine gewisse Respektlosigkeit in bezug auf »die guten Sitten« (Uranus im 10. Haus); sie ermutigte ihn durch den Mars-Interaspekt.

Der Einfluß von Jupiter

Planet: Jupiter
Als Schenkender: Aufheitern; erheben; entfalten; anfeuern.
Als Dieb: Schmeicheln; berauschen; aufblasen.

»Glaube« ist eines dieser hehren Worte wie »Liebe«, das zu verschwimmen scheint, sobald man es näher untersuchen will. Was hat es zu bedeuten? Man könnte an eine gute Investition glauben oder an einen bestimmten spirituellen Lehrer oder sogar an eine wackelige Treppe. Welches ist hier der gemeinsame Nenner? Sicherlich, Glaube setzt Vertrauen voraus. Das ist ein Teil des Bildes. Aber Glaube ist spezieller. Es suggeriert eine Qualität des Vertrauens, das über die reine Vernunft hinausgeht, wie in der Religion – oder bei wackeligen Treppen.

Mit dem Glauben kommt die Leichtigkeit. Eine Last wird uns von den Schultern genommen und geteilt mit der Wesenheit, welche auch immer in uns solch gläubige Gefühle ausgelöst hat. Mit diesem Nachlassen der Verantwortung entsteht Freude – und Humor. Wir lachen. Wir lächeln wie eine Braut. Und wie eine Braut blicken wir mit einer berauschenden Mischung von Triumph und Freude auf unsere Zukunft.

Der Planet, der die Oberhoheit über diese Gefühle hat, heißt Jupiter, der sprichwörtliche »König der Götter«. Selbstverständlich wurden diese Jupiter-Energien – Glaube, Freude, Humor, Erfolg – über weite Strecken der Astrologiegeschichte hinweg als positiver Beitrag zu jedem Geburtshoroskop gesehen. Jupiter war ein »guter« Planet, und alles, was er berührte, wurde durch ihn verbessert.

Oder so war es jedenfalls in der Theorie. Die Wahrheit ist komplizierter. Nicht negativ, sondern komplexer.

Glaube. Freude. Humor. Ein Gefühl der Unbesiegbarkeit. All dies ist *als Gefühl* ganz wunderbar. Doch die Wirklichkeit macht manchmal andere Pläne. Vor einem Jahr machte ein junger Mann seinen Führerschein. Jetzt will er herausfinden, wie schnell er mit seinem Camaro durch eine Kurve brausen kann. Sein Jupiter-Schaltkreis läuft auf Hochtouren. Dann überschlägt er sich und stirbt. Das ist die dunkle Seite des »Glücksplaneten«: unrealistische Aufgeblasenheit, übertriebener Optimismus, all die wirklichkeitsverleugnenden, schattenfliehenden Exzesse, die manchmal als »positives Denken« bezeichnet werden.

Jupiter hilft uns, die Gelegenheit zu erkennen. Er versetzt uns in einen Bewußtseinszustand, in dem unser Wahrnehmungsvermögen für positive Möglichkeiten geschärft ist und in dem wir uns für würdig halten, auf sie Anspruch zu erheben. Das ist sein Geschenk. Der Nachteil ist, daß Jupiter uns mit mitteilsamen, übertriebenen Gefühlen erst halbbetrunken machen muß, bevor wir kapieren, was er von uns will. Und diese Gefühle sind gefährlich.

Wenn Sie einen Menschen, den Sie lieben, jupiterhaft berühren, dann stellen Sie sich selbst als dessen anfeuernden Cheerleader vor. Sollten Sie den Skorpion-Mond einer Freundin jupiterhaft färben, dann besteht Ihre Aufgabe nicht nur darin, diese »aufzumuntern«. Vielmehr sollen Sie dazu beitragen, diese Person zu wirklichen skorpionalen Siegen zu führen, sie darin unterstützen, die neuen Möglichkeiten in ihrem Bemühen, das Herz der Psyche zu durchdringen, auch zu erkennen (Skorpion-Mond-Prozeß).

Vielleicht nehmen Sie sie zum Vortrag eines berühmten Schrift-
stellers mit und ermutigen sie auf diese Weise, ein kreatives Ventil
für ihre aufgestaute psychologische Intensität zu finden. Möglicherweise bringen Sie ihr auch die Astrologie nahe.

Oder aber Sie erzählen ihr Witze. Ganz im Ernst, Humor kann
ein gutes Mittel sein, um die tieferen Bereiche des Geistes zu öffnen. Woody Allen, der wohl beste Clown der Moderne, ist
Schütze, in dessen Horoskop sowohl Jupiter als auch Merkur eine
Konjunktion mit der Sonne bilden. Diese drei Planeten bilden einen Sextilinteraspekt zu Diane Keatons Wassermann-Mond. Als
sie ihm ihr Herz öffnete, färbte er ihre experimentellen Instinkte
(Wassermann-Mond) nicht nur jupiterhaft, sondern auch merkurhaft und sonnenhaft. Zusammen waren Woody Allen und Diane Keaton Meister des Slapsticks, aber gemeinsam setzten sie
auch Humor ein, um bei einer Reihe schmerzlicher, tabuisierter
Themen das Schloß zu knacken: Unsicherheit, sexuelle Verletz-
barkeit, Angst vor dem Altern, Psychotherapie, Verrat, ethnische
Fragen usw. Das ist Jupiter-Einfluß im besten Sinne: Den Blick-
winkel des Partners gleichzeitig zu beleben und zu vertiefen, vor
allem im Hinblick auf Themen, die zuvor voller bedrohlich wir-
kender Möglichkeiten waren.

Eine der Gefahren des Menschseins besteht darin, daß wir dazu
neigen, uns selbst schrecklich ernst zu nehmen. Sollten Sie also
von einem Menschen, der Ihnen nahesteht, jupiterhaft berührt
werden, dann lassen Sie sich von ihm Humor beibringen, selbst
dann, wenn dieser scheinbar auf Ihre Kosten geht. Humor öffnet
die Tür zu großen Geschenken. Versuchen Sie den Witz zu verstehen – wenn es Ihnen gelingt, dann erhalten Sie noch weit mehr.
Dieser Freund oder Liebespartner besitzt ein instinktives Verständnis für Ihre höchsten Potentiale. Er oder sie weiß, wie sehr
Sie sich bisher unterschätzt haben. Ihr Widerstand gegen den Humor ist das Maß Ihres Hängens an beschränkteren Perspektiven,
die ihren Ursprung in dunkleren, schmerzlicheren Perioden Ihres
Lebens haben.

Der Dieb verdreht den Jupiter-Einfluß und treibt seinen Partner zu albernen Exzessen vorzeitiger, fragwürdiger Bemühungen.
Schmeichelei spielt eine entscheidende Rolle in der Strategie des

Diebes. Das gleiche gilt für den Schatten des Humors: Spott. Oft tritt der schädlichste Aspekt des Jupiter-Einflusses dann zutage, wenn sich der Partner verpflichtet fühlt, »nur positive Dinge zu sagen« – und Sie ermutigt, im Namen der »gegenseitigen Unterstützung«, über den Klippenrand zu springen.

Hüten Sie sich vor dem Dieb, doch erfreuen Sie sich an allem Übrigen. Der Einfluß Jupiters, mit dessen Unterstützung das verborgene Beste des Menschen, mit dem Sie das Leben teilen, zutage gefördert wird, steht weit oben auf der Liste der Gründe, warum Liebe all die Mühen wert ist.

Der Einfluß des Saturns

Planet: Saturn

Als Schenkender: Form geben; konzentrieren; konfrontieren; disziplinieren.

Als Dieb: Unterdrücken; kontrollieren; quälen; frustrieren.

Saturn ist das Schreckgespenst. Der Planet des Todes. Der Herr der Einsamkeit. So jedenfalls behaupten es die Traditionalisten. Sepharial, ein englischer Astrologe des frühen 20. Jahrhunderts, schreibt: »Saturn ist verantwortlich für Verspätungen, Hindernisse, Fehler, Geheimnisse, Todesfälle, berufliche Rückschläge, Unglück, melancholische Stimmungen, chronische Schmerzen, Leid, Krankheit und schadet Frauen und Kindern. Er macht den in seinem Zeichen geborenen einsam, unglücklich, verschlossen, vorsichtig, eifersüchtig, kleinlich und zum Gewohnheitstier.« Nicht gerade verlockend, nicht wahr?

Professor A.F. Seward, »der Welt führender Astrologe« (wenn schon nicht der bescheidenste), ist etwa 1915 nicht anderer Auffassung: »Der Einfluß des Saturn ... verursacht dem, der in seinem Zeichen geboren ist, viele Rückschläge, für gewöhnlich im mittleren Lebensabschnitt. Dabei entsteht ein Großteil der Probleme durch Ehe und Liebesbeziehungen.«

Es ist wenig überraschend, daß sich die negative Auffassung, die die »alte Schule« der Astrologie hatte, auch auf die Synastrie übertrug. Die Interaspekte des Ringplaneten wurden als böser

Einfluß auf die Ehe empfunden und schienen Entfremdung, emotionale Kälte und den frühen Tod eines der Partner zu prophezeien.

Aus dieser Tradition des Entsetzens und der Düsterkeit ergibt sich gegenwärtig eine außerordentlich merkwürdige Wahrnehmung. Heutzutage werden gerade in langanhaltenden Ehen starke Saturn-Verbindungen festgestellt. Wieder und wieder stellen wir fest: Die Geburtshoroskope eines Paares, das zusammen durch dick und dünn geht, das sich gemeinsam durch den Sumpf schleppt und miteinander auf die guten Zeiten anstößt, werden durch ein Netzwerk von Saturn-Verbindungen zusammengeflochten.

Jede Ehe, und natürlich auch jede Freundschaft, gerät früher oder später in schwieriges Fahrwasser. Noch einmal sei gesagt, solche Spannungen sind unvermeidbar, wenn zwei Affen in einem Käfig zusammen eingesperrt werden. Vor Jahren noch war der praktische und soziale Druck, der dafür sorgte, daß Ehen intakt blieben, weit verbreiteter als heute. Diese Art Druck war ein zweischneidiges Schwert. Auf der negativen Seite sorgte er dafür, daß Paare ihr ganzes Erwachsenenleben als Folge eines Fehlers, den sie in ihrer Jugend gemacht hatten, in einer halbmörderischen emotionalen Wüste beisammen blieben.

Auf der positiven Seite half dieser soziale Druck zum vermeintlichen Wohle der Ehe vielen Paaren, die holprigen Stellen der ehelichen Stolperstraße zu überstehen. Jetzt, da Scheidungen zum Nationalsport geworden sind, müssen sich Paare, die zusammenbleiben, aktiv und bewußt dafür entscheiden. Da die Tore zur »Freiheit« weit offenstehen, muß jeder Liebespartner die dem Eheversprechen innewohnenden Einschränkungen freiwillig in Kauf nehmen. In schlechten Zeiten bedarf eine solche Entscheidung einer kräftigen Dosis der gesündesten Saturn-Energie: Selbstdisziplin.

Saturn, der Schenkende, hat *Engagement* zu bieten. Saturns Botschaft lautet, daß Liebe zwar sicherlich ein Gefühl ist, zugleich aber auch mehr als dieses Gefühl. Liebe ist ein Versprechen, verantwortungsbewußt, offen und auf ehrliche Weise zu handeln, gleichgültig welche Spannungen gerade in der Luft liegen.

Wenn jemand, den Sie lieben, einen Planeten in Ihrem Geburts-

horoskop saturnhaft färbt, dann wissen Sie das, so wie es sich anfühlt, anfangs vielleicht nicht zu schätzen. Wie bei einem guten
Weinbrand muß eine Reifephase einkalkuliert werden, in der sich
das volle Aroma erst entfalten kann. Ihr Partner tritt diesem Teil
Ihres Charakters entgegen und fordert ihn heraus, »erwachsen zu
werden«, indem er den Planeten nötigt, einen riesigen Schritt auf
sein Erwachsenenpotential zu machen. Häufig hält der Saturn einen spezifischen, konkreten Plan für diesen Schritt bereit und
trägt so dazu bei, den Energien des kontaktierten Planeten Form
zu geben und sie zu konzentrieren.

Subjektiv erleben Sie den Saturn-Einfluß möglicherweise als offensichtlichen Versuch Ihres Partners, sie zu kontrollieren oder
sogar zu unterdrücken. Stimmt das auch objektiv? Möglicherweise, denn auf diese Weise bringt sich der Dieb zum Ausdruck.
Doch auch dann, wenn der Prozeß auf den Schenkenden zurückzuführen ist, könnten Sie einige dieser schlechten Gefühle erleben. Keiner wächst gerne, vor allem dann nicht, wenn einen dieses
Wachstum aus der angenehm vagen Welt der Träume in die
schmerzlich eingeschränkte Welt der Wirklichkeit führt. Insbesondere dieser Übergang ist die Spezialität des Saturn. Im Rück-
blick wissen Sie den Saturn-Einfluß vielleicht zu schätzen, doch
kann es eine gewisse Zeit dauern, bis er sich zeigt, und bis dahin
ist der Prozeß selbst vor allem ermüdend, beängstigend und nicht
selten ein dorniger Weg. Typischerweise fühlt er sich außerdem
unnatürlich an, als ob der uns saturnhaft färbende Partner von uns
verlangt, ein anderer zu werden, als wir sind – was natürlich genau
zutrifft.

Der Saturn, so empfinden wir subjektiv, erfüllt uns mit Hunger.
Er führt uns das, was wir sein könnten, wie die sprichwörtliche
Mohrrübe vor Augen. Sollte jemand zum Beispiel Ihren Merkur
saturnhaft färben, dann treibt Sie diese Person dazu an, klarer und
rigoroser zu denken und zu sprechen, weist Sie auf Widersprüche
in Ihren Vorstellungen und auf Lücken in Ihrer Argumentation
hin. Wenn jemand Ihre Venus saturnhaft färbt, dann konfrontiert
sie oder er Sie vermutlich mit Ihren romantischen Idealen, sexuellen Annahmen und Ihrem Beziehungsverhalten (Venus). Ihre
von Saturn berührte Sonne hingegen stellt die Authentizität Ihres

gesamten Seins in Frage. In allen Fällen gilt, wenn Sie die Wirklichkeit akzeptieren und sich diszipliniert einsetzen, um sich zu verändern, dann haben Sie ein Geschenk empfangen.

Auf der dunklen Seite kann der Dieb all diese Inspirationen in Frustration und Selbstkritik verwandeln. Wie? Indem er Ihnen unerreichbare Ideale vor die Nase hält. Nie zufrieden, immer fordernd, quält, frustriert und unterdrückt der Dieb den Planeten, den er berührt.

Sollten Sie einen anderen Menschen saturnhaft berühren, dann prüfen Sie sich genau. Achten Sie sorgsam darauf, nicht zum Dieb zu werden. Wir alle haben manchmal Angst. Wir alle müssen in einer Welt leben, über die wir keine Kontrolle haben, wir hängen von scheinbar zufälligen Kräften ab, auf die wir kaum Einfluß haben – wie etwa von den Grillen kriegshetzerischer Politiker oder den statistischen Versicherungen von Atomkraftwerkbetreibern. »Unkontrollierbare« Gefühle machen uns angst. Darin liegt die Funktionsstörung: Als Folge unserer Angst vor den Dingen, über die wir keine Kontrolle haben, könnte es geschehen, daß wir unbewußt einige der Erfahrungsbereiche überbetreuen, auf die wir Einfluß haben. Wie etwa auf die Entscheidungen eines geliebten Menschen. An dieser Stelle tritt der Dieb in Aktion. Wir übertragen unseren legitimen, doch frustrierten Drang nach der Kontrolle über unsere Erfahrungen, verdrehen ihn zur Zwanghaftigkeit, mit der wir einen anderen Menschen unter unserem Daumen zu halten versuchen.

Sollten Sie einen Menschen, der Ihnen vertraut, saturnhaft berühren, dann überprüfen Sie Ihre Motive. Versuchen sie diese Person unnötig stark zu beherrschen? Investieren Sie emotional, um Ihren Partner vorhersagbar und sicher »an seinem Platz« zu halten? Haben Sie sein oder ihr unveräußerliches Recht anerkannt, unabhängig seine oder ihre mysteriöse Welt zu erforschen? Wenn nicht, dann ist Ihnen der Dieb in ihre Haut geschlüpft und benutzt Sie.

Carl Gustav Jung und Sigmund Freud konnten viele Jahre gut zusammenarbeiten und einander zu neuen Ebenen der Genauigkeit und Tiefe motivieren. Eine solche gemeinsame Leistung läßt uns an Saturn-Verbindungen zwischen den Männern denken.

Unsere Vermutung bestätigend, stellen wir fest, daß sich die Beziehung verschlechterte, als Jung begann, sich im Hinblick auf das Wesen des menschlichen Unbewußten von Freuds Linie zu entfernen. Jungs Gefühl, »erdrückt« zu werden, und Freuds Gedanken zu Jungs »Ungehorsam« oder »Verrat« weisen allesamt auf die Tätigkeit von Saturn, dem Dieb, hin. In ihren Horoskopen sehen wir, daß Freud Jungs Jupiter und seinen Saturn jeweils durch ein Trigon und seinen Mars durch eine Opposition saturnhaft berührt. Und Jung hatte sogar einen noch stärkeren Saturn-Einfluß auf Freud. Jungs Saturn bildete einen Trigoninteraspekt mit Freuds Saturn, außerdem berührte er Freuds Himmelstiefe (IC) durch eine Konjunktion, seine Venus durch ein Sextil und seine Sonne, seinen Uranus und seinen Merkur durch ein Quadrat. Diese beiden Männer verkörperten geradezu ein Lehrstück des Saturn-Einflusses, das Beste und das Schlimmste, was dieser Kontakt bedeuten kann. Und, man könnte das als ironisch empfinden, trotz ihrer Unversöhnlichkeit hat der Saturn zum Schluß gewonnen: Ihre beiden Namen sind in der Geschichte für immer untrennbar miteinander verbunden. Auf dieser Ebene jedenfalls besteht ihre Beziehung fort.

Der Einfluß von Uranus

Planet: Uranus
Als Schenkender: Individualisieren; befreien; überraschen; revolutionieren.
Als Dieb: Unterbrechen; Kriegsneurose; am Boden zerstören; verderben.

Wenn Uranus sprechen könnte, dann würde seine Botschaft lauten: »Warum benutzt ihr alle nicht euren eigenen Kopf?« Den eigenen Kopf benutzen. Was hat das zu bedeuten? Wir alle sind überwältigendem sozialem Druck unterworfen, werden in vorgefertigte Rollen mit vorgefertigten Meinungen, Geschmäckern, Lebensstilen sogar Gedanken gezwängt. Männern wird beigebracht, daß sie nicht weinen dürfen. Frauen lernen, vielleicht zu schnell in Tränen auszubrechen. Wir alle werden aufgefordert, Glück mit

Erfolg und Erfolg mit Geld gleichzusetzen. Jede Gesellschaft ist anders, aber letzten Endes doch gleich. Nur die Bräuche unterscheiden sich. Der zentrale Prozeß – die Sozialisation – ist universal. Und das ist der Grund, warum Gott Uranus erschaffen hat.

Er ist der Planet der Rebellion. Seine Aufgabe ist es, die Regeln zu brechen. Autorität in Frage zu stellen. Die Gußform zu zerbrechen, in der die Gesellschaft unser Leben zu fassen versucht.

Die Uranus-Energie ist vor allem aufregend. Sie heizt ein, versieht unsere Sinne mit schneidender Schärfe, beschleunigt die mentalen Prozesse. Außerdem bringt der Planet, aus Gründen, die logisch schwer zu verstehen sind, die »lange Sicht« ein. Jemand trägt in seinem Lottoschein die richtigen Zahlen ein und erwacht am anderen Tag als Millionär. Eine andere Person wird nach Nordisland versetzt. Eine dritte erbt unerwartet ein Gut in Australien. Jenseits all des Feuerwerks liegt der Schlüssel zum Verständnis der Uranus-Energie in der Erkenntnis, daß der Planet die *Individuation* fördert, das Bemühen, wirklich man selbst zu werden. Die Ereignisse, die sich auf lange Sicht auswirken, scheinen als eine Art kosmischer Arbeitgeberanteil an der Sozialversicherung zu funktionieren, die den zentralen Uranus-Prozeß unterstützen und fördern.

In der Beziehung ist der Uranus-Einfluß ein schwindelerregendes Gefühl und nichts für Zaghafte. Dem von Uranus berührten Planeten wird der Teppich unter den Füßen weggezogen. Alles wird in Frage gestellt. Götzen vom Sockel gestürzt. Beruhigende Gewißheiten lösen sich in Luft auf. Eine Stimme ermahnt uns: »Lauf nicht den Anführern hinterher!«

Eine Frau, die aus einer streng puritanischen Familie stammt, begegnet einem Mann, der ihre Venus uranushaft färbt. Er bringt sie dazu, ihren sexuellen Sittenkodex zu überdenken, fordert sie auf, zu trennen zwischen dem, was sie fühlt, und dem, was zu denken man ihr beigebracht hat. Ein anderer Mann ist ein gewaltloser Quäker. Eine Frau tritt in sein Leben und berührt seinen Mars uranushaft. Sie macht ihn wütend und zwingt ihn so, seine Einstellung gegenüber aggressivem Verhalten zu überdenken. Gibt er seine Quäker-Ideale auf, wird ausfallend und gewalttätig, weil der Uranus eines anderen Menschen zufällig mit seinem

Mars in Berührung gekommen ist? Nein, jedenfalls dann nicht, wenn er diese Art von Gefühlen nicht ohnehin bereits hinter einer dünnen Fassade aus Pazifismus verborgen gehalten hat. Sie spornt ihn lediglich dazu an, über die »Quäker-Position«, die er übernommen hat und mit der er direkte persönliche Erfahrung, unabhängige Analyse und absolute Ehrlichkeit ersetzt, hinauszugehen. Sie hat vielleicht keine Ahnung davon, daß sie solchen Einfluß auf ihn nimmt, aber so ist ihre Wirkung auf ihn.

Wenn Sie einen anderen Menschen uranushaft berühren, dann denken Sie daran, daß Konventionen nicht nur eine zerstörerische, begrenzende Kraft sind. Sie haben auch eine stabilisierende, sogar eine vertiefende Funktion. Nur sehr wenige Menschen sind von Anbeginn so stark und weise, daß es für sie besser gewesen wäre, wenn sie schon in jungen Jahren im Urwald allein für sich hätten sein können. Das Leben ist voller Morast und Rätsel. Seit einer Million Jahre versuchen Männer und Frauen sie zu erfassen und geben die aus ihnen gewonnene Weisheit an die nächste Generation weiter. Diese Weisheit ist alles andere als vollkommen, doch die meisten von uns profitieren von ihr, bis wir bessere, individuellere Antworten entwickeln. Durch den Uranus-Einfluß könnten Sie Ihren Partner zu sehr antreiben, ihn in Aufregung versetzen, ihn drängen, Freiheit für sich in Anspruch zu nehmen, mit der er noch gar nicht verantwortlich umgehen kann. Die Frau aus der puritanischen Familie könnte feststellen, daß sie ungewollt schwanger geworden ist. Der Quäker könnte sich erniedrigen, indem er die Frau, die seinen Mars durch ihren Uranus beeinflußt, schlägt. In beiden Fällen könnte der uranushaft gefärbte Mensch aggressiv reagieren und schockiert von der beängstigenden, gefährlichen uranustypischen Freiheit in sichereres Gelände fliehen.

Sollten Sie feststellen, daß Sie in einer Beziehung stark von Uranus berührt werden, dann bereiten Sie sich darauf vor, unerforschtes Gebiet zu betreten. Sie haben einen Partner gefunden, der Sie drängen wird, Sie veranlassen wird, gefährliche Fragen zu stellen, der Sie ermutigen wird, sich nach den Grenzen Ihrer Individualität zu strecken. Damit Sie die Fäden dieses interessanten Prozesses in Händen behalten, müssen Sie sich darauf konzentrieren, Ihr Gleichgewicht zu bewahren. Ziehen Sie alles in Zweifel, was Sie jemals für wahr gehalten haben, doch mißtrauen Sie zugleich Leichtfertigkeit und blinder Begeisterung.

Freuds Uranus befand sich in Konjunktion mit Jungs Mond, während Jungs Uranus ein Sextil zu Freuds Mond und ein Quadrat zu seiner Sonne bildete. Dieser solare und lunare Uranus-Einfluß ist ein zentrales Element in der synastrischen Bindung zwischen den beiden Männern. Der eine stimulierte die Uranus-Fähigkeit des anderen, um das nachmittelalterliche Bild dessen, wie der menschliche Geist zu funktionieren hat, zu durchbrechen, und beide schubsten einander – und die Welt – in das Zeitalter moderner Psychologie. Pierre Curie färbte den Merkur seiner Frau uranushaft durch eine Opposition; der intellektuelle Durchbruch brachte Marie Curie einen Nobelpreis ein. Die Dimension der Uranus-Aktivität, die sich auf »lange Sicht« auswirkt, zeigt sich bei einer Frau, die 1763 auf der Karibikinsel Martinique geboren wurde. Ein Wahrsager hätte mit einem Blick auf ihr Horoskop die Konjunktion von Venus und Mars in ihrer Himmelsmitte feststellen und »Ruhm durch Heirat, aber auch Schwierigkeiten dadurch« vorhersagen können. Und es kam ein Mann namens Napoleon daher und beeinflußte mit seinem Uranus diese Konfiguration durch ein Sextil. Er heiratete sie, und eine Zeitlang war sie Kaiserin von Frankreich.

Der Einfluß von Neptun

Planet: Neptun
Als Schenkender: Inspirieren; erheben; sensibilisieren; verzaubern.
Als Dieb: Verwirren; verschwenden; schwächen; idealisieren; betrügen.

Sie liegen abends in Ihrem Bett und gleiten langsam in den Schlaf. Plötzlich geht ein Ruck durch Ihren Körper. Sie haben sich »beim Einschlafen erwischt«. Eine Frage: Wo waren Sie drei Sekunden vor dem Ruck? Raum. Geist. Das Unbewußte. Oder, wie ein Saxophonspieler, mit dem wir einmal befreundet waren, es ausdrückte: »Rückenschwimmen im Erhabenen.«

Wie immer Ihre persönliche Antwort auch lautet, die astrologische heißt »Neptun«. Er ist der Planet des Bewußtseins. Reines Sein. Wie immer Sie den Raum auch nennen, der durch Ihre Augen – und Ihre Persönlichkeit – nach außen blickt: das ist Neptun.

Neptun spielt eine bedeutende Rolle in der Hitliste der Heiligen (und Betrunkenen), Visionäre (und Träumer), Mystiker (und der Menschen, die jeden Abend Ihres Lebens sechs Stunden auf die Mattscheibe ihres Fernsehers starren). *Selbsttranszendenz* lautet der gemeinsame Nenner. Im allgemeinen wird dies für ein positives Attribut gehalten. Doch das ist nur die halbe Wahrheit. Die andere Hälfte der Wahrheit liegt darin, die halluzinatorische, durch Nebel verborgene Fallgrube zu erkennen, die sich direkt unterhalb des zerbrechlichen menschlichen Ich befindet.

Die psychoanalytische Theorie legt großen Wert auf das Ringen des Kindes um die Befreiung aus dieser neptunischen Fallgrube. Anders ausgedrückt betont sie das Ringen des Kindes um die Differenzierung zwischen Ich und Unbewußtem. Folglich rümpfen Psychologen, die der Hauptströmung zuzuordnen sind, entsetzt die Nase, wenn es um »Regressionen« in verschwommene neptunische Zustände geht.

Mystiker sehen das anders. Für sie besteht der elementare Sinn des Lebens darin, diese geheimnisvolle innere Landschaft zu erforschen und mit ihr Frieden zu schließen.

Als Astrologen müssen wir erkennen, daß die neptunische Münze zwei Seiten hat: mystische Ekstase und »Bewußtlosigkeit«. Unser vorrangiges Problem, so merkwürdig dies auch erscheinen mag, liegt vor allem darin, das eine vom anderen zu unterscheiden. Der springende Punkt des Problems liegt in einem alten, mißverstandenen Wort: Zauber.

Heutzutage ist »Zauber« zu einem billigen Etikett verkommen. Eine Frau als »bezaubernd« zu bezeichnen, heißt, sie herablassend zu rühmen, als sage man: »Du bist schön … auf eine primitive Art und Weise.« Wir könnten sogar meinen, daß Zauber ein modernes Wort ist, da es doch so untrennbar mit unserer Pop-Kultur verwoben ist. Tatsächlich aber gehen die Wurzeln des Wortes »Zauber« weit zurück, sind verbunden mit den keltischen Traditionen von Feen, Zauberern und Magie. Wenn ein Lepre-

chaun (Kobold) ein Pferd brauchte, dann »verzauberte« er vielleicht einen Eimer voller Steine. Dem glücklosen Bauern würden
diese Steine wie unbezahlbare Edelsteine vorkommen – und wie
ein ausgesprochen guter Tausch für seine alte Schindmähre. Zauber ist also die Fähigkeit, eine Sache als etwas erscheinen zu lassen, was sie tatsächlich gar nicht ist.

Jeder von uns *ist* in Wahrheit anders, als wir zu sein scheinen.
Doch was oder wie genau sind wir? Das ist die Botschaft Neptuns: »Du bist nicht dein Ich. Du bist *Bewußtsein*, und das ist etwas sehr viel umfassenderes und aufregenderes.« Zauber kommt
hinzu und richtet verheerenden Schaden an, wenn er, statt das Ich
für eine Zeitlang aufzulösen, indem er die Vorhänge zurückzieht
und einen Blick auf diese strahlende innere Landschaft gestattet,
uns statt dessen dahingehend fehlleitet, daß wir seine Botschaft
mißverstehen und unser Ich lediglich durch aufgeblasene, unrealistische Phantasien über uns selbst glorifizieren. Der auf seinem
Gebiet sicherlich kompetente Postzusteller bildet sich ein, ein
»Rockstar« zu sein. Er gibt seinen Job auf, verläßt seine Familie
und endet schließlich als Kokainsüchtiger in L.A.

Die Hausfrau aus Nebraska stellt sich vor, Filmstar zu sein, und
endet in der Gosse neben dem Postzusteller.

Das ist der dunkle Zauber von Neptun, den wir vermeiden
müssen, wenn wir nicht wollen, daß uns später all die Main-
stream-Psychologen mit ihrem »Wir haben dich gewarnt!« auf die
Nerven fallen.

In der Synastrie kann der Neptun-Einfluß ekstatisch sein. Er ist
in der Lage, jeden Nerv in Ihrem Körper zu sensibilisieren. Wenn
jemand einen Planeten in Ihrem Geburtshoroskop neptunhaft
färbt, dann kommt Ihnen dieser Teil von Ihnen wie verzaubert
vor, als sei er auf eine neue Ebene der Wahrnehmung gehoben.
Außerdem fühlt er sich verwirrt an, als sei der Kellner eifriger darum bemüht gewesen, Ihr Champagnerglas aufzufüllen, als Sie es
erwartet hätten.

Wir alle verkrusten im Verlauf des Lebens ein wenig. Gewohnheiten entwickeln sich. Mauern wachsen in die Höhe. Wir müssen
an diesen weicheren, zarteren, magischeren Ort erinnert werden,
der unter den Ritualen verborgen liegt. Warum? Und wenn es nur

deshalb ist, weil dieser neptunische Bereich die wahre Quelle von Lebensglück ist. Denken Sie sich die Situation folgendermaßen: Egal wie glücklich Sie sich auch in äußerer Hinsicht schätzen können, es ist dennoch möglich, daß Sie im Inneren traurig sind. Und umgekehrt, egal unter welch schlechtem Stern Ihr Leben auch scheinbar steht, kann es trotzdem sein, daß Sie weit glücklicher sind, als ein im Äußeren scheinbar mit größerem Glück bedachter Mensch. Glück ist die Domäne Neptuns, es hat seinen Ursprung im Bewußtsein und nicht in den äußeren Umständen. Wenn eine Person Sie neptunhaft beeinflußt, dann berührt sie den Teil von Ihnen, der hinter all den Dramen an der Oberfläche des Lebens liegt. Sie stößt direkt bis zu Ihrem Herzen vor, überspringt Ihre harte Schale – und nebenbei gesagt auch all Ihre Verteidigungsstrategien.

Wenn Sie feststellen, daß Sie neptunhaft berührt werden, insbesondere in den Anfangsphasen einer Beziehung, dann seien Sie vorsichtig. Versuchen Sie sich einen klaren Bezug zur Realität zu bewahren. Möglicherweise sehen Sie Ihren Partner, trotz der warmen Gefühle, die in Ihnen aufsteigen, nicht besonders klar. Statt dessen sind Sie vielleicht in unglaublicher Klarheit auf ein romantisches Ideal fixiert, das Sie in Ihrem Unbewußten mit sich umhertragen – und Sie könnten dieses Ideal einem passenden »Opfer« übergestülpt haben ... doch darum geht es nicht. Nur darum, daß Sie ein ausgewogenes Urteilsvermögen brauchen. Werden Sie neptunhaft berührt, dann lassen Sie sich Zeit – unter solchen Umständen ist das vermutlich die beste Faustregel. Wenn die Partnerschaft auf einer soliden Basis steht, wird sie sich nicht über Nacht in Luft auflösen.

Sollten Sie einen Menschen, der Ihnen etwas bedeutet, neptunhaft beeinflussen, dann versuchen Sie ihm eine Umgebung der Freundlichkeit und Unterstützung zu schaffen. Insbesondere sollten Sie darauf achten, welchen Planeten des anderen Ihr Neptun berührt, und erkennen, daß es Ihnen freisteht, die Entwicklung dieser Funktion auf geradezu magische Weise voranzubringen. Ihr Beziehungspartner könnte zum Beispiel eine Sonne-Saturn-Konjunktion in seinem 5. Haus haben. Seine Identität (Sonne) ist abhängig davon, ob er sich selbst ein zum Ausdruck bringendes, kreatives Ventil einrichtet. Wurde er aber mit einem frustrierenden Gefühl der Unzulänglichkeit und einer entsprechenden Blockade in diesem Bereich (unbewußter Saturn) geboren, kann diese nur durch Fleiß, Bemühen und Hartnäckigkeit überwunden werden (bewußter Saturn). Sie beeinflussen diese Konfiguration durch Ihren Neptun. Was sollten Sie also tun? Folgen Sie Ihrem Herzen, und was dabei herauskommt, könnte dem folgenden Szenario gleichen: Sehen Sie Ihrem Partner direkt in die Augen, öffnen Sie Ihr Herz, koppeln Sie Ihre Seelen aneinander, und sagen Sie Ihm, daß Sie da drin einen Dichter sehen.

Elizabeth Taylor hat einen Skorpion-Mond im 2. Haus. Sie verspürt (Mond) einen skorpionhaften Hunger nach einer tiefen, dramatischen Liebesbeziehung, die gelegentlich vielleicht durch Gefühle der persönlichen Unsicherheit verkompliziert wird (2. Haus). Richard Burton, ihr langjähriger Liebhaber und Ehemann, färbte ihren Mond sonnenhaft. Diese Interaktion reicht aus, um die intensiven Reaktionen, die sie offenbar ineinander auslösten, zu erklären, denn er veranlaßte ihren Mond zur aktiven Manifestation und sie, indem sie ihn mondhaft beeinflußte, überflutete sein Bewußtsein mit Gefühlen. Auch Richard Burton hatte einen auffälligen Neptun, der eine Konjunktion mit seinem Aszendenten im 1. Haus formte. Dieser Neptun bildete ein ziemlich genaues Quadrat mit ihrem Skorpion-Mond. Folglich beeinflußte er sie nicht nur sonnenhaft, sondern auch neptunhaft, erfüllte ihr Herz (Mond) mit weltfernen Gefühlen und dem Bewußtsein der Seelenverbindung. Aber kann es vielleicht sein, daß Sie in ihm einen »vollkommenen Mann« sah, nur um sich wieder und wieder betrogen zu fühlen, wenn sich seine Menschlichkeit durchsetzte?

Der Einfluß Plutos

Planet: Pluto
Als Schenkender: Durchdringen; offenbaren; über sich selbst hinausgehen.
Als Dieb: Tyrannisieren; korrumpieren; in Angst und Schrecken versetzen; trüben.

Pluto starrt direkt durch Sie hindurch.

Pluto fragt Sie: »Wieviel Zeit verbringst du damit, darüber nachzudenken, was du als nächstes essen wirst? Mit wem du ins Bett gehen könntest? Wieviel Geld du zur Verfügung hast? Was die anderen von dir halten?«

Für die meisten von uns, vorausgesetzt wir haben den Mut ehrlich zu sein, ist die Antwort beschämend. Für den überwiegenden Teil der Menschheit sind Essen, Sex, Geld und Macht ausgesprochen faszinierende Themen.

Dann lacht Ihnen Pluto ins Gesicht. Er zeigt Ihnen Galaxien, brennende Quasare, Äonen der Zeit. Er bezeichnet Sie als Mikrobe auf einem Staubkorn. Er sagt Ihnen, daß Ihr ganzes Leben nichts als ein Witz ist. Und dann läßt er Sie stehen.

Welche Antwort können wir da geben? Wie gelingt es uns, uns gegen Plutos unerquicklich entleerende Analyse unseres Lebens zu wehren?

Eine Antwort besteht darin, keine Antwort zu geben. Sondern die elementare Sinnlosigkeit der Existenz zu akzeptieren. Entlang dieses Weges ist Verzweiflung zu erwarten, und eine der Haltestellen entlang des Weges heißt »Existentialismus« mit seiner Betonung auf dem Leben als dem »Theater des Absurden«.

Möglicherweise haben wir für Pluto eine bessere Antwort. Vielleicht sagen wir: »Einen Augenblick mal. Gesten habe ich dem Alpenverein 50 Mark geschickt. Zeig mir einen Affen, der so etwas tut.« Indem wir dem Alpenverein 50 Mark spenden – oder eine andere selbstlose Tat tun –, gehen wir über uns selbst hinaus, das heißt, wir identifizieren uns mit Motiven und Bedürfnissen, die mit dem »Affen« in uns absolut nichts zu tun haben. Und indem wir dies tun, wird der Affe in uns kleiner und stellt eine kleinere Angriffsfläche für Plutos eisigen Stachel dar.

Altruismus. Das Gefühl, eine Aufgabe zu haben. Das Empfinden eines übergeordneten Sinns. Dies sind die Geschenke des höheren Pluto. Doch um sie zu erlangen, müssen wir uns zunächst dem niederen Pluto stellen und mit dem selbstverherrlichenden, hungrigen Affen ringen, dessen Appetit einen so großen Teil unseres Handelns verursacht.

Wenn jemand einen Planeten in Ihrem Geburtshoroskop plutonisch beeinflußt, dann wird dieser Teil von Ihnen nachdrücklich herausgefordert. Aufgefordert, sich seinem Schatten zu stellen. Inwiefern machen Sie sich in diesem Bereich Ihres Lebens etwas vor? Welches sind Ihre tröstlichsten Lügen? Wenn Sie diese Art Überprüfung ertragen können, dann hat Ihr plutonisch berührter Partner noch mehr zu bieten: Eine Art, den Planeten auf eine neue, höhere Bedeutungsebene zu heben, über sich selbst hinauszugehen und als Mittel zum Zweck in einem größeren Weltzusammenhang zu dienen – was mit dem daraus entstehenden, einzigartigen plutonischen Gefühl der *kosmischen Legitimität* wiederum Ihnen hilft. Dieser von Pluto beeinflußte Teil Ihres Lebens war vielleicht einmal »ein Witz«, ist es aber nun nicht mehr. Nun spiegelt er etwas wider, was sich jenseits der Affenmotive befindet.

Eine Frau hat einen Krebs-Mond im 8. Haus. Sie verfügt über introspektive, auf Hege und Pflege bedachte Instinkte (Krebs-Mond), die in einen Bereich des Unbewußten eingesperrt sind, der durch zahlreiche soziale Tabus charakterisiert ist (8. Haus). Ihre Reaktion auf die Konfiguration ist weniger als optimal. Sie wird launisch und ist mit ihren eigenen Gefühlen beschäftigt, hungert nach sexueller Erfüllung (8. Haus) und fühlt sich zugleich beunruhigt von der Verletzlichkeit, die Intimität hervorruft (Krebs-Mond). Sie ist fasziniert vom Tod (8. Haus), schreckt jedoch vor der Unerfreulichkeit seiner Wirklichkeit zurück und gleitet dabei möglicherweise in morbide Phantasien ab (Krebs-Mond).

Ein Mann tritt in ihr Leben und färbt ihren Mond plutonisch. Wie ein Kinogänger in einem Horrorfilm reagiert sie auf seine Botschaft, indem sie mit beiden Händen das Gesicht bedeckt – und doch zwischen den Fingern hindurch mit einem Auge gebannt auf die Leinwand starrt. Er macht ihr bewußt, wie sehr sie mit sich selbst beschäftigt ist. Er führt ihr ihre Rationalisierungen vor. Intuitiv legt er all ihre Verteidigungsstrategien bloß. Durch diesen Mann ist sie mit einem Teil ihrer selbst konfrontiert, der im harten Licht der plutonischen Perspektive unerträglich unnütz und absurd ist.

Dieses plutonische »Sich-dem-Schatten-Stellen« ist nur der erste Teil des Prozesses. Der zweite Teil besteht darin, den berührten Planeten in seinem über die eigene Person hinausgehenden Ausdruck zu fördern. Vielleicht ermuntert der neue Liebespartner der Frau sie dazu, sich ehrenamtlich im Frauenzentrum zu engagieren. Möglicherweise nimmt sie auch eine unentgeltliche Tätigkeit in einem Hospiz auf. In beiden Fällen wird ihr Krebs-Mond plutonisch gefärbt und aus der ausschließlichen Beschäftigung mit sich selbst in die höhere Krebs-Welt der aktiven Hege und Pflege und des Heilens geführt.

Ist der Pluto-Einfluß immer so herrlich? Keineswegs. Genausogut könnte der gleiche Mann in das Leben der Krebs-Mond-Frau eindringen, in ihr mit seiner Intensität das blanke Entsetzen auslösen und sie noch tiefer in ihre Schale zurücktreiben. Wie? Vorstellbar wäre, daß er die Krankheit seines Plutos bei ihr ablädt und Ihren Geist mit Zynismus und Bitterkeit verdirbt.

Es kann aber auch sein, daß es noch schlimmer kommt: Vielleicht quält er sie mit der Wahrheit, reißt ihren Verteidigungswall nieder, tut dies jedoch ohne Mitgefühl, bestrebt ihren Charakter hinzurichten. Oder aber er tyrannisiert sie, macht sie zum Opfer seines Power-Trips, seiner Gurumanie, bis ihre Beziehung einer Fallstudie in spirituellem Faschismus gleicht.

Wenn Sie feststellen, daß Sie einen anderen Menschen plutonisch berühren, dann denken Sie darüber nach, wann Ihnen jemand das letzte Mal Komplimente zu Ihrem Heiligenschein gemacht hat. Sollte es bereits eine Weile zurückliegen, dann seien Sie unbedingt zurückhaltend darin, Ihrem Partner Predigten zu halten. Vermutlich verfügen Sie über einige wertvolle Einblicke in die dunklen Seiten des Planeten, den Sie plutonisch färben. Überbewerten Sie sie nicht! Dieser Planet stimuliert seinerseits Ihren Pluto, und folglich wird Ihre Neigung, mit zuviel Autorität über das Leben anderer zu herrschen, noch zusätzlich verstärkt. Legen Sie also einen niedrigeren Gang ein. Seien Sie ehrlich und konfrontieren sie, aber maßvoll.

Machen Sie sich außerdem klar, daß eine Halbwahrheit, die jemand wirklich hört und annimmt, weit hilfreicher ist als eine ganze Wahrheit, die er ablehnt, weil sie eine zu große Bedrohung ist. Beim Pluto-Einfluß kommt es vor, daß zu tief geschnitten und damit beim Partner eine noch ausgeklügeltere Verteidigungsstrategie gefördert wird. Der Grat zwischen dem wahrhaft über sich selbst hinauswachsenden Bedürfnis, einem anderen Menschen zu helfen, und einem lediglich selbstverherrlichenden Drang, unheimlich weise und scharfsinnig zu sein, ist äußerst schmal. Überschreiten Sie diese Grenze, und Sie marschieren direkt in den Bau von Pluto dem Dieb.

Stephen Douglas, ein für die Sklaverei eintretender Politiker des 19. Jahrhunderts, war ein äußerst charismatischer Redner und verfügte über mächtigen Einfluß. Sein Eintreten für die Sklaverei empfand Abraham Lincoln als so abstoßend, daß er öffentlich gegen ihn Stellung bezog. Die berühmten Lincoln-Douglas-Debatten rückten Lincoln in das Licht der öffentlichen Aufmerksamkeit und öffneten ihm letztlich den Weg zur Präsidentschaft. Douglas' Pluto befand sich in Opposition zu Lincolns Himmelsmitte (öffentliche Position) und berührte ihn plutonisch zu charakteristischem altruistischem Handeln.

Abraham Lincoln und seine Frau Mary Todd Lincoln verdeutlichen die dunkle Seite des Pluto ebenfalls und auf besonders schmerzliche Weise. Er färbte ihren Saturn plutonisch durch eine Konjunktion und ihren Mars durch ein Quadrat. Hierbei handelt es sich um anspruchsvolle Konfigurationen, in denen die beiden in der mittelalterlichen Astrologie als »böse« bezeichneten Planeten beteiligt waren. Ihre Ehe war äußerst stürmisch, und dieser Pluto-Einfluß ist ausreichend heikel, um diese Tatsache zu erklären. War da etwas in Mary Todd Lincolns Drang, alles zu kontrollieren (Saturn) und ihrer unbewußten Neigung zu Gewalt (Mars), dem sich zu stellen ihr Abraham Lincoln half? Und als er, neben ihr im Theater sitzend, ermordet wurde, bekam sie ein besonders brutales Beispiel der scheinbaren Sinnlosigkeit unserer Existenz, das Vermächtnis des Diebs, zu Gesicht?

Kapitel 9

Deine Planeten, meine Häuser

Lois ist Philosophiestudentin, eine zurückhaltende, ruhige junge Frau, die Bücher mag und viel grübelt. Vor sechs Monaten entdeckte sie Mike. In diesen sechs Monaten hat sie mehr gelacht als in ihrem ganzen bisherigen Leben. Sie nimmt die unbedeutenden Kriege der Wissenschaft nicht mehr so ernst. Ihre größere Freude am Leben offenbart sich in einer entspannteren Lehrweise, und sie hat viele neue Ideen für ihre Dissertation.

Mikes Sonne fällt in Lois' 5. Haus, das Haus der Liebesaffären, Verspieltheit, Freude und Kreativität. Das heißt, wenn sich *seine* Sonne in *ihrem* Horoskop befände, dann würde sie dort stehen. Am Ende von Kapitel 7 haben wir besprochen, wie man diese Konfigurationen erkennt. Nun wollen wir lernen, sie richtig zu interpretieren.

Mike hatte sich wegen der Monotonie in seinem Leben gelangweilt und sich an eine von Gewohnheiten bestimmte Existenz gewöhnt. Nun hat er erkannt, daß es noch eine ganze Welt voller Ideen und Erfahrungen gibt, die er niemals zuvor erforscht hat. Seit er Lois kennengelernt hat, hat er zu seiner Neugier zurückgefunden und gibt ihr fröhlich nach, in der Bibliothek, bei Vorlesungen, in Filmen, Konzerten und in Gesprächen, die bis zum frühen Morgen andauern. Es kommt ihm so vor, als habe Lois ihn aus einem Käfig befreit.

Lois' Sonne befindet sich in Mikes 3. Haus, stimuliert seine Lust auf Kommunikation, Wahrnehmung und den Austausch von Informationen. Sie färbt (läßt hervortreten, betont) diesen Teil seines Lebens sonnenhaft.

Die Plazierung der Planeten der einen Person in den Häusern der anderen ist ein grundlegender Kunstgriff der Synastrie. Diese Vorgehensweise macht uns den Einfluß deutlich, den eine Person auf die Umstände und Verhaltensweisen (Häuser) der anderen hat. Diese Prozedur wird als »Übertragung« der Planeten der einen Person in die Häuser der anderen bezeichnet.

Mike und Lois sind erfundene Personen. Wir wollen sehen, wie die Technik in der Wirklichkeit funktioniert, indem wir uns mit dem Horoskopen von Eleanor Roosevelt und Franklin D. Roosevelt beschäftigen.

Eleanor Roosevelts Mond befindet sich bei 18 Grad und 55 Minuten im Krebs. Franklin D. Roosevelts 11. Haus beginnt bei 19 Grad im Krebs. Obgleich sich Eleanors Mond mathematisch betrachtet in Franklins 10. Haus befindet, bekommt er die Mond-Themen vor allem in seinem 11. Haus zu spüren. Warum? Weil die Spitze des Hauses ein äußerst sensibler Bereich ist. Wie der Ereignishorizont um ein schwarzes Loch zieht die Häuserspitze einen Planeten, der sich vom Fachlichen her gesehen im vorangegangenen Haus, doch innerhalb von 2 Grad vor der Spitze befindet, in das folgende Haus.

Angenommen, die Sonne Ihres Freundes Spenser ist 1 Grad und 59 Minuten von der Spitze des 5. Hauses seiner Freundin Susan entfernt. Stellen Sie seine Sonne dann in ihr 4. oder ihr 5. Haus? Rein theoretisch könnten wir über diesen Punkt bis zum Jüngsten Tag diskutieren, doch es gibt einen besseren Weg. Schalten Sie die Astrologie aus. Schalten Sie die Wirklichkeit ein, und fragen Sie Susan, in welchem Bereich ihres Lebens sie den Einfluß von Spensers Sonne spürt. Betont sie das Verständnis, das sie für sich selbst aufbringt? Fällt es ihr, seit sie mit ihm zusammen ist, leichter, Wurzeln zu schlagen? Dies sind die Themen des 4. Hauses. Wenn Susan eine Psychotherapie begonnen und sich einer Gruppe angeschlossen hat, in der Träume analysiert werden, und wenn sie und Spenser im Begriff sind, zusammen ein Haus zu kaufen, dann ist jeder weitere Zweifel behoben: Seine Sonne fällt in ihr 4. Haus. Sollte Susan jedoch mit ihm in die Ferien fahren, die Arbeit an ihrem Roman wiederaufgenommen haben und öfter auswärts essen gehen, seit sie mit Spenser zusammen ist, dann fällt seine Sonne wohl doch in ihr 5. Haus. In diesem Fall brauchen Sie Susans Gefühlen keine weitere Beachtung zu schenken, sondern müssen sich damit beschäftigen, was sie tut. Achten Sie darauf, wie sich ihr Verhalten (Häuser) verändert hat, seit sie und Spenser ein Paar sind.

Beobachten Sie insbesondere, welche Häuser nicht nur durch

die Sonne des Partners, sondern auch durch seinen Mond und seinen Aszendenten beeinflußt werden. Sie färben das Haus sonnenhaft beziehungsweise mondhaft, in das Ihre Sonne beziehungsweise Ihr Mond im Horoskop Ihres Partners fällt.

Bei der Übertragung berücksichtigen wir nicht nur die primäre Dreiheit, sondern auch alle zehn Planeten und die Himmelsmitte. Bei so vielen beteiligten Faktoren ist in der Regel mehr als nur ein Haus betroffen. Die Häuser, die am stärksten mit den Planeten Ihres Partners zusammenprallen, sind in der Regel die Bereiche Ihres Lebens, die durch Ihren Lebensgefährten am stärksten beeinflußt werden. Ob Sie es mögen oder nicht, Sie werden mehr Zeit für die Angelegenheiten dieser Häuser aufbringen müssen, wenn Sie sich tiefer auf diesen Menschen einlassen. Ihr Gefährte wird wie der Schauspieler im Theater dieses Hauses sein, der Sie auf die Bühne lockt.

Angenommen, Ihr Partner bringt sechs Planeten in Ihr 3. Haus ein. Wir wissen, daß dieses Haus dann, wie im Beispiel von Mike und Lois, aktiv verstärkt wird. Es ist das *Verhalten* im Rahmen des 3. Hauses, das sich quantitativ verändert. Wie aber stellt sich seine qualitative Veränderung dar? Das Wesen der Planeten, die in Ihr 3. Haus fallen, sagt Ihnen, welchem Wandel Ihr Verhalten unterworfen ist. Schlagen Sie in Kapitel 8 nach, um herauszufinden, wie sich beispielsweise der Einfluß der Venus in Ihrem 3. Haus auswirkt.

Unseren derzeitigen Wissensstand können wir in zwei Grundsätzen zusammenfassen.

Je mehr Planeten in ein Haus übertragen werden, desto stärker nimmt das Verhalten und die Aktivität dieses Hauses zu.

Die Stimmung oder der Ton des veränderten Verhaltens wird durch das Wesen des übertragenen Planeten angezeigt.

Lassen Sie es uns mit einem Beispiel probieren. Eine Person, die Ihr 3. Haus venusisch färbt, könnte Ihre verbale Ausdruckskraft steigern, Ihre Eloquenz erhöhen und Ihren Schreibstil auch dann verbessern, wenn Sie bisher nichts als Einkaufszettel geschrieben haben. Andererseits könnte diese Person es Ihnen schwer machen, sich verbal zu behaupten und unbequeme Wahrheiten auszusprechen – auch das ist Venus. Jemand, der Ihr 3. Haus uranushaft berührt, könnte die Entfaltung Ihrer Originalität bewirken, Sie veranlassen, Ihre Einkaufszettel zu zerreißen, die Kritik Ihrer Kreativ-Schreiben-Gruppe zu vergessen und den angefangenen Roman so zu beenden, wie es Ihnen entspricht. Oder aber Sie entwickeln eine Art Maul- und Klauenseuche, und platzen im Beisein dieses Menschen mit unangemessenen Bemerkungen heraus. Das für das 3. Haus typische Verhalten wird in beiden Fällen gesteigert, doch der Ton des Verhaltens variiert mit dem jeweils beteiligten Planeten – in einem Fall Venus im anderen Uranus.

Eine Art »Kochbuch« mit Beispielen für alle Planeten in allen Häusern zu schreiben, liegt jenseits der Möglichkeiten dieses Buches, doch wenn Sie sich die oben genannten Grundsätze einprägen, können Sie sie auf jeden Planeten in jedem Haus anwenden und sind auf dem richtigen Weg.

Statt dessen wollen wir uns eins nach dem anderen mit den »übertragenen Häusern« beschäftigen. Denken Sie dabei an die Metapher: Das Haus ist die Lektion, Planeten sind die Lehrer und die Zeichen die Unterrichtsmethoden. Stellen Sie sich vor, daß Sie von einem Klassenzimmer (Haus) lesen, das von neuen Lehrern (Planeten) aufgesucht wird, die nicht ihre eigenen sind. Werden diese Neuankömmlinge Sie dazu inspirieren, mehr zu lernen? Werden sie Sie trainieren und aufklären, Ihre Erfahrungen in diesem Haus verstärken und anregen? Oder werden Sie sich auf für Sie nicht nachvollziehbare Weise verhalten, Sie daran hindern, in Ihrem eigenen Tempo voranzukommen, oder Sie mit Propaganda erschöpfen? Die Wahl liegt, wenigstens zum Teil, bei Ihnen.

Das übertragene 1. Haus

Traditioneller Name: Haus der Persönlichkeit

Erweiternde Wirkung: Verbesserter persönlicher Stil; gestärkte Willenskraft; verbesserte Haltung; gesteigerte Kontrolle über das eigene Ich und die eigene Richtung im Leben.

Einengende Wirkung: Verschwommener, falscher oder fehlender Eindruck von der eigenen Identität; Unbeholfenheit; mangelndes Selbstvertrauen; übermäßig kontrollierendes oder zielloses Verhalten.

Ihr 1. Haus stellt nicht Ihr wahres Gesicht, sondern die Maske dar, die Sie der Welt zeigen. Stellen Sie es sich als ein astrologisches Kleidungsstück vor. Kleidung ist etwas Äußerliches, doch in unserer Kultur unbedingt notwendig, nicht nur, um den Körper zu bedecken, sondern auch, um etwas über die Rolle, die wir spielen, unseren Beruf, unsere Stimmung, unser Wesen zu signalisieren. Wir stellen fest, daß bestimmte Stile oder Farben »zu uns passen« oder eben nicht. Stellen Sie sich Ihren Aszendenten als Ihre energetische Garderobe vor, einen persönlichen Stil, den Sie auf die Außenwelt projizieren. Diese oder jene Verhaltensmuster passen zu Ihnen oder nicht, helfen Ihnen, mit den Menschen Ihrer Umgebung in Kontakt zu treten, oder auch nicht, geben Ihnen Selbstvertrauen und sorgen dafür, daß Sie sich wohl fühlen, oder auch nicht.

Wenn Ihr 1. Haus von Ihrem Partner stark beeinflußt wird, dann ist ein neuer »Garderobier« in Ihr Leben eingetreten und wirkt sich auf mehr als Ihre Kleidung aus. Der Aszendent sagt etwas darüber aus, wie wir *handeln*, ist einem Filter vergleichbar, durch den wir uns zum Ausdruck bringen. Man könnte ihn auch als unser Fenster zur Welt bezeichnen, und der Mensch, der sie beeinflußt, ist ein Fensterputzer – oder –verschmutzer.

Seien Sie darauf vorbereitet, stärker auf Ihre Verhaltensmuster aufmerksam gemacht zu werden; dies gilt sowohl für die gesunden, die Ermutigung brauchen, als auch für die peinlichen, die Sie gerne ablegen würden. Warum sitzen Sie bei Vorträgen hinten im Raum? Warum legen Sie sich im Kino mit den Popkornverkäufern an? Warum halten Sie nicht an und fragen nach der Richtung, wenn Sie sich verfahren haben? Warum gehen Sie nicht mit einem Einkaufszettel in den Laden und halten sich dann auch an ihn? Warum gehen Sie nicht jeden Gang in diesem Lebensmittelgeschäft entlang, um sich vielleicht so an den vergessenen Gegenstand zu erinnern? Warum halten Sie sich, wenn eine Party im Gange ist, immer in der Küche auf? Warum beziehen Sie statt dessen nicht bei der Stereoanlage Posten?

Wie haben Sie sich beim Lesen dieser Fragen gefühlt? Haben sie Sie neugierig gemacht? Waren Sie amüsiert? Verärgert? Fühlten Sie sich aus dem Gleichgewicht geworfen? Wenn Sie sich mit einem Menschen zusammengetan haben, der Ihr 1. Haus bombardiert hat, dann werden Sie die oben gestellten Fragen auf die eine oder andere Weise spüren. Auf jeden Fall werden Sie feststellen, daß Sie Ihren persönlichen Stil mehr als zuvor überprüfen.

Wie werden Sie reagieren? Möglicherweise überwinden Sie Ihre Schüchternheit oder brechen mit Ihrer schlechten Gewohnheit, Gespräche zu dominieren, wenn Sie nervös sind. Vielleicht entwikkeln Sie mehr Flair und Selbstsicherheit. Eventuell kommen sie auch zu dem Schluß, daß Sie ein unverbesserlicher Schwachkopf sind, der sich nur dann aus seiner fötalen Position herausrührt, wenn zuvor eine Ming-Vase zu Bruch geht. Es kann sein, daß Sie sich in einen lächerlichen Streit darüber verwickeln, wo Sie Ihr Haar scheiteln oder wie Sie lachen sollen. Denkbar aber auch, daß dies notwendig ist.

Warum? Wenn jemand seine Planeten in Ihr 1. Haus stellt, dann kann dies Ihren Stil verbessern, doch sollten Sie sich vor bewußten oder unbewußten Versuchen hüten, Ihre Füße in Schuhe zwängen zu wollen, die Ihnen zu klein oder zu groß sind. Hören Sie sich die Vorschläge Ihres »Garderobiers« an, weigern Sie sich jedoch höflich, aber entschieden, wenn Sie genau wissen, daß Ihnen Gelb nicht steht. Der Aszendent bringt die Verhaltensweise zum Ausdruck, mit der wir uns in der Welt sicher und wirklich fühlen. Sie kann verbessert werden, doch lassen Sie es nicht zu, daß irgend etwas sie blockiert.

Wenn Sie starken Einfluß auf das 1. Haus Ihres Partners nehmen, dann machen Sie sich klar, daß Sie seine Maske tolerieren müssen. Es handelt sich bei ihr nicht um Schwindel, sondern bringt zum Ausdruck, wie ein Mensch sich selbst darstellen muß. Sie können vielleicht auf Möglichkeiten hinweisen, wie sie zu verändern ist, aber auslöschen läßt sie sich nicht. Wenn Sie nicht an der Seite eines Menschen leben wollen, der sich in Ihrer Gegenwart die ganze Zeit psychisch nackt fühlt, der Verteidigungsstrategien improvisiert, sich zur Wehr setzt und Sie schließlich verläßt, dann müssen Sie den durch die Maske verkörperten Stil dieser Person akzeptieren, statt sich über sie lustig zu machen oder sie zu entstellen. Stellen Sie nicht jeden Zug Ihres Partners in Frage, erkennen Sie den Humor, den jede Maske mit sich bringt, und tragen Sie dazu bei, diese Fenster zu putzen.

Woody Allens Sonne, sein Merkur und sein Jupiter stehen in einer Konjunktion zusammen und fallen in Diane Keatons 1. Haus. Er färbt ihren Stil sonnenhaft im tatsächlichen Sinne des Wortes, da der »Annie-Hall-Look« durch den Film »Stadtneurotiker« modern wurde. Man könnte auch sagen, daß er ihren Stil merkurhaft und jupiterhaft färbt, indem er ihr Rollen als nervöser, gesprächiger (Merkur), leichtfertiger Clown (Jupiter) gab. Keith Richards' Löwe-Pluto fällt auf Mick Jaggers 1. Haus, und Keith hat ohne Zweifel eine Rolle bei der Entwicklung von Micks löwehafter Rock-'n'-Roll-Maske und der kulturellen Ikone (Pluto), zu der er geworden ist, gespielt. Ähnlich fällt auch Linda Ronstadts Merkur-Pluto-Konjunktion in Jerry Browns 1. Haus. Eine der Auswirkungen ihrer Beziehung bestand darin, daß Browns persönlicher Stil und sein Privatleben zum Thema öffentlichen (Pluto) Kommentars (Merkur) wurde. Wallis Simpsons Aszendent traf auf das 1. Haus von Edward VIII.; er behauptete sich (1. Haus), indem er abdankte, um sie zu heiraten.

Das übertragene 2. Haus

Traditioneller Name: Haus des Geldes
Erweiternde Wirkung: Gesteigerte Selbstachtung, basierend auf dem, was man ist, statt darauf, was man hat; besserer Umgang mit materiellen Mitteln.
Einengende Wirkung: Verringerte Selbstachtung; Konzentration auf Statussymbole und finanzielle Sicherheit, um Selbstwert zu beweisen; Furcht vor persönlichen oder materiellen Risiken.

Ihre Freundin Jennifer erzählt Ihnen die Geschichte ihres Liebeslebens: Andrew sorgte dafür, daß sie sich wie ein Wurm fühlte. Er brachte sie in subtilen, kleinen Schritten zu Fall. Als sie das Muster durchschaute und ihn verließ, erklärte er ihr sogar, daß sie es ohne ihn nicht weit bringen würde. Bob war da anders. Anfangs fühlte sie sich bei ihm wirklich sicher, weil er so vernünftig und nüchtern war. Doch nach einer Weile ging ihr seine Besessenheit von Markennamen, Rentenfonds und dem Zwang, an den richtigen Orten gesehen zu werden, auf die Nerven. Chris war ein durch und durch netter Kerl, gutmütig und sanft, doch immer pleite und wollte ständig, daß sie ihm Geld lieh. Schließlich fand sie Daniel, ihren jetzigen Mann, und sie ist froh darüber. »Er sorgt dafür, daß ich mich wie die großartigste, faszinierendste, fähigste Frau auf der Welt fühle, als ob es nichts gäbe, was ich nicht könnte. Er ist wunderbar für mein Ich. Und mein Leben hat wirklich an Stabilität gewonnen, seit wir zusammen sind. Ich hätte nie gedacht, daß ich jemals ein Haus kaufen und Wurzeln entwickeln würde. Ich habe aufgehört, auf Wartestellung zu schalten.«

Hatte Jennifer einfach nur Pech, bis sie Daniel kennenlernte? Vielleicht, vielleicht aber auch nicht. Diese vier Männer hatten außer ihrer Beziehung zu Jennifer etwas gemeinsam: Sie alle übertrugen mehrere ihrer Planeten in Jennifers 2. Haus. Der eine unterbot ihr Selbstbild; ein anderer verbesserte es. Der eine raubte ihr die Mittel; ein anderer unterstützte sie.

Wenn Ihr 2. Haus durch Ihren Partner stark beeinflußt wird, dann kann dies eine schmerzhafte Verbindung darstellen, die Sie psychisch teuer zu stehen kommt. Dieser Mensch kann Ihr Selbstwertgefühl untergraben, Sie ständig damit konfrontieren, für wie wertlos Sie sich selbst halten. Möglicherweise wird diesbezüglich niemals etwas laut ausgesprochen, doch eine Untersuchung der Ereignisse in Ihrem Leben, seit Sie mit diesem Partner zusammen sind, kann ein hartnäckiges Muster lähmender Entwertung durch Sie selbst und Ihren Partner offenbaren.

Laufen Sie nicht davon, bevor Sie die logischen Folgen in Betracht gezogen haben: Eine Person, die auf Ihr 2. Haus Einfluß nimmt, kann trotzdem in einer Beziehung, die Ihr Leben mehr verbessert als eine andere zuvor, Ihr Partner sein, kann Sie wunderbar ermutigen und sich großartig auf Ihre äußeren wie auf Ihre inneren Ressourcen auswirken. Wenn Sie einen Cheerleader suchen, eine gute Rückendeckung und Ihren größten Fan, jemanden, der Sie zur Entwicklung Ihrer ungenutzten Potentiale anspornt, der Potentiale in Ihnen sieht, von denen Sie nie auch nur geträumt haben, daß Sie sie besitzen, dann forschen Sie nach einem Menschen, der Ihr 2. Haus aktiviert.

Wie dieses Haus aktiviert wird, hängt von vielen Dingen ab: Von der Reife der beiden beteiligten Personen, ihrer Aufrichtigkeit, ihrer Bereitschaft zusammenzuarbeiten, und davon, ob sie, wenn es erforderlich ist, ehrlich sind und zurückhaltend, wenn es die Situation erfordert.

Wenn Sie das 2. Haus Ihres Partners energetisieren, dann seien Sie aufrichtig und vorsichtig. Sie sind eine Art astrologischer Blasebalg und dazu in der Lage, das Selbstwertgefühl Ihres Partners hochzutreiben oder aber ihm die Luft abzudrehen. Begehen Sie nicht den grausamen Fehler, nicht vorhandene Talente zu fördern. Schärfen Sie auch nicht Ihre Krallen an Ihrem Partner, nur weil es Ihnen Spaß macht, sich darin zu üben. Sie können Ihrem Gefährten ein wunderbares Geschenk machen: In einer Kultur, in der ein geringes Selbstwertgefühl eine psychologische Entsprechung etwa der gemeinen Grippe ist, können Sie dafür sorgen, dieses zu verbessern. Denken Sie jedoch daran, daß Sie ein zweischneidiges Schwert in Händen halten. Außerdem können Sie mit Ihrer Fähigkeit, Ihren Partner zu entwerten und seine Würde im Mark zu treffen, ihm mehr als nur das übliche Unglück bereiten. Falls Sie einen starken Einfluß auf das 2. Haus Ihres Partners nehmen, sollten Sie sich einen von Buddhas Lehrsätzen einprägen: »Bevor du etwas sagst, frage dich: Ist es wahr, ist es freundlich und ist es notwendig?«

Der Mars und die Sonne-Saturn-Konjunktion von Richard Burton fallen in Liz Taylors 2. Haus, wobei seine Sonne-Saturn-Konjunktion auch eine Konjunktion mit ihrem Mond im 2. Haus bildet. Ihre turbulente Beziehung bezeugt teilweise das Wesen des übertragenen 2. Hauses: Es kann wunderbar sein oder schrecklich oder beides. Möglicherweise färbte er ihr emotionales Bedürfnis (Mond) sonnenhaft, ein starkes Gefühl der persönlichen Würde und des persönlichen Wertes zu entwickeln und diese Gefühle mit konkreten Gründen (Saturn-Einfluß) zu verstärken (Sonnen-Einfluß). Hinzu kam vielleicht, daß er ihre irrationalen Ängste und Stimmungen (Mond) in diesem Bereich ermächtigte und übersteigerte (eine weitere Form des Sonnen-Einflusses) und sie außerdem deprimierte und ihr die Lebenskraft raubte (Sonnen-Einfluß).

Paul Newmans Jupiter fällt in Joanne Woodwards 2. Haus, seine Aszendent-Merkur-Venus-Konjunktion zugleich auf ihre Saturn-

Venus-Konjunktion. Newman überdachte (Merkur) einige von Woodwards routinemäßigen Tanzfiguren (Venus) und ergänzte sie (Merkur) für ihren Film »Die verlorene Rose« (Aszendent-Venus) um einige Schritte – ohne Zweifel eine typische Cheerleader/Fan-Aktivität des 2. Hauses. Woodwards Sonne trifft übrigens auf Newmans 2. Haus und bildet dort eine Konjunktion mit seinem Mond. In diesem Fall funktioniert also die Übertragung des 2. Hauses in beide Richtungen, wobei beide Partner das Selbstvertrauen des anderen auf bestimmte Weise unterstützen.

Das übertragene 3. Haus

Traditioneller Name: Haus der Kommunikation
Erweiternde Wirkung: Verbessert die Aufgeschlossenheit und vorurteilsfreie Einfühlsamkeit; stimuliert Neugier; mehr Informationen und Erfahrungen werden gesammelt; kommunikative Fähigkeiten werden gestärkt.
Einengende Wirkung: Borniertheit und Intoleranz nehmen zu; Verwirrung; »Desinformation«; verringerte Fähigkeit, den eigenen Standpunkt auszumachen und aufrechtzuerhalten; Energieverschwendung; falsche Zeitplanung; Zeitverschwendung; Durcheinander.

In »My Favorite Martian«, einem Fernsehfilm der sechziger Jahre, dringt der »Außerirdische« Ray Walston, mit vollständig einziehbaren Antennen, in Bill Bixbys Leben ein. Der Marsianer veranlaßt Bixby, viele Fragen zu stellen, die ihm normalerweise nicht in den Sinn gekommen wären. Warum benutzen wir für das Ausleihen eines Buches aus der Bücherei eine Karte, und geben nicht statt dessen für die Dauer der Ausleihe ein eigenes ab? Warum funktioniert euer politisches System so? Warum werden nicht zwei Anführer gewählt, die dann auf einem Asteroiden um den Posten kämpfen? Bixby blickt aus einer neuen Perspektive auf die Erde und wird außerdem neugierig darauf, wie das Leben auf dem Mars oder noch weiter entfernt funktioniert.

Ein Partner, der Ihr 3. Haus aktiviert, erscheint in Ihrem Leben, präsentiert Ihnen einen ganzen Fragenkatalog zu Ihrer direkten

Umwelt und verpaßt Ihnen ein zusätzliches Antennenpaar, damit Sie all die möglichen Antworten und neuen Erfahrungen aufsaugen können. Zu den Angelegenheiten dieses Hauses gehört auch die Kommunikation, nach der es traditionell benannt ist, doch muß dieser Begriff hier weiter gefaßt werden als nur durch Sprache und Schreiben und intellektuelle Aktivität. Dies ist das Haus der Wahrnehmung, Beobachtung und des Sammelns von Informationen – nicht nur das Haus der Schlußfolgerungen und des Sortierens von Informationen. Jemand, der viele Planeten in Ihr 3. Haus überträgt, kann Ihnen die Fenster zur Welt öffnen. Ein Gefährte, der Ihr 3. Haus beeinflußt, erweitert Ihren Horizont, diversifiziert Ihre Wahrnehmungen, läßt Ihren Erfahrungsschatz wachsen, fordert Ihre Vorurteile heraus und schärft Ihren Verstand.

Er oder sie kann Sie auch durcheinander bringen, Ihre Meinungen beeinflussen, Sie mit endlosen Gesprächen fertigmachen, Sie oder Ihre Informationsquellen zensieren und dadurch Ihre Wirklichkeitsüberprüfung schwächen und Sie durch eine schnellere Gangart in Ihrem Leben erschöpfen. Seine oder ihre Weltsicht wird Ihnen aufgedrängt, und Sie haben vielleicht eher das Gefühl, einer Gehirnwäsche unterzogen worden zu sein, statt Besuch von einem intelligenten Alien erhalten zu haben.

Wenn Ihr 3. Haus von einem Menschen energetisch aufgeladen wird, den Sie lieben, dann seien Sie darauf vorbereitet, daß Sie einige Ihrer am meisten geliebten Vorstellungen neu bewerten müssen. Erfreuen Sie sich an den neuen Erfahrungen. Seien Sie bereit, ein wenig Verwirrung und einige Veränderungen in Ihrer Weltsicht hinzunehmen. Es wird gut für Sie sein, vorausgesetzt, Sie sind nicht bereits so weise, daß Sie nichts mehr dazulernen können. Bewahren Sie sich das Recht darauf, selbst und für sich selbst zu denken, und geben Sie jegliche agitatorische Schriften zurück.

Wenn Sie das 3. Haus Ihres Partners stimulieren, dann bereiten Sie Ihrem Gefährten das Vergnügen, daß er sich niemals langweilen muß. Passen Sie jedoch auf, sich nicht selbst zum Lehrer zu machen, und akzeptieren Sie seine oder ihre Meinung, wenn sie sich von der Ihren unterscheidet. Es ist möglich, dieselben Tatsachen zu kennen, sie aber unterschiedlich zu interpretieren.

Die Uranus-Merkur-Sonne-Konjunktion der Schriftstellerin Simone de Beauvoir fällt in das 3. Haus des existentialistischen Philosophen Jean-Paul Sartre. Sie lernten sich kennen, als sie beide Philosophie (Merkur) studierten und erhielten eine lebenslange, unkonventionelle (Uranus) berufliche und private Beziehung aufrecht. Ihr Werk »Das zweite Geschlecht«, ein 1949 veröffentlichter feministischer Meilenstein, hat Simone de Beauvoir vermutlich am bekanntesten gemacht, doch schrieb sie auch Romane, ihre Memoiren und Essays, einige davon über Sartre. Sie färbte sein für die Schriftstellerei zuständiges 3. Haus sonnenhaft und merkurhaft, indem sie seine Arbeit ermutigte und für andere analysierte. Außerdem färbte sie ihrer beider Beziehung uranushaft.

Als wir für dieses Buch recherchierten, waren wir überrascht, wie viele Schriftsteller, Denker, Künstler oder andere professionelle Mitarbeiter sich gegenseitig ihre Planeten in ihr 3. Haus übertragen. Keith Richards' Neptun (Glanz, Illusion), sein Mond (Vorstellungskraft) und seine Venus (Kreativität, Anziehungskraft) fallen in Mick Jaggers 3. Haus. Elizabeth Barrett Brownings Venus und ihre Merkur-Mars-Pluto-Sonne-Konjunktion treffen auf Robert Brownings 3. Haus, wobei letztere dort eine Konjunktion mit seinem Pluto bildet. Vor ihrer Ehe war sie als Dichterin bekannter als er, und ohne Zweifel leistete diese Planetenkombination einen Beitrag zu seinem Schicksal (Pluto) als Dichter (3. Haus). Brownings Uranus und seine Neptun-Aszendent-Konjunktion im Widder fallen in Elizabeth Barrett Brownings 3. Haus und inspirierten einige der idealisiertesten (Schütze und Neptun), romantischsten (Neptun) Dichtungen (3. Haus) in englischer Sprache.

Das übertragene 4. Haus

Traditioneller Name: Das Zuhause
Erweiternde Wirkung: Gesteigertes Verständnis für sich selbst; gesteigertes Gefühl von »Verwurzeltheit« und Sicherheit.
Einengende Wirkung: Gefangenheit in unaufgelöster psychologischer Dynamik aus der persönlichen Geschichte; extremer Rückzug, psychologische Isolation von anderen.

Die Möblierung dieses Hauses ist die Möblierung in Ihrem Kopf. Das 4. Haus ist subjektiv, innerlich und komplex. Stellen Sie sich seine zentrale Aktivität als Suche nach den Wurzeln vor: Die psychologischen Wurzeln des Zuhauses und der biologischen Familie. Jemand, der Zugang zu diesem Teil Ihres Wesens hat, legt die Hand auf den Türknauf zu Ihrem Unbewußten – und auf die Leichen in Ihrem Schrank.

Fragen Sie bei hundert Astrologen danach, ob dieses Haus das Erleben der Mutter oder des Vaters symbolisiert, und Sie werden vermutlich genau zwei Auffassungen zu hören bekommen. Wir wissen nicht, welche dieser beiden Gruppen recht hat. Allgemein kann die Atmosphäre im Elternhaus anhand des Inhalts des 4. Hauses beschrieben werden, und manchmal scheint sie sich auf den einen Elternteil mehr als auf den anderen zu beziehen. Ein Partner, der Ihr 4. Haus energetisiert, kann diese Atmosphäre wachrufen und damit Mutter- oder Vaterbelange in Ihr Leben hineintragen.

Wir meinen damit *nicht*, daß Sie die Flucht ergreifen sollen, sobald Sie jemandem begegnen, der Ihr 4. Haus aufwühlt, nur damit Sie keinen astrologischen Inzest begehen. Aber es kann nicht schaden, sich die Tatsache bewußt zu machen, daß die Anwesenheit dieses Menschen in Ihrem Leben, Sie in alte Familienverhaltensmuster zurückwerfen könnte. Das Geschenk Ihres Partners an Sie könnte es in der Tat sein, daß er genau diese Dinge ins Licht rückt und es Ihren so ermöglicht, sich von ihnen zu befreien, da man etwas, von dem man nicht weiß, daß es geschieht, auch nicht verändern kann. Jemand, der Ihr 4. Haus energetisch auflädt, hält den Schlüssel zu Ihrem Selbstverständnis in Händen, hilft Ihnen, alte Wunden zu heilen, leistet einen Beitrag zu Ihrem Sicherheitsgefühl, das entsteht, wenn Sie wieder mit Ihrem wahren Selbst verbunden sind. Ein Partner, der mehrere Planeten in Ihr 4. Haus überträgt, ist ein guter Reisegefährte bei der eigenen inneren Erforschung und vermutlich auch ein verträglicher Mitbewohner.

Ein solcher Mensch kann Sie jedoch auch zum Wahnsinn treiben, Sie in jeder Hinsicht entwurzeln, an den Leichen in Ihrem Keller zerren und Sie zu schmerzhaften Wiederholungen von Szenen aus der Vergangenheit veranlassen. Dies führt möglicherweise dazu, daß Sie sich von diesem Partner, aus der Welt und aus Ihrer geistigen Gesundheit zurückziehen.

Ob Sie es mögen oder nicht, wenn Ihr Liebespartner Ihr 4. Haus aktiviert, dann dringt er Ihnen tief unter die Haut. Material von dieser subjektiven Bewußtseinsebene wird ans Tageslicht befördert und verlangt Beachtung. Es steht Ihnen frei zu reagieren, indem Sie Ihr inneres und Ihr äußeres Selbst wieder miteinander verbinden, oder indem Sie passiv zusehen, wie sie sich weiter und weiter voneinander entfernen.

Wenn Ihr 4. Haus von Ihrem Partner stark beeinflußt wird, dann müssen Sie zwar nicht unbedingt ein abgeschlossenes Psychologiestudium vorweisen, doch sollten Sie unbedingt Zeit investieren, um zu verstehen, welche Art von Familiendynamik Ihre Kindheit beeinflußt hat und auf welche Art Sie diese Muster mit Ihrem Gefährten wiederholen oder auch nicht. Auf der anderen Seite ist das Wissen, das Sie durch diese Konstellation über sich selbst erwerben können, unbezahlbar. Ihr Liebespartner spricht von vornherein die Sprache Ihres Herzens, Ihrer Träume und Visionen. Wenn Sie sich kennenlernen und selbst tief gekannt werden wollen, dann haben Sie einen guten Reisegefährten gefunden.

Sollten Sie das 4. Haus Ihres Partners stimulieren, dann ist es aus den gleichen Gründen nützlich, wenn Sie ebenfalls über psychologische Grundkenntnisse verfügen: Damit Sie nicht ohne Ihr Wissen in ein Drama geworfen werden, das Ihr Partner erkennen und auflösen muß. Gehen Sie äußerst vorsichtig mit Ihrem unbewußt-manipulativen Einfluß um, den Sie vielleicht auf Ihren Gefährten haben. Außerdem sollten Sie klug mit der Art verfahren, wie Ihr Partner Ihnen direkt in die Augen blickt, aber darin nur seine Mutter beziehungsweise seinen Vater sieht. Was Sie in diesem Menschen in Bewegung bringen, führt ihn zurück in die Kindheit und ist daher nicht immer auf vorbildliche Weise rational. Ihnen ist etwas anvertraut, das nahe dem Zentrum im Sein dieses Menschen liegt, und diese Tatsache sollte etwas wie Ehrfurcht in Ihnen hervorrufen. Seien Sie ein guter Verwalter. Sie können zum tiefgreifenden Gefühl von Zugehörigkeit und Identität Ihres Partners einen Beitrag leisten, der über die übliche Interpretation dieses Hauses als »Nest« hinausgeht.

Beispiele für das übertragene 4. Haus sind schwer zu finden, da wir über diese Ebene bei den Menschen, zu denen wir recherchiert haben, meist wenig in Erfahrung bringen konnten. Freuds Mond fiel in Jungs 4. Haus. Ganze Bücher sind über ihre Beziehung geschrieben worden; in sehr verkürzter Form könnte man sagen, daß sie miteinander brachen, weil sie sich nicht über die Bedeutung des Unbewußten einigen konnten, das Jung für die Quelle von Ganzheitlichkeit und Weisheit hielt (der intuitive Mond), während es für Freud ein Behältnis war, das unbedingt zu unterdrückendes Material enthielt (Saturn). Paul Verlaine und Arthur Rimbaud, zwei französische Dichter des 19. Jahrhunderts, hatten eine kurze Affäre miteinander, die ein betrunkener Verlaine beendete, indem er Rimbaud mit zwei Schüssen aus einer Pistole verwundete. Jeder von ihnen übertrug seinen Neptun (Phantasie, Illusion, Poesie, Berauschung am Geist der Geister) in das 4. Haus des anderen. Außerdem fiel auch noch Verlaines Saturn in Rimbauds 4. Haus. Sorgte diese Plazierung dafür, daß der jugendliche Rimbaud, der sich gegen die ganze Welt auflehnte, in Verlaine die Autoritätsfigur (Saturn) erkannte?

Das übertragene 5. Haus

Traditioneller Name: Haus der Kinder
Erweiternde Wirkung: Stimulierung der Kreativität; Vergrößerung der Lebensfreude; Ermutigung zu kindlicher Spontaneität; gesteigerte Fähigkeit, sich zu verlieben – in das Leben, eine Person, eine kreative Handlung.
Einengende Wirkung: Auf Kosten zukünftiger Pläne oder anderer Beziehungen darauf beharren, in der Gegenwart zu leben; Unfähigkeit, auf Belohnungen zu warten; kindisches Gehabe; primadonnenhaftes Verhalten; Neigung, sich in Szene zu setzen; Aufgeblasenheit.

Wie würden Sie es finden, wieder Kind zu sein? Es ist ziemlich wahrscheinlich, daß Sie dazu keine in sich abgeschlossene Meinung haben. Das Thema des 4. Hauses kreist mehr um kindliche Gefühle, Bedürfnisse und Ängste. Im 5. Haus geht es um kindlichen Selbstausdruck und spontanes, spielerisches Verhalten. Es wäre wunderbar, in die Zeit zurückzukehren, als man noch einen Sinn für das Wunderbare hatte, für neue Erfahrungen und Menschen, als es noch leichter war, zu spielen, zu lachen und zu lieben, als die Phantasie noch aktiver war. Die Kindheit hatte aber auch ihre Nachteile, unter anderem das unheimliche Gefühl, daß die Zeit nicht vorankam, daß man kaum Kontrolle über das eigene Leben oder die Zukunft hatte und daß man der frustrierte Gefangene eines Landes war, an dessen Grenzen unverständliche Regeln wie »du sollst« und »du darfst nicht« drohten. Die Kindheit ist eine egozentrische, selbstverliebte Zeit, zum Teil deshalb, weil die Grenzen der Welt, aus verständlichen Gründen, nicht sehr viel weiter gefaßt sind als das eigene Selbst.

Ein Partner, der seine Planeten in Ihr 5. Haus überträgt und dieses Haus des kreativen Selbstausdrucks, der Liebesaffären und der Freude dadurch stimuliert, kann Sie wieder in diese Welt der Kindheit – mit all ihrer Schönheit und ihren regressiven Schattenseiten – zurückführen. Sind Sie bereit, sich zu verlieben, spielerisch, unbedacht, atemlos? Ihre romantische Idealvorstellung kann sehr wohl von jemandem erfüllt werden, der dieses Haus aktiviert. Wollen Sie mehr Spaß haben, den Montagmorgen vergessen und sich an einem entspannenden, närrischen, unproduktiven Wochenende erfreuen? Möchten Sie, daß Ihre Kreativität wieder zu neuem Leben erweckt wird? Würden Sie sich darüber freuen, wenn Sie jemand dazu überredete, diesen unvollendeten Roman aus der Schublade hervorzuholen, sich in einen Kurs für kreatives Schreiben einzuschreiben oder die Kamera wieder einmal hervorzukramen? Würden Sie gerne leichter auf Menschen zugehen, müheloser und unbefangener mit ihnen Kontakt aufnehmen können? Dann brauchen Sie einen Partner, der Ihr 5. Haus energetisch auflädt.

Andererseits kann eine Person, die Ihr 5. Haus energetisiert, auch all Ihr kindisches, verantwortungsloses Verhalten und den Teil Ihrer selbst verstärken, der das, was er will, dann will, wann er es will, unabhängig davon, was es Sie kostet: das, was in Ihrem Interesse ist, die Realisierung Ihrer Zukunftspläne, Ihre Integrität, Ihre Liebesbeziehung. Für eine langanhaltende, engagierte Beziehung ist mehr nötig, als das romantische Ideal Ihres 5. Hauses. Jemand, der auf diesen Bereich Einfluß nimmt, kann dem hungrigen Kind in Ihnen eine Stimme verleihen, ihm ein Mikrofon in die Hand drücken und einen Platz mitten auf der Bühne verschaffen. Sollte Ihr Partner seine Planeten in Ihr 5. Haus übertragen, dann erfreuen Sie sich an dieser Beziehung! Da ist endlich jemand, der Sie immer zum Lachen bringen und Ihrer Originalität zum Ausdruck verhelfen kann. Achten Sie jedoch sorgfältig darauf, daß dieser Mensch nicht statt Ihr *kindliches*, Ihr *kindisches* Verhalten verstärkt.

Falls Sie das 5. Haus Ihres Gefährten energetisieren, dann können Sie auf ihn wie ein Tonikum oder eine Muse wirken, Spiel und Kreativität verbessern. Es muß positive Gründe dafür geben, ein Paar zu bleiben, und Sie können mit etlichen dienen: Mit Ihnen macht das Leben mehr Spaß. Nutzen Sie Ihren direkten Zugang zu den Lachmuskeln Ihres Partners aus. Sie können jetzt ebenso wie noch vor 20 Jahren den markigen Romantiker in Ihrem Partner wecken.

Doch wenn dieser markige Romantiker verlangt, daß das Leben immer so magisch sein soll, wie Ihre ersten paar gemeinsamen Monate, dann werden Sie ihn vielleicht vorsichtig desillusionieren müssen. Eine ähnliche Dynamik kommt bei Ihrer Fähigkeit, das Kind in Ihrem Gefährten freizusetzen, zum Tragen. Ermutigen Sie die Spontaneität dieses Kindes; doch lassen Sie es nicht zu, daß es den Erwachsenen mit der Forderung nach ständiger Aufmerksamkeit oder fortwährender Belohnung tyrannisiert.

Art Garfunkels Venus fällt in Paul Simons 5. Haus und ergänzt damit Simons »Haus des Spiels« um ästhetische Würde (Venus). Roger Daltreys Venus-Merkur-Konjunktion liegt in Pete Townshends 5. Haus, während zugleich Townshends Mars und Venus in Daltreys 5. Haus fallen. Damit haben sie die Übertragung der kreativen Funktion (Venus) im Haus der Kreativität gemeinsam. Außerdem färbt Daltrey Townshends 5. Haus merkurhaft und richtet damit Townshends Aufmerksamkeit (Merkur) mehr auf diesen Bereich, womit er Townshends Ausstoß an Texten (ebenfalls Merkur) zu steigern vermochte. Townshend dagegen färbt Daltreys 5. Haus marsisch und ergänzt somit Daltreys Haus der Darstellung mit zusätzlicher Triebkraft (Mars). Bess Trumans Mars-Sonne-Konjunktion fällt in Harry Trumans 5. Haus und gab der Dynamik dieser Ehe eine spielerische Note (5. Haus). Edward VIII. und Wallis Simpson übertragen jeweils ihre Sonne in das 5. Haus des anderen; ihre romantische Geschichte (5. Haus) ist entsprechend berühmt (Einfluß der Sonne). Simone de Beauvoirs Saturn-Mars-Konjunktion und ihr Mond fallen in Sartres 5. Haus und ergänzen ihre langanhaltende Beziehung und vermutlich auch Sartres kreative Energie um Durchhaltevermögen und Realitätssinn (Saturn), Feuer (Mars) und Phantasie (Mond). Schließlich sei noch erwähnt, daß auch Keith Richards' Sonne in Mick Jaggers 5. Haus fällt, was jede Erklärung überflüssig macht!

Das übertragene 6. Haus

Traditioneller Name: Haus der Dienstboten

Erweiternde Wirkung: Mehr Vertrauen in die eigene Kompetenz und die eigenen Fähigkeiten; gesteigerte Wahrnehmung dieser beiden Komponenten bei anderen; größeres Verantwortungsgefühl; verbessertes Verstehen der eigenen Stärken und Schwächen.

Einengende Wirkung: Vermindertes Vertrauen in die eigenen Fähigkeiten; mangelndes Verstehen der eigenen Fehler und Tugenden; fehlende Klarheit in bezug auf das eigene »Berufsbild« durch das Zuvorkommen des Partners oder aufgrund mangelnder Anerkennung der eigenen Fähigkeiten; »Verdienen« von Liebe durch die Übernahme von Aufgaben; Weigerung, genug Verantwortung zu übernehmen.

Sie könnten vielleicht annehmen, daß jemand, der mehrere Planeten in Ihr 6. Haus überträgt, einen guten Lehrer, Trainer oder Tutor für Sie abgibt. Diese traditionellen Interpretationen sind sinnvoll, doch die zentrale Angelegenheit des 6. Hauses reicht tiefer als nur bis zur Ebene von Arbeit und Gesundheit. Sie lauten Kompetenz, Zweckmäßigkeit und Verantwortung. Im 6. Haus hallt das 2. Haus nach; die Fragestellungen der beiden Häuser ähneln einander. Welchen Nutzen erfülle ich? Wo liegen meine Fähigkeiten? Finde ich dafür Anerkennung oder nicht? Welche Gefühle löst dies in mir zu mir selbst aus?

Falls Ihr Gefährte stark auf Ihr 6. Haus wirkt, dann bereiten Sie sich darauf vor, sich diese Fragen öfter zu stellen, und halten Sie gute Antworten bereit.

Helens Sonne fällt in Barrys 6. Haus. Sie lernen sich in dem kleinen Kollege kennen, in dem Helen amerikanische Literatur lehrt, als Barry eine Geschichte über die menschliche Seite der auf Vordermann gebrachten Fakultät für Englisch für die Zeitung schreibt, deren Teilzeitreporter er ist. Den Rest seiner Zeit verwendet er auf das Schreiben von Prosaliteratur. Helen hält es ebenso. Sie verlieben sich ineinander.

Welche Wirkung könnte Helens Sonne auf Barrys 6. Haus haben? Ein mögliches Szenario sieht folgendermaßen aus: Helen liest Barrys Material und lobt seine Originalität, Personenbeschreibungen, Dialoge und Unmittelbarkeit. Sie zählt berühmte Autoren auf, deren Werke den seinen ähneln, und erfreut und ermutigt ihn damit. Außerdem weist sie ihn darauf hin, daß er sich so sehr in seinen Protagonisten verliert, daß es ihm schwerfällt, seinem Handlungsstrang zu folgen. Sie empfiehlt ihm Autoren, bei denen er etwas lernen kann, und ein Redaktionsbüro und fragt ihn, warum er sich nicht einmal an einem Schauspiel wie »Spoon River Anthology« versucht, in dem die Charaktere eine wichtigere Rolle spielen als der Plot. Barry nimmt sich diese Bemerkungen zu Herzen und legt mit seiner Arbeit los. Er gewinnt den ersten Preis bei einem Drama-Wettbewerb, und es ist die Rede von einer Broadway-Produktion.

Das ist die wunderbare Seite des übertragenen 6. Hauses. Helen hat Barry in seiner schriftstellerischen Fähigkeit bestätigt, ihm Selbstvertrauen im Hinblick auf die Dinge eingeflößt, die er gut kann (Charakterisierungen und Dialoge), erkannt, wo seine Fähigkeiten noch der Verbesserung bedürfen, und ihm bei der praktischen Umsetzung ihrer Verbesserungsvorschläge geholfen. Sie hat ihn ermutigt, seine Begabung ernst zu nehmen und Verantwortung für ihre Weiterentwicklung zu übernehmen, was zur Anerkennung durch andere geführt hat.

Es gibt auch dunklere Szenarien im 6. Haus. Das hängt von Barry und Helen ab und von der Wahl, die sie treffen. Helen hätte ebensogut Barrys Texte lesen und sie schonungslos und ablehnend mit den Genies vergleichen können, deren Werke sie lehrt, und ihm raten können, bei seiner Zeitung zu bleiben. Er hätte vielleicht festgestellt, daß auch sein Vertrauen in seine Fähigkeiten als Reporter erschüttert ist. Möglicherweise wäre er zu dem Schluß gekommen, zuerst *all* die Autoren lesen zu müssen, die auch Helen studiert hatte, bevor er auch nur eine weitere Zeile schreiben dürfte. Entmutigt hätte er vielleicht die Zeitung verlassen, das Schreiben ganz aufgegeben und eine andere Arbeit für sich gefunden, während er an den Abenden Helen bescheiden bei der Durchsicht der Studentenarbeiten geholfen und sich gewünscht hätte, begabter zu sein. Welches Glück er doch hatte, daß Helen ihn vor einer spektakulären Blamage bewahrt hatte. Wie nett von ihr, daß sie ihm erlaubte, der Ghostwriter ihrer Artikel zu sein. Doch ein Teil von ihm lehnt diese Entmutigung ab, in die er sich geschickt hat, und rächt sich auf passiv-aggressive Weise, indem er seinen übrigen Verantwortlichkeiten innerhalb der Beziehung nicht nachkommt.

Wenn Sie das 6. Haus Ihres Partners stimulieren, dann müssen Sie nicht unbedingt sein Lehrer sein, doch Ihr Einfluß kann dazu führen, daß es dieser Mensch in dem Bereich, der ihm am meisten bedeutet, zur Meisterschaft bringt – oder aber ihn durch Beschäftigungstherapie ersetzt. Üben Sie nur konstruktive Kritik, und lassen Sie sich nicht zu unüberlegten Bewertungen hinreißen.

Sollte Ihr Gefährte mehrere Planeten in Ihr 6. Haus übertragen, dann vergewissern Sie sich, daß Sie sich darüber im klaren sind, welche Ihrer persönlichen Fähigkeiten Ihnen etwas bedeuten und welche nicht, und seien Sie darauf vorbereitet, Versuchen zu widerstehen, Sie in andere Bereiche zu drängen. Verschließen Sie sich auch nicht davor, Ihre Begabungen im Hinblick auf eine mögliche Verbesserung einer Überprüfung zu unterziehen. Achten Sie darauf, neue Verantwortlichkeiten nicht ohne gründliches vorheriges Nachdenken anzunehmen oder abzulehnen. Keiner von Ihnen sollte die Last alleine tragen und Leistung investieren müssen, um Liebe zu erhalten.

Paul Verlaines Merkur-Uranus-Sonne-Konjunktion fiel in Arthur Rimbauds 6. Haus; Verlaine brachte Rimbauds erstaunliches dichterisches Genie (6. Haus, Uranus) der französischen Öffentlichkeit zu Bewußtsein (Merkur-Einfluß). Mary Shelly, die Autorin von »Frankenstein«, übertrug ihre Mars-Sonne-Uranus-Konjunktion in das 6. Haus des Dichters Percy Bysshe Shelley, wo sie eine Konjunktion zu seinem Merkur bildete. Außerdem fiel ihre Venus-Merkur-Konjunktion in seinem 6. Haus auf seinen aufsteigenden Mondknoten. Ihre gemeinsame Leidenschaft (Mars) und Begabung (Uranus) für die Literatur (Merkur) war ein entscheidender Faktor in ihrer Ehe und erstreckte sich auch auf ihren Freundeskreis (Venus). Jimmy Carters Mars fällt in Rosalynn Carters 6. Haus. Sie wohnte seinen Kabinettsitzungen bei (6. Haus) und verursachte für ihn damit einige Kontroversen (Uranus) und für sich selbst ohne Zweifel Streß und Anfechtungen ihrer Person.

Das übertragene 7. Haus

Traditioneller Name: Haus der Ehe

Erweiternde Wirkung: Verbesserte Fähigkeit zu Beziehungen auf gleichberechtigter Basis; Beziehungen verlieren zeitliche Begrenzung und sind von gegenseitiger Unterstützung geprägt; verstärkte emotionale Tiefe in der Partnerschaft; gesteigerte Vertrautheit.

Einengende Wirkung: Verschwommenes Identitätsgefühl; zu große Identifikation mit dem Partner oder der Versuch, ihn zu dominieren; ungleiche Beziehungen; zu viele Beziehungen, die keine Zeit mehr für das Ich lassen; Abhängigkeit oder Angst vor Abhängigkeit; Angst vor Nähe.

Haus der Ehe. Haus der offenen Feinde. Werden Sie den Menschen, der Ihr 7. Haus überträgt, hassen oder lieben? Ihre Reaktion mag weder im einen noch im anderen Extrem liegen, aber wir können Ihnen garantieren, daß Sie diese Transposition nicht gleichgültig läßt. Wer sein Licht auf dieses Haus wirft, der erzwingt Ihre Beachtung, zieht sie ab von Ihnen selbst (1. Haus) und richtet sie auf das Nicht-Selbst (7. Haus).

Wenn Ihr Gefährte oder Freund Ihr 7. Haus energetisiert, dann müssen Sie erkennen, daß er für etwas steht, das Sie brauchen oder von dem Sie sich angezogen fühlen. Dieses Gefühl der Identifikation, des Einsseins ist entscheidend für eine Liebe, zu der Sie sich bekennen, und Ihr Partner kann es in Ihnen hervorrufen. Machen Sie sich die Tiefe dieser Verbindung mit Ihrem Herzen bewußt, doch verlieren Sie sich nicht darin.

Traditionelle Astrologen behaupten, daß man einen Menschen heiratet, dessen Planeten in das eigene 7. Haus fallen. Ist das wahr? Kann sein, vielleicht aber auch nicht. Dies ist das Haus der Intimität, und die formale Ehe ist nur eine der möglichen Varianten. In der besten aller denkbaren Welten werden Sie eine gewisse Seelenverwandtschaft zu einem Menschen empfinden, der dieses Haus beleuchtet. Sie sind natürliche Verbündete, Partner, Kumpel. Sie haben etwas miteinander zu tun, vielleicht im wahren, vielleicht im übertragenen Sinn des Wortes. Ein solcher Mensch macht es Ihnen leicht, sich selbst zu vergessen und sich statt dessen mit ihm zu identifizieren.

Falls sich das für Sie wie die Basis einer großen Romanze anhört, dann haben Sie recht, das ist es. Falls es sich für Sie nach Schwierigkeiten anhört, dann haben Sie ebenfalls recht: so könnte es sein. Das Problem mit der Selbstvergessenheit ist, daß Sie sich früher oder später Ihrer selbst wieder erinnern müssen. Wer seine Planeten in Ihr 7. Haus überträgt, der verursacht bei Ihnen Gedächtnisschwund, raubt Ihnen das Gefühl für Ihre Identität und veranlaßt Sie, Ihre legitimen Anliegen zu vernachlässigen.

Was geschieht dann? Ihre Romanze ist vorbei und Sie werden zum Parasiten. Sie erkennen es vielleicht sogar, haben aber zu viel Angst, um irgend etwas dagegen zu unternehmen, fürchten sich davor, daß Ihr Partner Sie verlassen und daß das bißchen eigene Identität, an dem Sie sich festklammern, mit ihm verschwinden könnte. Möglicherweise wehren Sie sich, indem Sie Ihrerseits versuchen, die Beziehung zu dominieren und Ihr 7. Haus zu einem Schlachtfeld für die Auseinandersetzung zwischen »offenen Feinden« machen. Oder aber Sie bemühen sich ehrlich und nachhaltig darum, Ihre Bedürfnisse und Wünsche von denen Ihres Partners zu trennen, und schließen vernünftige Kompromisse, damit den

Anforderungen beider entsprochen werden kann und Sie beide die Vollständigkeit und Erfüllung erfahren, die ein übertragenes 7. Haus mit sich bringen kann. Ihr Liebespartner kann Ihnen dann wie Ihre lang vermißte andere Hälfte erscheinen, die Sie endlich gefunden haben. Und das ist ein wunderbares Gefühl, vor allem dann, wenn Sie dafür nicht mit Ihrer Identität bezahlen müssen.

Arbeiten Sie weiter daran. Stellen Sie sich Ihre Beziehung wie ein Segelboot vor, bei dem man ständig am Ruder bleiben muß, damit es nicht vom Kurs abkommt. Der Ausspruch der Matrosen, »eine Hand für dich, eine fürs Schiff«, paßt gut zum übertragenen 7. Haus: Behalten Sie mit dem einen Auge die Bedürfnisse Ihres Partners und mit dem anderen Ihre eigenen im Auge.

Eine weitere Nebenwirkung des übertragenen 7. Hauses kann in der zunehmenden Zahl von Menschen liegen, die Sie kennenlernen. Bemühen Sie sich, die Freunde Ihres Gefährten in Ihrem Leben willkommen zu heißen, und seien Sie bereit, gemeinsam neue Bekanntschaften zu pflegen. Falls Sie nach Gemeinschaft hungern, werden Sie daran Ihre Freude haben. Wenn Ihr sozialer Terminkalender in Ihnen bereits Phantasien über einen Jahresaufenthalt auf einer einsamen Insel ohne Telefon, Post oder Flugverbindungen heraufbeschwört, dann müssen Sie möglicherweise die geeigneten Schritte ergreifen, um Ihre Terminplanung unter Kontrolle zu bringen.

Wenn Sie bei einem Menschen, den Sie lieben, das 7. Haus stimulieren und es vielleicht mit vielen Planeten übertragen, dann empfindet Ihr Partner möglicherweise selbstlose Sorge und Zärtlichkeit für Sie, denen auf anderem Gebiet nur schwer etwas entgegenzusetzen ist. Nutzen Sie dies nicht aus, und versuchen Sie nicht, ihn in Ihren Klon zu verwandeln, denn sonst aktivieren Sie statt dessen das Haus der offenen Feinde. Sie verdienen Widerstand, wenn Sie versuchen, die Identität eines Menschen mit Beschlag zu belegen.

Wir haben bereits erwähnt, daß Pete Townshends Sonne in Roger Daltreys 7. Haus auf seinen Mond trifft; Townshends Uranus (Unabhängigkeit, Autonomie) liegt in Daltreys 7. Haus auf dessen Mars (Selbstvertrauen, Antrieb) und erklärt vielleicht einen

Teil des kreativen Antriebs und der kreativen Spannung in ihrer Partnerschaft. Eine ähnliche Dynamik fällt zwischen Arthur Rimbauds Uranus und Paul Verlaines Mars-Venus-Konjunktion im 7. Haus auf, in dem außerdem auch Verlaines Pluto auf Rimbauds Deszendent fällt. Wallis Simpsons Jupiter fällt in das 7. Haus Edwards VIII. und färbt es ausreichend jupiterhaft, um ihn zur Abdankung vom britischen Thron zu bewegen und die Frau zu heiraten, die er liebt. Zelda Fitzgeralds Sonne-Aszendent-Konjunktion fiel auf Scott Fitzgeralds 7. Haus und sein Jupiter ebenfalls in ihr 7. Haus, wobei ihr Gefühl der gegenseitigen Nähe und engen Verbindung betont wurde.

Das übertragene 8. Haus

Traditioneller Name: Haus des Todes
Erweiternde Wirkung: Gefühlsintensivierung; verbesserter psychischer Entwicklungsstand; gesteigerte Fähigkeit, beim Partner einen Eindruck zu hinterlassen oder sich mit ihm zu verbinden; gesunde Sexualität; Akzeptanz des Todes; Offenheit für »okkulte« oder religiöse Gefühle.
Einengende Wirkung: Intensivierte Neurosen; morbide Selbstversenkung; sexuelle Blockiertheit; Leugnung oder Angst vor dem Tod oder vor den transpersonellen Dimensionen der Wirklichkeit.

Das Haus des Todes – jedenfalls nach Auffassung der mittelalterlichen Astrologie. Doch ein Mensch, dessen Planeten in Ihr 8. Haus fallen, ist nicht zwangsläufig jemand, der Ihnen hilft, Ihren letzten Willen und Ihr Testament zu schreiben. Es gibt vielerlei Arten von »Tod«, die mit dem 8. Haus symbolisiert werden: der physische Tod und die Frage danach, welcher Teil des Geistes ihn wohl überlebt; der Tod des Gefühls der Getrenntheit, den die sexuelle Verschmelzung mit sich bringt – nicht umsonst wird der Orgasmus auch als »der kleine Tod« bezeichnet. Dann gibt es den Tod der sexuellen Unschuld und außerdem psychologische Tode, wenn zuvor geschätzte Vorstellungen des eigenen Selbst entzwei gehen und hinfällig werden.

234

Dies ist das Haus der Instinkte, des Überlebensinstinkts, des sexuellen Instinkts und anderer Gefühle, die aus tiefen Schichten des Bewußtseins aufsteigen. In diesem Haus konfrontieren wir uns mit dem Grundgestein unserer Psyche – oder werden durch unseren Liebespartner damit konfrontiert. Wir verstehen uns selbst besser; unser früheres Selbstbild stirbt. Ist das gut oder schlecht? Vielleicht setzt uns das, was wir entdeckt haben, frei oder aber es überwältigt uns, macht uns so große angst, daß wir vor weiteren Einsichten und vor jedem davonlaufen, der sie in uns heraufbeschwören könnte. Die Weigerung, die Wahrheit über uns selbst zu erkennen, ist eine weitere Art des Todes.

Dieses Haus steht aber auch für die Wiedergeburt: die Geburt eines gesteigerten Selbstverständnisses, einer tieferen Fähigkeit zu Nähe, eines stärkeren, weiseren Geistes. Jemand, der sich auf Ihr 8. Haus auswirkt, bietet Ihnen diese Möglichkeiten, doch ohne die Bereitschaft, sich selbst ehrlich gegenüberzutreten und Ihre Gefühle, Triebe, Stimmungen und Instinkte anzuerkennen, werden Sie sie nicht nutzen. Wenn Sie sich vor sich selbst verbergen, dann hat ein Gefährte, der seine Planeten in Ihr 8. Haus überträgt, den Schlüssel zu dem Keller in der Hand, in dem Sie ihre Leichen verstecken – ob Sie das nun mögen oder nicht.

Johns Sonne und drei weitere Planeten fallen in Marys 8. Haus. Als sie sich erst wenige Tage kennen, stellt Mary fest, daß sie John bereits von der Magersucht erzählt, mit der sie als Teenager zu kämpfen hatte – ein Thema, das sie bisher ausschließlich mit ihrem Therapeuten besprochen hat. Vielleicht erkennt sie, daß sie sich mehr darum bemühen muß, das Thema, das ihrer Eßstörung ursprünglich zugrunde liegt, aufzulösen, kehrt zur Therapie zurück und fühlt sich besser. Möglicherweise war ihr Gespräch mit John genau die Katharsis, die ihr fehlte, nicht weniger und nicht mehr. Es kann aber auch passieren, daß ihr die Gefühle, die durch ihr Gespräch mit John aufgewühlt wurden, Angst einjagen, daß sie John verläßt und einen Rückfall erleidet. Es ist ausgeschlossen, schon vorher zu sagen, wie sie reagieren wird. Wir wissen nur, daß Johns Einfluß auf ihr 8. Haus sie mit diesem Teil ihrer Selbst in Berührung bringen wird. Wie sie damit umgeht, liegt allein an ihr.

Ist das die einzige Weise, wie John auf Marys 8. Haus einwirkt?

Wahrscheinlich nicht. Seine Anwesenheit in ihrem Leben führt außerdem dazu, daß Mary mehr Zeit darauf verwendet, über ihre Sexualität nachzudenken, darüber, was sie ist und was sie nicht ist. Ob sie John nun attraktiv findet oder nicht, jedenfalls richtet sein Einfluß ihre Aufmerksamkeit mehr auf sexuelle Belange. Falls sich Mary an John bindet, wird sie außerdem feststellen, daß sie sich mehr mit Gedanken an den Tod, an das Überleben des Bewußtseins und mit anderen transrationalen Themen beschäftigt. Ob diese Themen sie beunruhigen oder faszinieren, hängt allein von Mary und nicht von John ab.

Wenn Sie das 8. Haus Ihres Gefährten energetisieren, dann können Sie in physischer, emotionaler und psychischer Hinsicht einen unvergeßlichen Eindruck auf ihn machen. Sorgen Sie dafür, daß dies nicht unter Zuhilfenahme von psychischem Dynamit geschieht; Sie müssen nicht zwangsläufig der Therapeut Ihres Partners sein und sollten es auch nicht werden, auch wenn Sie ihm helfen können, diese Leichen ans Tageslicht zu bringen.

Elizabeth Taylors Sonne-Mars-Merkur-Konjunktion trifft auf das 8. Haus von Richard Burton, womit sie die leidenschaftliche Intensität ihrer Ehe verstärkt. Freuds Mars fällt in Jungs 8. Haus und forderte ihn zu seiner Erforschung des Terrains des 8. Hauses heraus. Vincent van Goghs Himmelsmitte-Mars-Venus-Konjunktion trifft auf Gauguins 8. Haus; ihre Beziehung setzte Gauguin ohne Zweifel den turbulenteren Aspekten des 8. Hauses aus. Spencer Tracys Pluto sowie seine Neptun-Mond-Konjunktion fielen in Katharine Hepburns 8. Haus; sie äußerte sich einmal zu Tracy: »Ich habe zwanzig Jahre in der vollkommenen Gesellschaft eines Mannes unter Männern zugebracht.«

Das übertragene 9. Haus

Traditioneller Name: Haus der Reisen
Erweiternde Wirkung: Gesteigerte Offenheit für neue Erfahrungen; gründlich durchdachte, doch zugleich flexible Weltsicht.
Einengende Wirkung: Verlust des eigenen Glaubenssystems; starre Verteidigung der persönlichen Lebensphilosophie; Intoleranz, Dogmatismus; Langeweile; Nihilismus.

Was hat das Leben zu bedeuten? Was machen wir hier überhaupt? Haben Sie eine Antwort parat? Können Sie jetzt auf ein Podest springen und eine Rede halten? Wenn Sie das Leben bereits in jeder Hinsicht durchschauen, dann wissen Sie es vermutlich nicht zu schätzen, wenn jemand Ihr 9. Haus energetisch auflädt. Wenn Sie jedoch nicht alle Antworten bei der Hand haben und keine Angst vor neuen Fragen haben, dann werden Sie den Menschen, der Ihr 9. Haus überträgt, lieben.

Vielleicht erwarten Sie von einem Menschen, der Licht auf Ihr »Haus der Reisen« wirft, daß er Sie vom Flughafen aus anruft, weil er zwei Tickets zu den Osterinseln in Händen hat. Das ist durchaus möglich. Doch gibt es mentale Reisen ebenso wie physische. Genausogut könnten Sie einen gemeinsamen Abend in Ihrem Wohnzimmer mit einem Buch über die Osterinseln verbringen, die gigantischen Statuen betrachten, die augenlos über das Meer blicken, und darüber spekulieren, warum sie errichtet wurden und was aus ihren Erbauern geworden ist. Ihr Gespräch könnte mehrere interessante Wendungen nehmen. Waren die Statuen Götterbilder? Warum werden im Rahmen von Religionen Götterbilder überhaupt erschaffen? Ist es der Drang, Ehrfurcht zu empfinden, oder einfach das Bedürfnis, sich auszudrücken? Sind Sie irgendwie kreativ tätig? Haben Sie je etwas aus Ton modelliert? Zufällig hat Ihr Freund welchen in seinem Auto … Und Sie verbringen den Rest des Abends bis zu den Ellbogen in Ton und neuen Ideen.

Seien Sie darauf vorbereitet, daß sich Ihr Horizont durch jemanden, der Ihr 9. Haus überträgt, erweitert. Lassen Sie Ihre Weltsicht fahren, denn Sie werden gleich ein Teleskop, ein Mikroskop und ein Kaleidoskop erhalten. Lassen Sie zu, daß sich Ihre Perspektive verändert. Heißen Sie Erfahrungen willkommen, die Ihnen fremd sind, ob Sie sie nun in einem anderen Land machen oder mit Menschen, deren Nationalität – und Wesen – sich von der Ihren unterscheidet. Dieses Haus ist auch als das Haus der höheren Bildung, Religion und Philosophie bekannt. Ein Partner, der Ihr 9. Haus stimuliert, kann Sie im weitesten Sinne des Wortes »erziehen«. Sie werden dazu veranlaßt, Ihre zentralen Werte – ein anderer Begriff für »Religion« – und die Prinzipien, nach denen Sie leben, zu hinterfragen.

Möglicherweise fühlen Sie sich wie Galileo, als er zum ersten Mal die Jupitermonde sah. Niemals wieder werden Sie das Universum so sehen wie zuvor.

Vielleicht begreifen Sie auch, wie sich Sektenmitglieder fühlen, wenn sie einer Gehirnwäsche unterzogen werden. Das Entsetzliche daran ist, daß Sie es möglicherweise sogar zulassen. Ein Gefährte, der Ihr 9. Haus energetisiert, ersetzt Ihre Weltsicht bewußt oder unbewußt durch die seine. Wir alle könnten klüger sein, als wir es tatsächlich sind, und es wird Ihnen nicht weh tun, einmal probehalber in die Überzeugungen eines anderen Menschen zu schlüpfen. Wenn sie Ihnen jedoch nicht passen, dann behalten Sie sie auch nicht bei. Der schmale Grat, auf dem Sie gehen, verlangt es, Abwehrstrategien zu vermeiden und die Vorstellungen Ihres Gefährten zunächst zu verstehen, bevor Sie sie unkontrolliert zurückweisen.

Falls Sie das 9. Haus Ihres Partners übertragen, dann verzichten Sie auf den Versuch, ihn zu bekehren. Ihr Einfluß kann Ihrem Gefährten einen Vorgeschmack der Erfahrungen liefern und in ihm das Staunen über die faszinierende Komplexität des Lebens erneuern. Das Leben mit Ihnen wird nicht langweilig sein. Ihre Gegenwart kann Ihrem Partner dazu verhelfen, sich für eine vollkommen neue Art des Denkens zu öffnen. Aber das bedeutet nicht, daß Sie recht haben und er unrecht hat und Sie sich auf einem Kreuzzug zur Heidenbekehrung befinden. Außerdem sollten Sie, falls das Horoskop Ihres Gefährten ein überdurchschnittliches Bedürfnis nach Nachdenklichkeit und Alleinsein signalisiert, sich bewußt machen, daß Sie seine Gangart beschleunigen, und Verständnis für sein Bedürfnis aufbringen, die neuen Gedanken und Aktivitäten in einem ihm angemessenen Zeitrahmen zu verarbeiten.

Freuds Aszendent trifft auf Jungs 9. Haus und stimuliert Jungs Festhalten an seinen Theorien. Jungs Merkur-Venus-Konjunktion, seine Sonne und sein Uranus besetzen Freuds 9. Haus. Diese Konfiguration leistet ihren Beitrag zum Ideenaustausch der Männer und schließlich zum Bruch zwischen ihnen. Simone de Beauvoirs Jupiter und Neptun fallen in Sartres 9. Haus, während ihr Neptun zugleich eine Konjunktion mit seinem Neptun bildet. Es ist interessant, daß es in einem der Lehrsätze der existentialistischen Philosophie (9. Haus) darum geht, sich einer absoluten Gegebenheit, nämlich der Tatsache der Existenz, bewußt zu werden (Neptun), statt der eigenen Essenz oder der möglichen Bedeutung dieser Existenz.

Das übertragene 10. Haus

Traditioneller Name: Haus des Berufes
Erweiternde Wirkung: Die öffentliche Identität spiegelt das ganze Selbst besser wider.
Einengende Wirkung: Nicht authentische soziale Rolle; engstirnige Bindung an einen Status.

Folgen Sie jemandem eine Woche lang nach. Finden Sie so viel über diesen Menschen heraus wie Sie können, ohne ihm von Angesicht zu Angesicht zu begegnen. Sprechen Sie mit seinen Freunden, Nachbarn, Kollegen. Überprüfen Sie die Post. Durchwühlen Sie den Müll. Finden Sie etwas über seine finanzielle Situation und seinen Steuersatz heraus und welche Partei er gewählt hat. Am Ende der Woche haben Sie eine Beschreibung dieses Menschen beisammen, die genau seinem 10. Haus entspricht: seine öffentliche Identität, seine Rolle in der Gesellschaft; Status; Ruf; was andere über ihn wissen, ohne ihn persönlich zu kennen.

Wenn die Planeten Ihres Gefährten Ihr 10. Haus stimulieren, dann wirken Sie auf Ihre öffentliche Identität ein und darauf, wieviel Zeit Sie dafür aufbringen, sich mit ihr zu beschäftigen. Das Kandidieren für ein öffentliches Amt. Die Arbeit an dem Vorhaben, das Atomkraftwerk stillzulegen oder umzuwandeln. Die Heirat eines Angehörigen einer anderen Nationalität. Das Spielen in einer Band an den Wochenenden. All dies sind Aktivitäten des 10. Hauses. Es gibt viele Möglichkeiten, Ihren persönlichen Mythos in den Köpfen der anderen zu verankern. Der Trick besteht darin, darauf zu achten, daß der Mythos nicht zu weit von der Wirklichkeit entfernt ist. Nehmen Sie sich vor einer Beziehung in acht, die Status, Macht und traurige Berühmtheit verspricht, wenn das Wesen dieses Status, dieser Macht und traurigen Berühmtheit für Ihre Persönlichkeit ohne Belang ist.

Sie sind Maler, und zwar ein guter, und Ihre Ölbilder haben lokale Anerkennung gefunden. Die Leute stacheln Sie an, Dias Ihrer Arbeiten nach New York zu schicken. Händler schnüffeln in Ihrem Studio herum. Es ergibt sich eine Freundschaft mit einem Kunstkritiker, der Verbindungen in der Stadt hat. Hört sich wunderbar an, nicht wahr?

Ja, ... wenn Sie Ihr Herz und Ihre Seele in diese Bilder hineinlegen und es Ihnen wichtig ist, damit Anerkennung zu finden. Nein, ... wenn Sie zu dem Schluß gekommen sind, daß Sie bereits alles, was möglich ist, gelernt haben und nun von der Fotografie besessen sind. Gehen Sie dem Kunstkritiker nicht aus dem Weg, wenn andere Faktoren in der Beziehung Ihnen gut erscheinen, aber lassen Sie sich auch nicht gegen Ihren Willen dazu überreden, Ihre Leinwände nach Soho zu expedieren. Laden Sie den Kritiker lieber in Ihre Dunkelkammer ein.

Wenn Sie das 10. Haus eines Menschen, den Sie lieben, energetisch aufladen, dann können Sie ihm helfen, Anerkennung und Bestätigung dafür zu finden, daß er er selbst ist. Im mittelalterlichen Sinn können Sie als »Königsmacher« in Aktion treten, der den Monarchen darin unterstützte, sich sein Geburtsrecht zu verschaffen. Doch zunächst sollten Sie genau begreifen, wer Ihr Gefährte ist, was er wertschätzt und wo der Kern seiner Identität liegt, damit Sie keinen Hochstapler auf den Thron setzen. Eine Beziehung mit jemandem, der dieses unsichere Gleichgewicht mit der äußeren Welt aufrechterhält, ist so wie die Liebe zu jemandem, der mit falscher Identität lebt – belastend für Sie beide mit wenig Raum für authentische Intimität.

Das 10. Haus, das dem 4. gegenüberliegt, symbolisiert außerdem die subjektive, interne Erfahrung, die ein Mensch mit seinen Eltern macht. Die Astrologen sind sich darüber uneinig, welches Haus sich auf welchen Elternteil bezieht. Jede der theoretischen Varianten scheint nur zeitweilig zu funktionieren. Jedenfalls kann jemand, der Ihr 10. Haus energetisch auflädt, auch als Erinnerung an eine unerledigte psychische Angelegenheit, die Sie mit einem Elternteil verbindet, fungieren. Achten Sie darauf, nicht auf der Basis dieser alten Drehbücher zu Ihrem Partner in Beziehung zu treten. Und falls Sie Licht auf das 10. Haus Ihres Partners werfen, dann lassen Sie es nicht zu, daß er Kindheitsdramen mit Ihnen als Elternteil wiederholt. Ähnlich wie bei jemandem, der Ihr 4. Haus beeinflußt, können Sie sich mit einem Menschen, der sich auf Ihr 10. Haus auswirkt, »zu Hause« und wohl fühlen. Haben Sie Freude an dem Gefühl, doch seien Sie sich dessen bewußt, daß Ihr Gefährte eine Elterndynamik in Ihnen auslösen könnte, die Sie vielleicht erst noch verstehen müssen.

Woody Allens Mond fällt in Mia Farrows 10. Haus und trifft dort auf ihre Sonne. Farrows Rollen in Allens Filmen hatten immer eindeutig lunare Eigenschaften: Das weichherzige Flittchen in »Broadway Danny Rose« und die schüchterne, starbegeisterte Frau in »Purple Rose of Cairo«, deren Traum vorübergehend wahr wird. Aristoteles Onassis' Merkur-Sonne-Aszendent-Konjunktion fällt in Jacquelyn Kennedy Onassis' 10. Haus; eine Folge ihrer Ehe bestand darin, daß Jackie noch mehr zum Objekt öffentlicher Überprüfung wurde als sie es zuvor bereits gewesen war. F. Scott Fitzgeralds Mond fällt in Zelda Fitzgeralds 10. Haus; die soziale Position der früheren Debütantin wurde durch ihre Romanze beeinflußt.

Das übertragene 11. Haus

Traditioneller Name: Haus der Freunde
Erweiternde Wirkung: Gesteigerte Sinnhaftigkeit; deutlich sichtbare Ziele; Beziehungen und Kontakte, die diese Ziele unterstützen.
Einengende Wirkung: Sinnverlust; Verwirrung im Hinblick auf die im Leben einzuschlagende Richtung; Zögern, Verpflichtungen einzugehen; Bekannte, mit denen man seine Zeit verschwendet.

Haus der Ziele. Haus der Freunde. Haus der Zukunft. Was würden Sie gerne in fünf Jahren tun? Welche Art Mensch wären Sie gerne? Welchen Lebensstil werden Sie dann führen? Was werden Sie erreicht haben? Unternehmen Sie Schritte, um dorthin zu gelangen? Erhalten Sie dabei irgendeine Unterstützung?

All diese Themen werden in einer Beziehung mit einem Menschen aufgebracht, der Planeten in Ihr 11. Haus überträgt. Er selbst mag sie aufbringen oder auch nicht, doch die Art der Interaktion wird so sein, daß Sie sich diese Fragen selbst stellen werden, ob Ihr Partner sie ausspricht oder nicht.

Jane trainiert seit ihrem vierten Lebensjahr Eiskunstlauf. Jetzt trainiert sie für die nächste Olympiade. Ihr Trainer überträgt ein Stellium in ihr 11. Haus. Gleiches gilt für ihre Freundin, die möchte, daß Jane den Eiskunstlauf aufgibt, sich dem Ballett verschreibt, mit dem sie sich ebenfalls schon von klein auf beschäftigt, und mit ihr nach New York zieht, um dort am Vortanzen für Balletttruppen teilzunehmen. Janes Freund Philip nimmt ebenfalls durch Übertragung auf ihr 11. Haus Einfluß. Sie lieben einander aufrichtig, und er ist bereit, die Wahl, welche sie auch trifft, zu unterstützen. Sie sind seit über einem Jahr beisammen, als Jane schwanger wird. Was nun?

Jane hat die Wahl. Ihre Karriere, ihr Wohnort, ihr Familienstand, ihre Schwangerschaft, ihre Entscheidungen – sie alle gehören Jane. Menschen, die ihr 11. Haus stimulieren, zwingen sie, ihre Ziele zu definieren und ihre Wahl zu treffen. Manchmal helfen sie ihr und manchmal hindern sie sie daran, aber auf lange Sicht ist die Wahl, die Jane trifft – und die Verantwortung für ihre Konsequenzen – allein Janes und nur Janes Angelegenheit.

Jemand, der Ihr 11. Haus aktiviert, konfrontiert Sie von Angesicht zu Angesicht mit dem, was sie mit dem Rest Ihres Lebens anfangen wollen. Sie sind wie das Pferd im Sprichwort; Ihr Gefährte führt Sie ans Wasser, aber Sie müssen entscheiden, ob Sie auch trinken wollen. Sie wählen die Ziele und bewegen sich auf sie zu. Kann sein, daß Ihr Partner Sie unterstützt oder auch nicht, jedenfalls wirkt seine Anwesenheit in Ihrem Leben wie ein Katalysator im Hinblick auf die Entscheidungen, die Sie treffen – oder vor denen Sie zurückschrecken.

Keine Wahl zu treffen, ist ebenfalls eine Wahl. Die Weigerung, sich einer bestimmten Zukunft zu verschreiben, erzeugt dennoch eine Zukunft: Sich treiben lassen, die Zeit totschlagen, ziellos in den Tag leben, sich Träumen hingeben, was man »eines Tages« tun wird.

Ziele werden nur selten alleine erreicht. Die traditionelle Assoziation dieses Hauses mit Freunden ist vor allem dann zutreffend, wenn wir das Wort »Freunde« durch Bezugspersonen, Gleichgesinnte, Kollegen, Mentoren und Schützlinge oder durch jene ersetzen, die vergleichbare Ziele verfolgen. Ein Gefährte, der Ihr 11. Haus »unter Strom setzt«, kann solche Menschen in Ihr Leben holen, die bei der Entstehung eines Netzwerks mithelfen oder das Zustandekommen eines Unterstützungssystems fördern, in dem alle beteiligten Personen in ein und derselben Richtung vorankommen wollen. Wenn Sie es jedoch zugelassen haben, daß Ihr Gefährte Ihnen die Wahl abnimmt, oder wenn Sie selbst keine getroffen haben, dann kann jemand, der Ihr 11. Haus aktiviert, eine Menge Menschen in Ihr Leben einbringen, die Ihnen alle helfen, die Zeit totzuschlagen und Sie von Ihrem Mangel an Zielgerichtetheit ablenken.

Sollte Ihr Liebespartner seine Planeten in Ihr 11. Haus übertragen, dann planen Sie Zeit ein, um darüber nachzudenken, was Sie mit dem Rest Ihres Lebens anfangen wollen. Besprechen Sie Ihre Gedanken mit Ihrem Gefährten, hören Sie sich sein Feedback an, doch entscheiden Sie dann selbst darüber, was Sie tun wollen. Stimulieren Sie jedoch das 11. Haus Ihres Partners, dann führen Sie die gleichen Gespräche, verlegen Sie sich dabei jedoch mehr aufs Zuhören als aufs Sprechen. Wissen Sie, was Ihr Partner wirklich will? Handelt es sich dabei um Ziele, die Sie unterstützen können, ohne Ihre eigenen zu opfern? Sehen Sie sich Ihre gemeinsamen Freunde und Bekannten an. Ist die Verbindung positiv für Sie beide, oder stiehlt der eine nur die Zeit des anderen?

Keith Richards' Saturn fällt in Mick Jaggers 11. Haus und ergänzt Jaggers Fähigkeit, die selbstgesteckten Ziele durch das Potential praktischer Strategien (Saturn-Einfluß) zu erreichen. Gauguins Venus fällt in van Goghs 11. Haus; van Gogh bewunderte Gauguins Arbeit, und die beiden hatten gemeinsame künstlerische Ziele (Venus). Die Aszendent-Neptun-Konjunktion des verstorbenen Richard Burton traf auf Elizabeth Taylors 11. Haus, ergänzte Ihre Zukunft und ihre Lebensrichtung um Stil (Aszendent) und Glamour (Neptun). Der Mond von Humphrey Bogart und Lauren Bacall fiel in das 11. Haus des jeweils anderen und verstärkte die gemeinsamen Gefühle und die Vision für ihre Zukunft.

Das übertragene 12. Haus

Traditioneller Name: Haus der Mühen und Schwierigkeiten
Erweiternde Wirkung: Verbesserte Fähigkeit, das Ich und das Gefühl für das Ewige zu transzendieren; gesteigerte Offenheit für
spirituelle, übersinnliche oder meditative Erfahrungen; größere
Bereitschaft, Ich-Bindungen und –Identifizierungen loszulassen.
Einengende Wirkung: Verschwommenes Identitätsgefühl, mentale und emotionale Verwirrung; Zunahme eskapistischen,
selbstzerstörerischen, betäubenden Verhaltens; »Pech« in dem
Sinne, als Bindungen auseinander gehen.

Wendy glaubt an Bewußtseinsreichtum. Ihr Modell von der Welt
besagt, daß die Tatsache, daß einem Geld fehlt, nur beweist, daß
man sich selbst nicht genug liebt, weil wir alle als Gottes Kinder
schließlich das Recht auf Überfluß haben. Wendy ist kein Geiz-
kragen, und Geld ist ihr nicht am wichtigsten, doch ihre Vorstellung von Bewußtseinsreichtum durchdringt dennoch den Mythos, den sie von sich selbst und der Welt erschaffen hat.

Wendy lernt Thomas kennen, während sie sich an einer Wohl-
tätigkeitsaktion beteiligt, die er leitet. Fünf oder sechs seiner Planeten fallen in ihr 12. Haus. Sie erkennt schnell, daß Thomas bewußter, offener, liebevoller und eindeutig glücklicher ist als sie.
Trotzdem ist Thomas chronisch pleite. Er verwendet seine ganze
Zeit und Kraft darauf, Organisationen zu führen, die sich um die
Bedürfnisse der Armen kümmern, und behält fast nichts für sich
selbst. Wendy ist von Thomas fasziniert und bemüht sich, ihn
besser kennenzulernen. Thomas spricht nicht viel über das,
woran er glaubt, doch sie erfährt aus einem Gespräch und noch
mehr aus ihren Beobachtungen, daß er die Liebe zum Geld als etwas betrachtet, das ihn daran hindert voranzukommen.

Wir wollen damit nicht unbedingt zum Ausdruck bringen, daß
Armut heilig ist; in dem Beispiel hätte Thomas ebensogut mit einem Wohlstandsbefürworter zusammentreffen können. Der Sinn
der Geschichte liegt darin, daß jemand, der Ihr 12. Haus energetisiert, aus Ihrem toten Winkel zu Ihnen tritt, Ihren Mythos von
sich und der Welt untergräbt und Ihnen eine neue Sichtweise präsentiert, die Ihre Prämissen entwertet.

Wie reagieren Sie? Auf einer niedrigeren Ebene reagieren wir schlecht, können die Person nicht leiden, die uns den Teppich unter den Füßen fortzerrt und die Requisiten beiseite stößt, die unser Ich untermauern. Es kann sich um eine unglaublich anstrengende und beunruhigende Begegnung handeln. Doch sie beinhaltet auch ein reiches Potential. Jemand, der unser 12. Haus aktiviert, tritt in unser Leben ein und sagt: »Dort, wo du deine Schätze vergraben hast, da ist auch dein Herz.« Wir sind gezwungen, unsere Zuneigung zu und unsere strenge Identifikation mit unserem Ich zu überprüfen. Wenn wir bereit sind, zu wachsen und unser Bedürfnis nach Ausrichtung auf unser höheres Selbst anzuerkennen, dann berührt dieser Mensch eine spirituelle, mystische Saite in uns. Wenn nicht, dann kommt es uns eher so vor, als ob uns der Betreffende den Deckel eines Konzertflügels auf die Finger fallen läßt. Wir fühlen uns verwirrt und unserer Persönlichkeit beraubt. Wir reagieren defensiv, halten uns an Strohhalmen fest, um uns unserer Identität zu versichern, bestehen laut auf dem Recht, bei unseren engen Definitionen von uns selbst zu bleiben. Oder wir wählen die Betäubung durch sich wiederholendes, süchtig und benommen machendes Verhalten, um diesen Ruf unseres tieferen Selbst zu ignorieren. Es ist weniger Energie vorhanden, um das Leben im Äußeren gut zu führen.

Wenn Ihr Gefährte Ihr 12. Haus durch Übertragung beeinflußt und Sie das zuvor geschilderte Szenario verhindern wollen, dann müssen Sie bereit sein, sich selbst in Frage zu stellen. Wir alle spielen eine Rolle in dieser Welt: unsere Persönlichkeit, unser äußeres Selbst. Seien Sie bereit, das anzusehen, was Sie darstellen. Das Leben, das Herz, die Seele, sie alle haben ihren Ursprung im Schauspieler. Lernen Sie, sich mit diesem inneren Wesen zu identifizieren, und die Kostüme und Kulissen und Reden des Charakters verlieren an Bedeutung – und Sie fühlen sich freier. Machen Schauspieler sich Sorgen darüber, was aus ihren Kostümen und der Kulisse wird, wenn sie am Ende eines Stücks angekommen sind? Sie wissen, daß sie die Schöpfer sind; sie sind das Wirkliche, und das Stück ist eine Schöpfung, die kommt und geht, interessant, solange es dauert, und wert, gut aufgeführt zu werden, aber nicht das, was wirklich wichtig ist. Dieses Gefühl der in Anspruch genommenen Loslösung vom Leben und der Schwung, der damit einhergeht, sind die Geschenke, die Sie von einem Partner bekommen können, der Ihr 12. Haus stimuliert.

Sollten Sie das 12. Haus Ihres Gefährten aktivieren, dann denken Sie daran: Sie sind nicht sein Guru. Ihre Anwesenheit im Leben Ihres Liebespartners kann die Konfrontation mit dieser Wirklichkeitsebene leichter machen, doch Ihre Aufgabe ist es nicht, Wachstum auf Ihre Art und Weise zu erzwingen – das ist nur eine andere Form der Ichbezogenheit. Ihr Einfluß auf das Leben Ihres Gefährten sollte die Wahrscheinlichkeit erhöhen, daß er aufhört, sich ausschließlich und vollkommen mit seiner äußeren Persönlichkeit zu identifizieren. Dieser Einfluß könnte Ihrem Partner angst machen, und das aus gutem Grund. Wir alle brauchen ein äußeres Selbst, daß in der Welt gut funktioniert; das vollständige Fehlen eines solchen nennt man auch Wahnsinn. Versuchen Sie nicht, Ihren Partner seiner Persönlichkeit zu entkleiden.

Gauguins Sonne-Merkur-Konjunktion traf auf van Goghs 12. Haus; ihre Verbindung wies ein unglaubliches Potential auf, hatte jedoch auf van Gogh auch eine zermürbende Wirkung. Rimbauds Sonne-Aszendent-Konjunktion fiel in Verlaines 12. Haus; Verlaine sprach einmal von Rimbaud als von diesem »Teufel eines Jugendlichen«. Jimmy Carters Venus-Neptun-Konjunktion fällt in Rosalynn Carters 12. Haus und bildet außerdem eine Konjunktion mit ihrer Neptun-Sonne-Konjunktion; diese Übertragung hat ohne Zweifel etwas mit dem gemeinsamen Glauben zu tun, der ein fester Bestandteil ihrer Ehe ist. Uns fiel die große Zahl kreativer Zusammenarbeit der einen oder anderen Art mit Übertragungen des 12. Hauses auf; Kreativität kann aus der Quelle des 12. Hauses entströmen. Zu den vorangegangenen Beispielen kommen noch die folgenden hinzu: Mary Shelleys Jupiter fällt in Percy Bysshe Shelleys 12. Haus; Elizabeth Taylors Pluto und Jupiter fallen in das 12. Haus von Richard Burton, und sein Mond fällt ebenfalls in ihr 12. Haus. Ebenfalls auf dieser Liste finden wir Jungs Jupiter in Freuds, Garfunkels Pluto in Simons, Hepburns Uranus-Mars in Tracys und Bogarts Mars in Bacalls 12. Haus.

Nun haben Sie gesehen, wie Geburtshoroskope miteinander in Wechselwirkung treten können, doch die Synastrie ist hier noch nicht an ihrem Ende angelangt. Wenn wir zwei Horoskope miteinander verbinden, dann wird noch ein dritter Faktor, das *Composit*, in dem Paar aktiviert. Mit diesem Phänomen wollen wir uns im folgenden vierten Teil des Buches beschäftigen.

VIERTER TEIL
DAS EWIGE DREIECK

Kapitel 10
Das Ganze ist größer als die Summe seiner Teile

So lautet jedenfalls ein altes Sprichwort. Und es stimmt, vor allem wenn es dabei um Dinge des Herzens geht. Wenn zwei Menschen sich zu gegenseitiger Liebe verpflichten, dann ist das Ganze dieses Paars etwas Neues, etwas, das sich von jedem der beiden Individuen unterscheidet. Zwei scheue kleine Mäuse heiraten und fangen schon bald an, ausgefeilte Dinnerpartys zu geben. Zwei Extrovertierte tun sich zusammen und ziehen in das Hinterland von Alaska. Die Veränderungen müssen nicht immer so dramatisch sein, doch soll zum Ausdruck gebracht werden, daß die »Meta-Persönlichkeit« eines Paars sich nicht immer logisch von den Persönlichkeiten der beiden Liebenden ableiten läßt. Manchmal scheint diese Meta-Persönlichkeit einen eigenen Willen zu haben.

Damit ist also jedes Paar eine Dreiheit: ein Du, ein Ich und ein Wir. Die manchmal geheimnisvolle Politik dieses »ewigen Dreiecks« zu entschlüsseln, ist der dritte und abschließende Abschnitt in unserer synastrischen Pyramide.

Im zweiten Teil dieses Buches haben wir sozusagen die Standfläche der Pyramide untersucht: Jedes Individuum für sich, als ob es sich in einem Vakuum befände. Im dritten Teil haben wir die zweite Ebene hinzugefügt: Die Analyse der Interaktion zwischen den beiden Geburtshoroskopen. Im vierten Teil soll nun das Bild abgerundet werden, indem wir erkennen, daß in der Liebe immer eine dritte, unsichtbare Partei gegenwärtig ist, die, genauso wie die beiden Liebenden Wutanfälle bekommt und Einsichten anbietet.

Der fünfte Teil wird diese drei Schritte zu einer interpretativen Strategie verschmelzen. Sollten Sie sich Sorgen machen, weil Sie sich vielleicht nicht gut genug an all die Einzelheiten erinnern, um diese astrologischen Dimensionen einer Beziehung zu entschlüsseln, dann seien Sie beruhigt: Sie halten den Generalschlüssel noch nicht in Händen. Den bekommen Sie erst im fünften Teil.

Das Composithoroskop

Es ist vielleicht unmöglich, den unsichtbaren Dritten, den es in jeder Partnerschaft gibt, zu sehen, doch offenbart er sein Wesen und sein verborgenes Programm sehr deutlich im »Composit«. Dieses Halbsummenhoroskop, das eine Synthese der beiden individuellen Geburtshoroskope ist, stellt die dritte Seite im ewigen Dreieck der Liebe dar. Zugleich Schlichter, Führer aus der Sackgasse und Joker bewegt sich das Composit hinter den Kulissen und errichtet eine Grundstruktur der Möglichkeiten, innerhalb derer die beiden Liebenden so lange navigieren, wie sie zusammen bleiben.

Wie sieht ein Composithoroskop aus? Genauso wie ein Geburtshoroskop. Wie ist es zu interpretieren? Mit der Hilfe derselben Regeln, die Sie auch bei den individuellen Horoskopen anwenden – Sie müssen dabei nur daran denken, daß Sie jetzt über die Persönlichkeit des Paars reden, ein Wesen, das unabhängig und getrennt ist von jedem der beiden Menschen aus Fleisch und Blut, die sich zu diesem Wesen zusammenfügen.

Wie ist das Composit konstruiert? Im wesentlichen ist es der *Mittelwert* der beiden Geburtshoroskope. Der Punkt, der genau zwischen Ihrer Sonne und der meinen liegt, ist unsere »Composit-Sonne«. Der Halbsummenpunkt zwischen unseren Monden ist unser Composit-Mond. Wenn sich Ihr Merkur im hinteren Abschnitt des Skorpions und sich meiner im hinteren Abschnitt des Steinbocks befindet, dann ist der Punkt der genau dazwischen liegt – im letzten Drittel des Schützen –, der Ort unseres Composit-Merkurs.

Vollständige Anweisungen zur Erstellung eines Composits sind im Anhang (Seite 333) enthalten. Wie immer in der Astrologie ist auch die Zusammenstellung des Composits ein mechanischer Prozeß, der für einige interessant, für andere entmutigend, doch für die meisten nur langweilig ist.

Die Herausforderung – und der Lohn – besteht darin, zu lernen, diesen Ursymbolen von Himmel und Erde Einblicke und Verständnis zu entlocken.

Lassen Sie uns nun ein Composithoroskop ansehen.

Zelda und F. Scott Fitzgerald

Wenige Paare in der Geschichte haben den Geist eines Zeitalters so gut zu verkörpern gewußt. Die »wilden Zwanziger« werden sich für alle Zeiten in dem farbenprächtigen, doch tragischen Leben von Zelda und F. Scott Fitzgerald widerspiegeln. Als sie einander im Jahr 1918 kennenlernten, da war er der klassische »schneidige junge Leutnant«, während sie die 18jährige Südstaatendebütantin darstellte. Von Beginn an erwartete Scott literarischen Ruhm und das damit einhergehende Vermögen. Zunächst wurden seine Pläne zwar vereitelt, doch bereits 1920 hatte er seinen ersten Roman, »Diesseits vom Paradies«, veröffentlicht. Kurze Zeit später heiratete er Zelda, und gemeinsam wurden sie zum Inbegriff des manischen Lebensstils und der kosmopolitischen Schickeria, die so charakteristisch für dieses glanzvolle Jahrzehnt ist.

Zwischen New York, Paris und der Französischen Riviera hin und her hastend, tranken sie und gaben Geld aus und feierten Feste, oft Exzesse, doch immer mit einem gewissen Stil und Charme, der sie einen Schritt von den Schatten trennte, denen man auf diesem Weg so leicht begegnen kann. Von diesem Abschnitt ihres Lebens schrieb F. Scott Fitzgerald später: »Ich erinnere mich daran, daß ich eines Nachmittags in einem Taxi saß und zwischen sehr hohen Gebäuden hindurch und unter einem malven- und rosafarbenen Himmel dahinfuhr; ich fing an zu weinen, weil ich alles hatte, was ich wollte, und wußte, daß ich nie wieder so glücklich sein würde.«

Diese Worte erwiesen sich als prophetisch. Während die Fitzgeralds in den zwanziger Jahren obenauf waren, wurden sie in den Dreißigern von genau den Schatten verschlungen, denen sie so lange zu entgehen vermocht hatten. Scotts starkes Trinken entwikkelte sich zu einer ausgewachsenen Trunksucht; Zelda wurde schizophren. Sie trennten sich, obgleich ihre Liebe füreinander nie erstarb. Wenn man ihre Briefe liest, dann steht man unter dem Eindruck einer griechischen Tragödie: zwei Liebende, die einen Blick ins Paradies werfen durften, dann voneinander getrennt und von den elementaren Mängeln ihres Charakters geschlagen wurden und schließlich an ihnen zerbrachen. Vier Tage vor Weihnachten im Jahr 1940 starb F. Scott Fitzgerald an einem auf seinen Alkoholismus zurückzuführenden Herzinfarkt; Zelda kam sieben Jahre später in einem Feuer in dem Sanatorium, in dem sie interniert war, ums Leben. Sie wurde an seiner Seite begraben.

Wie immer besteht unser erster astrologischer Schritt darin, uns mit dem Grundgestein vertraut zu machen: Wir müssen die beiden Horoskope in uns aufnehmen. Nur in diesem Zusammenhang erlangt das Composit praktische Bedeutung.

Die Abbildungen 5 und 6 zeigen die Geburtshoroskope der Fitzgeralds. Die astrologischen Kräfte, die zwischen ihnen wirken, werden sofort sichtbar. Wenn man sich einen raschen Überblick verschafft, dann erkennt man, daß Scotts Sonne in den Anfangsgraden der Waage ein fast genaues Sextil zu Zeldas Sonne in den Anfangsgraden des Löwen bildet. Auch ihre Monde sind durch einen stimulierenden Sextilinteraspekt miteinander verbunden: Der seine in den Anfangsgraden des Stier, der ihre in den Anfangsgraden des Krebs. Zeldas Sonne, Aszendent und ihr Merkur fallen alle in Scotts »Haus der Ehe« – daher fühlte er sich von ihr so unmittelbar angezogen. Die Bindung zwischen ihnen noch verstärkend, befindet sich beider Mars auf einer fast identischen Plazierung um 20 Grad in den Zwillingen. Während der guten Jahre ihrer Ehe war ihre Begeisterung (Mars) dafür, bis zum Morgengrauen aufzubleiben und miteinander zu reden (Zwillinge), nahezu sprichwörtlich. Sie dachten auf der gleichen Wellenlänge (Konjunktion).

Wenn wir weiter vordringen, dann entdecken wir, daß Zeldas Geburtshoroskop eine ausgesprochene Dualität aufweist. Einer-

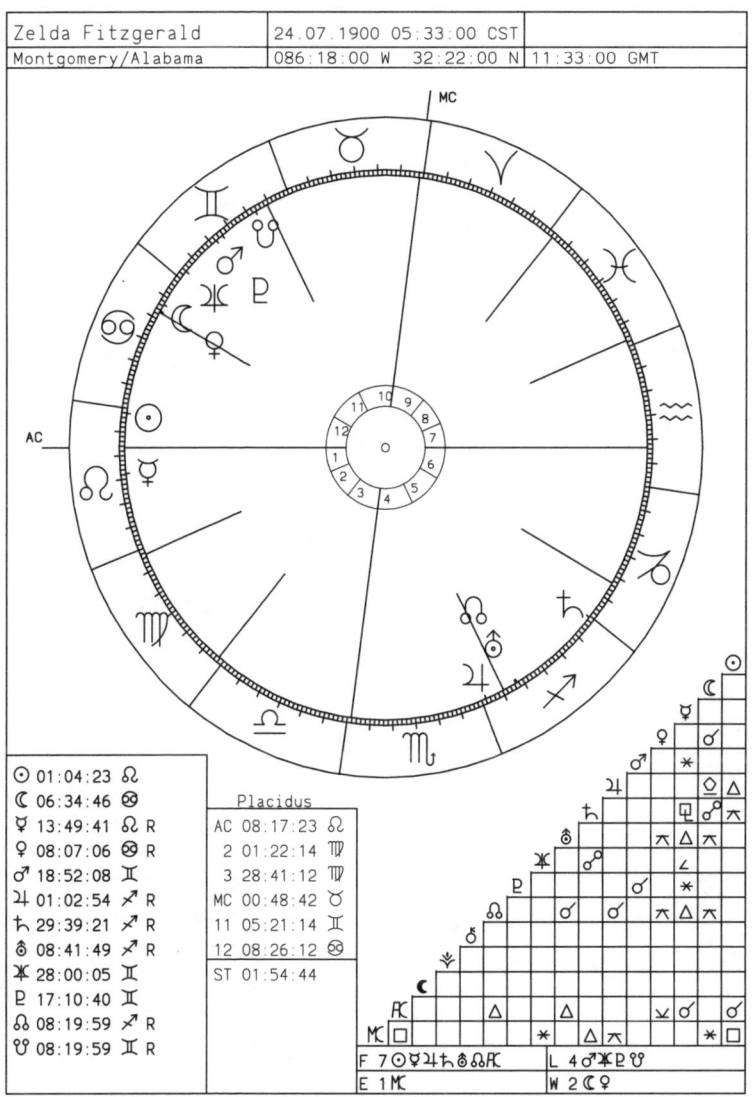

| Zelda Fitzgerald | 24.07.1900 05:33:00 CST | |
| Montgomery/Alabama | 086:18:00 W   32:22:00 N | 11:33:00 GMT |

Abbildung 5: Das Geburtshoroskop von Zelda Fitzgerald

253

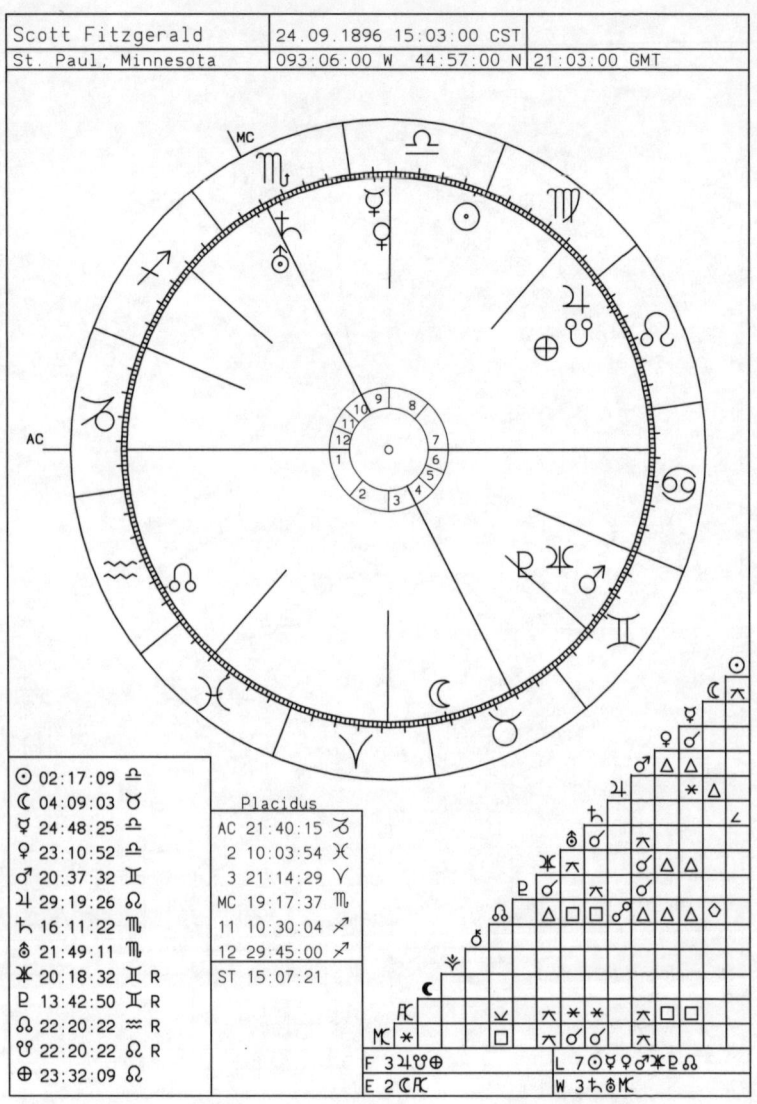

Abbildung 6: Das Geburtshoroskop von F. Scott Fitzgerald

seits befindet sich ihr Aszendent und ihre Sonne im demonstrativen Löwen im Trigon zu einem überschwenglichen Schütze-Jupiter und einem bilderstürmerischen Uranus im 5. Haus – eine farbenfrohe Mischung. Andererseits sehen wir, daß ihr sensibler Krebs-Mond eine Konjunktion mit der sanften Venus bildet, unterstützt von der für die Sonne im 12. Haus typischen Zurückhaltung. In ihren frühen Jahren ging Zelda mit diesen astrologischen Vieldeutigkeiten so um, wie es Jugendliche überall tun: Sie unterdrückte die problematischere Seite ihrer psychologischen Gleichung. In ihren eigenen Worten: »Als ich ein kleines Mädchen war, hatte ich großes Vertrauen in mich selbst ... ich hatte nicht das geringste Gefühl von Unterlegenheit oder Schüchternheit oder Zweifel und keine moralischen Prinzipien.«

Die Spannung zwischen der »Schauspielerin« (Löwe) in Zelda und der »unsichtbaren Frau« (Krebs) mußte schließlich zu dem Wahnsinn (Schatten des 12. Hauses) beitragen, der sie zerstörte. Wie Zelda es sah: »Es ist außerordentlich schwierig, zugleich zwei Menschen zu sein, einer, der macht was er will, und ein zweiter, der all die schönen alten Dinge behalten und geliebt werden und sich sicher und geschützt fühlen möchte.«

Zeldas »geliebt werden und sich sicher und geschützt fühlen« könnten wir noch das Wort »gesehen werden« hinzufügen. In Montgomery, Alabama, war Zelda eine beneidenswerte Gestalt: eine Richterstochter, eine reizende, beliebte Debütantin. Die Bedürfnisse ihrer Löwe-Schauspielerin nach Applaus wurden erfüllt. Als sie Scott kennenlernte und heiratete, da wurden die gleichen Bedürfnisse durch ihr traumhaftes New Yorker Leben ebenfalls befriedigt – zu Anfang. Doch als Scott in der Folge seiner literarischen Erfolge immer löwenhafter wurde, da vereitelte er Zeldas Löwen-Instinkte. Der resultierende Konkurrenzgeist zwischen ihnen wird häufig als zentraler Faktor in den ihrem spektakulären Aufstieg folgenden schmerzhaften Jahren beschrieben.

Scott überträgt drei Planeten – seine Sonne, seinen Merkur und seine Venus – in Zeldas 3. Haus (Kommunikation). Diese Konfiguration stimulierte ihre Fähigkeiten als Schriftstellerin ganz gewaltig. Eine gute Sache? Potentiell ja. Doch ist es schwer, die Rolle des Genies auszufüllen, und obwohl sie es versuchte, erreichte Zelda nie etwas, was den literarischen, finanziellen und künstlerischen Erfolgen ihres Mannes gleichkam. Hätte sie sich überhaupt darum bemüht, wenn ihr 3. Haus nicht derart durch Scott stimuliert worden wäre? Und wäre es ihr vielleicht möglich gewesen, ein größeres Selbstwertgefühl zu entwickeln, wenn sie nicht so viel Energie auf das Medium der Literatur gelenkt hätte? Schwierige Fragen. Sicherlich war Zelda kreativ und hatte ein Gespür für Sprache (Merkur im Löwen in Konjunktion mit ihrem Aszendenten). F. Scott Fitzgerald jedoch war eine der großen Stimmen seiner Generation, und ein Kopf-an-Kopf-Rennen mit einem solchen Talent ist keine gute Voraussetzung für Selbstachtung.

Wenn wir uns F. Scott Fitzgerald zuwenden, dann treffen wir in seinem Horoskop auf eines, in dem sich die führende Rolle der Venus wie zu Studienzwecken präsentiert. Sie beherrscht sowohl sein Sonnenzeichen (Waage) als auch sein Mondzeichen (Stier). Die Venus befindet sich in ihrem natürlichen Zeichen, der Waage, in einer Konjunktion mit Merkur. Was kann das bedeuten? Daß Fitzgerald einer der vollendetsten Künstler (Waage) der Geschichte war, muß nicht extra erwähnt werden, ebenso wenig die Tatsache, daß seine Kunst (Venus) sich natürlich in der Form von Sprache (Merkur) ausdrückte.

Doch die Venus hat noch mehr zu bieten als nur ihre Schönheit. Sie ist außerdem die »Göttin der Liebe«. Da dieser Planet eine so zentrale Rolle in seinem Charakter spielte, hatte Scott eine ausgesprochen venushafte Ausstrahlung: warm, charmant, anziehend. Von kritischer Bedeutung ist, daß seine romantische, venushafte Liebe zu Zelda einen zentralen Punkt in seinem Leben darstellte. Sein ohnehin schon ausgeprägter »Paarungsinstinkt« wird durch die Plazierung seiner Waage-Sonne im sexuellen 8. Haus noch verstärkt. Da seine Identität (Sonne) auf so grundlegende Weise durch die Suche nach Liebe (Waage) motiviert wurde und es ihm bestimmt war, so viele zentrale Erfahrungen über den Bindungsprozeß (8. Haus) zu sammeln, ist klar, daß Zeldas katalytischer Einfluß entscheidend für sein Schicksal war. Obgleich es kaum Beweise gibt, um die Behauptung zu belegen, daß sie »seine Bücher für ihn schrieb«, können wir doch aus der astrologischen

Perspektive sagen, daß er ohne sie wohl kaum auch nur halb so ergreifend und wahrhaftig hätte schreiben können.

Wie es für das 8. Haus typisch ist, war die Ehe der Fitzgeralds psychologisch tiefsinnig – und oft zutiefst verletzend. Dennoch konnte Scott 1925 schreiben: »Manchmal geben sich Zelda und ich uns schrecklichen, vier Tage andauernden Streitereien hin, die immer mit einer alkoholisierten Party beginnen, doch wir sind noch immer unglaublich verliebt ineinander und ungefähr das einzige wirklich glücklich verheiratete Paar, das ich kenne.« Und später ein Satz, der die dunkle Seite seines von Waage-Sonne und 8. Haus bestimmten Geists einfängt: »Meine Fähigkeit zu hoffen ist mir in den kleinen Straßen abhanden gekommen, die zu Zeldas Sanatorium führen.«

Gelassenheit, das höchste Gut der Venus, ist das unbewußte, spirituelle Ziel, das das Verhalten eines jeden motiviert, bei dem der Planet stark plaziert ist. Auf der grundlegendsten Ebene astrologischer Interpretation stellen wir fest, daß F. Scott Fitzgerald trotz seiner Empfindsamkeit lernte, wie man seinen inneren Frieden finden und aufrechterhalten kann. Schönheit und Liebe sind hier die Lehrer, und er ließ sich von beiden unterrichten. Doch es gibt auch Trickser, die zwar Frieden versprechen, aber Qual liefern. Alkoholmißbrauch ist einer von ihnen, und Scott wurde zur Beute seiner Versuchungen.

Kann man Alkoholismus im Horoskop sehen? Mit Nachdruck sei gesagt, das kann man nicht. Es ist vielleicht möglich, eine Anfälligkeit dafür auszumachen, doch letztlich fußt alle moderne astrologische Arbeit auf dem Grundsatz von der menschlichen Fähigkeit, zwischen den zahllosen Verhaltensmöglichkeiten auszuwählen. Kein astrologisches Merkmal beraubt uns der Möglichkeiten – oder führt uns unentrinnbar zur Ginflasche.

Das Merkmal der venustypischen Friedenssuche in F. Scott Fitzgeralds Horoskop legt immerhin die Möglichkeit nahe, daß er von der betäubenden Wirkung des Alkohols in Versuchung geführt werden könnte. Außerdem hat er Neptun (veränderte Bewußtseinszustände) im spaßliebenden 5. Haus in einer engen Konjunktion mit Mars. Die explosive Begeisterungsfähigkeit des roten Planeten, gekoppelt mit den Vorlieben Neptuns, bietet ihm viele Möglichkeiten. Er entschied sich für einen Kreislauf periodisch wiederkehrender »Sauftouren«, die manchmal tagelang andauerten. Sein Muster selbstzerstörerischen Trinkens trat im Laufe seines Leben mal stärker, mal schwächer zutage und trug sicherlich zu seinem frühen Tod im Alter von 44 Jahren bei.

In einer äußerst beunruhigenden Zeile schrieb sich F. Scott Fitzgerald seinen eigenen traurigen Epitaph ins Tagebuch: »Dann war ich viele Jahre lang betrunken, dann starb ich.«

Zusammenfassend gesagt erblicken wir im Horoskop von Zelda und F. Scott Fitzgerald zwei im höchsten Maß sensible, kreative Menschen, die beide einen eher nach innen gewandten Charakter haben, jedoch von den in ihnen vorhandenen Urbedürfnissen zu unnatürlich extrovertierter Manifestation gezwungen werden. In Zeldas Fall äußerte sich dieser Urhunger in ihrer löwenhaften Sehnsucht nach Anerkennung und Applaus. In Scotts Fall kam er im waagehaften Bedürfnis nach Liebe zum Ausdruck. Die wesentliche Neigung zur Selbstbeobachtung in Zeldas Charakter wird angedeutet durch den Krebs-Mond und ihre Sonne im 12. Haus; bei Scott sind es der Stier-Mond und seine nach innen gerichtete, prüfende Sonne im 8. Haus. Trotz der vielen klar erkennbaren Unterschiede zwischen Zelda und Scott stoßen wir doch auch auf eindeutige Parallelen. Dies verbunden mit ihren zuvor besprochenen auffallenden Interaspekten und Transpositionen läßt es wenig erstaunlich erscheinen, daß sie sich sofort ineinander verliebten. Diese beiden waren verwandte Seelen. Es stimmt jedoch auch, daß ein jeder zur Vernichtung des anderen beitrug.

Um unseren Einblick in diese komplexe Ehe zu verstärken, wollen wir uns nun dem dritten synastrischen Schritt zuwenden.

Das Composit der Fitzgeralds

Ein Composit ist letzten Endes nichts anderes als ein Geburtshoroskop. Wie das Geburtshoroskop berichtet es von den Erfahrungen, die den Geist der betroffenen Entität am besten fördert. Es beschreibt die vorhandenen Mittel, die Stärken, die potentiellen

Schwächen und blinden Flecken. Wie das Geburtshoroskop beleuchtet das Composit die glückverheißendsten, lohnendsten Erfahrungsmuster für die Entität und warnt uns vor den dunkleren Möglichkeiten. Wenn es einen Trick gibt, um effektiv mit einem Composit zu arbeiten, dann besteht er in dem Gedanken daran, daß die fragliche »Entität« nur indirekt mit den Persönlichkeiten der beiden Individuen zusammenhängt; viel mehr symbolisiert das Composit Prozeß und Charakter dieses weniger leicht faßbaren Geschöpfes: des Paars selbst.

Betrachten Sie Abbildung 7, das Composit der Fitzgeralds. Was immer sie als Paar waren – oder hätten sein können – wird durch seine Symbole widergespiegelt.

Beginnen Sie die Interpretation wie immer mit der Sonne. Sie steht für den Kern des Lebewesens und für die letztliche Quelle seiner Lebenskraft. Zelda und Scott zusammen hatten die Sonne in der Jungfrau, wo sie sich in einer fast genauen Konjunktion mit der Venus befindet. Ihre Identität (Sonne) als Paar war abhängig von gesunden jungfrautypischen Erfahrungen: Handwerkliches Können, Kompetenz, bedeutsame Verantwortungen, zutreffende Selbsteinschätzung. Der Endpunkt der Jungfrau lautet *Vollkommenheit*, ihr Schatten ist der *Zusammenbruch* des Selbstvertrauens in Anbetracht dieses Ziels.

Die Venus-Sonne-Konjunktion ist ein weitverbreitetes Merkmal in Composithoroskopen von romantischen Verbindungen. Die »Göttin der Liebe« (Venus) verschmilzt (Konjunktion) mit der Identität und dem Selbstbild des Paars.

Würde ihre venustypische Liebe die Zeit überstehen? Nur, wenn sie sie mit venustypischen Tugenden und Erfahrungen fördern: persönliches Wachstum, harte Arbeit, auf die Wirklichkeit gerichtete Aufmerksamkeit. Und wenn sie versagen? Dann fallen sie dem Jungfrau-Schatten anheim, verlieren das Vertrauen in ihre Ehe, sinken ab in Selbstbestrafung und gegenseitigen psychologischen Mord.

Bedeutsamerweise fällt die Sonne-Venus-Konjunktion der Fitzgeralds in das 4. Haus (das Unbewußte; das »Zuhause«). Scott und Zelda sollten einen Großteil ihrer solaren Lebenskraft aus Erfahrungen der Zurückgezogenheit vom Lärm der Welt bezie-

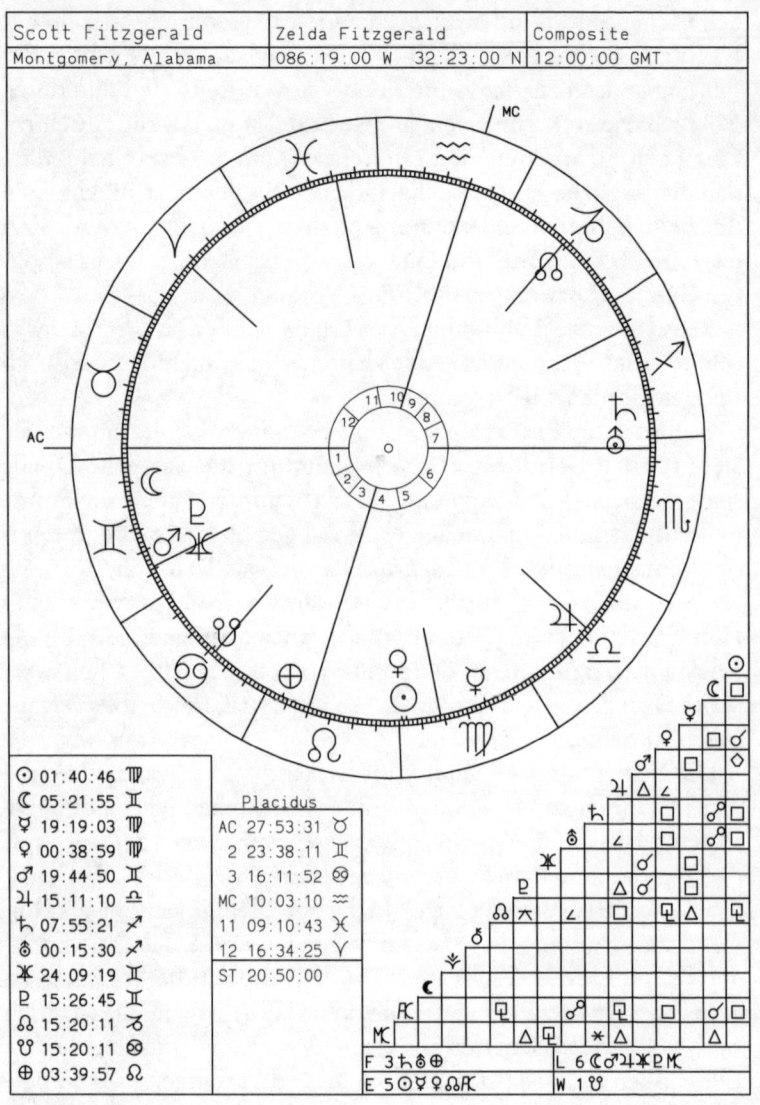

Abbildung 7: Das Composithoroskop von F. Scott und Zelda Fitzgerald

hen. Als Paar brauchten sie verzweifelt »Wurzeln«: ein Zuhause, vielleicht eine Familie.

Was geschah wirklich? Diese Bedürfnisse des 4. Hauses wurden im besten Fall teilweise erfüllt. Die Fitzgeralds hatten nie ein wirkliches Zuhause, lebten statt dessen in Hotels und vorübergehend gemieteten Häusern. 1924 fuhren Sie, um sich eine Pause von ihrem hektischen New Yorker Leben zu gönnen, nach Frankreich – wiederholten dort jedoch sofort die gleiche schreiende soziale Gangart, die sie auch in New York aufrechterhalten hatten. 1921 hatten sie eine Tochter, Scottie, bekommen, doch das Kind wurde vorrangig von Kindermädchen aufgezogen. Danach hatte Zelda mehrere Schwangerschaftsabbrüche. Sicherlich wäre es dogmatisch zu behaupten, daß Kinder und ein traditionelles Zuhause für das Glück jedes verheirateten Paars entscheidend sind, aber im Fall der Fitzgeralds können wir im Hinblick auf ihr Composit mit Gewißheit sagen, daß derartige Verpflichtungen eine heilende, belebende Wirkung auf ihre Partnerschaft gehabt hätten. Statt dessen erlagen sie offensichtlich der dunkleren Seite der Jungfrau und verzichteten darauf, die venustypische Fertigkeit des 4. Hauses, das Familienleben, zu entwickeln. Dieser Mangel war es, der es dem Vertrauen (Jungfrau), das sie in ihre Beziehung hätten setzen sollen, schließlich gestattete dahinzuschwinden.

Ein relativ unbedeutendes Merkmal ihres Composits – Jupiter an der Spitze des 6. Hauses – steuert erhärtendes Beweismaterial bei. Damit Scott und Zelda Vertrauen, Hoffnung und eine positive Einstellung (Jupiter) hätten aufrechterhalten können, wäre es für sie erforderlich gewesen, sich in den Fertigkeiten des 6. Hauses zu üben: praktische Kompetenz, Bescheidenheit, Verantwortungsbewußtsein.

Eine Person, deren Sonne sich im Geburtshoroskop im 4. Haus befindet, ist typischerweise »schwer faßbar«. Es kommt häufig vor, daß ein solcher Mensch schüchtern ist. Dann wieder stellen wir eine Unergründbarkeit fest, als ob wir auf eine Fassade blicken, hinter der sich ein vollkommen anderer Charakter verbirgt, der jedoch ein perfektes »Pokergesicht« beibehält. (Denken Sie an David Bowie und Boy George: zwei Musiker, deren Sonne sich im 4. Haus befindet und deren äußere Identitäten schwer zu fassen sind.) Genauso war es auch bei Scott und Zelda Fitzgerald. Das Wesen, das sie gemeinsam darstellten, war im Grunde genommen nach innen gewandt und still, sogar bescheiden. Doch trug es eine Maske, die ungefähr so subtil war wie eine Konfettiparade.

Das 1. Haus der Fitzgeralds – das Gesicht, das sie der Welt zeigten – ist sehr stark aufgeladen. Ihr Aszendent ist Stier, normalerweise ein Hinweis auf eine stille äußere »Persona«. Doch dieser Aszendent wird stark beeinflußt durch die unmittelbare Nachbarschaft dreier Planeten: dem Mond und eine Konjunktion, die sich aus dem feurigen Mars und dem intensiven Pluto zusammensetzt, allesamt in den lebhaften, gesprächigen Zwillingen. Eine solche Kombination sorgt dafür, daß marstypischer Schwung, plutotypische Dramatik und vor allem die für die Zwillinge charakteristische Lebhaftigkeit und Zungenfertigkeit ihr soziales Verhalten bestimmen.

Merkur beherrscht sowohl das durch die Zwillinge bestimmte 1. Haus der Fitzgeralds wie auch ihre Jungfrau-Sonne, und er selbst ist deutlich sichtbar mitten in der Jungfrau und in einem ausdrucksvollen, spielerischen 5. Haus plaziert. Folglich spielte dieser frenetische, ruhelose und eloquente Planet zusammen mit der außerordentlich wichtigen Venus eine zentrale Rolle in Scotts und Zeldas gemeinsamem Leben. Es überrascht uns nicht, daß ihre merkurhafte Schnelligkeit und Redegewandtheit legendäre Ausmaße erreichte. Ein Freund, Edmund Wilson, beschreibt ihre Wirkung auf andere Menschen mit den folgenden Worten: »Bemerkenswert an den Fitzgeralds war ihre Fähigkeit, die Dinge an sich zu reißen und mit ihrer Spontaneität, ihrem Charme und ihrem guten Aussehen über die Menschen hinwegzufegen. Sie hatten eine besondere Gabe für phantasievolle Improvisationen ...«

Scotts und Zeldas sagenhafte Unberechenbarkeit ebenso wie ihre fruchtbare Phantasie kann auf die Bedeutung des Merkur und auf ihr hervorstechendes 1. Haus zurückgeführt werden. Der Mars fügt Leidenschaft und eine Spur Gewalt (denken Sie an ihre vier Tage andauernden Streitereien) hinzu. Und Pluto? Dies ist der Planet, durch den der einzelne die Kräfte der Geschichte verkörpert. In ihm stoßen wir auf die unheimliche Treffsicherheit, mit der die Fitzgeralds den *Zeitgeist* der zwanziger Jahre symbolisieren. Eine farbenprächtige Zwillings-Maske. Ein stiller, unsicherer, von Jungfrau und 4. Haus bestimmter Kern. Der Introvertierte, der die Maske des Extrovertierten trägt. Die Spannungen sind offensichtlich. Selbst wenn wir sie auf den ersten Blick übersehen sollten, ein Blick auf den Aspekt-Schlüssel würde unseren Irrtum rasch korrigieren. Der Zwillinge-Mond im Composit der Fitzgeralds ist weniger als 4 Grad entfernt von einem genauen Quadrat – der Aspekt der Reibung – zu ihrer Jungfrau-Sonne. Was sie im Äußeren zu sein schienen (die lunare Konfiguration im 1. Haus) und was sie wirklich gebraucht hätten, um ihre Seelen zu unterstützen (die solare Konfiguration im 4. Haus), wirkte vollkommen aneinander vorbei. Begreifen Sie dieses elementare Aufeinanderprallen, und Sie halten den Schlüssel zum Verständnis ihres Composits – und zur schmerzlichen Geschichte ihrer Ehe – in Händen.

Scott: »Wir waren das am meisten beneidete Paar im Amerika des Jahres 1921.«

Zelda: »Ja, ich glaube auch. Wir waren furchtbar gute Schauspieler.«

Diese Zeilen, die dem Protokoll eines 1933 geführten Gesprächs mit ihrem Therapeuten Dr. Rennie entnommen ist, erfaßt die Macht ihrer äußeren Persona ... und auch die Falschheit, die sie in ihr sahen, wenn sie sie aus der tiefgründigeren Perspektive ihres Zentrum in der Jungfrau und im 4. Haus betrachteten.

Gleichgewicht ist möglich. Quadrate sind keine »bösen« Aspekte; sie fordern uns lediglich heraus. Die Fitzgeralds hätten beispielsweise eine Kombination aus ruhigem Familienleben an einem abgelegenen Schauplatz mit stimulierenden, auflockernden »Blitzbesuchen« in der kosmopolitischen Welt von New York und Paris entwickeln können. So hätte vermutlich der Rat eines modernen Astrologen gelautet. Das Geheimnis im Umgang mit Quadraten besteht darin, daß man sich um beide Extreme gleichermaßen kümmert und so vernünftige Kompromisse zwischen berechtigten, aber gegensätzlichen Bedürfnissen schafft.

Obwohl die Vorherrschaft der »Maske« über den »Kern« zur Aushöhlung ihrer Ehe geführt hat, wäre die Annahme irreführrend, daß es das farbenfrohe, leidenschaftliche Verhalten der Fitzgeralds war, das sie vernichtete. Ebenso wäre es möglich gewesen, daß sie ihr äußeres, zwillingetypisches Selbst vernachlässigt und ein ruhiges, verantwortliches Mittelstandsleben geführt hätten, nur um einander letztlich ebenso fremd zu werden. Das Ganze ist größer als die Summe seiner Teile, und es ist das Ganze, das der Hege und Pflege bedarf.

Bei Composithoroskopen gibt es eine Faustregel, die Sie anwenden können, wenn Sie mit Ihrem Latein am Ende sind: Stellen Sie sich vor, daß Sie ein Geburtshoroskop, also eine Einzelperson, vor Augen haben. Die Vorstellung von einer nicht faßbaren »Entität« oder »Meta-Persönlichkeit«, die körperlos im Äther zwischen einem Mann und einer Frau hängt, kann Verwirrung stiften, doch *Menschen*, die bekommt man jeden Tag zu Gesicht. Man ist daran gewöhnt, sie zu beobachten und verstehen zu wollen. Darin übt man sich ein Leben lang. Beginnen Sie also Ihre Interpretationsarbeit am Composit, indem Sie sich vorzustellen versuchen, daß es für ein Individuum aus Fleisch und Blut steht. Wer ist diese Person? Welchen Stil hat sie? Welches sind ihre Geheimnisse? Dann wenden Sie all diese Einsichten auf diese »körperlose« Entität an, die Sie eben noch durcheinandergebracht hat.

Wenn das Composit der Fitzgeralds das Geburtshoroskop einer Person wäre, welche Art Mann oder Frau wäre diese dann? Witzig, scharfsinnig, charismatisch, theatralisch ... doch irgendwie auch distanziert und unerreichbar. Diese Worte übersetzen die astrologische Mehrdeutigkeit, die wir astrologisch anhand des Sonne-Mond-Quadrats analysiert haben. Und diese Übersetzung trägt uns von einer unergründlichen Welt in den Alltag – eine Welt, in der Sie, basierend auf Ihrem Leben im Kreis der Menschheitsfamilie, Zugang zu einem unermeßlichen Weisheitsreservoir haben.

Übertragen Sie die astrologischen Symbole in die Alltagssprache und zapfen dann Ihr Weisheitsreservoir an. Halten Sie sich an diese Verfahrensweise, und Sie werden ein richtiger Astrologe sein, nicht nur jemand, der sich eine Handvoll merkwürdiger Fachbegriffe und irgendwelche babylonischen Runen eingeprägt hat.

Wenn das Composit der Fitzgeralds das Horoskop einer Einzelperson wäre, dann würde eine Auffälligkeit dieser Person unmittelbar ins Auge fallen: Es wäre unglaublich schwer, diesen Menschen wirklich kennenzulernen. Es wäre relativ leicht, mit ihm einen angenehmen, leichten sozialen Kontakt herzustellen. Doch wirkliche Intimität und das Wissen darum, wie dieser Mensch im Inneren funktioniert, wäre selbst für die Schliche des gerissensten Psychotherapeuten eine Herausforderung.

Die schwer faßbare Qualität des Composits der Fitzgeralds mit seiner mehrdeutigen »extrovertierten Introvertiertheit« findet Bestätigung in den Worten ihres (vorübergehend) nahen Freundes Gerald Murphy: »Ich glaube nicht, daß ihnen Partys besonders viel bedeuteten ... und ich glaube auch nicht, daß sie sich besonders lang auf ihnen aufhielten ... Für gewöhnlich hatten sie spaßige kleine Pläne – eine Zeitlang waren sie mit dir zusammen, und dann verschwanden sie und gingen an einen anderen Ort – und dort bist du ihnen wieder begegnet – sie hatten dich wieder ausfindig gemacht.«

Die tiefere Wirklichkeit der Fitzgeralds war in der labyrinthischen Unterwelt des 4. Hauses hinter der glitzernden Zurschaustellung ihrer Konstellation aus Zwillinge und 1. Haus verborgen. Es war möglich, eine wirkliche Vertrautheit mit ihnen zu erreichen, doch nur, wenn sie sich selbst entschlossen, die Türen zu öffnen. Scott schrieb, und sagte dabei vielleicht mehr als ihm bewußt war: »Es hat noch nie eine gute Biographie über einen guten Romancier gegeben. Das ist unmöglich. Wenn er gut ist, dann besteht er aus vielen Persönlichkeiten.«

Übereinstimmend mit dieser Folgerung entdecken wir astrologische Beweismittel dafür, daß die »Meta-Persönlichkeit« der Fitzgeralds sehr wohl in einer Atmosphäre relativer Isolation von engeren menschlichen Bindungen hätte existieren können – oder daß jedenfalls solche zwischenmenschlichen Kontakte nur durch erheblichen Aufwand ihrerseits herzustellen gewesen wären. Um welche Beweismittel handelt es sich hierbei? In ihrem 7. Haus, dem traditionellen »Haus der Ehe«, erkennen wir eine Saturn-Uranus-Konjunktion im Schützen. Im Zusammenhang mit einem individuellen Geburtshoroskop würde ein traditioneller Astrologe den Saturn (den »Herrn der Einsamkeit«) im Haus der Ehe als Einsamkeit und Frustration in der Beziehung und den Uranus (Unabhängigkeit; Individualität) als eheliche Instabilität und sprunghaftes Sexualverhalten deuten. In einem Composit würde das Ehepaar diese Isolation und Instabilität in seiner Beziehung zu anderen Menschen zu spüren bekommen – wenn wir dem Wahrsager Glauben schenken wollen.

Eine gesündere, treffendere Analyse der Konfiguration wäre nicht so fatalistisch. Es stehen noch anspruchsvollere Möglichkeiten offen, sie zu erreichen erfordert jedoch Entschlossenheit. Die Interpretation des Wahrsagers trifft nur dann zu, wenn Menschen nicht bereit sind, sich ernsthaft zu bemühen.

Paare profitieren ebenso wie Einzelpersonen für gewöhnlich von der Perspektive und der Unterstützung, die eine Freundschaft beisteuert. Eine Ehe ist nicht immer leicht, und es kann eine Hilfe sein, einem anderen Paar dabei zuzusehen, wie sie mit ihren Dramen umgehen. Wir können aus ihren Fehlern lernen und ihre Erkenntnisse für uns nutzen. Dies trifft vor allem dann zu, wenn sich in unserem Composit Planeten im 7. Haus zeigen, wie dies bei den Fitzgeralds der Fall ist. Sie, als Paar, hatten Seelengefährten. Das heißt, die Meta-Persönlichkeit ihrer Ehe war in ihrer Gesundheit und in ihrem Wachstum abhängig vom Input anderer Menschen. Ihre Planeten im 7. Haus ihres Composits zeigen zugleich, welches Wesen die Seelengefährten der Fitzgeralds haben und die Lektionen, die letztere von ersteren lernen müssen.

Auf der Basis dieser förderlichen Bindungen hätten die Fitzgeralds Selbstkontrolle (der positive Saturn) und radikale Ehrlichkeit (der positive Uranus) entwickeln sollen. Einsamkeit und unberechenbares, verrücktes Verhalten sind lediglich die Schatten, die diese Planeten werfen. Ein moderner Astrologe würde den Fitzgeralds dazu raten, sich um die Aufrechterhaltung solcher Beziehungen (Saturn) zu bemühen und dabei sie selbst zu bleiben (Uranus). Nichts davon würde als Zeldas und Scotts »Schicksal« formuliert werden. Statt dessen würde die Erschaffung und Bewahrung solcher Bindungen als große Herausforderung, spirituelle Disziplin und letztlich als Strategie für ihr psychologisches Überleben dargestellt werden.

Waren die Fitzgeralds erfolgreich? Nur teilweise. Sie gingen eine enge Bindung zu einem in Frankreich lebenden amerikanischen Paar, Gerald und Sara Murphy, ein. Die Murphys waren älter als die Fitzgeralds, ruhiger, weniger extravagant und dennoch schillernd. Sie hatten ein florierendes Familienhandelsunternehmen aufgegeben und sich statt dessen entschieden, im Ausland von einem relativ geringen Einkommen zu leben und Kunst zu studieren. Sie verfügten über saturnische Nüchternheit gemischt mit uranischer Widerspenstigkeit und damit genau über die für die Fitzgeralds im Composit vorhergesagten Eigenschaften.

Anfangs war die Bindung zwischen den beiden Paaren gehaltvoll. In einem Brief an die Fitzgeralds schrieb Gerald Murphy: »Letztlich muß man den Grad seiner Liebe zu einem Menschen an der Stille und Leere bemessen, die sich nach dessen Abreise auf alles herabsenkt. ... Wir vier kommunizieren miteinander durch unser Dasein, mehr als durch irgendwelche anderen Mittel. So daß es nicht darauf ankommt, wann und wo wir uns treffen ... Scott wird für mich neue Werte in Sara entdecken, so wie sie Sara durch ihre Zuneigung zu Scott in Zelda entdeckt hat.«

Insbesondere die letzten Zeilen betonen die seelengefährtenhafte Wechselwirkung zwischen den Murphys und den Fitzgeralds. Durch ihr gemeinsames Teilen half jedes Paar dem anderen, sich klarer wahrzunehmen, förderte somit die Intensivierung der Selbsterkenntnis, die charakteristisch ist für diese magische Art menschlicher Liebe.

Innerhalb eines Jahres hatte die aufgedrehte »Maske« der Fitzgeralds und ihr wildes Verhalten die Bindung wenigstens zum Teil schal werden lassen. Trunkenheit am Steuer, gewalttätige Auseinandersetzungen und der endlose Konkurrenzkampf kosteten ihren Preis. Die defensive Qualität von Scotts und Zeldas hysterischem Gehabe spürend, schrieb Sara Murphy: »Wenn du Freunde nicht ganz und gar und ohne Verdächtigungen akzeptieren kannst – dann sind es eben keine Freunde.« Und Bezug nehmend auf eine Situation, in der Scott, betrunken, eine Prinzessin de Caraman-Chimay, die bei einer Abendveranstaltung der Murphys zu Gast war, mit einer Feige beworfen hatte, fügte sie hinzu: »Wir – Gerald und ich – können uns in unserem Alter und in unserem Lebensabschnitt nicht mit so unreifen Situationen wie der am vorangegangenen Abend abgeben.«

Die Unterstützung der Murphys, die für die Stabilität und geistige Gesundheit der Ehe der Fitzgeralds so entscheidend war, war damit vertan. Mit ihrem soliden saturnischen Sinn für Verantwortung und ihrem gleichzeitigen schillernden uranustypischen Lebensstil hatten die Murphys für Scott und Zelda ein Ideal dargestellt. Wären sie dazu in der Lage gewesen, die Lektion zu lernen, die ihnen ihre Seelengefährten anboten, dann wäre es den Fitzgeralds vielleicht gelungen, eine Synthese aus ihrer pyrotechnischen lunaren Maske und ihrem konservativen solaren Kern herzustellen und damit die gegensätzlichen Kräfte, die drohten, sie zu zerreißen, ins Gleichgewicht zu bringen. Diese Synthese war das Seelengefährtengeschenk, das die Murphys den Fitzgeralds anboten. Tragischerweise wiesen sie es zurück. Warum? Das ist eine Frage von fundamentaler Bedeutung. Um sie zu beantworten, müssen wir zu den elementarsten Eigenschaften des Composits der Fitzgeralds zurückkehren. Wir müssen uns erneut ihrer Sonne zuwenden.

In ihrem tiefsten solaren Selbst wurden Scott und Zelda Fitzgerald durch die Erfordernisse der Jungfrau und des 4. Hauses geformt. Wie wir gesehen haben, hing der Erhalt ihrer Lebenskraft als Paar letztlich von ihrer Fähigkeit ab, genau, wirkungsvoll und kompetent (Jungfrau) mit dem Doppelterritorium des 4. Hauses, persönlicher Psychologie und dem Familienleben, umzugehen. Im Fall ihres Versagens würde diese solare Lebenskraft langsam nachlassen und sie in eine Spirale wachsender Selbstzweifel (Jungfrau-Schatten) und in Entwurzelung sowie psychologische Instabilität (4. Haus) stürzen.

Daß sie sich für die zweite Alternative entschieden, ist eine historische Tatsache. Daß ihnen jedoch auch die erste Alternative offenstand, ist das Herzstück moderner astrologischer Theorie.

Als der solare Kern ihrer Ehe verglühte, versuchten die Fitzgeralds die resultierende jungfrauhafte Unsicherheit in wachsendem Maße zu kompensieren, indem sie ihre durch das 1. Haus bestimmte Maske noch weiter in den Vordergrund stellten. Es war diese Defensivität, die einen offenen und aufrichtigen Umgang mit den Murphys – und allen übrigen Menschen – unmöglich machte. Und ihre wachsende Verzweiflung gab dieser unter Kontrolle gehaltenen Spannung einen Anstrich von Wahnsinn. Als beispielsweise Scott mit der Tänzerin Isadora Duncan flirtete, da warf sich Zelda wortlos eine Marmortreppe hinunter. Eines Nachts ließ Scott es zu, daß Zelda ihn zu einer Reihe gefährlicher Kopfsprünge von den hohen Felsen der Rivierasteilküste ins Meer herausforderte. Beide Geschichten offenbaren die selbstzerstörerischen Eigenschaften der Jungfrau, die zutage treten, wenn es ihr nicht gelingt, ihre hohen selbstgesteckten Ziele zu erreichen.

Das 4. Haus ist ein Reich ungezügelter Subjektivität. Es kann eine Quelle kreativer Inspiration sein. Aber denkbar ist auch, daß es für eine Art übersinnliches »schwarzes Loch« steht, in das hinein die gesunde Erwachsenenpersönlichkeit zusammenbrechen kann. Es ist wenig erstaunlich, daß Scott und Zelda, als ihre Ehe langsam unter der selbstauferlegten Erdrosselung nachgab, beide in pathologische, subjektive, für das 4. Haus typische Zustände verfielen und jegliche Berührung mit der äußeren Wirklichkeit verloren: Er, der durch den Alkohol hervorgerufenen Abgestumpftheit, sie der Schizophrenie.

Hätte es ihnen anders ergehen können? Selbstverständlich. So jedenfalls lautet die einzig legitime astrologische Antwort auf eine solche Frage. Ein wenig langsamer zu treten, sich ein wenig mehr Privatleben zuzugestehen, ein Familienleben aufnehmen – das alles hätten Bestandteile des Puzzles sein können. All dies hätte dazu beigetragen, ein existentielles Grundgerüst zu errichten, innerhalb dessen sich die Fitzgeralds der tatsächlichen durch das 4. Haus gestellten Aufgabe hätten widmen können: der an sich selbst vollziehenden Psychoanalyse. Ihre venushafte Liebe zueinander hätte, wenn sie statt mit Demütigung an Demut gekoppelt gewesen wäre, eine Heilung jener dunklen Kräfte, die Scott schließlich zur Ginflasche und Zelda ins Irrenhaus getrieben hatten, in ihnen beiden herbeiführen können.

Letztlich ist die durch das 4. Haus auferlegte Arbeit eine spirituelle, womit zum Ausdruck kommt, daß sie ins tiefe Unbewußte eindringt. Zelda und Scott hätten jeweils den ruhelosen Geist des anderen heilen können. Statt dessen beschafften sie Alkohol für den Alkoholiker und verspotteten und blendeten die Verrückte.

»Spirituell«: Das Wort richtet unsere Aufmerksamkeit sofort auf den einen noch verbleibenden Planeten im Composit der Fitzgeralds – Neptun, den Planeten des Bewußtseins. Der Visionär – und der Trinker. Die Mystikerin – und die Verrückte. Wo war Neptun gleich noch? In den Zwillingen, an der Spitze des 2. Hauses: das »Haus des Geldes« und, was wichtiger ist, des Selbstvertrauens.

Damit Scott und Zelda wirkliches Vertrauen in ihre Beziehung hätten empfinden können, hätten sie stark auf diesen Neptun reagieren müssen. Das heißt, sie hätten für ihre Ehe eine spirituelle Entwicklungsperspektive benötigt. Anders ausgedrückt, zu der »an sich selbst vollzogenen Psychoanalyse«, die von der Sonne im 4. Haus nahegelegt wird, muß noch ein Hauch von etwas Höherem, Selbsttranszendentem kommen.

Und wenn sie scheitern? Dann würden sie versuchen, das Vertrauen in ihre Ehe mit den weniger gesunden Mitteln des Neptun aufzubessern, sich mit neptunischen Schatten wie »Glamour« und »Whiskey-Mut«, um zwanghafte, unrealistische finanzielle Extravaganz nicht zu erwähnen, aufzuputschen. Auch hier zeigt die Geschichte, daß die Fitzgeralds dem niedereren Kurs zum Opfer fielen. Das aber stellt die Existenz des Höheren keineswegs in Frage.

Hätte ein moderner Astrologe die Ehe von Scott und Zelda Fitzgerald retten können? Es ist verlockend, auf diese Frage reflexartig mit »Nein, natürlich nicht!« zu reagieren.

Es kann sein, daß dies die richtige Antwort ist. Das schwindelerregende, sich selbst schmeichelnde »Hoch« ihrer frühen Jahre war auf wohltuende Weise süchtig machend, und wie die meisten anderen Süchte, führte auch diese zu einer erbarmungslos schmerzhaften Bruchlandung. Doch gab es in diesem Mann und in dieser Frau, selbst in den Phantasien ihrer ersten gemeinsamen Jahre, nicht doch einen Funken der Einsicht? Wir können es nicht wissen. Waren ihre Biographien unlösbar mit dem Verlangen verbunden, in den Lärm der Gesellschaft einzutauchen? Oder war das Gleichgewicht zwischen der Anziehungskraft des Wahnsinns und der Erhebung durch die Berührung der Liebe so empfindlich, daß schon eine Feder eine Neigung der Waagschalen des Schicksals hätte bewirken können? Es ist nicht möglich, diese Fragen zu beantworten.

Kein Astrologe muß sich mit ihnen herumschlagen. Unsere Arbeit besteht darin, die Botschaften des Composits zu entschlüsseln, ohne sie mit Vorhersagen darüber zu belasten, ob diese nun böse oder voller Hoffnung sind. Unsere Aufgabe ist es, auf die besseren Möglichkeiten hinzuweisen und vor den Schatten in all ihren verführerischen Gestalten zu warnen. Was darüber hinausgeht, muß das Paar selbst wählen.

Vielleicht hätte ein Astrologe Zelda und Scott beistehen können, wenn er im richtigen Augenblick hinzugetreten wäre, das Gewicht einer Feder hinzufügen, das Gleichgewicht beeinflussen und eine Saat des Friedens und der Erneuerung ausbringen können.

Auch das muß sich unserer Kenntnis entziehen. Doch wenn die Astrologie jemals wieder einen Ehrenplatz unter den Verbündeten der Menschheit erlangt, dann wird es an Einzelpersonen wie Ihnen liegen, liebe Leserin und lieber Leser, die Sie nachts wach liegen und nach Worten suchen, die vielleicht einen Unterschied gemacht hätten.

Gibt es denn solche Worte wirklich? Nicht, wenn wir an den klammernden Griff des Schicksals glauben. Doch vielleicht ist »Schicksal« eine leere Vorstellung, nur eine Lüge, nur ein Mittel, dessen wir uns bedienen, um uns vor einer Vorstellung zu verbergen, die tausendmal ehrfurchtgebietender ist: daß nämlich das Federgewicht, das das Gleichgewicht in unserem Leben verschiebt, gar nicht das mechanische Schicksal, sondern vielmehr unsere angeborene Wahlfreiheit ist.

Vielleicht hätten Zelda und Scott Fitzgerald, sogar tief in ihrem Schmerz und ein wenig Hilfe und Hoffnung vorausgesetzt, das Gewicht der Feder führen können. Gleichgültig wie wahr oder wie falsch diese Aussage auch sein mag, wenn Sie die Art Mensch sind, der zum modernen Astrologen berufen ist, dann werden Sie wahrscheinlich mehr als nur ein wenig an ihn glauben.

Und für alle anderen, die glauben, daß diese Art Vertrauen so ist, als schriebe man einen Brief an den Weihnachtsmann, zitieren wir aus einem Brief, den Scott an Zelda schrieb. Diese Worte wurden 1934 in völliger Verzweiflung geschrieben, als sie sich in der Anstalt aufhielt und er versuchte, sich auf eine Unze Gin pro Stunde zu beschränken – und scheiterte:

»Die Traurigkeit der Vergangenheit ist immer bei mir. Die Dinge, die wir zusammen getan haben, und die schrecklichen Entzweiungen, die aus uns Kriegsüberlebende gemacht haben ... umhüllen wie eine Art Atmosphäre jedes Haus, das ich bewohne. Die guten Dinge und die ersten gemeinsamen Jahre ... werden für immer bei mir sein, und du solltest so empfinden wie ich, daß sie erneuert werden können, wenn schon nicht in einem neuen Frühling, so doch in einem neuen Sommer. Ich liebe dich, mein Liebling, Liebling.«

Kapitel 11

Détente: Politik mit dem Composithoroskop

Wir schreiben das Jahr 2100. Was die Spannungen zwischen Amerika und Rußland betrifft, so hat sich nicht viel verändert. Die nationale Verteidigung beansprucht in beiden Ländern einen immer größeren Teil des Budgets. Die Kommunikation zwischen beiden Ländern existiert, könnte aber besser sein. Mit Abrüstungsgesprächen ist wenig zu erreichen. Der festgefahrene Zustand zwischen beiden Ländern frustriert die Politiker ebenso wie die Bevölkerung, aber niemand weiß, wie man aus der Sackgasse wieder herauskommen soll.

Dann eines Tages fangen Astronomen Signale von Außerirdischen auf, die uns auffordern, uns zu ergeben ... Falls Amerika und Rußland in einer solchen Situation nicht in Panik geraten, dann ist kaum etwas vorstellbar, was uns mit größerer Wahrscheinlichkeit zusammenführen könnte, uns eher zwingen würde, unsere Differenzen beizulegen und Veränderung und Wachstum in unsere Beziehung einzubringen.

Paare funktionieren genauso. Eine Dyade, ein System, das aus zwei Teilen besteht, kann sich leicht in der Polarisierung festfahren. »Du sagst ja; ich sage nein. Du willst planen; ich will spontan sein. Du willst mit geschlossenem Fenster schlafen; ich mit offenem.« Die Gefahr für Partner, in dieses Kampfgebiet zu geraten, ist außerordentlich groß und sehr gefährlich, wenn die Neigung hierzu nicht unter Kontrolle gehalten wird.

Es ist nicht erforderlich, auf die Ankunft der Raumschiffe zu warten. In der Synastrie ist die Logik der Beziehung selbst, repräsentiert durch das Composit, die dritte Kraft. Im Idealfall wirkt das Composit wie eine knotenlösende Stimmabgabe, die bei der Auflösung von Konflikten zwischen den zwei Beteiligten hilft. Sie fungiert als vermittelnde Entität.

Manchmal richtet sich das Composit nach dem Horoskop einer der beiden beteiligten Personen aus oder aber es steht ganz für sich. Eine Anzahl verschiedener »politischer« Situationen entsteht abhängig von der Richtung, die das Composit einnimmt. Vielleicht stärkt die »außerirdische Macht« einer der beiden Parteien den Rücken. Oder aber sie terrorisiert beide, zettelt eine Massenbewegung an wie die Rundfunkübertragung von H.G. Wells »Krieg der Welten«, die zahllose Hörer, die glaubten, daß die Marsmenschen tatsächlich im Anrücken seien, in die Flucht schlug. Lassen Sie uns ein paar dieser politischen Gleichgewichte untersuchen, die zwischen zwei Geburtshoroskopen und dem dazugehörigen Composit hergestellt werden. Nur wenige Composithoroskope fallen genau in die folgenden Kategorien, die nur als allgemeine Richtlinien gemeint sind, die Sie darin unterstützen sollen, bei Ihrer Analyse planvoll vorzugehen.

Kulturschock

Vickies Sonne befindet sich im Krebs im 4. Haus. Sie hat außerdem einen Krebs-Mond und einen Fische-Aszendent. Sie ist eine zurückhaltende, sanfte junge Frau, die preisgekrönte Orchideen züchtet. Einen Großteil ihrer Zeit verbringt sie still in einem duftenden Gewächshaus, wo sie ihren Pflanzen unglaubliche Blüten entlockt. Bei einer Orchideenausstellung lernt Vickie Nathan kennen – die Blumen von beiden konkurrieren um den ersten Platz. Nathan besitzt 80 Kilometer entfernt ein Gewächshaus; seine Sonne steht im Steinbock und im 12. Haus, sein Aszendent ist Fische, und sein Mond befindet sich in den Fischen im 1. Haus. Diese beiden verträumten, introvertierten Menschen sind überrascht und erfreut, als sie eine Freundschaft schließen, die sich bald zu Liebe vertieft. Ihre Freunde sind vollkommen von den Socken, als sie erfahren, daß Vickie und Nathan eine Safari den Amazonas hinunter wagen, um gemeinsam nach seltenen Orchideenarten zu suchen. Noch vor sechs Monaten hätte die beiden allein schon die Vorstellung der erforderlichen Impfungen traumatisiert. Was war geschehen?

Vickies und Nathans Composit weist Sonne und Mond beide im Widder und dem 1. Haus mit einem aufsteigenden Widder aus.

Die Logik ihrer Beziehung verlangt, daß sie abenteuerliche Erfahrungen miteinander teilen, sich Herausforderungen stellen und als Paar voller Begeisterung am Leben teilnehmen. Die »Erfahrungsnahrung« des Krebses im 4. Haus oder des Steinbocks im 12. vermag sie als Individuen zu erhalten, würde sie jedoch als Paar, wenn sie zusammen blieben, verhungern lassen.

Wenn Vickie sich zwänge, ein übereifriges, ihr vollkommen fremdes Leben zu führen, dann würde sie sich verrückt fühlen, abgeschnitten von ihrem durch Krebs und 4. Haus bestimmtem Kern – ebenso erginge es Nathan, wenn er sich verböge, um einen Lebensstil zu pflegen, der seiner von Steinbock und 12. Haus motivierten Energie gleichermaßen fremd wäre.

Das Composit von Vickie und Nathan, das stark von ihren beiden Geburtshoroskopen abweicht, zeigt, daß sie sich im Zustand des *Kulturschocks* befinden. Um eine derartige Bindung aufrechtzuerhalten, sind unglaublich weitreichende beiderseitige Anpassungsvorgänge erforderlich. Kann ein solches Paar wirklich miteinander ausharren? Sicherlich, wenn jeder der beiden bereit ist, diese Kompromisse einzugehen, und sie ihr Zusammenleben so strukturieren können, daß beiden genug Zeit allein bleibt, um Kraft zu tanken. Es ist schwierig, bei Verstand zu bleiben, wenn man zu lange von den Erfahrungen abgeschnitten ist, die das eigene Geburtshoroskop symbolisiert.

Kulturschock-Paare benötigen dreierlei Arten von Erfahrungen: Je eine für ihn und sie und eine weitere gemeinsame. In unserem Beispiel würde Vickie in ihrem Gewächshaus und Nathan auf dem Weg zu Orchideenaustellungen Zeit mit sich allein zubringen; gemeinsam könnten sie dann ihre widderhaften Abenteuerreisen unternehmen. Jeder dieser drei Erfahrungsarten sollte die gleiche Bedeutung zugebilligt werden, um für das Glück von Vickie, Nathan und für jenes der Beziehung zu sorgen.

Falls Sie und Ihr Gefährte ein Kulturschock-Paar abgeben, dann erkennen Sie, daß zu viel Beisammensein für Sie nicht wünschenswert ist. Seien Sie großzügig darin, einander »Raum« zuzubilligen, Autonomie, eigene Freunde, Hobbys, Ferien oder Wohnungen. Doch achten Sie auch darauf, einen Bereich in Ihrem Leben zu schaffen, in dem Sie gemeinsam die Erfahrungen machen, die Ihnen Ihr Composit nahelegt oder Ihre Bindung erhält nicht genug »Nahrung« und »verhungert« womöglich. Lernen Sie den Kulturschock schätzen: Er kann sie davor bewahren, in Ihrer Art zu festgefahren zu werden.

Scott und Zelda Fitzgerald, deren Composit wir im vorangegangenen Kapitel besprochen haben, sind ein Beispiel für ein Kulturschock-Paar. Scott war Waage im 8. Haus, mit einem Stier-Mond im 3. Haus, einem aufsteigenden Steinbock, drei Planeten im 5. Haus und Jupiter im 7. Trotz seiner zurückhaltenden Steinbock-Oberfläche und der Vorliebe seiner Sonne im 8. Haus für eine gewisse Zurückgezogenheit, weist Scotts Horoskop ein Bedürfnis nach zwischenmenschlichen Beziehungen und nach reichem Austausch mit der Außenwelt auf. Zeldas Sonne hingegen befand sich im Löwen im 12. Haus, sie hatte einen Löwe-Aszendenten, einen Krebs-Mond im 11. Haus, vier weitere Planeten im 11. Haus der Ziele, Zukunft und gleichgesinnten Freunde und zwei Planeten im 5. Haus. Ihr Horoskop verlangt ebenfalls menschliche Kontakte in großem Umfang, trotz der Plazierung ihrer Sonne im 12. Haus. Scotts und Zeldas Composit weist eine Sonne-Venus-Konjunktion in der Jungfrau im 4. Haus auf, einen aufsteigenden Stier und einen Zwillinge-Mond, Mars und Pluto im 1. Haus. Als Paar benötigten sie, dem Diktat von Jungfrau und 4. Haus folgend, ein »Nest«, um ihre Beziehung zu vervollkommnen, und sehnten sich, ihrem Stier-Aszendenten gemäß, nach Ruhe, einfachem Komfort und einem geregelten Tagesablauf. Eine Familie und ein Zuhause auf dem Lande hätten diese in ihrem Composit zum Ausdruck gebrachten Bedürfnisse in Verbindung mit gelegentlichen Aufenthalten in der Stadt, um den Erfahrungshunger ihres Zwillinge-Mondes zu stillen, möglicherweise befriedigt. Den Wünschen ihres Mondes nach lebendiger Anregung hätten sie auch nachkommen können, indem sie interessante Freunde zu sich aufs Land eingeladen hätten. Vielleicht wäre es ihnen gelungen, eine Art Schriftstellerkolonie aufzuziehen. Die allgemeine Zurückgezogenheit, die das Composit verlangt, war ihnen nicht so vertraut wie das ebenfalls vom Composit durch den Zwillinge-Mond im 1. Haus nahegelegte Bedürfnis nach Aufregung. Letzteres pflegten sie und schwächten damit

das Herz ihrer Beziehung (Sonne-Venus-Konjunktion in Jungfrau und 1. Haus), immer eine große Gefahr bei Kulturschock-
Paaren.

Feudalsystem

Will hat seine Sonne in den Zwillingen im 5. Haus, einen Löwe-
Mond und einen Wassermann-Aszendent. Lindas Sonne befindet
sich im Stier, ihr Mond im Krebs und ihr Aszendent im Schützen.
Ihr Composit weist die Sonne in den Zwillingen im 5. Haus auf,
einen Löwe-Mond und einen Wassermann-Aszendenten. Ihr gemeinsames Horoskop deckt sich also weitgehend mit Wills. Seit
sie zusammen sind, fühlt sich Linda unangenehm davon berührt,
daß Will immer das zu bekommen scheint, »was er will«. Linda
möchte gerne an die Westküste ziehen; er zieht es vor im Osten zu
bleiben. Will findet eine großartige Beschäftigung in der Stadt, in
der sie leben, seine Mutter, die nicht weit entfernt wohnt, entwik-
kelt eine chronische Krankheit, und Linda, mit ihrem Jobangebot
im Westen, hat das Nachsehen. Sie geben jegliche Vorstellung auf,
in den Westen zu wechseln. Dann will Linda ein altes Haus in einem ruhigen Wohngebiet im Norden der Stadt mieten. Will setzt
sich dafür ein, daß sie zunächst in eine luxuriöse Eigentumswohnung ziehen, um sie dann nach ein paar Jahren zu verkaufen. Das
Haus, für das sich Linda entschieden hat, wird bei einem Sturm
teilweise zerstört; Will gewinnt bei einem Rundfunkwettbewerb
eine Eigentumswohnung.

Können Sie nachfühlen, daß Linda sich nicht ganz wohl fühlt?
So kann es kommen, wenn das Composit über weite Strecken
dem einen Geburtshoroskop mehr gleicht als dem anderen. Wann
tritt ein solcher Fall ein? Es gibt keine sicheren oder leicht an-
wendbaren Regeln, doch können Sie sich die folgenden Richtlinien merken:

- Wenn sich zwei oder mehr Zeichen der primären Dreiheit im
  Composit unabhängig davon, ob sich darin Sonne, Mond oder
  der Aszendent befinden, mit jenen im Geburtshoroskop des ei-

nen Partners decken, dann besteht eine große Übereinstimmung.

- Wenn sich ein Stellium in einem bestimmten Haus eines Partners im gleichen Haus im Composit wiederholt, dann gleichen die beiden Horoskope einander, jedoch nicht so stark, wie im ersten Fall.
- Wenn im Geburtshoroskop des einen Partners und im Composit Planeten in der Qualität eines Elements fehlen, dann besteht eine geringere Übereinstimmung zwischen beiden.

Verallgemeinernd läßt sich sagen, je mehr das Composit Sie an eines der beiden Geburtshoroskope erinnert, je mehr Konfigurationen sie gemeinsam haben und je ähnlicher die Empfindungen sind, die Composit und eines der Geburtshoroskope bei Ihnen auslösen, desto größer ist die Ähnlichkeit zwischen beiden.

Eine solche Partnerschaft funktioniert wie das Feudalsystem. Es besteht eine Machtkonzentration zugunsten des Partners, zwischen dessen Horoskop und dem Composit die Übereinstimmung besteht, als ob das Leben unfairerweise und willkürlich der einen Person jedes Recht und alle Privilegien einräumt, so daß für die andere nichts übrigbleibt. Die Erfahrungen, derer der eine Partner bedarf, decken sich exakt mit jenen, die für die Beziehung von Bedeutung sind, und Ereignisse finden oft auf die Weise statt, daß das, was dem Paar zustößt, vom »Herrscher« gewünscht wird und vom »Diener« nicht.

Eine Beziehung mit einem »feudalen« Composit kann sehr empfindlich sein. Der Diener verdächtigt möglicherweise den Herrscher absichtlichen tyrannischen Verhaltens. Traurigerweise kann diese Anschuldigung durchaus einen wahren Kern besitzen. Herrscher in einer »feudalen« Partnerschaft beginnen diese in der Regel nicht mit der Intention, sie zu beherrschen. Doch das Composit, die Logik der Beziehung selbst begünstigt den Herrscher, und es bedarf eines sehr bewußten Menschen, diese Macht nicht zu mißbrauchen. Falls Sie der Herrscher bei einer solchen Konstellation sein sollten, dann streben Sie nach dieser Bewußtheit! Bringen Sie jeden Einsatz auf, den Standpunkt Ihres Gefährten zu bedenken und einzubringen. Teilen Sie Ihre Macht. Derartige

Kompromisse bewirken positive Ergebnisse: Vertrauen, Offenheit, bereitwilliges Eingehen von Verpflichtungen und Anteilnahme. Herrscher können wohlwollend sein, wenn sie erkennen, wer ihnen die Butter aufs Brot schmiert.

»Macht korrumpiert, und absolute Macht korrumpiert vollständig«, lautet das Sprichwort. Doch im »feudalen« Composit verfügt der Herrscher nicht über die absolute Macht. Dem Diener steht es immer frei, sich zurückzuziehen. Denken Sie daran, falls Sie der Diener sein sollten, doch drohen Sie nicht ständig mit dieser Maßnahme, und überlassen Sie sich nicht dem Verfolgungswahn, der Subversion oder passiven Aggression. Behaupten Sie sich auf vernünftige Weise. Unterscheiden Sie zwischen dem Fluß der Ereignisse und den vorsätzlichen Handlungen Ihres Partners. Zielen Sie auf eine demokratische Lösung ab. Und falls Sie keinen Zweifel daran haben sollten, daß Ihr Partner darauf beharrt, sich das Composit zunutze zu machen, daß er oder sie jedesmal einen Kilometer beansprucht, wenn ihm nur ein Zentimeter zusteht, dann machen Sie sich klar, daß Sie dem Feudalsystem nicht in die Falle gegangen sind, sondern jederzeit ausbrechen können.

Edward VIII., fast ein Herrscher im wirklichen Leben, und Wallis Simpson hatten ein Composit, das Edwards mehr glich als dem ihren. Seine Sonne befand sich im Krebs und im 5. Haus, sein Fische-Mond im 1. Haus und sein Aszendent im Wassermann. Ihre Sonne hingegen fiel in die Zwillinge und das 5. Haus, sie hatte einen Wassermann-Aszendenten und einen Waage-Mond im 8. Haus. Beachten Sie, daß sich beider Sonnen im 5. Haus befanden und beide über einen aufsteigenden Wassermann verfügten und daß folglich das Potential für demokratische Verhältnisse trotz ihres Composits mit einer Krebs-Sonne im 5. Haus, eines aufsteigenden Wassermanns und eines Schütze-Monds im 11. Haus relativ hoch war. Wir würden in dieser Situation davon ausgehen, daß die Umstände in der Beziehung Edward begünstigen müßten. Die Umstände seines königlichen Geblüts, ihrer bürgerlichen Herkunft und vorangegangenen Scheidung hätten ihre Ehe verhindert, wenn nicht Edward (der Herrscher!) freiwillig auf den Thron verzichtet hätte.

Demokratie

Christine hat ihre Skorpion-Sonne im 4. Haus, einen Widder-Mond im 10. Haus und einen aufsteigenden Krebs. Sams Stier-Sonne befindet sich im 8. Haus, sein Zwillinge-Mond im 9. Haus und sein Aszendent in der Waage. Ihr Composit weist eine Krebs-Sonne im 11. Haus auf, einen Stier-Mond im 9. Haus und einen Jungfrau-Aszendenten. Christines Krebs-Aszendent ist im Composit durch die Sonne im Krebs vertreten, Sams Stier-Sonne durch den Stier-Mond und der im Composit vorhandene Mond im 9. Haus spiegelt außerdem Sams Mond im 9. Haus wider. Der Jungfrau-Aszendent des Composits ist ein Widerhall von Christines Mond im 10. Haus. Folglich haben beide Positionen etwas mit bedeutsamer Arbeit zu tun. Weder Christines noch Sams Geburtshoroskop dominieren dieses Composit, und beide finden eine gemeinsame Grundlage darin. Eine solche Situation bezeichnen wir als demokratisch.

Als demokratisches Paar läßt es sich leichter leben, denn als Kulturschock-Paar oder als Paar in einer feudalen Situation. Die demokratische Situation jedoch weist genau die gleichen Gefahren auf, wie die beiden anderen Muster: Komponenten des Wesens beider Partner müssen, wenn sie im Composit nicht vorkommen, möglicherweise um Anerkennung in der Beziehung kämpfen. Wenn das geschieht, dann kann sich die Demokratie in die Tyrannei der Mehrheit über die Minderheit verwandeln.

Dieses Composit mit einer friedlichen Krebs/Stier/Jungfrau-Mischung, läßt weder viel Raum für den Ausdruck von Christines feurigem Widder-Mond noch für Sams Zwillinge-Mond mit seinen Bedürfnissen nach Erfahrung und Stimulation. Sie müssen sich darauf verlassen, daß ihr im Composit vorhandener Mond im 9. Haus sie aus jeglichem Alltagstrott, der sich zu bilden droht, herausreißt. Die Krebs-Sonne des Composits muß die Intensität von Christines Skorpion-Sonne und Sams Sonne im 8. Haus übertragen, ohne dabei überempfindlich zu reagieren oder riskante und zugleich entscheidende Kommunikationswege abzuschneiden.

Falls Sie sich in einer Demokratie befinden, dann erfreuen Sie sich an den harmonischen Punkten, die das Composit offenbart, und nutzen Sie sie, ohne den Teilen Ihres Selbst ihre Rechte abzuerkennen, die im Composit nicht vertreten sind. Wenn diese Qualitäten dennoch Raum finden, um sich in Ihrem Leben und in der Partnerschaft auszudrücken, so ist die Wahrscheinlichkeit geringer, daß Sie sich wie Terroristen betragen, die versuchen, aus dem Hinterhalt auf die Regierung zu schießen.

Paul Newman und Joanne Woodward sind ein gutes Beispiel für eine demokratische Beziehungssituation. Ihr Composit verfügt über einen Wassermann-Mond im 2. Haus und einen aufsteigenden Steinbock. Alle drei Horoskope weisen den Merkur im 1. Haus auf.

Jimmy und Rosalynn Carters Composit verfügt über eine Sonne-Venus-Konjunktion in der Jungfrau und im 12. Haus, über eine aufsteigende Waage und eine Mond-Jupiter-Konjunktion im Wassermann und im 5. Haus. Beide Geburtshoroskope weisen die Sonne im 12. Haus auf, wobei sich Jimmys in der Waage und Rosalynns im Löwen befindet. In Rosalynns Horoskop befindet sich außerdem der Aszendent in der Jungfrau, während er in Jimmys in der Waage plaziert ist. Die Mond-Jupiter-Konjunktion des Composits spiegelt Rosalynns Mond im 9. Haus wider.

Diese drei Muster – das Kulturschock-Paar, das feudale und das demokratische System – stellen Richtlinien dar, um Sie dazu zu veranlassen, über die möglichen Beziehungsmuster zwischen einzelnen Geburtshoroskopen und den Compositheoroskopen, die sie bilden, nachzudenken. Die meisten Situationen ähneln in der Regel dem einen Muster mehr als dem anderen, andererseits gibt es wohl nur wenige, die die Situation an sich repräsentieren. Außerdem ist es denkbar, daß Sie bei Ihrer Arbeit mit dem Composit noch andere Muster entdecken.

Unabhängig davon, für welche Kategorie das Composit steht, müssen wir noch eine weitere Dimension hinzufügen, um das Bild zu vervollständigen. Wir müssen berücksichtigen, welche Aspekte das Composit zum jeweiligen Geburtshoroskop bildet. Blättern Sie zurück zu Kapitel 8, falls Sie eine Auffrischung in Sachen Interaspekte benötigen.

Aspekte zwischen Composit- und Geburtshoroskop

Das Composit beschreibt die Entität der Beziehung. »Entität« ist ein Synonym für »Geist«, und Geister verfolgen üblicherweise Menschen; der umgekehrte Fall, daß Menschen Geister verfolgen, kommt eher selten vor. Wenn Sie die Aspekte zwischen dem Composit und den Geburtshoroskopen betrachten, dann sollten Sie sich auf die Wirkung konzentrieren, die die Entität des Paars, symbolisiert durch ihr Composit, auf das individuelle Geburtshoroskop nimmt. Aspekte, die das Composit zu den Geburtshoroskopen bildet, stellen diese Wirkung dar. Aspekte, die die Geburtshoroskope zum Composit bilden, sind nicht von der Hand zu weisen, doch sollte dem umgekehrten Fall die größere Bedeutung beigemessen werden. Die Composit-Entität verfolgt das Paar mehr als es umgekehrt der Fall sein könnte.

Wenn Aspekte zwischen dem Composit und den beiden Geburtshoroskopen analysiert werden, dann muß die Wirkung des Composits auf die beiden Geburtshoroskope größere Beachtung finden als umgekehrt.

Wenn Sie diese Regel verinnerlicht haben, können Sie sich mit diesen Interaspekten auseinandersetzen, wie Sie es mit allen übrigen auch tun würden. Der Unterschied besteht lediglich darin, daß die Paarentität Joes Mond und Jans Sonne mehr sonnenhaft färbt als dies ein beliebiger Planet einer anderen Person tun würde. Wenn Joe bei Jan bleibt, dann kann er davon ausgehen, daß ihr Zusammenleben die lunare Seite seines Charakters in den Vordergrund rücken wird (Sonnen-Einfluß). Jan wird feststellen, daß durch ihre Bindung an Joe der Kern ihrer Identität (Sonne) mit Gefühlen und Bildern (Mond-Einfluß) überflutet wird.

Sollten Sie in einer Tabelle die Interaspekte *aller* Planeten im Composit und ihre Wirkung auf beide Geburtshoroskope aufnehmen? Das müssen Sie entscheiden. Der menschliche Verstand kann nur eine gewisse Menge an Material verarbeiten, ohne Salat daraus zu machen. Falls die Vorstellung, all diese Interaspekte berechnen zu müssen, in Ihnen den Wunsch auslöst, daß Sie sich doch besser nie auf die Astrologie eingelassen hätten, dann verzichten Sie lieber auf solche Rechenarbeiten. Wir raten Ihnen, alle drei Horoskope genau zu betrachten und auf Interaspekte zu achten, die durch die primäre Dreiheit (Sonne, Mond, Aszendent) sowie außerdem wenigstens durch Venus und Mars zustande kommen. Ersteres ist das Herz des Composits und die beiden letztgenannten Planeten sagen viel über den Stil der Beziehungsaufnahme aus, den das Paar sich zu eigen gemacht hat. Wenn Sie noch mehr Informationen verkraften, dann ziehen Sie die im Composit durch die Planeten Merkur und Saturn gebildeten Interaspekte hinzu, da Sie Ihnen Aufschluß darüber geben, wie die beiden beteiligten Personen die Kommunikation in der Partnerschaft (Merkur im Composit) beurteilen und welche Blockaden sie gemeinsam haben oder an welchen sie heimlich mitwirken (Saturn im Composit). Nehmen Sie so viele weitere Planeten in Ihre Analyse auf, wie Sie glauben, verarbeiten zu können, ohne daß Ihnen die Sicherungen durchbrennen.

Lassen Sie uns ein paar Beispiele betrachten. Im »Äußeren Himmel« wird die turbulente Freundschaft zwischen van Gogh und Gauguin beschrieben, die nicht zur Verbesserung von van Goghs prekärem Geisteszustand beitrug. Die Sonne in beider Composit bildet eine Konjunktion mit van Goghs Saturn-Uranus-Konjunktion und trägt so dazu bei, seinen Eindruck, sich gegen Begrenzungen wehren zu müssen und in seinem Streben nach Unabhängigkeit matt gesetzt zu werden, noch zu verstärken. Der Mond in ihrem Composit steht in Opposition zu van Goghs Pluto-Uranus-Konjunktion und bereichert van Goghs Ausdruck dieser beiden äußeren Planeten um eine lunare, emotionale und irrationale Qualität. Pluto kann sich wie eine Stimme anhören, die sagt »Dein Leben ist ein Witz!«, und Uranus sich anfühlen wie jemand, der einen auffordert »Zum Teufel mit allem! Mach, daß du fort kommst!« Van Gogh standen andere Möglichkeiten zur Verfügung, als jene für die er sich letztlich entschied, doch seine Freundschaft mit Gauguin ließ diese Stimmen lauter erklingen.

Simone de Beauvoir und Jean-Paul Sartre haben beide einen Skorpion-Aszendenten; gleiches gilt für ihr Composit. Ihr Stil (Aszendent) als Paar war mehr oder weniger identisch mit der

Präsentation ihrer individuellen Persönlichkeiten (Aszendenten). Ihr lebenslanger Umgang miteinander machte die Anpassung ihrer Masken (Aszendenten) nicht erforderlich. Der Vergleich ihrer drei Horoskope offenbart viele Interaspekte zwischen dem Composit und den jeweiligen Geburtshoroskopen und kann als Hinweis auf den großen Einfluß verstanden werden, den die Beziehung auf beider Leben hatte.

Rosalynn Carter hielt sich nicht für fähig, politische Reden zu halten, wuchs jedoch über sich selbst hinaus, als sie mit Jimmy Carter Wahlkampf führte. Die Sonne in ihrem Composit bildet eine Konjunktion mit Rosalynns Aszendenten und ihrer Mars-Venus-Konjunktion im 1. Haus und stellt damit den charmanten (Venus) Krieger (Mars) in ihrer Maske in den Vordergrund. Der Mars in beider Composit trifft auf Rosalynns Saturn im 3. Haus und ficht (Mars) damit die kommunikativen (3. Haus) Blockaden (Saturn), mit denen sie zu kämpfen hatte, an.

Die Sonne im Composit von Pete Townshend und Roger Daltrey fällt auf Townshends Venus-Mars-Konjunktion und stimuliert damit Townshends kreativen (Venus) Tatendrang (Mars). Die Venus ihres Composits trifft auf Daltreys Sonne; die Musik, die beide zusammen schufen, färbte Daltreys durch Fische und 4. Haus auf Zurückgezogenheit programmiertes Wesen (Sonne) venushaft und gab ihm einen attraktiveren und auffallenderen Anstrich. Die Composit-Venus befindet sich außerdem in Opposition zu Townshends Mond im 12. Haus und stützt sich so bezüglich ihrer Kunst auf seine lunaren Tiefen.

FÜNFTER TEIL
LEBENDIGE SYNASTRIE

Kapitel 12
Alles zusammenfügen

Hat die Liebe Sie je in tiefste Verwirrung gestürzt? Fragen Sie hundert Leute. Sie erhalten 99 bestätigende Antworten und vielleicht eine zögernde Reaktion von einem Rambotypen mit schwerer Testosteronüberproduktion. Mit einem anderen Menschen zurechtzukommen, ist vermutlich eine der lohnenswertesten Erfahrungen im menschlichen Leben, doch eine Beziehung kann uns auch bis an die ausgefransten Ränder unseres mentalen und emotionalen Haushalts treiben. In der privaten Welt der Intimität und Nähe ist klarer Menschenverstand halb außer Kraft gesetzt. Die Logik wird verbogen, die Regeln werden gebeugt. Sie ist wunderschön und einfach verblüffend.

Durch die Synastrie bietet uns die Astrologie eine Metapher, ein Symbol für die Liebe an. Eine rationalisierte Darstellung eines Phänomens, das zu kompliziert ist, als daß der Verstand es auf andere Weise erfassen könnte.

Wie profitieren wir davon, wenn wir uns einer solchen Metapher bedienen? Indem wir es zulassen, daß sie die essentielle Dynamik einer bestimmten Beziehung vereinfacht und schematisiert. Was gewinnen wir dabei? Klarheit. Und was kostet uns diese Klarheit? Einen hohen Preis. Um Klarheit zu erlangen, müssen wir unweigerlich einen Teil der Wahrheit opfern. Je weiter wir uns in das Reich der Symbole hineinbegeben, desto mehr vergrößern wir den Abstand zwischen uns und der unmittelbaren Wirklichkeit des Lebens.

Die Aufgabe des Astrologen – unsere Aufgabe – ist es, einen Punkt des Gleichgewichts zwischen beiden Extremen zu finden. Auf der einen Seite haben wir das Leben mit seinem grenzenlosen Spinnennetz unendlich vieler und kleiner Details. Auf der ande-

285

ren Seite steht die Astrologie: Ein paar Dutzend Symbole, die dieses Spinnennetz zum Ausdruck bringen wollen. Gehen Sie zu weit auf die Symbole zu, und Ihre Interpretationen werden entweder trivial (»Löwen sollten sich niemals mit Skorpionen zusammentun!«) oder so unbedacht, daß sie nichtssagend und vollkommen abgetrennt von den wirklichen Erfahrungen des Alltags sind (»Neun Planeten im Skorpion in eurem 12. Haus im Composit? Das heißt, daß ihr beide in einem früheren Leben schwarzmagische Zauberer in Lemurien wart.«)

Gehen Sie zu weit in die andere Richtung, fort von den Symbolen und zurück zum Leben und was geschieht dann? Die vereinfachenden, Klarheit schaffenden Diagramme der Astrologie brechen in sich zusammen und stürzen Sie in die gleiche Verwirrung, die Sie bereits vor dem Kauf des Astrologiebuches empfunden haben. Die gleichen alten Kämpfe kommen wieder zum Vorschein, nur sind sie jetzt mit neuen Schlagwörtern versetzt: »dein aufreizend patriarchaler, dominierender Saturn« … »dein kriecherischer, unterwürfiger Fische-Mond« …

Die Lösung lautet »Gleichgewicht«. Nehmen Sie so viel Komplexität auf, wie Sie können, dann hören Sie auf. Finden Sie heraus, wo Ihr angenehmer Bereich liegt. Die Astrologie ist flexibel. Passen Sie sie Ihren persönlichen Bedürfnissen und geistigen Voraussetzungen an. Halten Sie immer ein Auge auf die Wirklichkeit gerichtet. Mit dem anderen kümmern Sie sich um all die Interaspekte und übertragenen Häuser. Lassen Sie sich jedoch niemals von den Symbolen überwältigen. Wenn Sie all das verwirrt, treten Sie einen Schritt zurück. Führen Sie die Astrologie zur Einfachheit zurück, selbst wenn Sie sich damit vorübergehend in das Reich grober Vereinfachung begeben müssen. Dann wagen Sie einen neuen Vorstoß und fügen die Details und subtilen Einzelheiten hinzu, die der Synastrie Leben einhauchen.

Anders ausgedrückt: Lassen Sie die Symbole zu Ihrem Herzen sprechen. Und wenn Ihr Herz Schwierigkeiten mit Vier-Silben-Wörtern hat, dann beschränken Sie sich eine Weile auf Drei-Silben-Wörter. Wie? Lesen Sie weiter.

Ich werde das alles nie durchschauen!

Stimmt's?

Es sei denn, Sie sind ein Mensch, der komplizierte Rechenaufgaben im Kopf lösen und dabei lange Passagen eines Shakespeare-Stücks in Kiswahili rezitieren kann. Sie haben sich vermutlich nicht alle Einzelheiten aus den vorangegangenen Kapiteln merken und schon gar nicht herausbringen können, wie alles zusammenarbeitet. Die Synastrie ist kompliziert. Das muß sie auch sein! Schließlich soll sie die Liebe zwischen zwei Menschen widerspiegeln.

Er: Beziehungshungrig mit vielen Planeten in der Waage im 8. Haus. Sie: Zurückgezogen und einsam, mit einem Saturn, der in ihrem Geburtshoroskop eine zentrale Rolle spielt. Sein Mond bildet ein Sextil mit ihrer Sonne. Ihr Uranus eine Konjunktion mit seiner Venus im 4. Haus. Der Mars im Composit befindet sich auf ihrem Wassermann-Aszendenten. Ein jeder dieser Faktoren und Dutzende mehr müssen analysiert, begriffen und in das Gesamtbild eingefügt werden. Und Sie müssen diese Aufgabe bewältigen, ohne jemals Ihre Vorstellung von den Gesamtzusammenhängen aus den Augen zu verlieren.

Wer kann damit Erfolg haben? Vielleicht niemand. Unser Gehirn hat Grenzen. Das vollkommene Verstehen eines einzelnen Geburtshoroskops geht vermutlich schon über unsere Möglichkeiten hinaus. In der Synastrie sind wir mit zwei solchen Geburtshoroskopen konfrontiert und zusätzlich noch mit ihrer wechselseitigen Einwirkung aufeinander. Runden Sie das Bild mit einem Composithoroskop ab und die Sache ist kaum auszumalen.

Wie Sie dennoch erfolgreich sein können

Es gibt zwei Richtlinien, die in der Synastrie, trotz der Dichte der astrologischen Information, Erfolg garantieren. Die eine haben wir bereits kurz gestreift: Wenn Sie das Gefühl haben, verwirrt zu werden, dann ziehen Sie sich auf eine weniger anspruchsvolle Ebene der astrologischen Analyse zurück.

> *Richtlinie 1*: Akzeptieren Sie die Tatsache, daß kein menschliches Hirn all die Details in einer synastrischen Interaktion erfolgreich zueinander in Beziehung setzen kann. Beginnen Sie mit der einfachsten Analyseebene. Fügen Sie so lange Schicht um Schicht hinzu, bis Sie sich geistig überanstrengt fühlen. Dann hören Sie auf, und arbeiten so gründlich wie Sie können, mit dem, was Sie haben.

Erzwingen Sie nichts. Das funktioniert nicht. Es hat keinen Sinn, zu viel Energie in die rein analytische Kopfarbeit zu stecken, wenn dabei Ihr Herz und Ihre Intuition verhungern. Das kann leicht geschehen, und dabei kommen vertrocknete, pedantische Astrologen heraus.

Richtlinie 2, die im Verlauf dieses Kapitels genauer umrissen wird, besteht darin, daß Sie sich in Ihrer Analyse Schritt für Schritt einer systematischen Vorgehensweise unterwerfen. Oder aber die resultierende Flutwelle unverdauter astrologischer Informationen wird mit Sicherheit Ihre Konzentration fortspülen, und Sie werden an sich das leere Starren mit herunterhängendem Unterkiefer bemerken, das man im Matheunterricht in den Gesichtern der Kinder in der letzten Reihe sieht.

> *Richtlinie 2*: Planen Sie Ihren Angriff! Legen Sie ihn in groben Zügen fest, und halten Sie sich dann daran. Indem Sie sich im voraus festgelegte Interpretationsstrategien und –taktiken zu eigen machen, können Sie die Reihenfolge bestimmen, in der Sie sich Fragen stellen, und die Antworten in ein kohärentes, verständliches Muster einfügen.

Ein lebendiger Überblick über zwei gründlich verstandene und klar präsentierte Sonnen- oder Mondzeichen ist weit nützlicher als eine verwirrende, ungeordnete Erläuterung aus schwirrenden Wörtern, die ein Dutzend oder mehr unklare Interaspekte beschreiben. Diese Erkenntnis ist der Kern von Richtlinie 1. Fügen Sie Richtlinie 2 – die systematische Herangehensweise – hinzu und Sie werden mit großer Wahrscheinlichkeit feststellen, daß Sie Ihre analytischen Fähigkeiten unterschätzt haben.

Die Symbole im Griff behalten

Eine systematische Herangehensweise: Darin liegt der Schlüssel, um die Flut synastrischer Informationen im Griff zu behalten. Die Synastrie hat sehr viel Ähnlichkeit mit der Jazzmusik. Um erfolgreich zu sein, muß man lernen, innerhalb einer vorgegebenen Struktur zu improvisieren. Im Jazz besteht diese Struktur aus einem vorgegebenen Muster aus Akkorden. In der Synastrie handelt es sich um eine logische Abfolge astrologischer Fragen. Jede von ihnen muß in der richtigen Reihenfolge beantwortet werden. Lassen Sie einen Schritt aus, und es werden mit Gewißheit schräge Töne dabei herauskommen.

In den vorangegangenen Kapiteln haben wir die Astrologie der Beziehung theoretisch betrachtet. Im folgenden verlassen wir die Welt der Theorie und begeben uns in das Reich alltäglicher astrologischer Praxis. Mit dem theoretischen Wissen, das Sie bisher erworben haben, sind Sie wie ein lernender Jazzmusiker. Sie beherrschen Ihre Tonleitern. Sie wissen, welche Noten zu den einzelnen Akkorden gehören. Sie können komplizierte Rhythmen halten. Sie haben eine gewisse Meisterschaft auf Ihrem Instrument erreicht. Nun brauchen Sie nur noch eine Melodie! Das heißt, eine Struktur, in deren Rahmen Sie spielen und Ihre Begabung erforschen und erweitern können.

Ebenso, wie es eine unendliche Zahl möglicher Melodien gibt, so existieren vermutlich auch unbegrenzt viele Möglichkeiten für den Aufbau einer astrologischen Analyse. Auf den folgenden Seiten wollen wir nicht auf dogmatische Weise andere Methoden ausschließen und schon gar nicht Ihre Kreativität unterdrücken. Unser Ziel ist es lediglich, ein nützliches praktisches Interpretationssystem anzubieten. Das Verständnis der bereits abgehandelten Einzelheiten in Verbindung mit der im folgenden zu beschreibenden Verfahrensweise ist eine Garantie dafür, daß Sie sich selbst und Ihre Freunde mit einsichtigen, verständlichen astrologischen

Interpretationen versorgen können. Das also ist unsere Melodie. Später werden Sie vielleicht sogar Ihre eigene komponieren.

Der große Plan

Nun sind Sie bis zu diesem Punkt vorgedrungen, haben vermutlich das meiste dessen verstanden, was Sie gelesen haben, fühlen sich aber vielleicht ein bißchen im Hinblick darauf vor ein Rätsel gestellt, wie all dies wohl in der Praxis funktionieren mag. Sie haben Ihr Geburtshoroskop und das eines Freundes. Sie fragen sich, wie diese wohl zusammenpassen könnten. Wie sollen Sie vorgehen?

Räumen Sie einen Tisch frei. Holen Sie sich Ihre Stifte. Sorgen Sie für gutes Licht. Stellen Sie den Anrufbeantworter an. Und brühen Sie sich eine Kanne Tee auf. Machen Sie es sich bequem. Sie werden eine ganze Weile beschäftigt sein. Erwarten Sie nicht, daß sich irgend etwas auf die Schnelle ergibt. Sie werden aufregende Feststellungen machen, aber sie werden nicht auf die Art aufregend sein, wie es die neuesten Hollywood-Kinohits sind. Sie werden Sie eher an die Erregung bei einem Sonnenaufgang, der sich zu einem prachtvollen Morgen entfaltet, erinnern.

Ihr erster Schritt besteht darin, all die erforderliche mechanische Arbeit zu erledigen. Erstellen Sie sich ein synastrisches Arbeitsblatt (siehe Seite 156). Das bedeutet, daß Sie alle Interaspekte und Übertragungen in die Häuser feststellen müssen. Als nächstes sollten Sie, sofern dies nicht bereits ein Computer für Sie getan hat, das Composithoroskop erstellen (siehe Anhang, Seite 333). Befassen Sie sich noch nicht weiter mit der Interpretation. Werden Sie für etwa eine halbe Stunde ein menschlicher Mikrochip.

Nun sind Sie bereit, diesem Chaos an Symbolen einen Sinn zu geben. Wie? Beginnen Sie mit:

> *Richtlinie 3*: Legen Sie das synastrische Arbeitsblatt und auch das Composit beiseite. Betrachten Sie die beiden Geburtshoroskope, eines nach dem anderen.

Jeder Mensch ist anders. Das ist einer der Gründe, warum das Leben – und die Astrologie – so faszinierend ist. Da wir uns alle voneinander unterscheiden, bringen wir auch verschiedene Bedürfnisse und Erwartungen in eine Beziehung ein. Übersehen Sie diese Unterschiede nicht! Verwenden Sie das Geburtshoroskop, um den Menschen zu erfassen, mit dem Sie sich beschäftigen.

Lassen Sie diesen Schritt aus, und Sie gehen dem heimtückischen Irrtum in die Falle, sich vorzustellen, daß das, was Ihnen offensichtlich und wirklich erscheint, auch für andere diese Qualitäten hat. Sie finden es vielleicht vollkommen in Ordnung, wenn Ihr Liebster nichts anderes als Jeans und Sweatshirts trägt. Doch wenn seine politische Auffassung auch nur einen Zentimeter von Ihrer abweicht, fliegen die Fetzen. Das ist in Ordnung. Lassen Sie sich jedoch von diesen persönlichen Vorlieben nicht den Blick dafür verstellen, daß die Welt voll von ehrbaren Bürgern ist, denen die politischen Ansichten ihrer Lebenspartner vollkommen egal sind und die dafür größten Wert darauf legen, daß sie modisch gekleidet sind, weil die äußere Erscheinung für sie von entscheidender Bedeutung ist, um das Kribbeln in der sexuellen Bindung aufrechtzuerhalten.

Verfahren Sie folgendermaßen:

Wählen Sie eines der Geburtshoroskope aus. Beginnen Sie Ihre Analyse, indem Sie sich zunächst mit der »primären Dreiheit« befassen, dem Bild also, das Sonne, Mond und Aszendent gemeinsam abgeben. Bedienen Sie sich der Richtlinien, die wir im »Inneren Himmel« vorgestellt (und in Kapitel 2 des vorliegenden Buches wiederholt) haben, um die Aussage dieser drei Elemente auf der Basis ihrer grundlegenden Archetypen in einem Satz auszudrücken. Zum Beispiel: Die durch ihr Geburtshoroskop dargestellte Person ist der Geschichtenerzähler (Zwillinge-Sonne) mit der Seele eines Einsiedlers (Steinbock-Mond) und der Maske des Hypnotiseurs (Skorpion-Aszendent). Denken Sie über die Aussage nach. Entwickeln Sie ein Gefühl für sie.

Fügen Sie dann die Häuserpositionen von Sonne und Mond hinzu. Wo findet das Leben des »Geschichtenerzählers« statt? Im Haus des Berufes? Im Haus der Ehe?

Nun geben Sie ein paar Planeten hinzu. Steht einer der Planeten mit einem der Faktoren der »primären Dreiheit« in Konjunktion? Ist Neptun, der Planet des Mystizismus, mit dieser Einsiedlerseele verschmolzen? Ist Mars, der Gott des Krieges, eins mit der Maske des Hypnotiseurs? Kommt es zu Planetenhäufungen in einem einzelnen Haus oder Zeichen?

Achten Sie insbesondere auf Venus und Mars. Warum? Sind sie wichtiger als die übrigen Planeten? Nein, nicht wirklich – lediglich im Zusammenhang mit Beziehung und Sexualität spielen Sie ein maßgebliche Rolle, folglich widmen wir ihnen in der Synastrie besondere Aufmerksamkeit.

Sehen Sie die Venus an. In welchem Zeichen befindet sie sich? Die Position der Venus sagt Ihnen, was in diesem Menschen am ehesten warme, romantische Gefühle weckt. Was muß er in seinem Liebespartner sehen, um für lange Zeit Interesse an der Beziehung zu ihm zu haben? Welches sind die vielleicht unbewußten Vorstellungen dieser Person über den Zweck der Liebe? Und wie »verkauft« sie sich?

Wenden Sie sich nun dem Mars zu. Welches Zeichen gibt diesem Planeten im Geburtshoroskop Form? Der rote Planet gewährt Ihnen Einblick in die leidenschaftlicheren Dimensionen des individuellen Charakters. Was erfüllt diese Frau mit Leidenschaft? Was macht diesen Mann an? Wie geht sie oder er dabei vor, um das Objekt des Begehrens zu erlangen?

Falls Sie Ihre Kenntnisse über Mars und Venus noch einmal auffrischen müssen, so blättern Sie zurück zu Kapitel 5 (Seite 100).

Als nächstes überprüfen Sie den »Beziehungsbogen«, die Häuser 5 bis 8 (siehe Kapitel 6, Seite 121). Sind in diesen Häusern Planeten vorhanden? Wenn ja, dann haben sie eine Schlüsselfunktion im Beziehungsverhalten dieser Person. Muß sich er oder sie Lektionen in den Bereichen emotionale Spontaneität, Liebesspiel oder Ausdrucksfähigkeit stellen? (Sind also, anders ausgedrückt, Planeten im 5. Haus vorhanden?) Welche Unterweisungen haben diese Planeten zu bieten? Welche Mittel tragen Sie zum Gesamtbild bei? Wie könnten ihre Energien falsch zum Einsatz kommen? Nun wenden Sie sich dem 6. Haus zu. Was ist mit den Themen Verantwortung und Selbstaufopferung, die für jede eingegangene Verpflichtung so wichtig sind? Befinden sich Planeten im 7.

Haus? Hier, im traditionellen »Haus der Ehe«, können Sie das Bild des Seelengefährten freilegen, den kennenzulernen dem Betreffenden bestimmt ist – und lebendige Beschreibungen der Lektionen, die er lernen muß, wenn diese Bindungen sich als produktiv und harmonisch erweisen sollen. Und wenn Planeten im 8. Haus sind, so breitet sich vor Ihnen die Formel aus, mit deren Hilfe Sie diesen Mann oder diese Frau für die nur halb verstehbaren, transformierenden sexuellen Gefühle, die wir als »Elektrizität« und als »Chemie« zu bezeichnen gewohnt sind, öffnen können.

Dreht sich Ihnen schon der Kopf? Wenn ja, dann sind Sie möglicherweise weit genug vorangekommen. Vielleicht ist es an der Zeit, sich an Richtlinie 1 zu erinnern: Überfordern Sie sich nicht. Es kann schon sein, daß Sie bisher kaum die Oberfläche des Geburtshoroskops angekratzt haben, aber Sie sind dabei auf eine Goldmine gestoßen. Sie haben viel gelernt. Sie haben ein Gefühl dafür entwickelt, wer der *Mensch* hinter dem Horoskop ist, und das ist ausreichend, um die Minimalanforderungen von Richtlinie 3 zu erfüllen.

Gießen Sie sich eine weitere Tasse Tee ein. Holen Sie tief Luft. Haben Sie das Geburtshoroskop, mit dem Sie sich eben beschäftigt haben, gefühlsmäßig erfaßt? Haben Sie eine Vorstellung vom großen Ganzen? Hallt dieser Mensch so in Ihnen wider, wie es der Schauspieler in einem Film, aus dem Sie gerade kommen, oder eines Theaterstücks tut? Oder wie ein alter Freund, mit dem Sie vor fünf Minuten ein Telefongespräch beendet haben? Spürt also Ihr Körper dieses Geburtshoroskop? Wenn ja, dann sind Sie auf dem richtigen Weg. Wenn nein, dann legen Sie den Rückwärtsgang ein. Fangen Sie von vorn an mit dem Satz »… der Geschichtenerzähler mit der Seele eines Einsiedlers und der Maske des Hypnotiseurs …« und nehmen Sie ihn tief in sich auf.

Was soll diese Betonung subjektiver Reaktionen? Weil es für die nächsten Schritte Ihrer synastrischen Analyse erforderlich ist, daß Sie vorübergehend all Ihre Vorstellungen über das erste Geburtshoroskop einlagern. Sie müssen sie eine Weile auf Eis legen. Dies auf einer reinen Verstandesebene zu tun, ist unmöglich. Dazu ist die Information zu umfassend. Sie laufen sonst Gefahr, die Hälfte dessen zu vergessen, was Sie in der ersten Phase gelernt haben, sobald Sie mit der zweiten Interpretationsphase beginnen. Das menschliche Bewußtsein ist fähig, große Informationsmengen in der Form von emotionalen Eindrücken aufzubewahren. Dies ist im Grunde genommen die Art, wie wir uns an Menschen erinnern – und auf die gleiche Art können wir uns auch Geburtshoroskope besser einprägen.

Möglicherweise sind Sie ein fortgeschrittenerer Astrologe, der über mehr als das Grundlagenwissen über Geburtshoroskope verfügt. Wenn ja, dann treiben Sie Ihre astrologische Analyse einen Schritt weiter. Berücksichtigen Sie alle Planeten, die Aspekte, die sie bilden, die Häuser und Zeichen, in denen sie sich befinden. Richtlinie 1 rechtfertigt nicht Faulheit, sondern will lediglich ein realistisches Anerkennen der eigenen Grenzen fördern. Verschieben Sie diese Grenzen! Entwirren Sie jedes Horoskop so weit, wie es Ihnen nur möglich ist. Vergessen Sie dabei jedoch nicht, sich von Zeit zu Zeit realistisch einzuschätzen. Verirren Sie sich in den Details? Fangen Sie an, den Überblick zu verlieren?

Ob Sie nun zu einer Weltklasseinterpretation des Geburtshoroskops fähig sind oder sich gerade mal ein paar Archetypen und Schlüsselworte einprägen können, der Prozeß ist im wesentlichen der gleiche. Sehen Sie das Geburtshoroskop an. Finden Sie so viel Sie können heraus. Begreifen Sie es. Spüren Sie es. Und seien Sie sich dabei Ihrer Grenzen bewußt.

Sobald Sie fertig sind, legen Sie das erste Geburtshoroskop beiseite. Trinken Sie noch eine Tasse Tee. Und wiederholen Sie den gesamten Prozeß mit dem zweiten Horoskop.

Wenn Sie Ihre Karten bisher richtig ausgespielt haben, dann haben Sie nun den elementaren Geist beider Geburtshoroskope verinnerlicht. Sollten Sie in der Astrologie noch am Anfang stehen, dann mag es sinnlos sein, sich ein solches Ziel zu setzen. Lassen Sie sich nicht entmutigen. Seien Sie hartnäckig. Früher haben Sie auch nicht im Gesicht eines Menschen lesen können. Sie wußten *diese Symbolik* nicht zu deuten. Jetzt, nach ein paar Jahren Erfahrung, sind Sie vermutlich gut darin, auf den ersten Blick die Verrückten und die Energievampire zu erkennen. Die Astrologie funktioniert genauso. Geben Sie Ihr ein wenig Zeit, und die Hieroglyphen werden Ihnen genauso viel mitteilen wie ein abwesender Blick oder ein hungriges Grinsen.

Nachdem Sie die beiden Geburtshoroskope eines nach dem andren entschlüsselt haben, sind Sie nun bereit, sich der zweiten Hauptphase Ihrer synastrischen Analyse zuzuwenden: der Interaktion zwischen den beiden Horoskopen.

Richtlinie 4: Nachdem Sie die beiden Horoskope unabhängig voneinander in sich aufgenommen haben, fahren Sie nun fort, indem Sie die Interaspekte zwischen beiden berücksichtigen.

Sie haben eine Zeitlang gebraucht, um Ihr synastrisches Arbeitsblatt anzulegen. Nun sind Sie bereit, aus dieser Arbeit Nutzen zu ziehen. Aber sehen Sie es sich nur an! Da sind Dutzende von Interaspekten. Wie sollen Sie sich je all diese Information merken? Auch hier gilt wieder, retten Sie sich mit Richtlinie 1: Sie werden sich vermutlich nicht jeden einzelnen dieser Interaspekte einprägen können, und das ist in Ordnung so. Sie müssen sie sich nicht wirklich alle merken. Wenn Ihnen das gelingt, dann ist es wunderbar und Ihre synastrische Analyse wird in der Folge tiefgreifender und genauer sein. Falls Sie sie jedoch nicht alle aufnehmen können, dann sind Sie dennoch zu einer sinnvollen, zutreffenden Interpretation fähig. Der Trick besteht darin, herauszufinden, welche Interaspekte für die Partnerschaft entscheidend sind und welche lediglich der Feinabstimmung dienen.

Beginnen Sie mit den Interaspekten der Sonne, des Mondes und des Aszendenten. Wie nimmt Jacks primäre Dreiheit Einfluß auf Jills Geburtshoroskop als Ganzes? Bildet seine Sonne mit Ihrer Venus einen Aspekt? Das heißt, färbt (betont, läßt hervortreten) er ihre Venus-Qualitäten Attraktivität, Beziehungsbereitschaft und Wärme sonnenhaft? Nun wenden Sie sich dem Wesen des Interaspekts zu. Handelt es sich um ein Quadrat? Das heißt, findet der Sonnen-Einfluß durch einen angespannten, vielleicht ärgerlichen Prozeß statt, während Jack auf Jills Venus-Schaltkreis Reibung ausübt? Oder ist der Aspekt zwischen seiner Sonne und ihrer Venus ein harmonisches Trigon? Dann handelt es sich um einen fließenden Sonnen-Einfluß, in dessen Folge seine Identität (Sonne) ihre Qualitäten natürlicher Anmut und Zuneigung (Venus) erhöht (Trigon).

Sollten Sie nur eine verschwommene Vorstellung von den Einzelheiten der Interaspektanalyse haben, dann sollten Sie noch einmal die Kapitel 7 und 8 (Seite 141 und 161) lesen.

Ebenso bilden Jacks Mond und Aszendent vermutlich Interaspekte mit anderen Wirkpunkten in Jills Geburtshoroskop. Denken Sie über jeden einzelnen der von der primären Dreiheit gebildeten Interaspekte nach, bis Sie alle berücksichtigt haben. Dann kehren Sie den Vorgang um und überprüfen, wie Jills primäre Dreiheit Jacks Planetenmuster beeinflußt.

Vielleicht sind Sie zufrieden mit dem Einblick, den Sie in diese entscheidenden Interaspekte gewonnen haben. Wunderbar! Nun nehmen Sie weitere Planeten hinzu, wobei Sie insbesondere die Planeten Mars und Venus und ihre Aspekte berücksichtigen. Hat Jill einen auffälligen Merkur? Dann achten Sie sorgfältig auf seine Interaspekte. Ist ihr Neptun relativ unbedeutend? In dem Fall sind die von ihm gebildeten Interaspekte nicht so wichtig, und Sie sollten ihnen weniger Aufmerksamkeit schenken. Fahren Sie fort, bis Sie eine verräterische Erschöpfung spüren.

Möglicherweise spüren Sie diese Müdigkeit schon, nachdem Sie sich mit dem ersten Interaspekt beschäftigt haben. Trinken Sie also noch eine Tasse Tee. Entspannen Sie sich. Lassen Sie sich Zeit. Denken Sie daran, daß dieses nahezu instinktive Erfassen auf Bauchebene eines einzelnen Interaspekts mehr wert ist, als das oberflächliche Streifen vieler von ihnen.

Wenn Sie sich überanstrengt fühlen, dann besteht Ihre Strategie darin, die Zahl der Interaspekte, mit denen Sie arbeiten, zu reduzieren. Doch widerstehen Sie der Versuchung, den Mond oder den Aszendenten aus Ihren Betrachtungen auszuschließen. Eine bessere Methode, um Ihr Forschungsgebiet einzugrenzen, besteht darin, die Orben der Interaspekte enger zu fassen. Vielleicht befindet sich Jacks Mond bei 12 Grad im Krebs und im Quadrat zu Jills Mars auf 5 Grad in der Waage. Damit es sich um ein exaktes Quadrat handelt, müßte sich Jills Mars auf 12 Grad in der Waage befinden, genau 90 Grad entfernt von Jacks Mond. Wie sich die

Sache aber nun einmal verhält, ist der Interaspekt 7 Grad von einem genauen Quadrat entfernt – genau genug, um wirksam zu sein, aber nicht annähernd so stark wie es bei enger gefaßten Orben der Fall wäre. Indem Sie lediglich die Interaspekte berücksichtigen, die, sagen wir, 2 Grad von der Genauigkeit entfernt sind, reduzieren Sie die Zahl der Planetenbeziehungen ganz erheblich. Noch wichtiger ist, daß Sie, indem Sie Ihre Orben verkleinern, systematisch Ihre Pfennige fortwerfen, bevor Sie Ihre Fünfzigpfennig- und Markstücke aussortieren. Sie sollten sich nur auf die wirklich wichtigen Interaspekte beschränken.

Wer sich für enger gefaßte Orben entscheidet, der behält in der Regel nur eine Handvoll der von der primären Dreiheit gebildeten Interaspekte zurück. Sollte Ihnen auch diese entscheidend verkleinerte Zahl noch zu viel sein, dann beschränken Sie Ihre Aufmerksamkeit auf die Verbindungen, die allein die primären Dreiheiten von Jack und Jill untereinander eingehen. Sein Mond könnte zum Beispiel im Quadrat zu ihrer Sonne stehen. Solche Interaspekte sind von wirklich grundsätzlicher Bedeutung und wenn Sie sich mit ihnen beschäftigen, dann arbeiten Sie mit dem Grundgestein. Doch die Wahrscheinlichkeit, daß es mehr als drei oder vier solcher Verbindungen zwischen zwei Geburtshoroskopen gibt, ist sehr gering. Analysieren Sie sie sorgfältig, und Sie verfügen über das Fundament einer reduzierten, aber prägnanten synastrischen Interpretation.

Auch hier, wie bei der Interpretation eines einzelnen Geburtshoroskops, ist Bestandteil Ihrer Strategie, sich nicht zu überlasten. Woher können Sie wissen, wann Sie die Grenze überschritten haben? Das ist einfach: Sobald Sie gefühlsmäßig nicht mehr auf die hinzukommenden Informationen reagieren. Sie hören auf, die menschliche Wirklichkeit hinter diesen planetaren Geometrien zu spüren. Wenn Sie die Astrologie mehr als ärgerliches Kreuzworträtsel und weniger als einen ergreifenden Roman empfinden, dann ist es an der Zeit, Ihre Analyse zu vereinfachen und Ihr Herz wieder neu einzubringen.

Möglicherweise haben Sie einen gefühlsmäßigen Eindruck von jedem der Interaspekte auf Ihrem synastrischen Arbeitsblatt gewinnen können. Oder aber Sie haben nur einen Schimmer von

Verständnis für drei oder vier von ihnen. Wie auch immer es sich verhält, das Geheimnis des Erfolges in der Synastrie liegt darin, daß man seine Herangehensweise den Symbolen anpaßt und dafür sorgt, daß sie die eigenen Fähigkeiten und die eigene Erfahrung nicht überschreiten. Solange Sie sich nicht überfordern, sind Sie auf dem richtigen Weg und bereit für den nächsten Schritt in Ihrer Analyse.

Richtlinie 5: Nachdem Sie die Interaspekte in sich aufgenommen haben, fahren Sie fort, indem Sie feststellen, in welche Häuser und Zeichen die Planeten des ersten Horoskops fallen würden, wenn man sie in das zweite Horoskop übertragen würde und umgekehrt.

Wo würden sich Jacks Planeten befinden, wenn man sie in Jills Geburtshoroskop plazierte? Das heißt, in welche Häuser würden sie fallen? Wenn sich Jacks Jupiter bei 19 Grad im Skorpion befindet und Jills 9. Haus bei 15 Grad im Skorpion beginnt, dann befindet sich *sein* Jupiter in *ihrem* 9. Haus. Was bedeutet das? In diesem Fall bedeutet es, daß er die Qualitäten ihres 9. Hauses – Abenteuerlust und Philosophie – jupiterhaft färbt (erweitert, fördert).

Sollte Ihnen die Logik dieser Häuserübertragungen nicht gegenwärtig sein, dann wiederholen Sie Kapitel 9 (Seite 211).

Wie arbeiten Sie in der Praxis mit Ihren Häuserübertragungen? Als Sie Ihr synastrisches Arbeitsblatt erstellt haben, da haben Sie bereits aufgeschrieben, in welche Häuser des einen die Planeten des anderen fallen. Wir halten es für sinnvoll, alle Grundlagenarbeit vor dem eigentlichen, poetischeren Prozeß der Interpretation zum Abschluß zu bringen. Auf diese Weise ist das Hin und Her nicht so groß. Sollten Sie die Häuserübertragungen noch nicht eingetragen haben, dann nehmen Sie sich jetzt Zeit dafür. Das Verfahren ist einfach. Beginnen Sie mit Jacks Sonne. Merken Sie sich, in welchem Zeichen und bei wieviel Grad sie sich befindet. Nun sehen Sie Jills Horoskop an. In welches Haus und auf wieviel Grad fällt Jacks Sonne hier? Das ist Ihre Antwort. Verfahren Sie auf die gleiche Weise auch mit Jills Planeten. Dieser Vorgang hört sich nach großem Aufwand an, aber mit ein wenig Übung brauchen Sie nicht mehr als zwei oder drei Minuten, um die Häuserübertragungen festzustellen.

Falls Sie ein visueller Mensch sind, dann kann es hilfreich sein, wenn Sie die beiden übertragenen Horoskope vollständig und für sich erstellen. Fotokopieren Sie Jacks Geburtshoroskop. Dann zeichnen Sie mit einem farbigen Stift Jills Planeten ein, um sichtbar zu machen, an welche Stellen in der Grundstruktur von Jacks Häusern sie fallen. Tun Sie das gleiche mit Jills Horoskop und Jacks Planeten. Damit halten Sie zwei Horoskope in Händen, in denen graphisch wiedergegeben ist, wo die eine Person Erfahrungen und Wachstum in der anderen stimuliert.

Im Idealfall würde sich der Astrologe mit jedem übertragenen Haus im einzelnen beschäftigen. Die Informationsmenge, die uns hier begegnet, ist nicht so umfassend wie im Fall der Interaspekte. Bringen Sie dennoch Richtlinie 1 zur Anwendung. Es ist keine zwingende Voraussetzung, jede einzelne Häuserübertragung zu begreifen, um aussagefähige Interpretationen zu geben. Selbst wenn Sie nur ein paar von Ihnen verstehen, können Sie diesen Abschnitt Ihrer synastrischen Analyse fest im Griff haben. Der Trick besteht darin zu wissen, welche Häuserübertragungen wirklich wesentlich sind. Wenn Sie nach dem Zufallsprinzip vereinfachen, dann könnten Sie versehentlich den Schlüssel fortwerfen, der Ihnen Zugang zum Geheimnis der Partnerschaft verschafft.

Sonne, Mond und Aszendent – wieder einmal sind diese Bestandteile der primären Dreiheit entscheidend. Ob Sie Anfänger oder Fortgeschrittener sind, beginnen Sie die Analyse Ihrer Häuserübertragungen mit ihnen. Wo befindet sich Jills Sonne in Jacks Horoskop? Anders ausgedrückt, wo färbt sie sein Leben sonnenhaft? Sie können sicher davon ausgehen, daß die Themen, Erfahrungen und Fallgruben dieses existentiellen Bereichs in Jacks Leben so lange im Vordergrund stehen werden, wie er Jill nahesteht. Ebenso fällt Jacks Sonne in eines von Jills Häusern und berührt diese Dimension ihrer Lebenserfahrung sonnenhaft.

Die Übertragungen des Mondes stehen als nächstes auf unserer Liste. An welcher Stelle erweitert Jack Jills Leben um das Element tiefgreifenderer Gefühle, Phantasie und Kreativität? An welcher Stelle wird seine Subjektivität und sein psychologisches Reaktionsvermögen sichtbar?

Jills Aszendent nimmt Einfluß auf Jacks Häuser. Hier sorgt sie dafür, daß die Angelegenheiten in diesem Bereich seines Lebens zu aktiverem Ausdruck finden, trägt zu ihrem Stil des Selbstausdrucks bei und ergänzt sie um Zuversicht und Flair. Ihr Aszendent könnte sich in seinem 3. Haus (Kommunikation) befinden. Vielleicht ermutigt sie Jack dazu, freier und selbstbewußter zu schreiben oder zu sprechen. Oder aber sie hilft ihm, »seine Stimme« zu finden. Jack beeinflußt durch eine Übertragung mit seinem Aszendenten Jills 8. Haus. In diesem Fall unterstützt er sie unter anderem darin, ihre Sexualität mit mehr Selbstvertrauen und vielseitiger zum Ausdruck zu bringen.

Zwei Sonnen, zwei Monde, zwei Aszendenten. Sechs übertragene Häuser. Wenn Sie sich ihnen allen gewidmet und sich einen Eindruck verschafft haben, wie sie wirken, dann haben Sie die Minimalanforderung in dieser Phase unserer synastrischen Analyse erfüllt. Möglicherweise reicht dies bereits aus. Noch einmal sei gesagt, achten Sie darauf, sich nicht zu überfordern. Wenn Sie sich Ihrer Sache sicher sind, dann versuchen Sie, noch ein wenig weiter zu gehen. Wir haben darauf hingewiesen, wie wichtig es ist, sich nicht zu überlasten. Doch vermeiden Sie ebenso sorgsam, sich zu unterfordern! Möglicherweise gelingt es Ihnen ja, Ihre Analyse der Häuserübertragungen noch einen Schritt weiter voranzutreiben.

Welchem Planeten sollten Sie sich als nächstem zuwenden? Hier gibt es keine festgelegte Reihenfolge. Die Faustregel besagt: Je zentraler die Rolle ist, die ein Planet im individuellen Geburtshoroskop spielt, desto bedeutsamer ist auch seine Rolle im synastrischen Zusammenhang. Jacks Merkur beispielsweise könnte äußerst wichtig sein, da er sich in seinem Zeichen, den Zwillingen, befindet und außerdem den Jungfrau-Aszendenten beherrscht. Das Wissen, daß er in Jills 7. Haus (Intimität, Partnerschaft) fällt, ist eine entscheidende Information. Auf der anderen Seite spielt möglicherweise Jills Merkur in ihrem Horoskop nur eine geringe Rolle, da er sich etwa unaspektiert im Stier und im Stauwasser des 12. Hauses befindet. Sofern man keine äußerst detaillierte synastrische Analyse vornehmen will, kann die Übertragung von Jills Merkur gefahrlos ignoriert werden.

Im allgemeinen kann man sagen, daß Venus und Mars auch im Zusammenhang mit Übertragungen Berücksichtigung finden sollten. Im Hinblick auf Beziehungsfragen und übertragene Häuser sind beide Planeten wichtig, unabhängig davon, wie bedeutungslos sie vielleicht im individuellen Geburtshoroskop sein mögen.

Der Saturn gibt durch seine Interaspekte und die Häuserübertragungen oft einen Hinweis darauf, welche Bereiche in einer Partnerschaft von Frustration dominiert sein könnten, und zeigt vor allem, wo ein Partner sich vom anderen unverhältnismäßig kontrolliert fühlt. Noch wichtiger ist, daß der Saturn durch das Zeichen, in dem er steht, auf die vorhandenen Methoden hinweist, die zur Überwindung dieser Probleme zur Verfügung stehen.

Wenn Sie sich bezüglich der Bedeutung einzelner Planeten und ihrer Interaspekte nicht sicher sind, dann lesen Sie noch einmal in Kapitel 8 (Seite 161) nach. Die Logik, die hinter all den durch die zentralen Interaspekte ausgelösten Prozessen steht, ist die gleiche wie auch bei den Übertragungen. Denken Sie daran, daß sich der Planet nun auf ein ganzes Haus statt lediglich auf einen anderen Planeten auswirkt.

Widmen Sie sich den Häusern, in die mehr als nur ein Planet übertragen wird, mit besonderer Aufmerksamkeit. Jill könnte etwa Merkur, Venus, Neptun und ihre Sonne in Jacks 7. Haus übertragen. Obgleich natürlich jeder einzelne Planet seine Bedeutung hat, müssen Sie vor allem die Botschaft erkennen, daß Jill Jacks »Haus der Ehe« geradezu bombardiert. Dann fügen Sie die Details hinzu, indem Sie jeden Planeten und seine Bedeutung einzeln betrachten.

Zeit für einen weiteren Griff zur Teekanne

Sie haben bereits eine weite Strecke zurückgelegt. Im ersten Schritt haben Sie sich mit den beiden individuellen Geburtshoroskopen vertraut gemacht. In Schritt zwei haben Sie sich mit ihrer gegenseitigen Einflußnahme durch Interaspekte und Übertragungen beschäftigt. Sind Sie bereit, sich nun auf den dritten Schritt einzulassen? Noch nicht ganz. Sie müssen sich erst noch eine Tasse Tee einschenken.

Vergessen Sie niemals, daß nichts in der astrologischen Interpretation so wichtig ist, wie das Gefühl für das Gesamtbild. Der Sinn für das große Ganze. Und denken Sie daran, da läuft ein listiger, kleiner Dämon in Ihrem Kopf umher, der Astrologie haßt und keine Lust zum Arbeiten hat und an nichts mehr Spaß hätte, als zu sehen, wie Sie sich in einem Morast von Details verirren. Er wird Ihnen mit größtem Vergnügen ein tiefgreifendes Verständnis dafür zugestehen, wie gut Jacks Jupiter in Jills 12. Haus in ein ungenaues Sextil zu ihrem Merkur paßt – vorausgesetzt Sie bezahlen den Preis dafür und vergessen, daß ihre Aszendenten eine Konjunktion und ihre Sonnen ein Quadrat bilden. Oder daß er konservativ und lebensfremd ist, während sie sich darauf vorbereitet, den Wettbewerb im Chilischotenessen zu gewinnen.

Das ist der Grund, warum in diesen Anweisungen so viel Wert auf das Teetrinken gelegt wird. Zusammen mit den Ephemeriden und dem Taschenrechner steht Tee ganz oben auf der Liste der wichtigen astrologischen Hilfsmittel. Denn ab und zu müssen Sie sich zurücklehnen und sich von dem vollständigen Bild dessen, was Sie sehen, berühren lassen. Bei einer Tasse Tee zu entspannen, könnte Sie darin unterstützen. Gleiches gilt für eine Dusche zwischendurch oder in einer Pause laut gespielte Musik. Welcher Methode Sie sich auch bedienen mögen, verzichten Sie keinesfalls auf solche Unterbrechungen. Vor allem jetzt. Zum gegenwärtigen Zeitpunkt unserer synastrischen Analyse sind Sie so beschäftigt wie eine halbverhungerte Heuschrecke in einem Mückenschwarm. Seien Sie nicht zu eifrig, sonst verlieren Sie den Überblick.

Nehmen Sie sich eine Auszeit. Spüren Sie die filigranen Strukturen der Anziehung und Spannung zwischen den beiden Horoskopen? Werden die beiden Menschen in Ihrem Kopf zu lebendigen Charakteren wie Frodo Baggins und Gollum oder Humphrey Bogart und Lauren Bacall? Spüren Sie die Muster der Reibung und Stimulierung von gemeinsam verfolgten Zielen und das Aneinandervorbeireden? Ebenso wie bei individuellen Geburtshoroskopen haben diese Fragen weniger mit dem Verstehen genauer, voneinander abgegrenzter astrologischer Konfigurationen zu tun. Vielmehr geht es um ein wortloses Einfühlungsvermögen in die beiden Horoskope. Wenn Sie meinen, ein solches gefühlsmäßiges Verstehen, ja geradezu instinktives Erfassen erreicht zu haben, dann sind Sie bereit für den nächsten Schritt. Ist dies aber nicht der Fall, dann hat es keinen Sinn, noch höher hinaus zu wollen.

Wenn das Fundament zu unsicher ist, dann haben Sie sicher gegen Richtlinie 1 verstoßen und sich mehr Häuserübertragungen und Interaspekte zugemutet als Sie verkraften – und verdauen – können. Wie können Sie ein solches Mißverhältnis korrigieren? Legen Sie den Rückwärtsgang ein. Fangen Sie noch einmal von vorn an und vereinfachen Sie Ihre Herangehensweise. Astrologie ist zur Hälfte Wissenschaft und zur Hälfte Kunst. Wenn Sie bis an diese Stelle gelangt sind, ohne daß Ihr Herz ein wenig flattert, dann ist die Wissenschaft das dicke Kind auf der Wippe und der arme, magere Künstler in Ihnen hängt in der Luft fest. Päppeln Sie ihn auf!

Sind Sie bereit fortzufahren? Dann trinken Sie Ihren Tee aus, legen die Geburtshoroskope und das synastrische Arbeitsblatt beiseite und holen das Composithoroskop hervor.

Richtlinie 6: Nachdem Sie beide Horoskope einzeln und für sich genommen verstanden und ihre Interaspekte und Häuserübertragungen vollständig analysiert haben, legen Sie diese gewonnenen Informationen vorübergehend beiseite und richten Ihre Aufmerksamkeit auf das Composithoroskop.

Sie haben zwei enge Freunde, Terry und Suzanne. Beide haben ein großes Herz – und eine große Klappe. Obwohl beide viel gemeinsam haben, sind Sie nie auf den Gedanken gekommen, sie einander vorzustellen. Es liegt nicht daran, daß Sie glauben, die beiden würden sich nicht miteinander vertragen. Vielmehr ist die Qualität Ihrer Bindung an jeden der beiden so verschieden, daß Sie fürchten, ein Aufeinandertreffen könnte für alle Beteiligten peinlich sein. Mit Terry fühlen Sie sich wie von der Leine gelassen.

Unter anderem mögen Sie sie deshalb so sehr, weil Sie bei ihr alles sagen dürfen, was Ihnen gerade in den Sinn kommt. Wenn Sie mit ihr zusammen sind, dann würde Ihre Wortwahl einen Matrosen in Verlegenheit bringen, Ihre Meinungen sind leidenschaftlicher und ihre Geschichten länger. Sie haben Spaß an dieser spielerischen Spontaneität, und Terry geht es mit Ihnen genauso. Das Problem ist, jedesmal, wenn Sie beide zusammenkommen, denken Ihre übrigen Freunde darüber nach, die Stadt zu verlassen. Für viele von ihnen ist das zusammengesetzte Wesen, das Sie beide darstellen, ebenso wünschenswert wie ein nasser Irish Setter in einem Nobelrestaurant.

Suzanne ist genauso direkt wie Terry und ebenso haarsträubend. Doch Ihrer Bindung an sie liegt ein vollkommen anderer Ton zugrunde. Mit Suzanne graben Sie sich stundenlang gemeinsam bei ein paar Tassen Kaffee ein und führen ernste Gespräche miteinander. Sie sind einander Ratgeber, spirituelle Berater. Sie kennen Suzanne seit Jahren und empfinden sie als eine Ihrer besten Freundinnen. Doch wenn Sie eine Party geben, dann kommt es Ihnen nie in den Sinn, sie ebenfalls einzuladen. Das ist nicht die Ebene, auf der Ihre Freundschaft funktioniert. Das Wesen, das Sie und Suzanne gemeinsam darstellen, ist einsiedlerisch, introvertiert, psychologisch, vielleicht sogar menschenfeindlich. Sein Charakter unterscheidet sich grundlegend von jenem, das Sie gemeinsam mit Terry darstellen, auch wenn es durchaus zutrifft, daß zwischen den Persönlichkeiten Ihrer beiden Freundinnen ausgeprägte Parallelen bestehen.

Wenn Sie sich in das Prinzip, das hinter dieser Geschichte steht, einfühlen können – daß nämlich das *Ganze* einer Partnerschaft komplexer ist als die *Summe* der beteiligten Persönlichkeiten –, dann sind Sie auf dem richtigen Weg, um die allgemeine Bedeutung des Composits zu erfassen. Auch wenn Terry und Suzanne viel gemeinsam haben, ist doch die Chemie, die entsteht, wenn Sie sich mit jeder für sich treffen, einzigartig. Die Aufgabe des Composithoroskops ist es, diese Chemie mit großer Genauigkeit zu beschreiben.

Composithoroskope tun jedoch mehr als nur beschreiben. Sie verschreiben auch. Wie das individuelle Geburtshoroskop raten

sie zu einer bestimmten Art »Erfahrungsvitamine«, die dazu beitragen, die Partnerschaft zu versorgen, das Beste aus ihr herauszuholen, sie in ihrer Entwicklung voranzubringen. Außerdem warnen sie uns vor den Giften, für die die Partnerschaft anfällig ist,
vor jener Ernährung, die aus Bier und Popkorn besteht, die uns
zwar in Versuchung führen mag, uns aber letztlich verhungern
läßt.

Wenn Sie und Terry gemeinsam auf einer verlassenen Insel fest-
säßen, würden Sie sich vielleicht in weniger als einer Woche
gegenseitig zum Wahnsinn treiben. Diese Art klaustrophobischer
Nähe ist für Sie beide das Gegenstück zu Bier und Popkorn. Mit
Suzanne würden Sie in einer solchen Situation möglicherweise
blendend zurechtkommen. Das Wesen, welches Sie mit Terry darstellen, kommt durch kleine Dosen ausgelassenen Kontakts zur
vollständigen Entfaltung. (Ihr Composit weist die Sonne und fünf
weitere Planeten im Schützen im 5. Haus und einen aufsteigenden
Löwen auf: Schlammschlacht, nicht verlassene Insel.) Das Wesen,
welches Sie mit Suzanne darstellen, zieht Isolation und Innerlichkeit vor. Für Sie beide ist der Lebensstil von Robinson Crusoe
ebenso gesund wie Mohrrübensaft und Salat. Wenn sich ein Schiff
am Horizont zeigt, dann könnte es sein, daß Sie beide fortlaufen
und sich verstecken. (Gemeinsam verfügen Sie über einen starken
Composit-Saturn und über Planetenhäufungen in den Häusern 4,
8 und 12.)

Sollte die Logik hinter einer dieser Vorstellungen unklar sein,
dann raten wir Ihnen zurückzublättern, und sich die Kapitel 10
und 11 (Seite 249 und 273) noch einmal ansehen.

Compositohoroskope in der Praxis

Beginnen Sie Ihre Begutachtung des Composits mit einem Trick:
Vergessen Sie einen Moment lang, daß es sich um ein Composithoroskop handelt. Behandeln Sie es wie ein Geburtshoroskop.
Stellen Sie sich vor, daß es sich um die astrologische Beschreibung
eines zweibeinigen, atmenden Individuums handelt, um die eines
spirituellen Affen wie Sie selbst. Machen Sie sich in Ihrem Kopf

ein Bild, stellen Sie sich eine Person mit solchen Motiven vor, dann übersetzen Sie diese Vorstellung in die einem Compositohoroskop angemessene Begrifflichkeit. Wie? Indem Sie den Körper dieser vorgestellten Person löschen! (Machen Sie sich keine Sorgen, dieser Mensch wird nie erfahren, was ihm widerfahren ist.)

Sobald Sie eine einfühlsame Verbindung mit dem Horoskop hergestellt haben, indem Sie es sich im Rahmen der vertrauten menschlichen Bedingungen vorgestellt haben, ist das Ziel fast schon erreicht. Sie müssen sich nun lediglich noch klar machen, daß Sie keine Person betrachten, sondern eher eine Art unsichtbaren, freundlich gesonnenen Geist, der sich in dem Raum zwischen den beiden Personen, deren Compositohoroskop Sie enträtseln, aufhält und ihnen in die Ohren flüstert.

Genauso wie bei der Interpretation gewöhnlicher Geburtshoroskope müssen Sie sich auch bei Compositen davor hüten, des Guten zu viel zu wollen. Besser ist es, nur die primäre Dreiheit wirklich zu verinnerlichen, als Ihre Nerven auszufransen, indem Sie sich für jeden Planeten und für jeden Aspekt einen witzigen Einzeiler ausdenken.

Vor ein paar Seiten haben wir Ihnen unter Richtlinie 3 einige Vorgehensweisen präsentiert, die Ihnen dabei helfen sollen, individuelle Geburtshoroskope rasch zu analysieren. Im wesentlichen haben wir Ihnen ein schematisiertes Verfahren vorgestellt, mit dessen Hilfe Sie Ihre Interpretationsstrategie mit Ihren persönlichen astrologischen Fähigkeiten und Ihrem Zutrauen in Übereinstimmung bringen können. Wenden Sie den gleichen Ansatz nun auf das Composit an. Wenn überhaupt, dann seien Sie sparsamer mit Ihrer Energie. Was Sie suchen ist lediglich ein Eindruck. Nur ein Gefühl dafür, welche Ernährung für den alten Geist am besten ist, und ein Bewußtsein für seine besonderen Verletzlichkeiten.

Sobald Sie ein Gefühl für das Composit entwickelt haben ... Sie haben es erraten: Zeit für eine Tasse Tee. Legen Sie die Füße hoch, und nehmen Sie sich ein paar Augenblicke Zeit, um über den Grundriß der Situation nachzudenken, zu der Sie sich gerade Zugang verschafft haben. Begehen Sie nicht den Fehler, sich mit dem Kopf voraus in eine fragmentierte Analyse der astrologischen Details zu stürzen. Auf diese Weise werden Sie den Überblick verlieren.

Welchen allgemeinen Ton schlägt das Composit im Vergleich zu den beiden individuellen Geburtshoroskopen an? Machen Sie sich ein möglichst umfassendes, einfaches Bild. Im Augenblick vergleichen Sie noch nicht die besonderen Konfigurationen miteinander. Es geht lediglich darum, Ihren allgemeinen Eindruck von den drei Horoskopen einander gegenüberzustellen.

Ist das Composit extrovertiert und handlungsorientiert? Hat es deshalb mehr mit Jills Geburtshoroskop gemein als mit Jacks? Dann kann die Beziehung zwischen den beiden Partnern und dem Wesen, das Sie miteinander erschaffen, als *Feudalsystem* bezeichnet werden. Das heißt, das Composit ergreift Partei mit einem der Partner gegen den anderen, was zu einem potentiell gefährlichen Ungleichgewicht führt. Damit ein solches Beziehungsband gesund bleiben kann, muß der mächtigere Partner sich bewußt bemühen, großzügig und einfühlsam zu sein, und dafür Sorge tragen, daß die Bedürfnisse des Partners nicht übersehen werden. Zugleich muß der mit geringerer Macht ausgestattete Partner ebenso großzügig und einfühlsam sein und die Haltung des »Opfers« vermeiden, das sich darauf beschränkt, den Gefährten wegen seiner »Gefühllosigkeit« und seines »autoritären Verhaltens« zu beschuldigen und zu kritisieren.

Vielleicht spiegelt das Composit auch Charakterelemente beider Personen wider. Es könnte zum Beispiel Jills Bedürfnis nach Abenteuern an exotischen Orten und zugleich Jacks Bedürfnis nach vielen Stunden, die er jede Woche allein mit seiner Gefährtin verbringen kann, unterstützen. Dann kann man die politischen Verhältnisse zwischen den beiden Personen und ihrer Compositpersönlichkeit als *demokratisch* bezeichnen. Dies ist die leichteste und am weitesten verbreitete Situation, doch in der Astrologie kann man niemals etwas als von vornherein wunderbar – oder schrecklich – einstufen. Alles hängt letzten Endes davon ab, welche Wahl die beteiligten Menschen im Rahmen ihrer Planetenumgebungen treffen. Der Trick beim demokratischen System besteht darin, für jeden Partner angemessene Einflußsphären zu definieren. Wenn Jill zum Beispiel darauf warten müßte, daß Jack eine

Reise nach Griechenland vorschlägt, dann würde sie sehr lange warten müssen. Bis das geschieht, könnte ihre Partnerschaft verhungern. Als Paar brauchen sie solche Reisen. Die Hege und Pflege ihres abenteuersuchenden Aspekts fällt auf natürliche Weise in Jills Verantwortungsbereich. Zum Wohle ihrer Beziehung muß ihr auf diesem Gebiet wesentliche Autorität zugestanden werden. Ebenso gilt, daß Jack in seinem Wesen so geartet ist, daß er wesentlich besser als Jill die subtilen Risse und Spannungen wahrnimmt, die entstehen, wenn das Paar sozial zu sehr nach außen gegangen ist und nun einen Tag lang im Bett schmusen muß. Wenn er mit einer Handvoll Kriminalromanen, einer Flasche Champagner und einer Tüte Croissants aufkreuzt, dann muß sich Jill seiner größeren Weisheit in diesem Bereich beugen und ihre Pläne für Volleyball an diesem Tag aufgeben.

Es gibt noch eine dritte Möglichkeit. Möglicherweise bringt das Composit ein vollkommen fremdes Konzept zutage, das dem Wesen beider Partner ganz und gar entgegengesetzt ist. Diese Situation bezeichnen wir als *Kulturschock*. Wenn Jill und Jack sich selbst überlassen blieben, dann würden sie vielleicht nie auf den Gedanken kommen, in ihrer Gemeinde eine Funktion zu übernehmen. Doch ihr Composit weist eine dreifache Konjunktion von Sonne, Pluto und Jupiter im 10. Haus auf. Wenn ihre Beziehung von Bestand sein soll, dann muß das Paar eine öffentliche Position bekleiden. Möglicherweise arbeiten sie ja zusammen, haben einen gemeinsamen Beruf. Vielleicht engagieren sie sich bei Greenpeace oder im Kommunalwahlkampf. Es geht darum, daß ihre Partnerschaft in ihrem Gedeihen von einer Art Input abhängig ist, den als Individuum keiner von beiden braucht. Die Astrologie ist in solchen Situationen ein mächtiger Verbündeter. Obgleich die beiden Liebenden ihrem Instinkt möglicherweise erfolgreich folgen und diese gemeinsame Basis auch ohne astrologische Unterstützung finden, kann ein Blick auf das Composit diese vagen Instinkte unmittelbar ins Bewußtsein heben und den beiden auf diese Weise viele Ängste ersparen.

Bei diesen drei »politischen« Situationen – Feudalsystem, Demokratie und Kulturschock – handelt es sich um schematische Vereinfachungen. Reine Gedankenspiele. Und das ist genau der

308

Grund, warum sie so nützlich sind. Obgleich wohl kaum eine Partnerschaft ein solches Szenario tadellos zu erfüllen vermag, fördern Sie, indem Sie Ihr Denken auf der Ebene dieser drei Modelle ordnen, die Art umfassende, nach Mustern suchende Analyse, die für die astrologische Arbeit charakteristisch ist.

Falls Sie einer Auffrischung im Hinblick darauf bedürfen, wie Composit- und Geburtshoroskope miteinander in Beziehung treten, dann raten wir Ihnen, sich noch einmal mit Kapitel 11 (Seite 273) zu beschäftigen.

Mit dem Herzen betriebene Astrologie

Stellen Sie sich vor, daß Mae West, Miss Manners und der Lone Ranger zusammen im gleichen Fahrstuhl steckenbleiben. Was würde geschehen? Wir wissen es ebenfalls nicht, aber wie Sie können auch wir natürlich spekulieren. Es handelt sich um anschauliche Persönlichkeiten. Wir alle haben eine Vorstellung von jeder einzelnen von ihnen, von ihren Werten, ihren Stilen, davon, was sie zum Laufen bringt. Wir können nicht anders als zu lächeln, wenn wir uns vorstellen, welche Situation dieses Trio hervorrufen würde – die möglichen Allianzen, die unvermeidlich fliegenden Fetzen, die Friedensschlüsse.

Mae West. Miss Manners. Der Mann mit der Maske. Etwas in Ihnen hat sich Millionen winzige Details von jeder dieser Figuren eingeprägt und sie in einem allgemeinen gefühlsmäßigen Eindruck zusammengefaßt. Das ist die Art und Weise, in der Ihre Psyche Informationen speichert. Wenn wir die Worte »Mae West« oder »Miss Manners« aussprechen, dann werden diese in Ihnen lagernden Gefühle sofort wachgerufen. Sogleich steht die ganze Person vor Ihrem inneren Auge. Das gleiche geschieht, wenn wir den Lone Ranger erwähnen: Eine intuitive gefühlsmäßige Vorstellung entsteht, ein Bild von der Haltung, die dieser Figur eigen ist. Dann erst füllt unser Gehirn diesen Rahmen mit Einzelbildern, in denen Silberkugeln vorkommen, der wohlgepflegte Indianer namens Tonto und das weiße Pferd Silver.

Das Zusammenführen dieser drei unterschiedlichen Charaktere unter ihnen nicht gemäßen Umständen in Form eines stekkengebliebenen Fahrstuhls hat Sie vermutlich lächeln lassen. Doch verwenden wir dieses amüsante Bild, um zu zeigen, daß Ihr Gehirn, indem es auf das beschriebene Szenario reagiert, eine bemerkenswerte Leistung vollbringt. Innerhalb weniger Millisekunden setzt es drei komplexe und nicht miteinander in Zusammenhang stehende Informationsträger im Rahmen eines fremden Kontextes zueinander in Beziehung. Zugleich erschafft es Modelle, die mögliche Resultate dieser Begegnung verarbeiten. Und zwischendurch nimmt sich Ihr Gehirn auch noch Zeit zu einer ästhetischen Reaktion: Es kommt zu dem Schluß, daß etwas an dieser Informationszusammenstellung komisch ist.

Sie müssen nicht Albert Einstein sein, um zu verstehen, was an dem Bild lustig ist. Nahezu jeder, dem die grundlegende Mythologie unserer Kultur vertraut ist, vermag das Bild zu verarbeiten und darauf zu reagieren.

Wenn sich die Leute darüber beklagen, daß die Astrologie »zu schwierig« für sie ist, dann treffen sie in Wahrheit eine Aussage darüber, daß sie sich der falschen Herangehensweise bedienen. Sie versuchen etwas mit ihrem bewußten Verstand zu bewältigen, was in Wirklichkeit den Einsatz ihres gesamten Gehirns verlangt. Gehen ist auch schwer, wenn man es mit den Fingern versucht.

Richtlinie 7: Die astrologischen Symbole dienen nur einem Zweck: Ein Informationspaket direkt in Ihr Herz zu leiten, wo es gefühlt, interpretiert und in der Form von mitfühlendem Verständnis an das Bewußtsein zurückgegeben werden kann.

Das Herz erledigt also den größten Teil der Arbeit. Doch Sie müssen Ihrem Herz nichts Neues beibringen, um Erfolg mit der Synastrie zu haben. Warum? Weil Ihr Herz schon viele Jahre Ausbildung hinter sich hat. Jedesmal, wenn es geliebt oder gehaßt, gelacht oder geweint hat, hat es etwas darüber gelernt, wie man den astrologischen Symbolen Leben einhauchen kann.

Der erfolgreiche Astrologe übergeht den Intellekt nicht. Um unseren ganzen Verstand einzusetzen, müssen wir uns sowohl unserer Intelligenz als auch unserer Emotionen bedienen. Der Astrologe hat seine Hausaufgaben gemacht, indem er all die Details und Verfahrensweisen dieser uralten Technik auswendig gelernt hat. Aber er weiß auch, *warum* er diese Mühe auf sich genommen hat. Sobald die Sprache der Astrologie erst einmal erlernt worden ist, vermag sie das Herz direkt anzusprechen. Dann kann das Herz seine Wunder wirken, indem es die Astrologie in eine Schatzkammer der Weisheit und Lebenserfahrung taucht, die viel zu buntscheckig sind, als daß der Intellekt allein sie erfassen könnte. Wie? Genauso wie in dem uns vertrauteren menschlichen Prozeß, mit dessen Hilfe wir Mae West, Miss Manners und den Lone Ranger kennengelernt haben – indem wir die Signale ihrer Körpersprache, die Veränderungen ihres Gesichtsausdrucks und den Tonfall ihrer Stimmen wahrnehmen. Mit dem einzigen Unterschied, daß es sich diesmal bei den Körpersignalen und dem Tonfall der Stimme um Planetenkonfigurationen handelt.

Denn was ist letzten Endes der Unterschied zwischen einem »mißtrauischen Blick« und »einer Merkur-Saturn-Konjunktion im Skorpion und 1. Haus«? Doch nur, daß Ihr Gehirn sehr viel mehr Erfahrung damit hat, mißtrauische Blicke zu entschlüsseln und zu verarbeiten.

Übung ist der Schlüssel. Übung und Geduld. Hartnäckigkeit ebenfalls. Ihr Herz hatte die Zeit, Körpersprache verstehen zu lernen. Die Astrologie, obwohl sie ebenso reichhaltig ist, ist weniger vertraut. Sie müssen schon eine Weile dranbleiben und den Symbolen eine Chance geben, sich in Ihr übriges Vokabular einzureihen.

Fangen Sie an, Ihrem Gehirn als Ganzem die Verwendung der astrologischen Sprache beizubringen, indem Sie die Fachausdrücke erlernen und die Astrologie als logisches System verinnerlichen. Dann sammeln sie so viel Erfahrung wie Sie nur können. Bitten Sie Ihre Freunde um deren Geburtszeit und Geburtsort. Erstellen Sie ihre Horoskope. Diese Menschen sind eine Goldgrube für Sie. Da sie Ihre Freunde sind, verfügen Sie ja bereits über gefühlsmäßige Reaktionen auf sie. Um es anders auszudrücken, Ihr Herz spürt sie. Nun müssen Sie sie lediglich durch den Filter ihrer Horoskope betrachten. Auf diese Weise lernen Sie, die menschlichen Gefühle, die Sie bereits haben, mit astrologischen Strukturen zu assoziieren.

Eine weitere produktive Strategie besteht darin, sich mit den Geburtshoroskopen berühmter Menschen zu beschäftigen. Möglicherweise begreifen Sie bereits auf abstrakte Weise, daß das 5. Haus etwas mit Vergnügen zu tun hat – doch wenn Sie feststellen, daß Marie Antoinette (»Sie sollen Kuchen essen!«) sowohl ihre Sonne als auch ihren Mond in diesem Haus hatte, dann erreicht Ihr Begreifen eine neue Dimension. Vielleicht ist Ihnen außerdem klar, daß dieses mit dem 5. Haus in Beziehung stehende Vergnügen dann am stärksten ist, wenn wir unsere Kapazitäten für kreativen Selbstausdruck mobilisieren. Doch zu wissen, daß der Komponist Maurice Ravel ebenfalls sowohl seine Sonne als auch seinen Mond in diesem Haus hatte, verleiht Ihrer Erkenntnis Substanz.

Bleiben Sie dabei. Nehmen Sie sich Zeit. Es sollte Ihnen niemals peinlich sein, wenn Sie sich auf einfachere Ebenen der astrologischen Interpretation zurückziehen. Lassen Sie sich von der labyrinthischen intellektuellen Komplexität des Systems keine Angst einjagen. In sieben von zehn Fällen erstellt selbst ein professioneller Astrologe seine Interpretationen auf der Basis eines im Horoskop wahrgenommenen gefühlsmäßigen Grundgesteins.

Geben Sie der Astrologie Zeit, vertrauen Sie sich selbst, und noch bevor es Ihnen richtig klar ist, werden Sie über die Art, wie die Venus Ihres Gefährten dieses zerbrechliche Trigon zu Ihrem müden Saturn bildet so ins Schwärmen geraten, als habe er Ihnen ein Liebesgedicht geschickt. Wenn das geschieht, dann hat Ihr Herz die älteste Sprache, die es auf dieser Erde gibt, erlernt. Und Sie können sich als Astrologe bezeichnen.

Schlußwort

Grenzkriege

J.C. Eaglesmith ist ein amerikanischer Indianer, ein Wächter der heiligen Friedenspfeife, ein Veteran der Tortur, die unter dem Begriff »Sonnentanz« bekannt ist. Er hat als Soldat im Vietnamkrieg gedient. Er wiegt etwa 250 Pfund und das meiste davon sind Muskeln. Er war ein professioneller Footballspieler und sieht auch so aus. Mit einem Wort, wenn es um »Männlichkeit« geht, dann sieht der durchschnittliche Schlägertyp an der Ecke wie das Strickzeug Ihrer Großmutter aus.

Vor nicht allzu langer Zeit stand er in einer Konferenz vor uns und sprach über »Männlichkeit« und »Weiblichkeit« und darüber, was diese Wörter wirklich zu bedeuten haben. Unverwandten Blicks und mit gelassenem Gesichtsausdruck sprach er zu uns in einem tiefen Bariton. »Ich bin zur Hälfte eine Frau.« Ein Augenblick Pause, die Andeutung eines Lächelns, dann: »Meine Mutter war eine von ihnen.«

Wir lachten. Das tat auch J.C. Doch was er gesagt hatte, war die Wahrheit. Rein physisch ist er ein Mann. Sobald wir erkennen, daß ein Mensch weit mehr als ein Haufen Zellen und Knochen ist, betreten wir ein geheimnisvolles Reich. Und in diesem Reich ist niemand so einfach gestrickt, daß er sich auf Bart oder Brust reduzieren läßt.

Die Menschheit ist im Begriff, dies zu erkennen, und reißt damit ein Weltbild ein, das uns 10000 Jahre in seiner Gewalt hatte. »Ich bin zur Hälfte eine Frau.« »Ich bin zur Hälfte ein Mann.« Diese Worte bringen eine Revolution zum Ausdruck, die ebenso bedeutend ist wie die Erkenntnis, daß die Erde eine Kugel darstellt, die im leeren Raum schwebt.

Männlich und weiblich. Was haben diese Wörter zu bedeuten? Abgesehen von den offensichtlichen physischen Unterschieden weiß das vielleicht niemand wirklich. Frauen weinen öfter als Männer. Aber warum? Sind Frauen von Geburt an emotionaler oder haben sie das so gelernt? Männer sind aggressiver. Warum?

Keiner weiß es. Anlage und Umwelt sind nicht voneinander zu trennen. Jeder von uns ist ein Gemisch aus beidem. Was wir an sich sind, verbindet sich nahtlos mit der Selbsteinschätzung, die wir beigebracht bekommen haben.

Ein Sumpf aus sozialer Mythologie umgibt uns von Geburt an. Das Kernselbst aus diesem Sumpf herauszubekommen, könnte der Hauptzweck der Astrologie sein. Indem wir lernen, das Geburtshoroskop zu entziffern, erkennen wir das grundlegende Wesen eines Menschen und tragen dazu bei, es aus den erdrückenden Senkgruben der blinden Konformität zu befreien. Das ist es, was die Astrologie für den einzelnen zu leisten vermag. Kann sie auf gleiche Weise die Spreu vom Weizen trennen, wenn es um Völker und Gesellschaften geht? Ist die Astrologie in der Lage, den Unterschied zwischen dem Geist einer Frau und dem Geist eines Mannes zu verdeutlichen?

Traditionelle Astrologiebücher, die in einer Zeit geschrieben wurden, als man sich auf dogmatische Weise der Rollen der Geschlechter sicher war, enthalten häufig verschiedene Interpretationen für ein und dieselbe Konfiguration, abhängig vom Geschlecht der betreffenden Person. »Im Horoskop eines Mannes bedeutet der Wassermann-Mars ...« Das Problem ist, wenn man ein Horoskop ansieht, dann kann man nicht erkennen, ob es sich bei der betreffenden Person um einen Mann oder um eine Frau handelt. Den Horoskopen fehlt der »kleine Unterschied«. In ihrer Zeit haben diese viktorianischen Astrologen vielleicht gute Arbeit geleistet. Doch möglicherweise haben sie auch nur die Grillen der viktorianischen Gesellschaft mit den unveränderlichen Gesetzen des Universums verwechselt.

Der Mond mit seiner Empfindsamkeit wurde traditionell immer als »weiblich« betrachtet. Die Sonne mit ihrem Charisma wurde als »männlich« gesehen. Auch anständige, blauhaarige Witwen beim Kaffeekränzchen reagieren auf die Sonne, und auch ihre schnaufenden und keuchenden Ehemänner in der Stammkneipe kennen den Einfluß des Mondes. Kein Mensch reagiert immun auf den Einfluß eines der Planeten. Wenn Sie lebendig sind, dann spielen Sie auch mit allen zehn Planeten Ping-Pong.

Behauptet die Astrologie, vielleicht der genaueste Spiegel

menschlicher Eigenschaften, daß es keine psychischen oder spirituellen Unterschiede zwischen Männern und Frauen gibt? Schwer zu sagen. Die Wahrheit ist, die Astrologie schweigt zu diesem Thema. Doch sagt sie uns ohne Zweifel laut und deutlich, daß wir eine Menge Jahre und viele Menschenleben damit verschwendet haben, diese Unterschiede, welcher Art sie auch sein mögen, zu überschätzen und falsch zu interpretieren. Jeder Mann verfügt über einen Mond. Jede Frau hat eine Sonne. Eine der finstersten Leichen in der Rumpelkammer der Astrologie ist die Tatsache, daß es nicht die Astrologen waren, die darauf hingewiesen haben.

Wie kann das sein? Warum waren nicht die Astrologen die ersten, die die Unnatürlichkeit der Parzellierung des menschlichen Geistes nach Geschlechtszugehörigkeit erkannten? Weil auch hier Anlage gegen Umwelt zu stehen scheint. Diese Astrologen haben, genauso wie unsere übrigen Vorfahren, in einer Welt gelebt, in der Frauen dazu ermutigt wurden, Geschöpfe des Mondes zu sein – emotional, fürsorglich, zurückhaltend, ausgerichtet auf Herd und Heim –, während Männern das Reich der Sonne zugeordnet wurde: Macht, Vernunft, Charakter, Abenteuer, Leistungen. Unsere Vorfahren, darunter die Astrologen, schluckten diese Lüge mit Vergnügen.

Vielleicht erfüllte die Teilung des menschlichen Bewußtseins in sogenannte »weibliche« und »männliche« Funktionen einen Zweck. Eine radikale Feministin könnte behaupten, daß diese Spaltung die Methode des Mannes war, Frauen zu entmachten, sie abhängig und schwach zu halten. Ein radikaler »Maskulinist« könnte dem entgegenhalten, daß Frauen diese Spaltung verursacht haben, um Männern die unerträgliche Last der Alltagsverantwortung aufzubürden, und sie damit zu den Opfern immer höherer Raten von Selbstmord, Alkoholmißbrauch und streßbedingter Krankheiten gemacht haben. Inzwischen zuckt der Dauerglotzer, der die Debatte vom Sofa aus im Fernsehen verfolgt, mit den Schultern und sagt, »So hat Gott uns eben gemacht«, und wechselt den Sender. Und wer weiß? Vielleicht hat er recht.

Und trotzdem … der Himmel über uns enthält verschlüsselte Beweise. Sonne und Mond blicken auf uns alle herab, egal ob wir

am Morgen Rasierschaum aufschlagen oder unseren Rock auswählen. Und wenn die Astrologie von Bedeutung sein soll, dann
müssen Sonne und Mond auch in jedem einzelnen von uns wider-
hallen – es sei denn, wir stecken unter einer Decke mit dem uralten Betrug.

Eines ist sicher: Das Leben ist doppelt so leicht, wenn man sich
nur der Hälfte stellen muß. Vielleicht geht es ja darum. Vielleicht
sind ja feministische Wut und machohafte Überheblichkeit nichts
anderes als Tarnung. Vielleicht liegt dem Schisma ja Faulheit und
gar nicht die Politik der Geschlechter zugrunde.

Männer töten. Frauen kochen. Männer führen Kriege. Frauen
bekommen Kinder. Das ist eine alte Geschichte, doch wir wollen
sie einmal aus einer anderen Perspektive betrachten. Stellen Sie
sich das Töten vor! Lassen Sie allen Ehrenkodex, Fahnenschwin-
gen und all die bewegenden Lügen beiseite, die alte Männer den
jungen auftischen. Stellen Sie sich das Töten vor. Leben zerstören.
Es ist widerwärtig, blutig. Vor allem, wenn es mit primitiven Waffen geschieht. Etwas tief in unserem Inneren bäumt sich dagegen
auf. Und doch sind Kriegführung und die Jagd von Anbeginn untrennbar mit der Menschheit verbunden. Und die Verantwortung
dafür fiel den Männern zu. Warum? Weil Männer größer und stärker sind. Und was fing der Mann in jenen Zeiten mit dem
Schmerz an, der sich in ihm ausbreitete, wenn er tötete? Was tat er
mit der Übelkeit in seinem Bauch? Was fing er mit seinem Mond
an? Er verleugnete ihn! Der Killer kann keinen Mond haben und
zugleich töten.

Der Mann konnte seinen Mond nicht ertragen, also bürdete er
ihn der Frau auf. Sollte sie doch zittern und weinen und fühlen.

Inzwischen stellte die Frau fest, daß sie schwanger war. In einer
Welt, in der die meisten Kinder schon früh sterben, hing alles von
ihrer Fürsorge ab. Stellen Sie sich das einmal vor! Wenn Sie in der
Zeit zurückgehen und in den Höhlen von Lascaux oder Altamira
einer Frau in die Augen blicken könnten, was würden Sie sehen?
Ein Tier? Nein. Sie würden Tiefe und Seele und Intelligenz sehen.
Einen Menschen. Und diese Frau war mit einer Aufgabe konfrontiert, die auch dem tapfersten Mann die Tränen in die Augen getrieben hätte. Im kalten Licht der Unmöglichkeit und des endlo-

sen Sterbens mußte sie diesen Säugling in ihren Armen halten und versuchen, seinen Lebensfunken zu bewahren. Wie konnte sie es nur ertragen? Fälschlicherweise stellen wir uns vielleicht vor, daß sie sich verhärtete. Doch diese Vorstellung übersteht keine gründliche Überprüfung. Hätte die steinzeitliche Frau sich verhärtet, dann wäre sie zu der erforderlichen Hege und Pflege nicht mehr in der Lage gewesen. Wie kann ein verhärteter Mensch wieder und wieder zu dem weinenden, sterbenden Kind zurückkehren? Aufgrund welcher Veranlassung?

Die Frau, wie bitterschwer ihr Leben auch gewesen sein mochte, mußte ihren natürlichen Egoismus aufgeben und ihr Schicksal als Mutter und Heilerin akzeptieren. Sie mußte, mit anderen Worten, ihre Sonne zurückstellen. Die Frau mußte lieben, wenn die Menschheit nicht aussterben sollte. Doch was war mit dem Teil von ihr, der einfach nur stinkwütend über diese Umstände war? Was war mit dem Teil von ihr, der auf irgend etwas einschlagen wollte, um sich in der Rebellion und von der Frustration Erleichterung zu verschaffen? Was war mit ihrem Teil, der ihre Kinder haßte, weil sie ihr Beschränkungen auferlegten? Was war mit ihrem Teil, der ihre Kinder haßte, weil sie ihr unter den Händen fortstarben? Hinab in die Nachtseite menschlichen Bewußtseins, ins Unbewußte. Wer sich Hege und Pflege auf die Fahne schreibt, kann keine Sonne haben, nicht, wenn er sich zugleich in Fürsorglichkeit aufopfern soll.

Die Frau entledigte sich ihrer Sonne und bürdete sie dem Mann auf. Sollte doch er den Stolz aufbringen und sich der glanzvollen Illusion hingeben, daß man sich gegen die schwere Hand der Natur erheben kann.

Die Menschheit ist etwa seit einem halben Prozent ihrer gesamten Geschichte zivilisiert. Unsere Vorstellungen von »männlich« und »weiblich« sind weit älter – ja, sie sind tatsächlich so archaisch, daß das Bild von männlicher Wildheit und weiblicher Häuslichkeit, die schon längst fest verankert in dem von C.G. Jung so bezeichneten »kollektiven Unbewußten« sind, bereits für uralt gehalten wurden, als die Menschheit begann, ihre Geschichte aufzuschreiben und Kulturen zu bilden. Unsere Vorfahren müssen geglaubt haben, daß ihnen diese Rollenverteilung von den Göttern in die Wiege gelegt worden war. Wie auch immer, wir haben schon bald begonnen, ihnen Geltung zu verschaffen, als sei der Herr des Universums erst gestern da gewesen, um darauf zu bestehen, daß Männer seine glorreichen Werke nachahmen, während Frauen dafür sorgen, daß das Essen auf den Tisch kommt.

Dieser Mythos ist im Sterben begriffen. Wir, die wir heute leben, sind Zeugen des Zusammenbruchs eines sexuellen Mythos, dessen Wurzeln weiter zurückreichen als das Gedächtnis. Die Brauchbarkeit des Mythos fand vor einiger Zeit ein Ende, als die Männer aufhörten, den größten Teil ihrer Zeit mit Kämpfen und Jagen zu verbringen, und Frauen lang und gut genug lebten, um mehr zu tun, als sich um die Kinder zu kümmern. Doch der Mythos hat dennoch überlebt, aus eigener Kraft, bis in das 20. Jahrhundert.

Ein Glück, daß wir das nun los werden. Wirklich? Ja, vermutlich schon, doch wollen wir nicht unterschätzen, wie tiefgreifend die Veränderung ist. Da ist weit mehr im Gange als nur die Tatsachen, daß Frauen jetzt bessere Jobs haben und Männer Tränen vergießen dürfen. Niemand wird in nächster Zeit dem roten Abendhimmel entgegenreiten, weil er der Gerechtigkeit Geltung verschafft, die Bösewichter eingesperrt und für die Guten die Ranch zurückerobert hat. Wenn Männer den Mond und Frauen die Sonne zurückerobern, dann bewegt sich die Erde unter unseren Füßen. Vertrautes Terrain verschiebt sich spürbar. Vorsintflutliche Energien, die schon seit langem versteinert sind, werden in donnernden Explosionen freigesetzt.

Wut tritt zutage. Alter, bitterer Zorn, seit langem unterdrückt. Die Verbitterung unserer weiblichen und männlichen Vorfahren, die sich durch diese Mythologien an die Wand genagelt gefühlt haben. Die Wut des weiblichen Gegenstücks zu William Shakespeare, die Frau, die niemals Gehör gefunden hat. Der Zorn jedes Soldaten, der seine Angst in den Augen seines Feindes sehen mußte, bevor er das Gewicht seiner Axt auf ihn niedersausen ließ.

Nun, da sich das sexuelle Paradigma verschiebt, sehen wir, daß sich diese Wut in den haßerfüllteren Bereichen des Feminismus manifestiert. Wir erkennen sie in blinder Feindseligkeit gegenüber Männern wieder, in der Vorstellung, daß Männer gefühllos und brutal und unfähig zu lieben sind. Auf der Seite der Männer sehen wir, daß sich der Zorn sogar noch primitiver in Gewalt-Pornographie, im unverhältnismäßigen Zunehmen von Vergewaltigungen und in dem verächtlichen Gejohle der Jugendlichen, die damit fremde Frauen attackieren, Ausdruck verschafft.

Vielleicht ist diese Wut unvermeidlich. Doch ist sie eine billige und schlechte Brille. Sie verzerrt alles, was wir sehen, vergrößert Verletzungen, verkleinert komplizierte Zusammenhänge. Wir sollten uns eines besseren Mikroskops bedienen. Mitgefühl. Wir wollen uns einen Moment lang vorstellen, daß die Menschheit ihr Bestes gegeben hat. Der steinzeitliche Mann, der seinen gefühlvollen Mond im Angesicht der überwältigenden Angst und des Blutes und Todes zum Schweigen gebracht hat, hat er einen Fehler gemacht? Die steinzeitliche Frau, die ihre solare Kreativität und Individualität geopfert hat, um mit ihrem Leben das Überleben der nächsten Generation zu sichern, unterlag sie einem Irrtum? Sollten sie die falsche Entscheidung getroffen haben, dann verdankt die Menschheit ihr Überleben dieser falschen Entscheidung.

Das Problem war, daß das System zu gut funktionierte. Wie einer, bei dem das Geld locker sitzt und der gerade eine neue Kreditkarte erhalten hat, sind wir süchtig geworden. Der Mann projizierte seine lunare Seite auf die Frau. Sie projizierte ihre solare Seite auf ihn. Doch mit der Zeit wurde die psychologische Anpassung, die einstmals das Überleben gesichert hatte, überflüssig und war auch nicht mehr angemessen.

Solche Rollenprojektionen machen das Leben leichter. Ein Mann verliert seinen Job; kein Problem, seine Frau kann all die Unsicherheit und Frustration für ihn ausleben, während er sich daran macht, neue Arbeit zu finden. Das Auto der Frau gibt den Geist auf; kein Problem, ihr Mann übernimmt die Aufgabe und Anstrengung, die Logik und Macht des Reparierens zu erleben, während sie dafür all die Gefühle von Selbstzweifel und Verwirrung übernimmt, für die er keine Zeit hat. Die praktische Welt wurde also zur Domäne der Männer. Doch blieben auch die Frauen nicht außen vor. Die andere Seite des Lebens – die Welt des Gefühls und der Fürsorge – gehörte allein ihnen. Eheprobleme? Frauen würden das Problem aufspüren und Männern dabei helfen, darüber zu sprechen. Sieht der Mann vielleicht ein wenig bleich und erhitzt aus? Die Frau würde ihn fragen, ob er Fieber hat und ihn beschwatzen, sich um sich selbst zu kümmern. Das Kind braucht Aufmunterung? Geh damit zu Mami.

Heute entdecken viele Frauen die Sonne neu für sich. Sie heilt sie, läßt sie wieder ganz werden. Sie finden ihre solare Kraft, ihr Selbstvertrauen, ihre Stimme, ihre Kreativität, ihre Fähigkeit, Einfluß auf die Mythen und Symbole der Gesellschaft zu nehmen.

Gleichzeitig finden Männer Zugang zu ihrem Mond. Auch sie werden geheilt und finden zu ihrer Ganzheitlichkeit zurück, indem sie ihre verlorene lunare Fähigkeit, zu lieben, um Hilfe zu bitten, zu weinen, zu fühlen und zur Fürsorge, reintegrieren. Das ist die gute Nachricht.

Die schlechte Nachricht ist, daß sowohl Männer als auch Frauen entsetzlich ungeübt sind im Umgang mit ihrer Sonne und ihrem Mond. Sie wissen nichts mit ihnen anzufangen. Bevor es zu einer wirklichen Reintegration kommen kann, findet eine Phase der Unbeholfenheit statt. Wie bei einem Blinden, der plötzlich sein Augenlicht zurückbekommen hat, verursacht die Aneignung dieser »neuen« solaren und lunaren Funktionen bei beiden Geschlechtern zunächst Orientierungsprobleme.

Frauen, die die Autorität und das Selbstvertrauen der Sonne für sich beanspruchen, laufen Gefahr, eisig und diktatorisch zu werden – mit anderen Worten, sich solare Krankheiten zuzuziehen. Anders als Männer haben sie kein klares Rollenbild, keine Tradition, nicht einmal eine gefälschte, um mit diesen Exzessen richtig umzugehen. Manche gehen zu weit und laufen Gefahr, ihren Mond zu verlieren, ahmen den Wahnsinn der Männer nach. Andere, die vorsichtiger sind, gehen nicht weit genug, erleben Frustration, geringes Selbstwertgefühl und Verärgerung, weil sie das solare Ideal nicht erreichen.

Männer haben ebenfalls keine Tradition oder Mythologie, die ihnen dabei helfen könnte, mit ihrer lunaren Seite Frieden zu schließen. Sie riskieren, im Mystizismus und der Subjektivität ihres neu entdeckten Mondes zu ertrinken, narzißtisch zu werden, sich über die Maße um ihre eigenen Belange zu kümmern, sich durch ihre »Empfindsamkeit« lähmen zu lassen. Entweder das, oder aber sie sind derart in lunaren Gefühlen versunken, daß ihr Charakter verfällt. Sie verlieren die alte Stütze des männlichen solaren Mythos: ihr Ehrgefühl. Es gelingt ihnen nicht mehr, zu ihrem Wort zu stehen, Versuchungen zu widerstehen und ihren Verantwortungen gerecht zu werden. Durch den Mond verwirrt, verlieren sie ihre Sonne.

Unter den Männern und Frauen, die den Zusammenbruch des alten Systems am meisten fürchten, kommt es natürlich zur Gegenreaktion. Die absolute Frau – mütterlich, gehorsam, abwesend – geistert durch den Zeitgeist. Rambo – furchtlos, gefühllos, ein effizienter Jäger – ringt mit dem archetypischen Feind. Doch in wachsendem Maße erscheinen uns diese Gestalten leer, kurios und auf komische Weise nostalgisch.

Während die Menschheit ihre solare-lunare Ganzheitlichkeit zurückerobert, fühlt sie sich hin und her gerissen zwischen einer schlecht definierten, noch nicht erschaffenen Zukunft und einer ausgebrannten Vergangenheit. Wir verhalten uns ein bißchen wie ein scheuer Jugendlicher, der seine erste Woche an einer neuen Schule zubringt. Wir würden gerne wieder nach Hause gehen. Doch das geht nicht. Dieser Möglichkeit sind wir entwachsen. Männer ziehen Kinder groß, machen Psychotherapien, erforschen verbotene »weibliche« Territorien. Frauen fliegen ins All, treten in die Regierung ein, machen ihre Anwesenheit in der Wissenschaft, in der Kunst, im Sport spürbar. Wir können nicht zurück – aber wir wissen auch nicht, wo vorne ist oder wie es aussieht.

Wieder: Mitgefühl. Es ist unsere schärfste Brille. Unser Mikroskop. Eine uralte Gewohnheit ist ein furchterregender Gegner. Allein schon sich aus seiner Gewalt zu befreien ist eine herkulische Aufgabe – oder eine amazonische.

Was ist mit jenen, die sich bereits von den archaischen Ketten befreit haben? Die nicht mehr länger Zeilen aus der alten Schrift rezitieren? Selbstverständlich, solche Personen gibt es, doch ihre Reise liegt erst zur Hälfte hinter ihnen. Vor ihnen liegt das Problem, eine ausgewogene solare und lunare Zukunft zu schaffen. Wie soll diese Zukunft aussehen? Diese Frage ist nicht leicht zu beantworten. Die Möglichkeiten sind zahlreich. Werden die alten Geschlechtermuster in einer abgewandelten Form überdauern? Werden Männer und Frauen die Rollen tauschen? Werden die Menschen frei darin sein, sich, abhängig von ihrer persönlichen Präferenz, ausgesprochen solar oder lunar zu fühlen? Ist die Zukunft eingeschlechtlich? Ist die Annahme richtig, daß der »optimale Mensch« in sich ein Gleichgewicht zwischen solaren und lunaren Eigenschaften herstellt? Wenn ein solches Gleichgewicht überhaupt möglich ist, bedeutet das dann automatisch, daß es keine auf der Geschlechtszugehörigkeit basierende Rollenteilung mehr gibt? Was bedeuten die Wörter »weiblich« und »männlich« denn nun wirklich, wenn sie überhaupt irgend etwas bedeuten, und wieviel haben sie mit unserer physischen Anatomie zu tun?

Dogmatische Antworten auf diese Fragen gibt es in Hülle und Fülle. Doch Dogmatismus ist nur der Schatten, den die Unsicherheit wirft. Die letztliche Wahrheit ist, daß niemand bisher die Antwort kennt, und das macht uns angst. Die Menschheit als Gattung befindet sich mitten in einer Identitätskrise.

Kann die Astrologie einen Beitrag leisten, um diese Identitätskrise zu bewältigen? Ja und nein. Auf der negativen Seite steht, daß kein Geburtshoroskop einen Astrologen über seine eigenen Grenzen hinaustragen kann, die ihm durch seine nicht in Frage gestellten Vorurteile und Vermutungen auferlegt werden. Fatalistische Astrologen sehen ein Horoskop an und erkennen in ihm das unentrinnbare Schicksal. Depressive sehen die Unmöglichkeit. Psychologische sehen Psychologie. Spirituelle die sich entwickelnde Seele. Alles hängt also vom persönlichen Standpunkt ab, und kein Astrologe, der bereits eine feste Meinung zu Männlichkeit und Weiblichkeit hat, wird in einem Horoskop mehr erkennen, als die Rechtfertigung seiner persönlichen Überzeugungen.

Doch kann die Astrologie einen positiven Beitrag leisten, um den Bruch in der menschlichen Seele zu heilen. Nicht indem sie uns endgültige, vorgefertigte und vorverdaute Antworten gibt. Sondern indem sie uns hilft, die Antworten selbst zu finden. Die Astrologie ist vor allem eine Sprache. Wie jede Sprache liegt ihr elementarer Zweck darin, die Kommunikation zu erleichtern.

Der Vorteil, den die Astrologie vor anderen Sprachen hat, besteht darin, daß sie im Hinblick auf die Übermittlung von psychologischen Informationen optimiert ist. Anders ausgedrückt: Wenn Sie einen Elektriker bitten wollen, ihren Kühlschrank neu anzuschließen, dann sollten Sie Deutsch mit ihm sprechen; doch wenn Sie Ihren Mann, Ihre Frau oder Ihren Liebespartner zu einer bestimmten Dimension Ihrer Partnerschaft befragen wollen, dann ist die Astrologie als Sprache unvergleichlich. Kein anderes Symbolsystem kommt ihr in feinfühliger Nuancierung und laserhafter Durchdringung gleich.

Die heutige Menschheit braucht dringend eine solche Sprache. Wir verfügen über den größten Teil der Informationen. Sonne und Mond, männlich und weiblich – all dies gibt es schon lange Zeit. Das Problem ist nur, daß all unser gesamtes Informationsmaterial in kleinen Bündeln zusammengeschnürt und voneinander getrennt in kleinen Schachteln verwahrt wird. Wir müssen unser Wissen durchmischen, um herauszufinden, wie es sich neu ordnet. Wir gäben alles für gute Gespräche.

Gespräche zwischen Männern und Frauen könnten, vielleicht vorangetrieben und geschärft durch Astrologie, ein Teil der Lösung sein. Doch müssen wir zunächst erkennen, daß der Riß zwischen den Geschlechtern das Symptom eines weit tieferen Schismas ist: jenes, das die individuelle menschliche Psyche auseinanderbrechen ließ, als vor Millionen von Jahren Männer ihren Mond und Frauen ihre Sonne aufgaben. Das Gespräch hat also seinen Ursprung in den dunklen Ecken jedes modernen menschlichen Geistes. Und von dort wird es hineingetragen in die Welt der Beziehungen.

Dort sollte das Gespräch jedoch nicht zum Erliegen kommen. Der gleiche Riß, der lunare Weiblichkeit von solarer Männlichkeit trennt, teilt auch die Welt in Dichter und Rationalisten, Mystiker und Wissenschaftler, Empfindsame und Denker. Allesamt nur die Hälfte wert. Menschen, die eine Hälfte ihres Bewußtseins entwickelt und die andere in das Schattenreich verbannt haben.

Riß oder nicht, die Planeten über uns ziehen auf unpersönliche Weise ihre Bahn, genauso, wie sie es zu Zeiten der Neandertaler getan haben. Sie durchlaufen die gleichen Zeichen, bilden dieselben Aspekte, durchqueren die immer gleichen zwölf Häuser. Ob mitten in Manhattan oder in der Olduwaischlucht, das macht keinen Unterschied. Die Astrologie ist wie der Tod oder Essen und Liebe eine dieser Konstanten für die Menschheit. Oder etwa nicht? Nur zum Teil. Die Wahrheit ist, daß die Astrologie im besten Fall nicht mehr als das halbe Bild liefern kann. Astrologische Kräfte interagieren mit etwas weit weniger Konstantem: dem menschlichen Bewußtsein, mit seiner endlosen Kreativität und seinen sich verändernden sozialen Mustern. Die Astrologie vermag uns vielleicht an die archetypischen Grundzüge geistiger Gesundheit und Ganzheitlichkeit erinnern, doch im Rahmen dieser Grundzüge schreibt die Menschheit ihre Geschichte selbst.

Diejenigen, die sich heute der Astrologie bedienen – vor allem, wenn sie sich mit der Synastrie beschäftigen –, müssen den sich verändernden Vorstellungsrahmen erkennen, durch den hindurch die Menschheit sich selbst sieht und ihrer Sexualität Sinn gibt. Das ist die andere Hälfte des Bildes. Die Planeten sind vielleicht konstant, doch Männer und Frauen sind es nicht. Wenn ein mittelalterlicher Astrologe durch einen Zeittunnel in das moderne San Francisco gelangen könnte, um dort eine astrologisch-synastrische Beratungspraxis zu eröffnen, dann wäre er schon halb verrückt, noch bevor er eine Möglichkeit gefunden hätte, sich überhaupt mit den Menschen zu unterhalten. Sicherlich würde er auf abstrakte Weise etwas von Astrologie verstehen, doch wie er sie in der modernen Zeit in ihrer wichtigsten Funktion als Mittel der Kommunikation zum Einsatz bringen sollte, davon hätte er keine Ahnung.

Während unser zeitreisender Astrologe sich langsam orientiert und Synastrie praktiziert, würde unsere Scheidungsrate zu einer seiner schockierendsten Erkenntnisse. Dort, woher er kommt, gab es jede Menge Sex, sowohl innerhalb als auch außerhalb der Ehe, doch die Ehe selbst war unantastbar. Ob sie nun glücklich war oder nicht, es gab nicht viel, was sie erschüttern konnte. Warum? Die Antwort liegt bei einer weiteren verführerischen Nebenwirkung des sexuellen Schismas zwischen Sonne und Mond: Es wirkte sich erstaunlich stabilisierend auf die Ehe aus.

Eine künstliche Abhängigkeit war zwischen Männern und Frauen geschaffen worden, die weit über das natürliche Maß der Anziehung hinausging. Eine Frau konnte auf sich allein gestellt nicht überleben; so jedenfalls wollte es der Mythos. Sie konnte sich nicht erhalten, sich nicht schützen, nicht einmal für sich selbst denken. Auch ein Mann würde – theoretisch – Krankheit, Verkommenheit und moralischer Verworfenheit anheimfallen. Wer würde sich um seine Ernährung kümmern? Wer seine Socken stopfen? Wer ihn davon abhalten, zum Alkoholiker zu werden? Die Sonne kann ohne den Mond nicht leben. Der Mond nicht ohne die Sonne bestehen. Solange wie die Geschlechter je eine Ecke des Rings für sich in Anspruch nahmen, mußte die Ehe aus dem Reich der Wahl hinaus und in das Reich der Notwendigkeit eintreten.

Indem unsere Vorfahren – und in vielen Fällen unsere Eltern – die Fertigkeiten, die für die Aufrechterhaltung des Lebens erforderlich sind, nach Geschlechtern aufteilten, erzeugten sie eine künstliche Bedürftigkeit von Frauen und Männern. Jeder Astrologe, der heute eine solche Aufteilung akzeptiert, ist ebenso fehl am Platz wie unser mittelalterlicher Zeitreisender. In der alten Sichtweise landeten so viele der Beziehungsbelange, die moderne Menschen heute zum Handeln veranlassen – Themen wie persönliches Wachstum, sexuelle Erfüllung und die Aufrechterhaltung der Magie –, in den Hinterbänken und erfüllten allein die Aufgabe, dem Paar dabei zu helfen, sich gegenseitig besser zu ertragen. Strategisches Schweigen kam auf; man einigte sich auf Lügen; die Welten wurden streng voneinander getrennt gehalten. In der Distanz voneinander lag der Frieden. Bleibt zusammen oder sterbt; so lautete, im Kern, die alte Formel.

Zahlreiche »moderne« astrologische Texte wiederholen sklavisch diese mittelalterlichen Prinzipien, als sei die Formel noch immer von größter Bedeutung. »Gute« Interaspekte wie Trigon und Sextil werden als »positives Omen« für die Ehe interpretiert, weil sie still sind! Quadrate und Oppositionen hingegen werden wie blutige Schrift auf der Wand behandelt, weil diese Aspekte eine dringende Notwendigkeit, miteinander ins Gespräch zu treten, zum Ausdruck bringen. Die verträgliche Venus soll besser hell erstrahlen in dieser Verbindung zwischen den Geburtshoroskopen, sonst läßt sich das Paar auf ein gefährliches Spiel ein: Sie müssen sich ihren Konflikten direkt stellen, ohne sich mit Höflichkeit und leeren Ritualen der Vergebung freikaufen zu können – eine gefährliche Situation, wenn es uns nur um die Stabilität geht. Und wenn der einzelgängerische Saturn oder der konfrontative Mars in diesen Geburtshoroskopen seinen Kopf hebt, dann sollte man besser hoffen, daß die Braut einen guten Anwalt kennt.

Der erste Grundsatz, an den wir uns bei der Erneuerung der Synastrie für ein modernes Zeitalter erinnern müssen, lautet: Die Menschen sind frei. Keine astrologische Konfiguration garantiert Niederlage oder Erfolg, immerwährenden Antagonismus oder endlosen Orgasmus. Persönliches Engagement – eine Frage solaren Ehrgefühls – und Offenheit für persönliches Wachstum – eine Frage lunaren Einfühlungsvermögens – sind die entscheidenden Zutaten. Eine Partnerschaft, in der diese beiden Qualitäten in ausreichendem Maß vorhanden sind, kann auf befriedigende Weise funktionieren, ganz egal wie die Geburtshoroskope der beiden beteiligten Personen konfiguriert sind.

Der zweite Grundsatz, an den es sich zu erinnern gilt, heißt: Konflikte können eine positive Kraft sein. Damals, als die Konsequenzen der Scheidung so furchtbar erschienen, wurden ehrliche, tiefgreifende Konflikte tabuisiert. Natürlich entwickelten sich dennoch Auseinandersetzungen. Doch wurden sie indirekt und symbolisch in Reizbarkeit und irrelevanten Streitereien abgebaut. Männer zahlten es Frauen heim, indem sie sie herablassend behandelten. Und Frauen rächten sich an Männern durch Launenhaftigkeit und Bissigkeit. Solare Waffen und lunare Waffen. Solche Schachzüge setzen Wut frei. Doch sie richten sich niemals auf die Quelle der Wut. Sie bleibt unberührt, bereit, immer dann zu explodieren, wenn die Erde bebt.

Die Mehrheit derer, die heutzutage zu uns zur astrologischen Beratung kommen, sind Frauen. Das zahlenmäßige Verhältnis ist nicht mehr ganz so dramatisch, wie es einmal war. Vielleicht liegt es heute bei 60 zu 40. Die meisten Männer, die wir zu Gesicht bekommen, sind aufgeschlossen, aber erst, nachdem eine Frau sie dazu ermutigt hat, die Verabredung mit uns zu treffen.

Das Muster hat seine Ursache nicht in einer Laune. Ärzte, Psychotherapeuten, die meisten Personen in helfenden Berufen – sie alle bestätigen dieses Bild. Frauen sind eher bereit, um Hilfe zu bitten als Männer. Die auf Hege und Pflege Spezialisierten wissen also, wie sie sich um sich selbst ebenso wie um andere kümmern müssen. Selbst in einem Bereich wie der Astrologie, der, aufgrund seines Rufes, für eine Klientel in Frage kommt, die von vornherein unabhängiger, bilderstürmender und neugieriger als der Durchschnitt ist, sind Frauen stärker vertreten. Eine Verwaltungsangestellte des New York Open Center, ein Schulungszentrum, das für kontroverse Themen offen ist, drückte es geradeheraus aus. Sie sagte: »Das neue Zeitalter ist weiblich.«

Warum? Was ist mit den Männern geschehen? Die sind zum Fischen gegangen. Auf die Jagd. Männer, oder wenigstens ein entscheidender Teil von ihnen, sind noch immer von der solar dominierten Mythologie abhängig, die keinen Raum für gegenseitige emotionale Abhängigkeit oder für die Erforschung der lunaren Seite des Lebens läßt.

Doch, wie wir gesehen haben, steht das Fundament dieses Mythos' seit langem auf wackeligen Füßen. Er wird seit Jahrhunderten nur durch seinen noch verbliebenen Schwung am Leben erhalten. Männer machen sich von ihm frei, wenn auch nicht so viele wie Frauen. Die Ursache hinter dem Muster ist außerordentlich einfach. Die Reintegration von lunaren und solaren Qualitäten ist im wesentlichen eine psychologische Veränderung. Die Kräfte, die sie vorantreiben, haben ihren Ursprung in der Psyche, das heißt in der subjektiven, der lunaren Welt. Und wem wurde die Verantwortung für diesen Lebensbereich zugesprochen? Den Frauen. Selbstverständlich mußten sie die ersten sein, die *spürten*, daß etwas Grundlegendes an ihrer Lebensweise nicht stimmte. Folglich muß der Feminismus dem Maskulinismus vorangehen. Die Vernunft legt es nahe, und die Geschichte bestätigt es. Die Frau geht dem Mann in das subjektive Reich voran, ebenso wie der Mann der Frau in das objektive Reich der Raumfahrt und ähnlichen Domänen vorangegangen ist.

Ist die Astrologie »weiblich«? In der archaischen Weltsicht ja – in diesem geistigen Rahmen ist alles »weiblich«, was die innere, emotionale Seite des Lebens betrifft. Der Dichter Robert Bly bezeichnete die Astrologie in seinem provokanten Essay »Ich kam nackt aus der Mutter« als den »großen intellektuellen Triumph der Mutterkultur«. Er postuliert ein Zeitalter, das der gegenwärtigen patriarchalen Zivilisation voranging, in dem das Matriarchat die Macht auf Erden besaß. Die Astrologie mit ihrer »weiblichen« Betonung der gegenseitigen Durchdringung von Menschheit und Natur entstand, Bly zufolge, auf natürliche Weise in diesem intellektuellen Klima – und war der Fluch für das spätere Patriarchat mit seiner Betonung objektiver Eroberung und Kontrolle.

Also spült die gleiche Flut, die den Feminismus in das menschliche Bewußtsein getragen hat, auch eine astrologische Renaissance und andere »weibliche« Künste wie Dichtkunst, Psychologie und Mystizismus an den Strand.

Bleiben Männer außen vor? Das ist eine Schlüsselfrage. Manche Frauen wollen die Männer von dieser Renaissance ausschließen als ob der Zugang zum Mond nur etwas für jene mit breiten Hüften und haarlosen Gesichtern sei. Männer, nachdem sie sich von dem alten Schisma befreit haben, sind ebensosehr Geschöpfe des Mondes und der Nacht wie Frauen. Astrologie – und »Feminismus« – funktionieren für jeden. Die Männer, die beides fürchten, fürchten ihren Mond. Sie machen sich zu Opfern der uralten Lüge. Die Frauen, die den Mond als exklusiven Besitz ihres Geschlechts für sich behalten wollen, fallen den alten solaren Krankheiten Dominanz, Kontrolle und Besessenheit von territorialem Besitz anheim. Bei der Rückeroberung ihre Sonne haben sie sich dieser gebeugt. In beiden Fällen wird das wirkliche Ziel – die Wiederherstellung unserer Ganzheitlichkeit – verpaßt.

Ob männlich oder weiblich, wenn Sie dieses Buch gelesen haben, dann können Sie sich als Schüler der Astrologie bezeichnen. Als solcher halten Sie etwas Wertvolles in Händen. Eine Verbindung zum Urweiblichen – und zum Urmännlichen. Vor allem aber eine Sprache, die Grundlage der Kommunikation ist. In der Astrologie gibt es keine künstlich aufgeladenen Wörter wie »Menschheit«, »feminin« oder »damenhaft«. Nichts als die rohe Sprache des Lebens, neugeboren und einfach. Versuchen Sie, es dabei zu belassen. Versuchen Sie der Versuchung zu widerstehen, die Astrologie durch die Augen Ihrer Kultur zu betrachten. Natürlich ist es Ihnen unmöglich, sich dieser Neigung gänzlich zu entziehen. Doch versuchen Sie es. Der große Aktivposten der Astrologie ist ihre Fähigkeit, das in uns anzusprechen, was natürlich ist, sowohl in unserer Gestalt als einzigartige Individuen als auch als Menschen. Wenn wir es den willkürlichen Werten unserer Gesellschaft gestatten, unsere Sichtweise der Symbole zu tief zu beeinflussen, dann setzen wir die Objektivität und Klarheit der Astrologie aufs Spiel.

Eine solche Gefährdung hätte unter allen Umständen, aber ganz besonders in der heutigen Zeit, einen Verlust zur Folge. An dieser Stelle in unserer Geschichte brauchen wir alle Klarheit, die wir aufbringen können. »Weiblichkeit« und »Männlichkeit«, die so lange voneinander getrennt waren, finden wieder zusammen. Gleichzeitig mit ihnen finden andere Annäherungen statt. Durch die Entdeckung der Quantenphysik und Einsteins Relativitätstheorie hat die Menschheit die Bühne für das Zusammenlaufen von Wissenschaft und Mystik bereitet. Durch die Erschaffung des »globalen Dorfes« sorgen wir dafür, daß die industrielle und die Dritte Welt zusammenfinden – eine weitere Ehe zwischen »männlich« und »weiblich«. Mit Computern, Kinos und elektronischen Musikinstrumenten entwickeln wir eine Kunstform, in der sich lunare Phantasie mit solarer Logik verbinden muß. Umweltbewußtsein deutet auf das gleiche Muster hin: Das lunare Bedürfnis, fürsorglich mit der Erde umzugehen, ist untrennbar mit dem solaren Ideal von wissenschaftlicher Analyse und Planung verknüpft. Die Liste ist lang. Wir leben in einem Zeitalter der Revolutionen, die in ihrer Gesamtheit vielleicht die größte Revolution widerspiegeln, die die Menschheit je kennengelernt hat: Die Heilung des Schismas zwischen Sonne und Mond.

Astrologen – Sie und wir – befinden sich in der einzigartigen Position, diese Heilung zu fördern. Mit unserer genauen Sprache sind wir in der Lage, die Kommunikation und die Aussöhnung zwischen den entfremdeten Bestandteilen jedes Einzelindividuums einzuleiten.

Indem wir die Krankheiten unserer Zeit erkennen, können wir Astrologen Frauen im Hinblick auf den »männlichen« Anteil ihres Geburtshoroskops eine Stütze sein. Wir können ihnen dabei helfen, ihren Frieden mit Mars und Uranus und der Sonne zu schließen, während wir sie zuglcich mit neuem Respekt für ihre sozial entwerteten lunaren Instinkte inspirieren.

Wir können Männern vorsichtig und einfühlsam etwas vom Mond, der Venus und von Neptun erzählen und sie ermutigen, diese »weiblichen« Dimensionen ihrer selbst zu fördern, ohne dadurch ihr solares Gefühl von Ehre und Initiative zu gefährden.

Wenn wir den Symbolen treu bleiben, in aller Unschuld in ihnen lesen und Vorurteile vermeiden, dann können wir Astrologen unser Handwerk nutzen, um Menschen wieder zu Gleichgewicht zu verhelfen, zur Freude und Freiheit der Ganzheitlichkeit.

Die Ehe ist der vielleicht vollkommenste Brutkasten für die Versöhnung von Sonne und Mond. Doch bei dieser Versöhnung handelt es sich um einen feurigen, explosiven Prozeß. Jene, die in der heutigen Zeit noch heiraten oder ähnliche Verpflichtungen eingehen, befinden sich in vorderster Front. Während rings um sie herum althergebrachte Mythologien zerfallen, haben diese Menschen nicht viel mehr als ihre Kreativität, auf die sie zu ihrer Rettung zurückgreifen können. Alte Antworten bersten wie fehlgezündete Raketen. Neue Antworten sind noch nicht erfunden.

Solchen Paaren kann die Synastrie eine Hilfe sein. Ein Mann und eine Frau, die es in der gegenwärtigen Welt wagen, eine Bindung miteinander einzugehen, balancieren auf der Messerschneide der Menschheit. Wenn ihr Experiment erfolgreich sein soll, dann ist Kommunikation, sowohl innerhalb ihrer Individualität als auch in der Partnerschaft, von entscheidender Bedeutung. Zu behaupten, daß sie ohne die Astrologie nicht erfolgreich sein können, wäre irreführend; doch davon auszugehen, daß sie ohne Dialog keinen Erfolg haben können, ist zutreffend. Dialog und Kommunikation ist das Herzstück jeder Versöhnung.

Wenn Sie sich dafür entscheiden, es mit der Synastrie zu versuchen, dann vertrauen Sie den Symbolen. Fangen Sie an, indem Sie sich von ihnen tiefer in Ihr Selbst führen lassen. Welchem Geschlecht Sie auch angehören, finden Sie Ihre Männlichkeit, finden Sie Ihre Weiblichkeit. Lassen Sie den inneren Dialog beginnen.

Dann blicken Sie von Ihren astrologischen Büchern auf. Heben

Sie die Augen und wenden Sie Ihr Gesicht der Quelle all dessen zu: dem Himmel. Was sehen Sie dort? Zwei große Lichter. Sonne und Mond. Geheimnisvoll. Rätselhaft. Scheinbar gleich groß! Lassen Sie diese Lichter auch in Ihnen gleich groß werden. Dann haben Sie Ihren Wahrnehmungsapparat richtig eingestellt, ihn harmonisch auf die Botschaften des Himmels abgestimmt. Mit richtig eingestellten Instrumenten, mit einem offenen Herz und offenem Geist, sind Sie nun bereit, die heilende Sprache der Synastrie in dieser wunderbaren, unsicheren Zeit zu sprechen.

ANHANG

Wie man ein Composithoroskop erstellt

Unter der Voraussetzung, daß Ihnen die beiden Geburtshoroskope bereits vorliegen, sind für die Erstellung eines Composithoroskops nur wenige Hilfsmittel erforderlich – ein Horoskopvordruck, ein Atlas und die Häusertabelle. Sollten Sie nicht über Horoskopvordrucke verfügen, dann entnehmen Sie bitte dem »Inneren Himmel«, wie sie zu erstellen sind.

Composite basieren auf *Halbsummenpunkten*. Sobald Sie verstanden haben, wie sie zu berechnen sind, ist der Rest ein Kinderspiel. Angenommen ein Planet befindet sich in den Anfangsgraden des Steinbock. Ein weiterer Planet liegt in den Endpunkten des gleichen Zeichens. Dann ist folglich ihr Halbsummenpunkt – der Punkt in der Mitte zwischen ihnen – genau auf halber Strecke zwischen beiden. Das ist die Grundvorstellung. Was bleibt ist lediglich Feinabstimmung.

Frankies Sonne befindet sich auf 14 Grad im Widder. Annettes Sonne auf 8 Grad in der Jungfrau. Wo ist ihr Halbsummenpunkt? Beginnen Sie, indem Sie sich den Kreis der Zeichen vorstellen. Ihr erster Schritt besteht darin festzustellen, wieviel Grad zwischen den beiden Sonnen liegen. Sie werden feststellen, daß es zwei Antworten auf diese Frage gibt, abhängig davon, ob Sie den kurzen Kreisbogen oder den langen Kreisbogen als Grundlage wählen. *Bei der Berechnung von Halbsummenpunkten muß immer die kürzere Entfernung, also der spitzere Winkel zugrunde gelegt werden.* Wie viele vollständige Zeichen befinden sich zwischen Widder und Jungfrau? Sehen Sie den Kreis an – es sind Stier, Zwillinge, Krebs und Löwe. Vier Zeichen. Jedes von ihnen umfaßt 30 Grad. Nun wissen wir, daß die beiden Sonnen insgesamt 120 Grad voneinander entfernt sind, plus ein paar Grad Widder und Jungfrau. Wie weit ist es von 14 Grad Widder bis zum Ende des Zeichens? Der Widder umfaßt wie die anderen Zeichen 30 Grad, folglich lautet das Ergebnis 16 Grad. Und vom Anfang der Jungfrau bis 8 Grad Jungfrau? 8 weitere Grad. Um also die gesamte Entfernung zwischen den beiden Sonnen zu erhalten, müssen wir zu den 120 Grad noch 16 und 8 Grad addieren. Das Ergebnis lautet also 144 Grad. Wo liegt also der Halbsummenpunkt zwischen Frankies und Annettes Sonnen? Die Hälfte von 144 ist 72. Addieren Sie zu der Position von Frankies Sonne 72 Grad, und Sie haben das Ergebnis. (Genausogut könnten Sie den Betrag auch von Annettes Sonnenposition abziehen.) Wie kann man zu Frankies Sonnenposition 72 Grad addieren? Am leichtesten ist es, die 72 Grad durch den Umfang eines Zeichens zu dividieren. Da ein Zeichen 30 Grad umfaßt, ergeben 72 Grad zwei vollständige Zeichen plus 12 Grad. Frankies Sonne befindet sich auf 14 Grad im Widder. Zwei Zeichen weiter befinden wir uns auf 14 Grad in den Zwillingen. 12 Grad weiter sind wir bei 26 Grad in den Zwillingen. 26 Grad in den Zwillingen ist also die Position von Frankies und Annettes Sonne im Composit, also der Halbsummenpunkt zwischen den beiden Sonnen des Geburtshoroskops.

Wenn Sie die vorangegangenen Absätze verstanden haben, können Sie auch die Häuser für das Composit berechnen.

Die Verfahrensweise in knapper Form:

1. Berechnen Sie die Himmelsmitte des Composits – also den Halbsummenpunkt zwischen den beiden Himmelsmitten der beiden Geburtshoroskope.
2. Schlagen Sie in der Häusertabelle die eben errechnete Himmelsmitte des Composits nach und entnehmen Sie die Häuserspitzen aus der Zeile des Längengrads, der sich mit dem Längengrad des Ortes deckt, an dem sich das Paar kennengelernt hat. Damit erhalten Sie neben den Häuserspitzen auch Aszendent und Deszendent.
3. Tragen Sie die Gradangaben für die Häuserspitzen in Ihren Horoskopvordruck ein.
4. Berechnen Sie die Sonnenposition des Composits so, wie es

oben beschrieben ist. Tragen Sie sie im Horoskopvordruck im richtigen Haus ein.

5. Wiederholen Sie den vorangegangenen Schritt mit dem Mond und allen Planeten.

6. Berechnen Sie die Aspekte, tragen Sie sie im Aspektschlüssel ein.

Und schon haben Sie Ihr Composithoroskop.

Venus-Ephemeriden 1900–2000

Die Venus ist höchstens 48 Grad von Ihrer Sonne entfernt, Sie stoßen also spätestens im übernächsten Zeichen auf sie. Für den Fall, daß Sie am Tag eines Zeichenwechsels geboren sind, raten wir Ihnen, sich Ihr Horoskop von einem professionellen Astrologen erstellen zu lassen, um die korrekte Position Ihrer Venus zu erhalten.

1900
20. Jan. Fische
13. Feb. Widder
10. Mär. Stier
06. Apr. Zwillinge
05. Mai Krebs
08. Sep. Löwe
08. Okt. Jungfrau
03. Nov. Waage
28. Nov. Skorpion
23. Dez. Schütze

1901
16. Jan. Steinbock
09. Feb. Wassermann
05. Mär. Fische
29. Mär. Widder
22. Apr. Stier
17. Mai Zwillinge
10. Jun. Krebs
05. Jul. Löwe
29. Jul. Jungfrau
23. Aug. Waage
17. Sep. Skorpion
12. Okt. Schütze
07. Nov. Steinbock
05. Dez. Wassermann

1902
11. Jan. Fische
06. Feb. Wassermann
04. Apr. Fische
07. Mai Widder
03. Jun. Stier
30. Jun. Zwillinge
25. Jul. Krebs

19. Aug. Löwe
13. Sep. Jungfrau
07. Okt. Waage
31. Okt. Skorpion
24. Nov. Schütze
18. Dez. Steinbock

1903
11. Jan. Wassermann
04. Feb. Fische
28. Feb. Widder
24. Mär. Stier
18. Apr. Zwillinge
13. Mai Krebs
09. Jun. Löwe
07. Jul. Jungfrau
17. Aug. Waage
06. Sep. Jungfrau
08. Nov. Waage
09. Dez. Skorpion

1904
05. Jan. Schütze
30. Jan. Steinbock
24. Feb. Wassermann
19. Mär. Fische
13. Apr. Widder
07. Mai Stier
01. Jun. Zwillinge
25. Jun. Krebs
19. Jul. Löwe
13. Aug. Jungfrau
06. Sep. Waage
30. Sep. Skorpion
25. Okt. Schütze

18. Nov. Steinbock
13. Dez. Wassermann

1905
01. Jan. Fische
03. Feb. Widder
06. Mär. Stier
09. Mai Widder
28. Mai Stier
08. Jul. Zwillinge
06. Aug. Krebs
01. Sep. Löwe
27. Sep. Jungfrau
21. Okt. Waage
14. Nov. Skorpion
08. Dez. Schütze

1906
01. Jan. Steinbock
25. Jan. Wassermann
18. Feb. Fische
14. Mär. Widder
07. Apr. Stier
02. Mai Zwillinge
26. Mai Krebs
20. Jun. Löwe
16. Jul. Jungfrau
11. Aug. Waage
07. Sep. Skorpion
09. Okt. Schütze
15. Dez. Skorpion
25. Dez. Schütze

1907
06. Feb. Steinbock
06. Mär. Wassermann

02. Apr.	Fische		19. Aug.	Löwe		**1914**	
27. Apr.	Widder		12. Sep.	Jungfrau		01. Jan.	Steinbock
22. Mai	Stier		06. Okt.	Waage		25. Jan.	Wassermann
16. Jun.	Zwillinge		30. Okt.	Skorpion		18. Feb.	Fische
11. Jul.	Krebs		23. Nov.	Schütze		14. Mär.	Widder
04. Aug.	Löwe		17. Dez.	Steinbock		07. Apr.	Stier
29. Aug.	Jungfrau		**1911**			01. Mai	Zwillinge
22. Sep.	Waage		10. Jan.	Wassermann		26. Mai	Krebs
16. Okt.	Skorpion		03. Feb.	Fische		20. Jun.	Löwe
09. Nov.	Schütze		27. Feb.	Widder		15. Jul.	Jungfrau
03. Dez.	Steinbock		23. Mär.	Stier		10. Aug.	Waage
27. Dez.	Wassermann		17. Apr.	Zwillinge		07. Sep.	Skorpion
1908			13. Mai	Krebs		10. Okt.	Schütze
20. Jan.	Fische		08. Jun.	Löwe		05. Dez.	Skorpion
14. Feb.	Widder		07. Jul.	Jungfrau		30. Dez.	Schütze
10. Mär.	Stier		09. Nov.	Waage		**1915**	
05. Apr.	Zwillinge		09. Dez.	Skorpion		06. Feb.	Steinbock
05. Mai	Krebs		**1912**			06. Mär.	Wassermann
08. Sep.	Löwe		04. Jan.	Schütze		01. Apr.	Fische
08. Okt.	Jungfrau		29. Jan.	Steinbock		27. Apr.	Widder
03. Nov.	Waage		23. Feb.	Wassermann		22. Mai	Stier
28. Nov.	Skorpion		19. Mär.	Fische		16. Jun.	Zwillinge
22. Dez.	Schütze		12. Apr.	Widder		10. Jul.	Krebs
1909			07. Mai	Stier		04. Aug.	Löwe
15. Jan.	Steinbock		31. Mai	Zwillinge		28. Aug.	Jungfrau
09. Feb.	Wassermann		25. Jun.	Krebs		21. Sep.	Waage
05. Mär.	Fische		19. Jul.	Löwe		15. Okt.	Skorpion
29. Mär.	Widder		12. Aug.	Jungfrau		08. Nov.	Schütze
22. Apr.	Stier		06. Sep.	Waage		02. Dez.	Steinbock
16. Mai	Zwillinge		30. Sep.	Skorpion		26. Dez.	Wassermann
10. Jun.	Krebs		24. Okt.	Schütze		**1916**	
04. Jul.	Löwe		18. Nov.	Steinbock		20. Jan.	Fische
29. Jul.	Jungfrau		12. Dez.	Wassermann		13. Feb.	Widder
23. Aug.	Waage					09. Mär.	Stier
17. Sep.	Skorpion		**1913**			05. Apr.	Zwillinge
12. Okt.	Schütze		07. Jan.	Fische		05. Mai	Krebs
07. Nov.	Steinbock		02. Feb.	Widder		08. Sep.	Löwe
05. Dez.	Wassermann		06. Mär.	Stier		07. Okt.	Jungfrau
			02. Mai	Widder		03. Nov.	Waage
1910			31. Mai	Stier		27. Nov.	Skorpion
15. Jan.	Fische		08. Jul.	Zwillinge		22. Dez.	Schütze
29. Jan.	Wassermann		05. Aug.	Krebs			
05. Apr.	Fische		01. Sep.	Löwe		**1917**	
07. Mai	Widder		26. Sep.	Jungfrau		15. Jan.	Steinbock
03. Jun.	Stier		21. Okt.	Waage		08. Feb.	Wassermann
29. Jun.	Zwillinge		14. Nov.	Skorpion		04. Mär.	Fische
25. Jul.	Krebs		08. Dez.	Schütze		28. Mär.	Widder

21. Apr. Stier	24. Okt. Schütze	**1924**
16. Mai Zwillinge	17. Nov. Steinbock	19. Jan. Fische
09. Jun. Krebs	12. Dez. Wassermann	13. Feb. Widder
04. Jul. Löwe		09. Mär. Stier
28. Jul. Jungfrau	**1921**	05. Apr. Zwillinge
22. Aug. Waage	06. Jan. Fische	06. Mai Krebs
16. Sep. Skorpion	02. Feb. Widder	08. Sep. Löwe
11. Okt. Schütze	07. Mär. Stier	07. Okt. Jungfrau
07. Nov. Steinbock	25. Apr. Widder	02. Nov. Waage
05. Dez. Wassermann	02. Jun. Stier	27. Nov. Skorpion
	08. Jul. Zwillinge	21. Dez. Schütze
1918	05. Aug. Krebs	
05. Apr. Fische	31. Aug. Löwe	**1925**
06. Mai Widder	26. Sep. Jungfrau	14. Jan. Steinbock
03. Jun. Stier	20. Okt. Waage	01. Feb. Wassermann
29. Jun. Zwillinge	13. Nov. Skorpion	04. Mär. Fische
24. Jul. Krebs	07. Dez. Schütze	28. Mär. Widder
18. Aug. Löwe	31. Dez. Steinbock	21. Apr. Stier
12. Sep. Jungfrau		15. Mai Zwillinge
06. Okt. Waage	**1922**	09. Jun. Krebs
30. Okt. Skorpion	24. Jan. Wassermann	03. Jul. Löwe
23. Nov. Schütze	17. Feb. Fische	28. Jul. Jungfrau
17. Dez. Steinbock	13. Mär. Widder	22. Aug. Waage
	06. Apr. Stier	16. Sep. Skorpion
1919	01. Mai Zwillinge	11. Okt. Schütze
10. Jan. Wassermann	25. Mai Krebs	06. Nov. Steinbock
02. Feb. Fische	19. Jun. Löwe	05. Dez. Wassermann
27. Feb. Widder	15. Jul. Jungfrau	
23. Mär. Stier	10. Aug. Waage	**1926**
17. Apr. Zwillinge	07. Sep. Skorpion	06. Apr. Fische
12. Mai Krebs	10. Okt. Schütze	06. Mai Widder
08. Jun. Löwe	28. Nov. Skorpion	02. Jun. Stier
07. Jul. Jungfrau		28. Jun. Zwillinge
09. Nov. Waage	**1923**	24. Jul. Krebs
09. Dez. Skorpion	02. Jan. Schütze	18. Aug. Löwe
	06. Feb. Steinbock	11. Sep. Jungfrau
1920	06. Mär. Wassermann	05. Okt. Waage
04. Jan. Schütze	01. Apr. Fische	29. Okt. Skorpion
29. Jan. Steinbock	26. Apr. Widder	22. Nov. Schütze
23. Feb. Wassermann	21. Mai Stier	16. Dez. Steinbock
18. Mär. Fische	15. Jun. Zwillinge	
12. Apr. Widder	10. Jul. Krebs	**1927**
06. Mai Stier	03. Aug. Löwe	09. Jan. Wassermann
31. Mai Zwillinge	27. Aug. Jungfrau	02. Feb. Fische
24. Jun. Krebs	21. Sep. Waage	26. Feb. Widder
18. Jul. Löwe	15. Okt. Skorpion	22. Mär. Stier
12. Aug. Jungfrau	08. Nov. Schütze	16. Apr. Zwillinge
05. Sep. Waage	02. Dez. Steinbock	12. Mai Krebs
29. Sep. Skorpion	26. Dez. Wassermann	08. Jun. Löwe

07. Jul. Jungfrau	**1931**	06. Mai Widder
09. Nov. Waage	03. Jan. Schütze	02. Jun. Stier
08. Dez. Skorpion	06. Feb. Steinbock	28. Jun. Zwillinge
1928	05. Mär. Wassermann	23. Jul. Krebs
04. Jan. Schütze	31. Mär. Fische	17. Aug. Löwe
29. Jan. Steinbock	26. Apr. Widder	11. Sep. Jungfrau
22. Feb. Wassermann	21. Mai Stier	05. Okt. Waage
18. Mär. Fische	14. Jun. Zwillinge	29. Okt. Skorpion
11. Apr. Widder	09. Jul. Krebs	22. Nov. Schütze
06. Mai Krebs	03. Aug. Löwe	16. Dez. Steinbock
30. Mai Zwillinge	27. Aug. Jungfrau	
23. Jun. Krebs	20. Sep. Waage	**1935**
18. Jul. Löwe	14. Okt. Skorpion	08. Jan. Wassermann
11. Aug. Jungfrau	07. Nov. Schütze	07. Feb. Fische
04. Sep. Waage	01. Dez. Steinbock	26. Feb. Widder
29. Sep. Skorpion	25. Dez. Wassermann	22. Mär. Stier
23. Okt. Schütze		16. Apr. Zwillinge
17. Nov. Steinbock	**1932**	11. Mai Krebs
12. Dez. Wassermann	19. Jan. Fische	07. Jun. Löwe
	12. Feb. Widder	07. Jul. Jungfrau
1929	09. Mär. Stier	09. Nov. Waage
06. Jan. Fische	05. Apr. Zwillinge	08. Dez. Skorpion
02. Feb. Widder	06. Mai Stier	
08. Mär. Stier	13. Jul. Zwillinge	**1936**
20. Apr. Widder	28. Jul. Krebs	03. Jan. Schütze
03. Jun. Stier	08. Sep. Löwe	28. Jan. Steinbock
08. Jul. Zwillinge	07. Okt. Jungfrau	22. Feb. Wassermann
05. Aug. Krebs	02. Nov. Waage	17. Mär. Fische
31. Aug. Löwe	27. Nov. Skorpion	11. Apr. Widder
25. Sep. Jungfrau	21. Dez. Schütze	05. Mai Stier
20. Okt. Waage		29. Mai Zwillinge
13. Nov. Skorpion	**1933**	23. Jun. Krebs
07. Dez. Schütze	14. Jan. Steinbock	17. Jul. Löwe
31. Dez. Steinbock	07. Feb. Wassermann	11. Aug. Jungfrau
	03. Mär. Fische	04. Sep. Waage
1930	27. Mär. Widder	28. Sep. Skorpion
24. Jan. Wassermann	20. Apr. Stier	23. Okt. Schütze
16. Feb. Fische	15. Mai Zwillinge	16. Nov. Steinbock
12. Mär. Widder	08. Jun. Krebs	11. Dez. Wassermann
06. Apr. Stier	03. Jul. Löwe	
30. Apr. Zwillinge	27. Jul. Jungfrau	**1937**
25. Mai Krebs	21. Aug. Waage	06. Jan. Fische
19. Jun. Löwe	15. Sep. Skorpion	02. Feb. Widder
14. Jul. Jungfrau	11. Okt. Schütze	09. Mär. Stier
10. Aug. Waage	06. Nov. Steinbock	14. Apr. Widder
07. Sep. Skorpion	05. Dez. Wassermann	04. Jun. Stier
12. Okt. Schütze		07. Jul. Zwillinge
22. Nov. Skorpion	**1934**	04. Aug. Krebs
	06. Apr. Fische	31. Aug. Löwe

25. Sep.	Jungfrau	20. Dez.	Schütze	29. Mai	Zwillinge
19. Okt.	Waage	**1941**		22. Jun.	Krebs
12. Nov.	Skorpion	13. Jan.	Steinbock	17. Jul.	Löwe
06. Dez.	Schütze	06. Feb.	Wassermann	10. Aug.	Jungfrau
30. Dez.	Steinbock	02. Mär.	Fische	03. Sep.	Waage
				28. Sep.	Skorpion
1938		27. Mär.	Widder	22. Okt.	Schütze
23. Jan.	Wassermann	20. Apr.	Stier	16. Nov.	Steinbock
16. Feb.	Fische	14. Mai	Zwillinge	11. Dez.	Wassermann
12. Mär.	Widder	07. Jun.	Krebs		
05. Apr.	Stier	02. Jul.	Löwe	**1945**	
29. Apr.	Zwillinge	27. Jul.	Jungfrau	05. Jan.	Fische
24. Mai	Krebs	21. Aug.	Waage	02. Feb.	Widder
18. Jun.	Löwe	15. Sep.	Skorpion	11. Mär.	Stier
14. Jul.	Jungfrau	10. Okt.	Schütze	07. Apr.	Widder
09. Aug.	Waage	06. Nov.	Steinbock	04. Jun.	Stier
07. Sep.	Skorpion	05. Dez.	Wassermann	07. Jul.	Zwillinge
13. Okt.	Schütze			04. Aug.	Krebs
15. Nov.	Skorpion	**1942**		10. Aug.	Löwe
		06. Apr.	Fische	24. Sep.	Jungfrau
1939		06. Mai	Widder	19. Okt.	Waage
04. Jan.	Schütze	02. Jun.	Stier	12. Nov.	Skorpion
06. Feb.	Steinbock	27. Jun.	Zwillinge	06. Dez.	Schütze
05. Mär.	Wassermann	23. Jul.	Krebs	30. Dez.	Steinbock
31. Mär.	Fische	17. Aug.	Löwe		
25. Apr.	Widder	10. Sep.	Jungfrau	**1946**	
20. Mai	Stier	04. Okt.	Waage	22. Jan.	Wassermann
14. Jun.	Zwillinge	28. Okt.	Skorpion	15. Feb.	Fische
09. Jul.	Krebs	21. Nov.	Schütze	11. Mär.	Widder
02. Aug.	Löwe	15. Dez.	Steinbock	05. Apr.	Stier
26. Aug.	Jungfrau			29. Apr.	Zwillinge
20. Sep.	Waage	**1943**		24. Mai	Krebs
14. Okt.	Skorpion	08. Jan.	Wassermann	18. Jun.	Löwe
07. Nov.	Schütze	01. Feb.	Fische	13. Jul.	Jungfrau
01. Dez.	Steinbock	25. Feb.	Widder	09. Aug.	Waage
25. Dez.	Wassermann	21. Mär.	Stier	07. Sep.	Skorpion
		15. Apr.	Zwillinge	16. Okt.	Schütze
1940		71. Mai	Krebs	08. Nov.	Skorpion
18. Jan.	Fische	07. Jun.	Löwe		
12. Feb.	Widder	07. Jul.	Jungfrau	**1947**	
08. Mär.	Stier	09. Nov.	Waage	05. Jan.	Schütze
04. Apr.	Zwillinge	08. Dez.	Skorpion	06. Feb.	Steinbock
06. Mai	Krebs			05. Mär.	Wassermann
05. Jul.	Zwillinge	**1944**		30. Mär.	Fische
01. Aug.	Krebs	03. Jan.	Schütze	25. Apr.	Widder
08. Sep.	Löwe	28. Jan.	Steinbock	20. Mai	Stier
06. Okt.	Jungfrau	21. Feb.	Wassermann	13. Jun.	Zwillinge
01. Nov.	Waage	17. Mär.	Fische	08. Jul.	Krebs
26. Nov.	Skorpion	04. Mai	Stier	02. Aug.	Löwe

26. Aug.	Jungfrau	**1951**		28. Apr.	Zwillinge
19. Sep.	Waage	07. Jan.	Wassermann	23. Mai	Krebs
13. Okt.	Skorpion	31. Jan.	Fische	17. Jun.	Löwe
06. Nov.	Schütze	24. Feb.	Widder	13. Jul.	Jungfrau
30. Nov.	Steinbock	21. Mär.	Stier	09. Aug.	Waage
24. Dez.	Wassermann	15. Apr.	Zwillinge	06. Sep.	Skorpion
1948		11. Mai	Krebs	23. Okt.	Schütze
18. Jan.	Fische	07. Jun.	Löwe	27. Okt.	Skorpion
11. Feb.	Widder	08. Jul.	Jungfrau	**1955**	
08. Mär.	Stier	09. Nov.	Waage	06. Jan.	Schütze
04. Apr.	Zwillinge	08. Dez.	Skorpion	06. Feb.	Steinbock
07. Mai	Krebs	**1952**		04. Mär.	Wassermann
29. Jun.	Zwillinge	02. Jan.	Schütze	30. Mär.	Fische
03. Aug.	Krebs	27. Jan.	Steinbock	24. Apr.	Widder
08. Sep.	Löwe	21. Feb.	Wassermann	19. Mai	Stier
06. Okt.	Jungfrau	16. Mär.	Fische	13. Jun.	Zwillinge
07. Nov.	Waage	09. Apr.	Widder	08. Jul.	Krebs
26. Nov.	Skorpion	04. Mai	Stier	07. Aug.	Löwe
20. Dez.	Schütze	28. Mai	Zwillinge	25. Aug.	Jungfrau
1949		22. Jun.	Krebs	18. Sep.	Waage
13. Jan.	Steinbock	16. Jul.	Löwe	13. Okt.	Skorpion
06. Feb.	Wassermann	09. Aug.	Jungfrau	06. Nov.	Schütze
02. Mär.	Fische	03. Sep.	Waage	30. Nov.	Steinbock
26. Mär.	Widder	27. Sep.	Skorpion	24. Dez.	Wassermann
19. Apr.	Stier	22. Okt.	Schütze	**1956**	
14. Mai	Zwillinge	15. Nov.	Steinbock	17. Jan.	Fische
07. Jun.	Krebs	10. Dez.	Wassermann	11. Feb.	Widder
01. Jul.	Löwe	**1953**		07. Mär.	Stier
26. Jul.	Jungfrau	05. Jan.	Fische	04. Apr.	Zwillinge
20. Aug.	Waage	02. Feb.	Widder	08. Mai	Krebs
14. Sep.	Skorpion	14. Mär.	Stier	23. Jun.	Zwillinge
10. Okt.	Schütze	31. Mär.	Widder	04. Aug.	Krebs
06. Nov.	Steinbock	05. Jun.	Stier	08. Sep.	Löwe
06. Dez.	Wassermann	07. Jul.	Zwillinge	06. Okt.	Jungfrau
		04. Aug.	Krebs	31. Okt.	Waage
1950		30. Aug.	Löwe	25. Nov.	Skorpion
06. Apr.	Fische	24. Sep.	Jungfrau	19. Dez.	Schütze
05. Mai	Widder	18. Okt.	Waage		
01. Jun.	Stier	11. Nov.	Skorpion	**1957**	
27. Jun.	Zwillinge	05. Dez.	Schütze	12. Jan.	Steinbock
22. Jul.	Krebs	29. Dez.	Steinbock	05. Feb.	Wassermann
16. Aug.	Löwe			01. Mär.	Fische
10. Sep.	Jungfrau	**1954**		25. Mär.	Widder
04. Okt.	Waage	22. Jan.	Wassermann	19. Apr.	Stier
28. Okt.	Skorpion	15. Feb.	Fische	13. Mai	Zwillinge
21. Nov.	Schütze	11. Mär.	Widder	06. Jun.	Krebs
14. Dez.	Steinbock	04. Apr.	Stier	01. Jul.	Löwe

26. Jul.	Jungfrau
20. Aug.	Waage
14. Sep.	Skorpion
10. Okt.	Schütze
05. Nov.	Steinbock
06. Dez.	Wassermann
1958	
06. Apr.	Fische
05. Mai	Widder
01. Jun.	Stier
26. Jun.	Zwillinge
22. Jul.	Krebs
16. Aug.	Löwe
09. Sep.	Jungfrau
03. Okt.	Waage
27. Okt.	Skorpion
20. Nov.	Schütze
14. Dez.	Steinbock
1959	
07. Jan.	Wassermann
31. Jan.	Fische
24. Feb.	Widder
20. Mär.	Stier
14. Apr.	Zwillinge
10. Mai	Krebs
06. Jun.	Löwe
08. Jul.	Jungfrau
20. Sep.	Löwe
25. Sep.	Jungfrau
09. Nov.	Waage
07. Dez.	Skorpion
1960	
02. Jan.	Schütze
27. Jan.	Steinbock
20. Feb.	Wassermann
16. Mär.	Fische
09. Apr.	Widder
03. Mai	Stier
28. Mai	Zwillinge
21. Jun.	Krebs
16. Jul.	Löwe
09. Aug.	Jungfrau
02. Sep.	Waage
27. Sep.	Skorpion
21. Okt.	Schütze
15. Nov.	Steinbock

10. Dez.	Wassermann
1961	
05. Jan.	Fische
02. Feb.	Widder
05. Jun.	Stier
07. Jul.	Zwillinge
03. Aug.	Krebs
29. Aug.	Löwe
23. Sep.	Jungfrau
18. Okt.	Waage
11. Nov.	Skorpion
05. Dez.	Schütze
29. Dez.	Steinbock
1962	
21. Jan.	Wassermann
14. Feb.	Fische
10. Mär.	Widder
03. Apr.	Stier
28. Apr.	Zwillinge
23. Mai	Krebs
17. Jun.	Löwe
12. Jul.	Jungfrau
08. Aug.	Waage
07. Sep.	Skorpion
1963	
06. Jan.	Schütze
05. Feb.	Steinbock
04. Mär.	Wassermann
30. Mär.	Fische
24. Apr.	Widder
19. Mai	Stier
12. Jun.	Zwillinge
07. Jul.	Krebs
31. Jul.	Löwe
25. Aug.	Jungfrau
18. Sep.	Waage
12. Okt.	Skorpion
05. Nov.	Schütze
29. Nov.	Steinbock
23. Dez.	Wassermann
1964	
17. Jan.	Fische
10. Feb.	Widder
07. Mär.	Stier
04. Apr.	Zwillinge
09. Mai	Krebs

17. Jun.	Zwillinge
05. Aug.	Krebs
08. Sep.	Löwe
05. Okt.	Jungfrau
31. Okt.	Waage
25. Nov.	Skorpion
19. Dez.	Schütze
1965	
12. Jan.	Steinbock
05. Feb.	Wassermann
01. Mär.	Fische
25. Mär.	Widder
18. Apr.	Stier
12. Mai	Zwillinge
06. Jun.	Krebs
30. Jun.	Löwe
25. Jul.	Jungfrau
19. Aug.	Waage
13. Sep.	Skorpion
09. Okt.	Schütze
05. Nov.	Steinbock
07. Dez.	Wassermann
1966	
06. Feb.	Steinbock
25. Feb.	Wassermann
06. Apr.	Fische
05. Mai	Widder
31. Mai	Stier
26. Jun.	Zwillinge
21. Jul.	Krebs
15. Aug.	Löwe
08. Sep.	Jungfrau
03. Okt.	Waage
27. Okt.	Skorpion
20. Nov.	Schütze
13. Dez.	Steinbock
1967	
06. Jan.	Wassermann
30. Jan.	Fische
23. Feb.	Widder
20. Mär.	Stier
14. Apr.	Zwillinge
10. Mai	Krebs
06. Jun.	Löwe
08. Jul.	Jungfrau
09. Sep.	Löwe

01. Okt. Jungfrau	29. Mär. Fische	25. Jun. Zwillinge
09. Nov. Waage	23. Apr. Widder	21. Jul. Krebs
07. Dez. Skorpion	18. Mai Stier	14. Aug. Löwe
1968	12. Jun. Zwillinge	08. Sep. Jungfrau
01. Jan. Schütze	06. Jul. Krebs	02. Okt. Waage
26. Jan. Steinbock	31. Jul. Löwe	26. Okt. Skorpion
20. Feb. Wassermann	24. Aug. Jungfrau	19. Nov. Schütze
15. Mär. Fische	17. Sep. Waage	13. Dez. Steinbock
08. Apr. Widder	11. Okt. Skorpion	**1975**
03. Mai Stier	05. Nov. Schütze	06. Jan. Wassermann
27. Mai Zwillinge	29. Nov. Steinbock	30. Jan. Fische
21. Jun. Krebs	23. Dez. Wassermann	23. Feb. Widder
15. Jul. Löwe	**1972**	19. Mär. Stier
08. Aug. Jungfrau	16. Jan. Fische	13. Apr. Zwillinge
02. Sep. Waage	10. Feb. Widder	09. Mai Krebs
26. Sep. Skorpion	07. Mär. Stier	06. Jun. Löwe
21. Okt. Schütze	03. Apr. Zwillinge	09. Jul. Jungfrau
14. Nov. Steinbock	10. Mai Krebs	02. Sep. Löwe
09. Dez. Wassermann	11. Jun. Zwillinge	04. Okt. Jungfrau
1969	06. Aug. Krebs	09. Nov. Waage
04. Jan. Fische	07. Sep. Löwe	07. Dez. Skorpion
02. Feb. Widder	05. Okt. Jungfrau	**1976**
06. Jun. Stier	30. Okt. Waage	01. Jan. Schütze
06. Jul. Zwillinge	24. Nov. Skorpion	26. Jan. Steinbock
03. Aug. Krebs	18. Dez. Schütze	19. Feb. Wassermann
29. Aug. Löwe	**1973**	15. Mär. Fische
23. Sep. Jungfrau	11. Jan. Steinbock	08. Apr. Widder
17. Okt. Waage	04. Feb. Wassermann	02. Mai Stier
10. Nov. Skorpion	28. Feb. Fische	27. Mai Zwillinge
04. Dez. Schütze	24. Mär. Widder	20. Jun. Krebs
28. Dez. Steinbock	18. Apr. Stier	14. Jul. Löwe
1970	12. Mai Zwillinge	08. Aug. Jungfrau
21. Jan. Wassermann	05. Jun. Krebs	01. Sep. Waage
14. Feb. Fische	30. Jun. Löwe	26. Sep. Skorpion
10. Mär. Widder	25. Jul. Jungfrau	20. Okt. Schütze
03. Apr. Stier	19. Aug. Waage	14. Nov. Steinbock
27. Apr. Zwillinge	13. Sep. Skorpion	09. Dez. Wassermann
22. Mai Krebs	09. Okt. Schütze	
16. Jun. Löwe	05. Nov. Steinbock	**1977**
12. Jul. Jungfrau	07. Dez. Wassermann	04. Jan. Fische
08. Aug. Waage		02. Feb. Widder
07. Sep. Skorpion	**1974**	06. Jun. Stier
1971	29. Jan. Steinbock	06. Jul. Zwillinge
07. Jan. Schütze	28. Feb. Wassermann	02. Aug. Krebs
05. Feb. Steinbock	06. Apr. Fische	28. Aug. Löwe
04. Mär. Wassermann	04. Mai Widder	22. Sep. Jungfrau
	31. Mai Stier	17. Okt. Waage

10. Nov.	Skorpion	28. Feb.	Fische	26. Mai	Zwillinge		
04. Dez.	Schütze	24. Mär.	Widder	20. Jun.	Krebs		
27. Dez.	Steinbock	17. Apr.	Stier	14. Jul.	Löwe		

1978
20. Jan. Wassermann
13. Feb. Fische
09. Mär. Widder
02. Apr. Stier
27. Apr. Zwillinge
22. Mai Krebs
16. Jun. Löwe
12. Jul. Jungfrau
08. Aug. Waage
07. Sep. Skorpion

1979
07. Jan. Schütze
05. Feb. Steinbock
03. Mär. Wassermann
29. Mär. Fische
23. Apr. Widder
18. Mai Stier
11. Jun. Zwillinge
06. Jul. Krebs
30. Jul. Löwe
24. Aug. Jungfrau
17. Sep. Waage
11. Okt. Skorpion
04. Nov. Schütze
28. Nov. Steinbock
22. Dez. Wassermann

1980
16. Jan. Fische
09. Feb. Widder
06. Mär. Stier
03. Apr. Zwillinge
12. Mai Krebs
05. Jun. Zwillinge
06. Aug. Krebs
01. Sep. Löwe
04. Okt. Jungfrau
30. Okt. Waage
24. Nov. Skorpion
18. Dez. Schütze

1981
11. Jan. Steinbock
04. Feb. Wassermann

11. Mai Zwillinge
05. Jun. Krebs
29. Jun. Löwe
24. Jul. Jungfrau
10. Aug. Waage
12. Sep. Skorpion
09. Okt. Schütze
05. Nov. Steinbock
08. Dez. Wassermann

1982
23. Jan. Steinbock
02. Mär. Wassermann
06. Apr. Fische
04. Mai Widder
30. Mai Stier
25. Jun. Zwillinge
20. Jul. Krebs
14. Aug. Löwe
07. Sep. Jungfrau
02. Okt. Waage
26. Okt. Skorpion
18. Nov. Schütze
12. Dez. Steinbock

1983
05. Jan. Wassermann
29. Jan. Fische
22. Feb. Widder
19. Mär. Stier
13. Apr. Zwillinge
09. Mai Krebs
06. Jun. Löwe
10. Jul. Jungfrau
27. Aug. Löwe
05. Okt. Jungfrau
09. Nov. Waage
06. Dez. Skorpion

1984
01. Jan. Schütze
25. Jan. Steinbock
19. Feb. Wassermann
14. Mär. Fische
07. Apr. Widder
02. Mai Stier

07. Aug. Jungfrau
01. Sep. Waage
25. Sep. Skorpion
20. Okt. Schütze
13. Nov. Steinbock
09. Dez. Wassermann

1985
04. Jan. Fische
02. Feb. Widder
06. Jun. Stier
06. Jul. Zwillinge
02. Aug. Krebs
28. Aug. Löwe
22. Sep. Jungfrau
16. Okt. Waage
09. Nov. Skorpion
03. Dez. Schütze
27. Dez. Steinbock

1986
20. Jan. Wassermann
13. Feb. Fische
09. Mär. Widder
02. Apr. Stier
26. Apr. Zwillinge
21. Mai Krebs
15. Jun. Löwe
11. Jul. Jungfrau
07. Aug. Waage
07. Sep. Skorpion

1987
07. Jan. Schütze
05. Feb. Steinbock
03. Mär. Wassermann
28. Mär. Fische
22. Apr. Widder
17. Mai Stier
11. Jun. Zwillinge
05. Jul. Krebs
30. Jul. Löwe
23. Aug. Jungfrau
16. Sep. Waage
10. Okt. Skorpion
03. Nov. Schütze

28. Nov. Steinbock	29. Jan. Fische	15. Jun. Löwe
22. Dez. Wassermann	22. Feb. Widder	11. Jul. Jungfrau
1988	18. Mär. Stier	07. Aug. Waage
15. Jan. Fische	13. Apr. Zwillinge	07. Sep. Skorpion
09. Feb. Widder	09. Mai Krebs	
06. Mär. Stier	06. Jun. Löwe	**1995**
03. Apr. Zwillinge	11. Jul. Jungfrau	07. Jan. Schütze
17. Mai Krebs	21. Aug. Löwe	04. Feb. Steinbock
27. Mai Zwillinge	06. Okt. Jungfrau	02. Mär. Wassermann
06. Aug. Krebs	09. Nov. Waage	28. Mär. Fische
07. Sep. Löwe	06. Dez. Skorpion	22. Apr. Widder
04. Okt. Jungfrau	31. Dez. Schütze	16. Mai Stier
29. Okt. Waage		10. Jun. Zwillinge
23. Nov. Skorpion	**1992**	05. Jul. Krebs
17. Dez. Schütze	25. Jan. Steinbock	29. Jul. Löwe
	18. Feb. Wassermann	23. Aug. Jungfrau
1989	13. Mär. Fische	16. Sep. Waage
10. Jan. Steinbock	07. Apr. Widder	10. Okt. Skorpion
03. Feb. Wassermann	01. Mai Stier	03. Nov. Schütze
27. Feb. Fische	26. Mai Zwillinge	27. Nov. Steinbock
23. Mär. Widder	19. Jun. Krebs	21. Dez. Wassermann
16. Apr. Stier	13. Jul. Löwe	
11. Mai Zwillinge	07. Aug. Jungfrau	**1996**
04. Jun. Krebs	31. Aug. Waage	15. Jan. Fische
29. Jun. Löwe	25. Sep. Skorpion	09. Feb. Widder
24. Jul. Jungfrau	19. Okt. Schütze	06. Mär. Stier
18. Aug. Waage	13. Nov. Steinbock	03. Apr. Zwillinge
12. Sep. Skorpion	08. Dez. Wassermann	07. Aug. Krebs
08. Okt. Schütze		07. Sep. Löwe
05. Nov. Steinbock	**1993**	04. Okt. Jungfrau
10. Dez. Wassermann	03. Jan. Fische	29. Okt. Waage
	02. Feb. Widder	23. Nov. Skorpion
1990	06. Jun. Stier	17. Dez. Schütze
16. Jan. Steinbock	06. Jul. Zwillinge	
03. Mär. Wassermann	01. Aug. Krebs	**1997**
06. Apr. Fische	27. Aug. Löwe	10. Jan. Steinbock
04. Mai Widder	21. Sep. Jungfrau	03. Feb. Wassermann
30. Mai Stier	16. Okt. Waage	27. Feb. Fische
25. Jun. Zwillinge	09. Nov. Skorpion	23. Mär. Widder
20. Jul. Krebs	02. Dez. Schütze	16. Apr. Stier
13. Aug. Löwe	26. Dez. Steinbock	10. Mai Zwillinge
07. Sep. Jungfrau		04. Jun. Krebs
01. Okt. Waage	**1994**	28. Jun. Löwe
25. Okt. Skorpion	19. Jan. Wassermann	23. Jul. Jungfrau
18. Nov. Schütze	12. Feb. Fische	17. Aug. Waage
12. Dez. Steinbock	08. Mär. Widder	12. Sep. Skorpion
	01. Apr. Stier	08. Okt. Schütze
1991	26. Apr. Zwillinge	05. Nov. Steinbock
05. Jan. Wassermann	21. Mai Krebs	12. Dez. Wassermann

1998		1999		2000	
09. Jan.	Steinbock	04. Jan.	Wassermann	24. Jan.	Steinbock
04. Mär.	Wassermann	28. Jan.	Fische	18. Feb.	Wassermann
06. Apr.	Fische	21. Feb.	Widder	13. Mär.	Fische
03. Mai	Widder	18. Mär.	Stier	06. Apr.	Widder
29. Mai	Stier	12. Apr.	Zwillinge	01. Mai	Stier
24. Jun.	Zwillinge	08. Mai	Krebs	25. Mai	Zwillinge
19. Jul.	Krebs	05. Jun.	Löwe	18. Jun.	Krebs
13. Aug.	Löwe	12. Jul.	Jungfrau	13. Jul.	Löwe
06. Sep.	Jungfrau	15. Aug.	Löwe	06. Aug.	Jungfrau
30. Sep.	Waage	07. Okt.	Jungfrau	31. Aug.	Waage
24. Okt.	Skorpion	09. Nov.	Waage	24. Sep.	Skorpion
17. Nov.	Schütze	05. Dez.	Skorpion	19. Okt.	Schütze
11. Dez.	Steinbock	31. Dez.	Schütze	13. Nov.	Steinbock
				08. Dez.	Wassermann

Mars-Ephemeriden: 1900–2000

Falls Sie an einem Tag zur Welt gekommen sind, an dem der Mars das Zeichen wechselt, dann sollten Sie sich, um die genaue Position Ihres Mars zu erhalten, an einen professionellen Astrologen wenden.

1900
21. Jan. Wassermann
28. Feb. Fische
08. Apr. Widder
17. Mai Stier
27. Jun. Zwillinge
10. Aug. Krebs
26. Sep. Löwe
23. Nov. Jungfrau

1901
01. Mär. Löwe
11. Mai Jungfrau
13. Jul. Waage
31. Aug. Skorpion
14. Okt. Schütze
24. Nov. Steinbock

1902
01. Jan. Wassermann
08. Feb. Fische
19. Mär. Widder
27. Apr. Stier
07. Jun. Zwillinge
20. Jul. Krebs
04. Sep. Löwe
23. Okt. Jungfrau
20. Dez. Waage

1903
19. Apr. Jungfrau
30. Mai Waage
06. Aug. Skorpion
22. Sep. Schütze
03. Nov. Steinbock
12. Dez. Wassermann

1904
19. Jan. Fische

27. Feb. Widder
06. Apr. Stier
18. Mai Zwillinge
30. Jun. Krebs
15. Aug. Löwe
01. Okt. Jungfrau
20. Nov. Waage

1905
13. Jan. Skorpion
21. Aug. Schütze
08. Okt. Steinbock
18. Nov. Wassermann
27. Dez. Fische

1906
04. Feb. Widder
17. Mär. Stier
28. Apr. Zwillinge
11. Jun. Krebs
27. Jul. Löwe
12. Sep. Jungfrau
30. Okt. Waage
17. Dez. Skorpion

1907
05. Feb. Schütze
01. Apr. Steinbock
13. Okt. Wassermann
29. Nov. Fische

1908
11. Jan. Widder
23. Feb. Stier
07. Apr. Zwillinge
22. Mai Krebs
08. Jul. Löwe
24. Aug. Jungfrau
10. Okt. Waage

25. Nov. Skorpion

1909
10. Jan. Schütze
24. Feb. Steinbock
09. Apr. Wassermann
25. Mai Fische
21. Jul. Widder
26. Sep. Fische
20. Nov. Widder

1910
23. Jan. Stier
14. Mär. Zwillinge
01. Mai Krebs
19. Jun. Löwe
06. Aug. Jungfrau
22. Sep. Waage
06. Nov. Skorpion
20. Dez. Schütze

1911
31. Jan. Steinbock
14. Mär. Wassermann
23. Apr. Fische
02. Jun. Widder
15. Jul. Stier
05. Sep. Zwillinge
30. Nov. Stier

1912
30. Jan. Zwillinge
05. Apr. Krebs
28. Mai Löwe
17. Jul. Jungfrau
02. Sep. Waage
18. Okt. Skorpion
30. Nov. Schütze

1913
10. Jan. Steinbock
19. Feb. Wassermann
30. Mär. Fische
08. Mai Widder
17. Jun. Stier
29. Jul. Zwillinge
15. Sep. Krebs

1914
01. Mai Löwe
26. Jun. Jungfrau
14. Aug. Waage
29. Sep. Skorpion
11. Nov. Schütze
22. Dez. Steinbock

1915
30. Jan. Wassermann
09. Mär. Fische
16. Apr. Widder
26. Mai Stier
06. Jul. Zwillinge
19. Aug. Krebs
07. Okt. Löwe

1916
28. Mai Jungfrau
23. Jul. Waage
08. Sep. Skorpion
22. Okt. Schütze
01. Dez. Steinbock

1917
09. Jan. Wassermann
16. Feb. Fische
26. Mär. Widder
04. Mai Stier
14. Jun. Zwillinge
28. Jul. Krebs
12. Sep. Löwe
02. Nov. Jungfrau

1918
11. Jan. Waage
25. Feb. Jungfrau
23. Jun. Waage
17. Aug. Skorpion
01. Okt. Schütze
11. Nov. Steinbock

20. Dez. Wassermann

1919
27. Jan. Fische
06. Mär. Widder
15. Apr. Stier
26. Mai Zwillinge
08. Jul. Krebs
23. Aug. Löwe
10. Okt. Jungfrau
30. Nov. Waage

1920
31. Jan. Skorpion
23. Apr. Waage
10. Jul. Skorpion
04. Sep. Schütze
18. Okt. Steinbock
27. Nov. Wassermann

1921
05. Jan. Fische
13. Feb. Widder
25. Mär. Stier
06. Mai Zwillinge
18. Jun. Krebs
03. Aug. Löwe
19. Sep. Jungfrau
06. Nov. Waage
26. Dez. Skorpion

1922
16. Feb. Schütze
13. Sep. Steinbock
30. Okt. Wassermann
11. Dez. Fische

1923
21. Jan. Widder
04. Mär. Stier
16. Apr. Zwillinge
30. Mai Krebs
16. Jul. Löwe
01. Sep. Jungfrau
18. Okt. Waage
04. Dez. Skorpion

1924
19. Jan. Schütze
06. Mär. Steinbock
24. Apr. Wassermann

24. Jun. Fische
24. Aug. Wassermann
19. Okt. Fische
19. Dez. Widder

1925
05. Feb. Stier
24. Mär. Zwillinge
09. Mai Krebs
26. Jun. Löwe
12. Aug. Jungfrau
28. Sep. Waage
13. Nov. Skorpion
28. Dez. Schütze

1926
09. Feb. Steinbock
23. Mär. Wassermann
03. Mai Fische
15. Jun. Widder
01. Aug. Stier

1927
22. Feb. Zwillinge
17. Apr. Krebs
08. Jun. Löwe
25. Jul. Jungfrau
10. Sep. Waage
26. Okt. Skorpion
08. Dez. Schütze

1928
19. Jan. Steinbock
28. Feb. Wassermann
07. Apr. Fische
16. Mai Widder
26. Jun. Stier
09. Aug. Zwillinge
03. Okt. Stier
20. Dez. Zwillinge

1929
10. Mär. Krebs
13. Mai Löwe
04. Jul. Jungfrau
21. Aug. Waage
06. Okt. Skorpion
18. Nov. Schütze
29. Dez. Steinbock

347

1930		1936		02. Apr.	Wassermann
06. Feb.	Wassermann	14. Jan.	Fische	16. Mai	Fische
17. Mär.	Fische	22. Feb.	Widder	02. Jul.	Widder
24. Apr.	Widder	01. Apr.	Stier	**1942**	
03. Jun.	Stier	13. Mai	Zwillinge	11. Jan.	Stier
14. Jul.	Zwillinge	25. Jun.	Krebs	07. Mär.	Zwillinge
28. Aug.	Krebs	10. Aug.	Löwe	26. Apr.	Krebs
20. Okt.	Löwe	26. Sep.	Jungfrau	14. Jun.	Löwe
1931		14. Nov.	Waage	01. Aug.	Jungfrau
16. Feb.	Krebs	**1937**		17. Sep.	Waage
30. Mär.	Löwe	05. Jan.	Skorpion	01. Nov.	Skorpion
10. Jun.	Jungfrau	13. Mär.	Schütze	15. Dez.	Schütze
01. Aug.	Waage	14. Mai	Skorpion	**1943**	
17. Sep.	Skorpion	08. Aug.	Schütze	26. Jan.	Steinbock
30. Okt.	Schütze	30. Sep.	Steinbock	08. Mär.	Wassermann
10. Dez.	Steinbock	11. Nov.	Wassermann	17. Apr.	Fische
1932		21. Dez.	Fische	27. Mai	Widder
18. Jan.	Wassermann	**1938**		07. Jul.	Stier
25. Feb.	Fische	30. Jan.	Widder	23. Aug.	Zwillinge
03. Apr.	Widder	12. Mär.	Stier	**1944**	
12. Mai	Stier	23. Apr.	Zwillinge	28. Mär.	Krebs
22. Jun.	Zwillinge	07. Jun.	Krebs	22. Mai	Löwe
04. Aug.	Krebs	22. Jul.	Löwe	12. Jul.	Jungfrau
20. Sep.	Löwe	07. Sep.	Jungfrau	29. Aug.	Waage
13. Nov.	Jungfrau	25. Okt.	Waage	13. Okt.	Skorpion
1933		11. Dez.	Skorpion	25. Nov.	Schütze
06. Jul.	Waage	**1939**		**1945**	
26. Aug.	Skorpion	29. Jan.	Schütze	05. Jan.	Steinbock
09. Okt.	Schütze	21. Mär.	Steinbock	14. Feb.	Wassermann
19. Nov.	Steinbock	25. Mai	Wassermann	25. Mär.	Fische
28. Dez.	Wassermann	21. Jul.	Steinbock	02. Mai	Widder
1934		24. Sep.	Wassermann	11. Jun.	Stier
04. Feb.	Fische	19. Nov.	Fische	23. Jul.	Zwillinge
14. Mär.	Widder	**1940**		07. Sep.	Krebs
22. Apr.	Stier	04. Jan.	Widder	11. Nov.	Löwe
02. Jun.	Zwillinge	17. Feb.	Stier	26. Dez.	Krebs
15. Jul.	Krebs	01. Apr.	Zwillinge	**1946**	
30. Aug.	Löwe	17. Mai	Krebs	22. Apr.	Löwe
18. Okt.	Jungfrau	03. Jul.	Löwe	20. Jun.	Jungfrau
11. Dez.	Waage	19. Aug.	Jungfrau	09. Aug.	Waage
1935		05. Okt.	Waage	24. Sep.	Skorpion
29. Jul.	Skorpion	20. Nov.	Skorpion	06. Nov.	Schütze
16. Sep.	Schütze	**1941**		17. Dez.	Steinbock
28. Okt.	Steinbock	04. Jan.	Schütze	**1947**	
07. Dez.	Wassermann	17. Feb.	Steinbock	25. Jan.	Wassermann

04. Mär. Fische	30. Dez. Fische	07. Jun. Widder
11. Apr. Widder	**1953**	21. Jul. Stier
21. Mai Stier	08. Feb. Widder	21. Sep. Zwillinge
01. Jul. Zwillinge	20. Mär. Stier	29. Okt. Stier
13. Aug. Krebs	01. Mai Zwillinge	
01. Okt. Löwe	14. Jun. Krebs	**1959**
01. Dez. Jungfrau	29. Jul. Löwe	10. Feb. Zwillinge
	14. Sep. Jungfrau	10. Apr. Krebs
1948	01. Nov. Waage	01. Jun. Löwe
12. Feb. Löwe	20. Dez. Skorpion	20. Jul. Jungfrau
18. Mai Jungfrau		05. Sep. Waage
17. Jul. Waage	**1954**	21. Okt. Skorpion
03. Sep. Skorpion	09. Feb. Schütze	03. Dez. Schütze
17. Okt. Schütze	12. Apr. Steinbock	
26. Nov. Steinbock	03. Jul. Schütze	**1960**
	24. Aug. Steinbock	14. Jan. Steinbock
1949	21. Okt. Wassermann	23. Feb. Wassermann
04. Jan. Wassermann	04. Dez. Fische	02. Apr. Fische
11. Feb. Fische		11. Mai Widder
21. Mär. Widder	**1955**	20. Jun. Stier
30. Apr. Stier	15. Jan. Widder	02. Aug. Zwillinge
10. Jun. Zwillinge	26. Feb. Stier	21. Sep. Krebs
23. Jul. Krebs	10. Apr. Zwillinge	
07. Sep. Löwe	26. Mai Krebs	**1961**
27. Okt. Jungfrau	11. Jul. Löwe	05. Feb. Zwillinge
26. Dez. Waage	27. Aug. Jungfrau	07. Feb. Krebs
	13. Okt. Waage	06. Mai Löwe
1950	29. Nov. Skorpion	28. Jun. Jungfrau
28. Mär. Jungfrau		17. Aug. Waage
11. Jun. Waage	**1956**	01. Okt. Skorpion
10. Aug. Skorpion	14. Jan. Schütze	13. Nov. Schütze
25. Sep. Schütze	28. Feb. Steinbock	24. Dez. Steinbock
06. Nov. Steinbock	14. Apr. Wassermann	
15. Dez. Wassermann	03. Jun. Fische	**1962**
	06. Dez. Widder	01. Feb. Wassermann
1951		12. Mär. Fische
22. Jan. Fische	**1957**	19. Apr. Widder
01. Mär. Widder	28. Jan. Stier	28. Mai Stier
10. Apr. Stier	17. Mär. Zwillinge	09. Jul. Zwillinge
21. Mai Zwillinge	04. Mai Krebs	22. Aug. Krebs
03. Jul. Krebs	21. Jun. Löwe	11. Okt. Löwe
18. Aug. Löwe	08. Aug. Jungfrau	
05. Okt. Jungfrau	24. Sep. Waage	**1963**
24. Nov. Waage	08. Nov. Skorpion	03. Jun. Jungfrau
	23. Dez. Schütze	27. Jul. Waage
1952		12. Sep. Skorpion
20. Jan. Skorpion	**1958**	25. Okt. Schütze
27. Aug. Schütze	03. Feb. Steinbock	05. Dez. Steinbock
12. Okt. Steinbock	17. Mär. Wassermann	
21. Nov. Wassermann	27. Apr. Fische	**1964**
		13. Jan. Wassermann

20. Feb.	Fische
29. Mär.	Widder
07. Mai	Stier
17. Jun.	Zwillinge
30. Jul.	Krebs
15. Sep.	Löwe
06. Nov.	Jungfrau

1965

29. Jun.	Waage
20. Aug.	Skorpion
04. Okt.	Schütze
14. Nov.	Steinbock
23. Dez.	Wassermann

1966

30. Jan.	Fische
09. Mär.	Widder
17. Apr.	Stier
28. Mai	Zwillinge
11. Jul.	Krebs
25. Aug.	Löwe
12. Okt.	Jungfrau
04. Dez.	Waage

1967

12. Feb.	Skorpion
31. Mär.	Waage
19. Jul.	Skorpion
10. Sep.	Schütze
23. Okt.	Steinbock
01. Dez.	Wassermann

1968

09. Jan.	Fische
17. Feb.	Widder
27. Mär.	Stier
08. Mai	Zwillinge
21. Jun.	Krebs
05. Aug.	Löwe
21. Sep.	Jungfrau
09. Nov.	Waage
29. Dez.	Skorpion

1969

25. Feb.	Schütze
21. Sep.	Steinbock
04. Nov.	Wassermann
15. Dez.	Fische

1970

24. Jan.	Widder
07. Mär.	Stier
18. Apr.	Zwillinge
02. Jun.	Krebs
18. Jul.	Löwe
03. Sep.	Jungfrau
20. Okt.	Waage
06. Dez.	Skorpion

1971

23. Jan.	Schütze
12. Mär.	Steinbock
03. Mai	Wassermann
06. Nov.	Fische
26. Dez.	Widder

1972

10. Feb.	Stier
27. Mär.	Zwillinge
12. Mai	Krebs
28. Jun.	Löwe
15. Aug.	Jungfrau
30. Sep.	Waage
15. Nov.	Skorpion
30. Dez.	Schütze

1973

12. Feb.	Steinbock
26. Mär.	Wassermann
08. Mai	Fische
20. Jun.	Widder
12. Aug.	Stier
29. Okt.	Widder
24. Dez.	Stier

1974

27. Feb.	Zwillinge
20. Apr.	Krebs
09. Jun.	Löwe
27. Jul.	Jungfrau
12. Sep.	Waage
28. Okt.	Skorpion
10. Dez.	Schütze

1975

21. Jan.	Steinbock
03. Mär.	Wassermann
11. Apr.	Fische
21. Mai	Widder

01. Jul.	Stier
14. Aug.	Zwillinge
17. Okt.	Krebs
25. Nov.	Zwillinge

1976

18. Mär.	Krebs
16. Mai	Löwe
06. Jul.	Jungfrau
24. Aug.	Waage
08. Okt.	Skorpion
20. Nov.	Schütze

1977

01. Jan.	Steinbock
09. Feb.	Wassermann
20. Mär.	Fische
27. Apr.	Widder
06. Jun.	Stier
17. Jul.	Zwillinge
01. Sep.	Krebs
26. Okt.	Löwe

1978

26. Jan.	Krebs
10. Apr.	Löwe
14. Jun.	Jungfrau
04. Aug.	Waage
19. Sep.	Skorpion
02. Nov.	Schütze
12. Dez.	Steinbock

1979

20. Jan.	Wassermann
27. Feb.	Fische
07. Apr.	Widder
16. Mai	Stier
26. Jun.	Zwillinge
08. Aug.	Krebs
24. Sep.	Löwe
19. Nov.	Jungfrau

1980

11. Mär.	Löwe
04. Mai	Jungfrau
10. Jul.	Waage
29. Aug.	Skorpion
12. Okt.	Schütze
22. Nov.	Steinbock
30. Dez.	Wassermann

1981		20. Feb.	Stier	14. Jun.	Stier
06. Feb.	Fische	05. Apr.	Zwillinge	26. Jul.	Zwillinge
17. Mär.	Widder	21. Mai	Krebs	12. Sep.	Krebs
25. Apr.	Stier	06. Jul.	Löwe		
05. Jun.	Zwillinge	22. Aug.	Jungfrau	**1993**	
18. Jul.	Krebs	08. Okt.	Waage	27. Apr.	Löwe
02. Sep.	Löwe	24. Nov.	Skorpion	23. Jun.	Jungfrau
21. Okt.	Jungfrau			12. Aug.	Waage
16. Dez.	Waage	**1988**		27. Sep.	Skorpion
		08. Jan.	Schütze	09. Nov.	Schütze
1982		22. Feb.	Steinbock	20. Dez.	Steinbock
03. Aug.	Skorpion	06. Apr.	Wassermann		
20. Sep.	Schütze	22. Mai	Fische	**1994**	
31. Okt.	Steinbock	13. Jul.	Widder	28. Jan.	Wassermann
10. Dez.	Wassermann	23. Okt.	Fische	07. Mär.	Fische
		01. Nov.	Widder	14. Apr.	Widder
1983				23. Mai	Stier
17. Jan.	Fische	**1989**		03. Jul.	Zwillinge
25. Feb.	Widder	19. Jan.	Stier	16. Aug.	Krebs
05. Apr.	Stier	11. Mär.	Zwillinge	04. Okt.	Löwe
16. Mai	Zwillinge	29. Apr.	Krebs	12. Dez.	Jungfrau
29. Jun.	Krebs	16. Jun.	Löwe		
13. Aug.	Löwe	03. Aug.	Jungfrau	**1995**	
30. Sep.	Jungfrau	19. Sep.	Waage	22. Jan.	Löwe
18. Nov.	Waage	04. Nov.	Skorpion	25. Mai	Jungfrau
		18. Dez.	Schütze	21. Jul.	Waage
1984				07. Sep.	Skorpion
11. Jan.	Skorpion	**1990**		20. Okt.	Schütze
17. Aug.	Schütze	29. Jan.	Steinbock	30. Nov.	Steinbock
05. Okt.	Steinbock	11. Mär.	Wassermann		
15. Nov.	Wassermann	20. Apr.	Fische	**1996**	
25. Dez.	Fische	31. Mai	Widder	08. Jan.	Wassermann
		12. Jul.	Stier	15. Feb.	Fische
1985		31. Aug.	Zwillinge	24. Mär.	Widder
02. Feb.	Widder	14. Dez.	Stier	02. Mai	Stier
15. Mär.	Stier			12. Jun.	Zwillinge
26. Apr.	Zwillinge	**1991**		25. Jul.	Krebs
09. Jun.	Krebs	21. Jan.	Zwillinge	09. Sep.	Löwe
25. Jul.	Löwe	03. Apr.	Krebs	30. Okt.	Jungfrau
10. Sep.	Jungfrau	26. Mai	Löwe		
27. Okt.	Waage	15. Jul.	Jungfrau	**1997**	
14. Dez.	Skorpion	01. Sep.	Waage	03. Jan.	Waage
		16. Okt.	Skorpion	08. Mär.	Jungfrau
1986		29. Nov.	Schütze	19. Jun.	Waage
02. Feb.	Schütze			14. Aug.	Skorpion
28. Mär.	Steinbock	**1992**		28. Sep.	Schütze
09. Okt.	Wassermann	09. Jan.	Steinbock	09. Nov.	Steinbock
26. Nov.	Fische	18. Feb.	Wassermann	18. Dez.	Wassermann
		28. Mär.	Fische		
1987		05. Mai	Widder	**1998**	
08. Jan.	Widder			25. Jan.	Fische

351

04. Mär. Widder	**1999**	**2000**
13. Apr. Stier	26. Jan. Skorpion	04. Jan. Fische
24. Mai Zwillinge	05. Mai Waage	12. Feb. Widder
06. Jul. Krebs	05. Jul. Skorpion	23. Mär. Stier
20. Aug. Löwe	02. Sep. Schütze	03. Mai Zwillinge
07. Okt. Jungfrau	17. Okt. Steinbock	16. Jun. Krebs
27. Nov. Waage	26. Nov. Wassermann	01. Aug. Löwe
		17. Sep. Jungfrau
		04. Nov. Waage
		23. Dez. Skorpion

Glossar

Aspekte: Bestimmte Winkelabstände zwischen Planeten oder zwischen Planeten und Horoskop-Punkten.

Aspekte-Schlüssel: Tabellarische Darstellung aller Aspekte des Horoskops.

Aszendent: Der Osthorizont beziehungsweise das Zeichen, das am Osthorizont zum Zeitpunkt der Geburt aufsteigt. Die Häuserspitze des 1. Hauses.

Aszendent-Einfluß: Ein Interaspekt zwischen dem Aszendenten des einen Horoskops und einem Wirkpunkt im anderen Horoskop, der den Prozeß der Stilisierung und der Karikierung des betroffenen Punktes symbolisiert.

Beziehungsbogen: Die Häuser 5, 6, 7 und 8, deren Planeten und Zeichen für Lektionen im Sichverlieben und Spiel (5. Haus), in Verantwortung (6. Haus), in Vertrauen und Engagement (7. Haus) und sexueller Intimität, psychologischer Nähe und Leidenschaft (8. Haus) stehen.

Bogenminute: Ein Sechzigstel eines Grades, zumeist einfach *Minute* genannt.

Composithoroskop: Ein synthetisches Horoskop, das, basierend auf den Halbsummenpunkten der Geburtshoroskope, für den Geist einer bestimmten zwischenmenschlichen Verbindung steht.

Demokratie: Eine Art Composit, das Elemente enthält, die an beide Partner erinnern, und darauf hinweist, daß es beiden leicht fallen sollte, in der Beziehung zu Wort zu kommen.

Deszendent: Der westliche Horizont beziehungsweise das Zeichen, das an der Spitze des 7. Hauses zur Zeit der Geburt untergeht.

direktläufig: Die normale Bewegungsrichtung der Planeten durch den Tierkreis. Siehe auch *rückläufig, stationär.*

Eckpunkte: Die Spitzen des 1., 4., 7. oder 10. Hauses. Die Endpunkte der Aszendenten/Deszendenten- und der MC/IC-Achse.

Einzelgänger: Ein Planet, der allein in einer Horoskophälfte steht.

Ekliptik: Die scheinbare Bahn von Sonne, Mond und Planeten um die Erde vor dem Hintergrund der Sterne. Auch *Zodiak* oder *Tierkreis* genannt.

Element: Feuer, Erde, Luft und Wasser. Einer von vier fundamentalen psychischen Prozessen beziehungsweise einer der vier Bewußtseinshaltungen.

Ephemeride: Ein tabellarisches Verzeichnis, das die Himmelspositionen aller Planeten für eine bestimmte Tageszeit während eines bestimmten Zeitraums angibt.

Erde: Eines der vier Elemente. Erde symbolisiert Geduld, einen Sinn für das Praktische, Realismus und Stabilität.

Feudalsystem: Eine Art Composithoroskop, das dem Geburtshoroskop des einen Partners ähnlicher ist als jenem des anderen und deshalb als Hinweis darauf verstanden werden sollte, daß die Umstände, dem einen Partner, dessen Geburtshoroskop dem Composit stärker gleicht, mehr »Macht« zuzugestehen scheinen.

Feuer: Eines der vier Elemente. Feuer steht für die Formung des Willens, für das Ergreifen der Initiative, für den Drang zu herrschen.

fix: Eine der drei Qualitäten der Zeichen. Steht für Stabilität, Willensstärke, eine markante Identität, Dickköpfigkeit. Stier, Löwe, Skorpion und Wassermann sind die fixen Zeichen.

Geburtshoroskop: Eine Momentaufnahme des Himmels zum Zeitpunkt der Geburt einer Person, wie er vom Ort der Geburt aus gesehen wird.

Häusertabelle: Ein auf komplexen Berechnungen beruhendes Verzeichnis, das für die verschiedenen Breitengrade angibt, wo zu welchen Zeiten die Häuserspitzen liegen.

Haus: Der Raum oberhalb und unterhalb des Horizonts wird in zwölf Häuser eingeteilt. Diese stehen für die speziellen »Arenen« oder Gebiete, aus denen sich das Leben – wie es von der Psyche erfahren wird – zusammensetzt.

Hemisphäre: Es gibt vier Hemisphären im Horoskop: Oberhalb des Horizonts, unterhalb des Horizonts, die Horoskophälften östlich der MC/IC-Linie und die Horoskophälfte westlich davon. Eine Hemisphäre ist dann betont, wenn auffallend viele Planeten in ihr stehen.

Herrschaft: Eine besonders starke Beziehung zwischen Planet und Zeichen, die zu einem klaren Ausdruck beider führt.

Himmelsmitte/Medium Coeli (MC): Der höchste Punkt des Tierkreises – mehr oder weniger genau die Stellung der Sonne zu Mittag. Die Spitze des 10. Hauses oder auch das 10. Haus in seiner Gesamtheit.

Himmelstiefe/Imum Coeli (IC): Der tiefste Punkt des Tierkreises. Siehe auch *Nadir.*

Horizont: Die horizontale Achse des Horoskops, die den Aszendenten und den Deszendenten miteinander verbindet.

Horoskop: Die Darstellung, wie die Planeten einschließlich Sonne und Mond zu einem gegebenen Augenblick – zum Beispiel dem Moment der Geburt – am Himmel standen, auf den Geburtsort bezogen.

Interaspekt: Ein Aspekt, der von einem Planeten oder Wirkpunkt im Horoskop des einen Partners mit einem Planeten oder Wirkpunkt im Horoskop des anderen Partners gebildet wird.

Jupiter-Einfluß: Ein Interaspekt, der vom Jupiter der einen Person zu einem beliebigen Wirkpunkt im Horoskop der anderen Person gebildet wird, und die Erhebung oder Ausweitung beziehungsweise die Einbildung und Aufgeblasenheit des betroffenen Wirkpunkts symbolisiert.

kardinal: Eine der drei Qualitäten der Zeichen. Gekennzeichnet durch viel Aktivität, den Wunsch, die Initiative zu ergreifen, und Bestimmtheit. Kardinale Zeichen sind Widder, Krebs, Waage und Steinbock.

Konjunktion: Ein Aspekt, bei dem die Planeten im Idealfall 0 Grad voneinander entfernt sind – siehe auch *Orbis*. Symbol des Prozesses der Verschmelzung.

Kulturschock: Eine Art Composithoroskop, das sehr stark von beiden Geburtshoroskopen abweicht und ein Hinweis darauf ist, daß beide Personen große Anpassungsleistungen erbringen müssen, um die Beziehung aufrechtzuerhalten.

Luft: Eines der vier Elemente. Luft symbolisiert einen wachen Geist, klare Wahrnehmungen und Intelligenz.

Mars-Einfluß: Ein Interaspekt, der vom Mars der einen Person zu einem beliebigen Wirkpunkt im Horoskop der anderen Person gebildet wird, und die Ermutigung oder Erregung beziehungsweise die Ängstigung und Erzürnung des betroffenen Wirkpunkts symbolisiert.

Meridian-Achse: Die mehr oder weniger genau senkrecht verlaufende Horoskop-Achse, die die Himmelstiefe (IC) und die Himmelsmitte (MC) miteinander verbindet (deshalb auch MC/IC-Achse genannt).

Merkur-Einfluß: Ein Interaspekt, der vom Merkur der einen Person zu einem beliebigen Wirkpunkt im Horoskop der anderen Person gebildet wird, und die intellektuelle Stimulation beziehungsweise die Verwirrung des betroffenen Wirkpunkts symbolisiert.

Mond-Einfluß: Ein Interaspekt, der vom Mond der einen Person zu einem beliebigen Wirkpunkt im Horoskop der anderen Person gebildet wird, und die Sensibilisierung oder Inspiration beziehungsweise die emotionale Erschütterung des betroffenen Wirkpunkts symbolisiert.

Nadir: Der tiefste Punkt des Tierkreises – mehr oder weniger genau die Stellung der Sonne um Mitternacht (auch IC und Himmelstiefe genannt). Die Spitze des 4. Hauses.

Nebenaspekte: Die Aspekte, die keine Hauptaspekte sind (siehe auch *Aspekt*), zum Beispiel Anderthalbquadrat, Quintil, Septil usw.

Neptun-Einfluß: Ein Interaspekt, der vom Neptun der einen Person zu einem beliebigen Wirkpunkt im Horoskop der anderen Person gebildet wird, und die Inspiration oder Verzauberung beziehungsweise die Auflösung und Täuschung des betroffenen Wirkpunkts symbolisiert.

Opposition: Ein Aspekt, bei dem zwei Planeten in einem Abstand von 180 Grad zueinander stehen. Es geht dabei um den Prozeß der Polarisierung beziehungsweise um Spannung. Siehe auch *Orbis*.

Orbis: Die Abweichung, bei der man eine planetarische Verbindung noch als einen bestimmten Aspekt bezeichnen kann (in Grad angegeben). Eine subjektive und veränderliche Größe. Oberhalb von 7 Grad wird es kritisch, noch von Aspekten zu sprechen.

Planeten: Himmelskörper, die sich auf berechenbaren Bahnen auf der Ekliptik um die Erde bewegen. Astrologisch schließt dieser Begriff auch Sonne und Mond mit ein.

Pluto-Einfluß: Ein Interaspekt, der vom Pluto der einen Person zu einem beliebigen Wirkpunkt im Horoskop der anderen Person gebildet wird, und die Durchdringung oder Transpersonalisierung beziehungsweise die Korrumpierung und Dominierung des betroffenen Wirkpunkts symbolisiert.

primäre Dreiheit: Die Sonne, der Mond und der Aszendent als »Skelett« oder auch »Gerippe« der Individualität.

Progressionen: Bestimmte künstliche Prognosetechniken, in denen Planeten in unterschiedlicher Geschwindigkeit durch das Geburtshoroskop vorgerückt werden.

Quadrat: Ein Aspekt, bei dem zwei Planeten in einem Abstand von 90 Grad zueinander stehen. Symbolisiert einen Prozeß von Reibung. Siehe auch *Orbis.*

Qualität: Zeichen können in Form von drei verschiedenen Qualitäten zum Ausdruck kommen: *kardinal, fix* und *veränderlich* (siehe auch dort).

rückläufig: Der Zustand, bei dem sich ein Planet scheinbar entgegen der normalen Bewegung rückwärts auf der Ekliptik bewegt. Siehe auch *direktläufig, stationär.*

Saturn-Einfluß: Ein Interaspekt, der vom Saturn der einen Person zu einem beliebigen Wirkpunkt im Horoskop der anderen Person gebildet wird, und die Kristallisierung oder Konfrontation beziehungsweise die Frustration und Kontrolle des betroffenen Wirkpunkts symbolisiert.

Sextil: Ein Aspekt, bei dem zwei Planeten in einem Abstand von 60 Grad zueinander stehen. Symbolisiert den Prozeß der Anregung. Siehe auch *Orbis.*

siderische Zeit: Die astronomische Zeit, die man zur Ermittlung des Geburtshoroskops unbedingt braucht.

Sonnen-Einfluß: Ein Interaspekt, der von der Sonne der einen Person zu einem beliebigen Wirkpunkt im Horoskop der anderen Person gebildet wird und den Prozeß der Belebung beziehungsweise der Dominierung des betroffenen Wirkpunkts symbolisiert.

Sonnenwende: Der kürzeste Tag des Jahres (Wintersonnenwende) oder der längste (Sommersonnenwende).

Spitze: Der Beginn eines Hauses (auch Hausspitze genannt). Eine etwas undeutliche Zone, die sich über 1,5 Grad zu jeder Seite der Spitze erstreckt.

stationär: Phase der Planetenbewegung durch den Tierkreis zwischen Direktläufigkeit und Rückläufigkeit (siehe auch dort) und umgekehrt: Der Planet steht vor dem Hintergrund der Ekliptik still.

Stellium: Eine Häufung von drei oder mehr Planeten in einem Zeichen oder Haus.

Symbole: Die Darstellung der Planeten und Zeichen und Aspekte in graphischer Form.

Synastrie: Die Astrologie zwischenmenschlicher Beziehungen.

Transite: Die tatsächliche physische Bewegung der Planeten durch den Himmel und daher durch die Wirkpunkte des Horoskops.

Trigon: Ein Aspekt, bei dem zwei Planeten in einem Abstand von 120 Grad zueinander stehen. Symbolisiert den Prozeß von Harmonisierung. Siehe auch *Orbis.*

Übertragung: Eine astrologische Vergleichstechnik, bei der die Planeten des einen Horoskops in die Häuser des anderen übertragen werden.

Übertragungshoroskop: Das Geburtshoroskop einer Person, in das die Planeten einer zweiten Person eingezeichnet werden.

Uranus-Einfluß: Ein Interaspekt, der vom Uranus der einen Person zu einem beliebigen Wirkpunkt im Horoskop der anderen Person gebildet wird, und die Individuation beziehungsweise die Störung des betroffenen Wirkpunkts symbolisiert.

Venus-Einfluß: Ein Interaspekt, der von der Venus der einen Person zu einem beliebigen Wirkpunkt im Horoskop der anderen Person gebildet wird, und die verstärkte Attraktivität beziehungsweise Möglichkeit der Manipulation des betroffenen Wirkpunkts symbolisiert.

veränderlich: Eine der drei Qualitäten der Zeichen. Steht für Beeindruckbarkeit, Unbeständigkeit, für die Fähigkeit, sich mit dem Strom zu bewegen. Zwillinge, Jungfrau, Schütze und Fische sind veränderliche Zeichen.

Wasser: Eines der vier Elemente. Es steht für Subjektivität, Emotionen, Tiefe und die Fähigkeit zu lieben.

Wirkpunkte: Jeder empfindliche Punkt im Geburtshoroskop; ein Punkt, der durch einen Aspekt an einen Planeten oder Winkel geknüpft wird.

Wurzelhoroskop: Das Horoskop selbst; weder Transite noch Progressionen können wichtige Ereignisse auslösen, ohne daß sie bereits im Wurzelhoroskop angedeutet sind.

Zeichen: Eines der zwölf grundlegenden Segmente des Tierkreises; eine Phase in der Umlaufbeziehung der Erde um die Sonne; ein fundamentaler psychologischer Prozeß.

Weiterführende Literatur

Die globalen Häuser-Tabellen nach Placidus. O.W. Barth 1995[11]
Die deutsche Ephemeride, Band I.-VIII. (1850–2020). O.W. Barth 1975–1982

Arroyo, Stephen: Astrologie, Karma und Transformation. Hugendubel 1980
–: Astrologie, Psychologie und die vier Elemente. Rowohlt 1989
–: Astrologie und Partnerschaft. Heyne 1991
–: Handbuch der Horoskop-Deutung. Rowohlt 1994
Arroyo, Stephen & Liz Greene: Saturn und Jupiter. Hugendubel 1986
Bolen, Jean Shinoda, Göttinnen in jeder Frau. Psychologie einer neuen Weiblichkeit. Hugendubel 1996
Cameron-Bandler, Leslie: Wieder zusammenfinden. NLP – neue Wege in der Paartherapie. Junfermann 1991
Collin, Rodney: Vom Ewigen Leben. Die Erneuerung des universalen Bewußtseins. Plejaden 1984
–: Spiegel des Lichts. Aus den Notizbüchern. Plejaden 1990
Cunningham, Donna: Astrologie und spirituelle Entwicklung. Hier & Jetzt 1994
–: Astrologie und Energiearbeit. Hugendubel 1997
Forrest, Steven: Der innere Himmel. Hugendubel 1997
–: Der äußere Himmel. Hugendubel 1999
Green, Jeff: Pluto. Hugendubel 1988
Greene, Liz: Saturn. Hugendubel 1996
–: Schicksal und Astrologie. Heyne 1994
Greene, Liz & Stephen Arroyo: Saturn und Jupiter. Hugendubel 1994
Greene, Liz & Howard Sasportas: Dimensionen des Unbewußten. Hugendubel 1993
–: Entfaltung der Persönlichkeit. Hugendubel 1991
–: Die inneren Planeten. Hugendubel 1995
–: Sonne und Mond. Hugendubel 1999
Halpern, Howard M.: Liebe und Abhängigkeit. Wie wir übergroße Abhängigkeit in einer Beziehung beenden können. Isko-Press 1989
Hamaker-Zondag, Karen: Deutung von Aspekten und Aspektfiguren. Hugendubel 1998
–: Elemente und Kreuze. Hier & Jetzt 1996
–: Deutung der Häuser. Hier & Jetzt 1996
–: Deutung der Planeten. Hugendubel 1997
–: Häuserherrscher und Häuserbeziehungen. Hugendubel 1999
Hand, Robert: Planeten im Composit. Hugendubel 1997

–: Das Buch der Horoskopsymbole. Hugendubel 1990
–: Das Buch der Transite. Hugendubel 1997
Johnson, Robert A.: Traumvorstellung Liebe. Der Irrtum des Abendlandes.
  Droemer 1987
Jung, Carl Gustav: Der Mensch und seine Symbole. Walter 1993
–: Symbol und Libido. Walter 1985
Jung, Emma: Animus und Anima. Bonz 1990
Lundsted, Betty: Astrologische Aspekte. Knaur 1988
Marks, Tracy: Die Kunst der Horoskop-Synthese. Hier & Jetzt 1994
–: Schwierige Aspekte. Hier & Jetzt 1996
–: Die Astrologie der Selbst-Entdeckung. Hugendubel 1997
Norwood, Robin: Wenn Frauen zu sehr lieben. Rowohlt 1986
Peck, M. Scott: Der wunderbare Weg. Goldmann 1986
Rudhyar, Dane: Astrologie der Persönlichkeit. Hugendubel 1988
–: Das astrologische Häusersystem. Hugendubel 1993
–: Astrologischer Tierkreis und Bewußtsein. Hugendubel 1993
Ruperti, Alexander: Kosmische Zyklen. Ullstein 1997
Stromberg, Kyra: Zelda und F. Scott Fitzgerald. Rowohlt 1998
Tierney, Bil: Dynamik der Aspektanalyse. Hugendubel 1990

Die Autoren

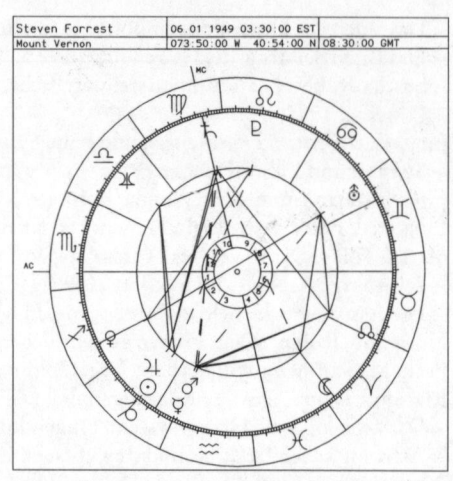

Steven Forrest	06.01.1949 03:30:00 EST	
Mount Vernon	073:50:00 W 40:54:00 N	08:30:00 GMT

Nach dem Studium der Religionswissenschaften an der Universität von North Carolina begann STEVEN FORREST 1971 seine jahrelang gesammelten astrologischen Kenntnisse in die Praxis umzusetzen. Steven Forrest ist Vorsitzender des Beratungsausschusses des Kepler Colleges, das sich zum Ziel gesetzt hat, eine astrologisch orientierte Universität in Seattle, Washington zu gründen.

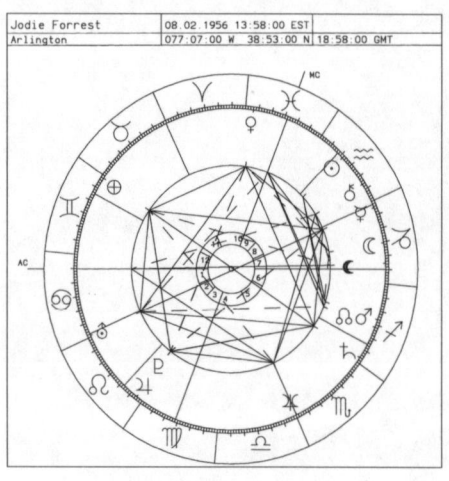

Jodie Forrest	08.02.1956 13:58:00 EST	
Arlington	077:07:00 W 38:53:00 N	18:58:00 GMT

JODIE FORREST unterhält seit 1983 eine astrologische Berater- und Lehrpraxis. Sie schreibt für alle wichtigen amerikanischen Astrologie-Zeitschriften. Jodie und Steven leben mit ihren beiden Katzen in den Wäldern bei Chapel Hill in North Carolina.

Vom selben Autor:

Der innere Himmel
Eine astrologische Reise
in das eigene Zentrum

Der äußere Himmel
Die Bedeutung von Transiten und
Progressionen